Einheit mit Gott

Meister Eckhart
Einheit mit Gott

Die bedeutendsten Schriften zur Mystik

Herausgegeben von Dietmar Mieth

Patmos Verlag

Kurt Ruh gewidmet

MIX
Papier | Fördert gute Waldnutzung
FSC® C083411

Die Verlagsgruppe Patmos ist sich ihrer Verantwortung gegenüber unserer Umwelt bewusst. Wir folgen dem Prinzip der Nachhaltigkeit und streben den Einklang von wirtschaftlicher Entwicklung, sozialer Sicherheit und Erhaltung unserer natürlichen Lebensgrundlagen an. Näheres zur Nachhaltigkeitsstrategie der Verlagsgruppe Patmos auf unserer Website www.verlagsgruppe-patmos.de/nachhaltig-gut-leben

Übereinstimmend mit der EU-Verordnung zur allgemeinen Produktsicherheit (GPSR) stellen wir sicher, dass unsere Produkte die Sicherheitsstandards erfüllen. Näheres dazu auf unserer Website www.verlagsgruppe-patmos.de/produktsicherheit. Bei Fragen zur Produktsicherheit wenden Sie sich bitte an produktsicherheit@verlagsgruppe-patmos.de

Bibliografische Information der Deutschen Nationalbibliothek
Die Deutsche Nationalbibliothek verzeichnet diese Publikation in der Deutschen Nationalbibliografie; detaillierte bibliografische Daten sind im Internet über http://dnb.d-nb.de abrufbar.

6. Auflage 2025 der erweiterten Neuausgabe 2014

Verlagsgruppe Patmos in der Schwabenverlag AG
Senefelderstr. 12, 73760 Ostfildern
www.patmos.de

Umschlaggestaltung: Finken & Bumiller, Stuttgart
Umschlagabbildung: © KNA-Bild
Druck: CPI books GmbH, Leck
Hergestellt in Deutschland
ISBN 978-3-8436-0494-9

INHALTSVERZEICHNIS

AUSWAHLTEXTE

ANHANG I

ANHANG II

VORWORT

Als dieses Buch in seiner ersten Fassung 1979 erschien (mit einer dritten verbesserten Auflage zuletzt 1991), stellte sich bereits die Frage, warum Mystik aktuell sei. Was immer man unter «Mystik» versteht – s.u. «Zur Frage nach Eckharts ‹Mystik›» –, es hat etwas mit der Frage nach einer Vergewisserung des Lebenssinnes in einer religiösen Erfahrung zu tun. Seit William James 1902 seine Vorlesungen über die «Vielfalt religiöser Erfahrung» (deutsche Ausgabe, übers. v. Eilert Herms u. Christian Stahlhut, Frankfurt a.M. 1997) gehalten hat, gehen viele von der Diagnose aus, daß sich die «Voraussetzungen des Glaubens in unseren Gesellschaften tiefgreifend verändert» haben. So schreibt etwa der bekannte Philosoph Charles Taylor in diesem Sinne:

«Wie viele andere bin ich der Ansicht, daß unsere nordatlantische Zivilisation in den vergangen Jahrzehnten eine kulturelle Revolution durchgemacht hat ... Intellektuelle und künstlerische Eliten suchten das ganze 19. Jahrhundert hindurch nach der authentischen Lebensweise ... Neu daran ist (heute – D.M.), daß diese Art der Zugewandtheit zum eigenen Ich offenbar zu einem Massenphänomen geworden ist.» (Die Formen des Religiösen in der Gegenwart, Frankfurt a.M. 2002, S. 71) Taylor spricht von einem «expressiven Individualismus», der durchaus auch kollektive Züge annehmen kann, aber eher Ereignis- als Institutions-bezogen auftritt. Viele Menschen beziehen nach Taylor «Zwischenpositionen» (a.a.O., S. 95) zwischen den expliziten Glaubensformen und Glaubensnormen. Dies geschieht unabhängig davon, ob sie sich weiter zu

einer Religionsgemeinschaft bekennen oder nicht. Weder die äußeren Grenzen noch die Übungen zur inneren Kontrolle werden eingehalten.
Gleich, wie man zu solchen Phänomenen steht, die Rezeption von Denkern und «Lebemeistern» wie Meister Eckhart (1260–1328) wird dadurch befördert und vervielfältigt. Denn Vieles wird in der Weise des Rezipienten aufgenommen. Auf der anderen Seite wird dadurch auch die Forschung bestärkt. Daß sich dabei auch wissenschaftlicher Streit ergibt – z. B. darüber, ob Eckhart mehr Philosoph oder Theologe, mehr Denker oder spiritueller Führer gewesen sei – liegt auf der Hand. Angesichts einer solchen Situation brauchen Interessenten oft eine erste Orientierung. Dafür war dieses Buch von Anfang an gedacht, und in dieser Hinsicht ist es auch nicht wesentlich verändert worden. Es erwies sich nur als notwendig, den Apparat mit Quellen und Literaturhinweisen auf den jetzigen Stand zu bringen, sowie an jenen Stellen, an welchen weiterführende Diskussionen verfolgt werden können, die entsprechenden Hinweise zu geben.
Es sei betont, daß die «expressive Individualisierung» im Sinne Charles Taylors nicht Eckharts eigener Denkhaltung und Lebensführung entspricht. Er war Ordensmann und Träger kirchlicher Aufgaben; die Gemeinschaft und die Institution standen für ihn nicht in Frage. Auf der anderen Seite kam er aber sicherlich einem Bedürfnis entgegen, das im aktuellen «expressiven Individualismus» ebenfalls eine zentrale Rolle spielt: dem Bedürfnis nach Selbstvergewisserung von innen statt von außen. Das Bewußtsein, daß jeder Mensch die Wahrheit in sich trägt und daß er sie deshalb auch in sich finden kann, bildete für ihn eine Basis, die er mit den religiösen Bewegungen teilte. Dies entspricht gewiß auch einem experientiellen Gegengewicht zu den fragwürdigen Erfahrungen, die gerade spirituell gesinnte Geister an der Institution Kirche machen mußten. Diese Kommunikation, fand vor allem in

den volkssprachlichen Predigten statt. Diese Predigten sind erfüllt von Zutrauen und Zumutungen. Daß man diese Einsichten, die er auf der Basis scholastischen Wissens und eigenständigen Denkens vorantreibt, auch «Ungelehrten» vermitteln müsse, wie er am Schluß seines «Buches der göttlichen Tröstung» versichert, macht dann auch den Kern des Konfliktes mit besorgten Amtsträgern seiner Kirche aus, der für ihn so unglücklich geendet ist.

Man sollte Meister Eckharts Wort in seiner eigenen Intention lesen. Für mich besteht ein großer Teil dieser Intention darin – ohne daß ich damit andere Intentionen gegenstandslos machen will –, die machtvolle Erfahrung des Anders-Sein-Könnens im Gegenüber zu dem, was der Fall ist und für üblich erachtet wird, auszusprechen und präsent zu machen.

Das Wagnis in die Tiefe des menschlichen Daseins, wo dieses mit dem Göttlichen verbunden ist, ist ein Wagnis um des Wirkens in der Zeit willen. Es ist ein Wagnis in eine Tiefe, die unauslotbar ist und die doch den Suchenden trägt, in die Tiefe der Gotteserfahrung. Diese Tiefe im Inneren des Menschen verschließt ihn dennoch nicht vor der Welt, die er verantwortet. «Innerlichkeit» erscheint nicht als Fluchtburg vor den Gefährdungen des Lebens, sondern als Intensität der Wirklichkeit, an der wir tätig teilnehmen.

Viele Versuche, die bedrängenden Probleme unserer Zeit zu lösen, scheitern an der Belastung der menschlichen Identität, die ihrem Anspruch nicht standhalten kann. Darum ist Identität ein so großes anthropologisches und für Glaubende theologisches Thema. Bei Eckhart findet der Mensch seine Identität in Gott. Seine Gedankenwelt lebt dort, wo der Mensch sich selbst und seinen tiefsten Halt findet, in einem göttlichen Bereich, der als der Nicht-Andere den Menschen nicht entfremdet, sondern befriedet und befreit. Zu ihr sei eingeladen, wer Zeit hat für das Zeitlose – oder, was dasselbe ist, die Zeit voll auszuschöpfen (vgl. Eph 5,16) –, wer das Denken nicht scheut, wer dem Glauben Radikalität zuzumuten wagt, und wer mitten im tätigen Leben ein freier Mensch sein will.

Wenn die vorliegende Auswahl nun erneut als Taschenbuch erscheint, ist dies gewiß ein Zeichen einer aufnahmebereiten Leserschaft, der ich danke. Danken möchte ich aber auch einigen kritischen Hinweisen von Walter Haug zur Übersetzung, die mich zu weiterer Arbeit antreiben werden.

Dietmar Mieth

EINFÜHRUNG

ZUR PERSON

Leben und Werk

In den letzten Jahrzehnten ist die Gestalt Meister Eckharts aus dem Dunkel der Geschichte und aus der Stilisierung der Legende herausgerückt. Im Gegensatz zu den Werken, die vor allem in deutschsprachiger Gestalt, wenn auch oft nicht in authentischer Form, weiterlebten, von Cusanus gesammelt und spätestens seit dem deutschen Idealismus und dem Aufkommen literarhistorischer Akribie im 19. Jahrhundert immer wieder zitiert wurden, wußte man zunächst von Eckhart wenig mehr, als daß er «Mystik» gepredigt hat und mit dem kirchlichen Lehramt in Konflikt gekommen war.

Zwar ist auch heute noch unsere Kenntnis seines Lebensverlaufes vergleichweise bescheiden und auf mancherlei Rückschlüsse angewiesen, aber ein gewisses Profil zeichnet sich doch ab. Eckhart von Hochheim stammt aus der Umgebung von Erfurt, also aus Thüringen. Man begegnet ihm als Studenten und Mitglied des Dominikanerordens 1277 in Paris und nimmt von daher an, daß er um das Jahre 1260 geboren sein muß. Er hat also als Student noch den Streit über die Lehre Alberts des Großen und Thomas von Aquins verfolgen können. Mit dem Tode Alberts fällt der Beginn seines Theologiestudiums, wohl in Köln, zusammen (1280).

Die theologische Lehre beginnt er wie üblich als «lector sententiarum». Man hat dazu seine Antrittsvorlesung aus dem Jahr 1293 gefunden, die er in Paris zu Beginn des akademischen

Jahres 1293/94 gehalten hat, ebenso eine Osterpredigt vom 18. April 1294. Damit tritt Eckhart erstmals hervor, aber schon bald übernimmt er eine leitende Ordensfunktion als Prior von Erfurt und Vikar von Thüringen, die man zwischen 1294 und 1298 situieren kann. Vermutlich war er mit Dietrich von Freiberg, dem damaligen Provinzial der deutschen Ordensprovinz «Teutonia», befreundet. In diese Zeit fallen die berühmten «Reden der Unterweisung» (oder: «Unterscheidung»), entstanden aus «Collationes», das heißt aus Gesprächen über die monastische Lebensform mit den jüngeren Ordensmitgliedern. Der Mitdreißiger hat hier schon eine entschiedene und theologisch durchdachte spirituelle Konzeption, die er klar und einfach auszudrücken weiß. Die für Eckhart typische Verbindung von intellektueller Gotteserfahrung und Lebenspraxis wird deutlich sichtbar: er ist Lehrmeister und «Lebemeister» zugleich.

Der dritte Pariser Aufenthalt, von dem wir wissen, bezeugt Eckhart nun wirklich als «Lehrmeister» («magister sacrae theologiae»), d. h. als Lehrstuhlinhaber an der theologischen Fakultät der Universität Paris auf dem für Ausländer vorgesehenen Lehrstuhl. Zwei «Disputationen» über Streitfragen sind erhalten, von denen die Frage nach dem Verhältnis von Sein und Erkennen in Gott am interessantesten ist. (Vgl. dazu R. Imbach.) Es handelt sich um das akademische Jahr 1302/03.

Auch darauf folgt eine leitende Ordensfunktion. Im Jahr 1303 wurde die deutsche Provinz geteilt, und Eckhart wurde erster Provinzial der neuen Provinz «Saxonia» mit Sitz in Erfurt. Die Provinz umfaßte den nördlichen Teil des deutschen Sprachgebiets von Holland bis zur Mark Brandenburg. Eckhart hat diese aufreibende Tätigkeit (Gründung neuer Ordenskonvente, Leitung der Provinzialkapitel, Führung des geistlichen Lebens) acht Jahre lang ausgeübt. Einige Spuren seines Wirkens aus dieser Zeit sind erhalten, so die Sermones und Lec-

tiones über Jesus Sirach 24 (in diesem Band S. 207 ff.), die er auf einem Provinzialkapitel des Dominikanerordens vorgetragen hat.
1311 wird Eckhart wieder zur Lehre in Paris entsandt. Man kann dies als ungewöhnliche Auszeichnung verstehen. Eckhart bleibt zwei akademische Jahre; erhalten sind «Quaestiones Parisienses», auch hier in der Form scholastischer Disputation.

Seit einigen Jahren ist nicht nur die Echtheit von einigen bisher angezweifelten Quaestionen (zur Debatte präsentierten Fragestellungen) von Markus Vinzent begründet worden, sondern es wurden von Walter Senner auch zusätzliche Quaestionen entdeckt.
In seinem Pariser Aufenthalt ist Eckhart auch dem Inquisitor von Frankreich, Wilhelm von Paris, ebenfalls einem Dominikaner, begegnet, der u. a. den Prozess gegen Marguerite Porete betrieben hatte – diese bedeutende Mystikerin wurde zweifelhaften Beschuldigungen in einem ebenso zweifelhaften Prozess (vgl. Sean Field 2012) ausgesetzt und 1310 als rückfällige Ketzerin in Paris verbrannt. Eckhart stand manchem ihrer Gedanken sehr nahe (vgl. Mieth, Concilium 2011).
Nach Paris wurde Eckhart vom Ordensgeneral zum Vikar bestimmt. Es wird angenommen, zu pastoralen Visitationen am Rhein. Es gibt manche Spuren davon in Straßburg und im süddeutschen Raum. Man fasst oft die drei Dominikaner Eckhart, Johannes Tauler (1301–1361) und Heinrich Seuse (1297–1364) zur «rheinischen Mystik» zusammen (vgl. Vannier, Hg., Encyclopédie, p. 1311). Es gibt auch Predigten, die man als Zyklen nach Straßburg einordnet (DW II, Nr. 25–27). 1323 wird Eckhart zum Leiter des «Studium generale» der Dominikaner nach Köln berufen. Auch dort lassen sich Predigten nachweisen (z. B. «Ave gratia plena» in diesem Band, S. 132) Das berühmte «Buch der göttlichen Tröstung» scheint ebenfalls ein spätes Werk zu sein, in welchem er bereits auf Anfeindungen Bezug

nimmt (vgl. Mieth, in: Danz, Hg., Kanon der Theologie 2010). Er hatte es der Leiterin des Hauses Habsburg, Königin Agnes von Ungarn, nach Königsfelden gesandt, vielleicht auf deren Nachfrage.

Die Verbindung von Biographie und Werk ist jüngst besonders untersucht worden (vgl. Hackett, ed. A Compendium 2012 und insbesondere Beccarisi 2012). Demnach steht sein Konzeptionsentwurf eines «dreigeteilten Werkes» der Thesen, Fragen und Auslegungen («Opus tripartitum») nicht am Ende, sondern bereits am Anfang seiner akademischen Tätigkeit.

Diese geplanten Werke sind in systematischer Folge gedacht, welche aber keineswegs die Folge ihrer Entstehung ist. Eckhart erhob in gewisser Weise das Fragmentarische seines Werkes zum Prinzip: «Jedes System ist und bleibt Fragment, und jedes Fragment ist einem System, einem systematischen Denken zugeordnet, in jedem Fragment ist das Ganze erkennbar enthalten, bedarf jedoch der Explikation» (Fischer, 1974, S. 40). Der zitierte Herausgeber stellt weiter fest: «das Gesamtwerk Eckharts ist als eine einzige große Abbreviatur anzusehen und als eine solche Abbreviatur zu lesen» (a.a.O. S. 43). Das Auswahlprinzip ist dabei, vor allem das zu bringen, was andere noch nicht oder zu knapp behandelt haben; dazu kommt das Sparsamkeitsprinzip, d.h. die Vermeidung jeder Weitschweifigkeit. Daher ist Eckharts Sprache zwar stilistisch sehr klar, aber inhaltlich entsprechend kompakt, und darin liegen die Verstehensschwierigkeiten.

Umfangmäßig steht das Werk der Auslegungen («opus expositionum») im Vordergrund, und dies ist, theologisch gesehen, kein Zufall, denn Eckharts Theologie und Philosophie ereignen sich im Hören und Verstehen des biblischen Wortes, sowie in seinem kerygmatischen Zeugnis in der Predigt. Es gibt hier Auswahlkommentare (Eckhart beschränkt sich stets auf Paradigmen) zu den biblischen Büchern der Genesis, des Exodus und vor allem des Johannesevangeliums. Einige Kommentare sind leider verloren. Schon hier wird deutlich, daß der Anfang («principium») als Grund der Botschaft im Vordergrund steht. Das Buch der Weisheit wird als Brücke zwischen Altem und Neuen Testament eingefügt. Schöpfung, Selbstoffenbarung Gottes, theologische Sapientia und der inkarnierte Logos sind also die Zentren der Theologie. Eckhart lehrt nicht «von unten nach oben», sondern reflektiert aus der Glaubenspraxis heraus, die aber gerade dadurch vernünftig und wissenschaftlich ausgelegt werden soll:

«Der Autor hat die Absicht, wie auch in allen seinen sonstigen Werken, das, was der heilige christliche Glaube und beide Testamente der Schrift bekräftigen, durch die natürlichen Vernunftgründe der Philosophen auszulegen.» (In Jo, LW III, S. 4,4–6) Die «analogia fidei» hat den Vorrang; sie erschließt den «intellectus fidei», zu dem dann die philosophische Analogielehre gehört.

Eckhart betrachtet sein Werk als theologisch-wissenschaftliches Werk, aber man darf es nicht von den Predigten trennen. Das Predigtwerk gehört dazu. Es ist daher von Anfang an keine Vulgarisierung, wenn auch zu den philosophischen Gründen oft die anschaulichen Gleichnisse hinzutreten, sondern es ist ein Moment seiner Theologie selbst, denn das Wort Gottes ist in erster Linie Wort für die anderen, es wird nur empfangen, indem es weitergegeben wird.

Am Predigtwerk liegt vor allem der kirchliche Konfliktfall, der sich an Eckharts Lebensende ereignet. In einer Zeit, in der man ohnehin gern Theologen – Thomas von Aquin bildet hier keine Ausnahme – auf Irrtümer und Häresien untersuchte, war an sich ein solcher Konflikt keine Überraschung. Nur ging es hier nicht um das Zentrum der theologischen Ausrichtung Eckharts, sondern um die Angst zunächst des bischöflichen, dann des römischen Lehramts vor der sogenannten «Verwirrung» der Gemüter. Der Konflikt entsteht also im wesentlichen dadurch, daß Eckhart auf das Vorstellungsvermögen der Zuhörer zwar

gelegentlich durchaus Rücksicht nimmt, aber seine Theologie davon nicht beeinflussen läßt.
Ab September 1326 wurden in Köln Listen mit einzelnen Sätzen zusammengestellt und Eckhart zur Gegenäußerung übergeben. Seine daraufhin erstellte «Rechtfertigungsschrift» wird mit den Listen nach Avignon gesandt, wohin Eckhart dann selbst reist, um seine Sache zu vertreten. Vorher hatte er am 13. Februar 1327 in der Dominikanerkirche zu Köln feierlich erklärt, daß er zwar irren könne, aber in jedem Fall die rechtgläubige Intention seiner Person festhalte.
In Avignon wurde das Material von einer Kommission aus Kardinälen und Theologen überprüft und mit einem Gutachten versehen. Das Problem war, daß Eckhart – hier sehr modern wirkend – für sich bestritt, ein Häretiker zu sein, während die Kommission sich – meist ohne Auswertung des Zusammenhangs – mit dem Vergleich der Sätze mit der «objektiven» Wahrheit der Lehre begnügte.
Nach Eckharts Tod (nach Chroniken: am 28. Januar 1328, vgl. W. Senner) wurde den Kölner Wünschen Rechnung getragen und das Ergebnis der Untersuchung in der päpstlichen Bulle «In agro dominico» des Johannes XXII (27. März 1329) veröffentlicht. Siebzehn Sätze werden als häretisch gekennzeichnet, die übrigen elf der 28 inkriminierten Sätze als verwegen und verdächtig, aber mit entsprechender Auslegung als eventuell haltbar. Ob sich Eckhart, wie angegeben, nicht nur allgemein zu seiner Irrtumsmöglichkeit bekannt, sondern inhaltlich widerrufen hat, ist nicht mehr zu ermessen. Die Veröffentlichung der Bulle blieb anscheinend auf einen Brief des Papstes an den Kölner Erzbischof, Heinrich von Virneburg, beschränkt. Dieser hatte die Möglichkeit, das Ergebnis im Raum seiner Diözese zu veröffentlichen. Als Sinn des ganzen Vorgangs wird die Rücksicht auf die einfachen Gläubigen angegeben, also eine pastorale Maßnahme. Soweit es im Rahmen eines solchen Vorgangs möglich ist, wurde das Ansehen des Verstorbenen bewahrt.

Eckharts «Profil» in der spätmittelalterlichen Philosophie und Theologie und in der literarischen Strömung der «deutschen Mystik»

Es ist nicht möglich, Eckhart ganz einer bestimmten Schulrichtung zuzuweisen. Am ehesten gehört er noch zur deutschen Albertschule. Er hat nicht traditionsbildend, sondern eher als Anreger gewirkt. Mit Recht sagt Fischer von seinem Gedankengut, «daß es bis heute den Charakter des Neuen bewahrt hat, eben weil es mit solcher Eindringlichkeit und Folgerichtigkeit gesagt wurde, aber zugleich mit einer so umfassenden Gelehrsamkeit, die Zeitgenossen schon damals oft unbequem wurde und Nachfolgern immer wieder Anlaß zu stets neuer Aufmerksamkeit gab, zu stets neuem Mitdenken und berechtigtem Fragen.» (a.a.O., S. 11 f.) Das Ganze im Fragment und als Abbreviatur verführt naturgemäß denjenigen, dem dieses Werk begegnet, dazu, Eckhart als Steinbruch für das eigene Denken zu benutzen. Mir scheint diese Verführung durch seinen Geist jedoch nichts Schlechtes, ja seinen eigenen Intentionen durchaus nicht fremd. Eckharts Gedankengut ist nicht leicht zu «haben» und zu hüten, das erste nicht für Dilettanten, das zweite nicht für Spezialisten.

Fragmentarisch sind auch andere Größen geblieben, aber sie haben wenigstens, wie Thomas, eine «Summa» angestrebt oder wie Bonaventura und andere ein «Kompendium». Eckhart gehört auch zur Scholastik, und er hat ihre Methoden glänzend beherrscht, aber er war nicht das, was man sich unter einem Scholastiker vorstellt: er hat keine Kathedralen der Argumentation aufgebaut. Er stammt aus der Einflußsphäre Alberts des Großen, aber als Schüler oder Nachfolger zeigt er sich nie. Seine Kenntnis und Beziehung zur Tradition, der

Philosophie, der Väter ist sehr stark, aber er schließt stets Tradition «nach vorne» auf und versteht sich keineswegs als Bewahrer, sondern als Schöpfer der «Nova et rara». Das bedeutet aber auch, daß bei ihm Denken und Glauben Prozeßcharakter hat; seine Aussagen sind nicht auf derselben Fläche anzusiedeln, sondern sie bewegen sich dialektisch weiter. Synthesen sind Brücken ins Neuland und nicht abschließendes, absolutes Wissen.

Es ist leichter, ihn mit großen unabhängigen Geistern ähnlicher Art (Cusanus, Pascal, vgl. H. Rombach, Substanz, System, Struktur, Bd. 1) zu vergleichen als mit den Theologen seiner Zeit. Vielleicht liegt dies aber auch daran, daß man über diese noch zu wenig weiß, z. B. über Dietrich von Freiberg, mit dem ihn manches verbindet, dessen Lehre vom Denken aber «einseitiger» bzw. weniger ausgleichend erscheint. Dietrich scheint sich vor allem polemisch von Thomas von Aquin abzusetzen (vgl. K. Flasch, Die Intention Meister Eckharts). Auch Eckhart unterscheidet sich von Thomas, z. B. in der Lehre vom Verhältnis von Sein und Erkennen, von Substanz und Akzidens, von der Analogie. Vor allem wird die Eigenständigkeit des Geschaffenen weniger statisch-stabil gedacht wie im System des Aquinaten; es ist mehrfach darauf aufmerksam gemacht worden, daß Eckhart prozessual denkt (vgl. J. Koch), daß z. B. Schöpfung und Erlösung bei ihm unaufhörliche Vorgänge sind. In der philosophischen Diskussion geht es dabei um das Verhältnis von Aristoteles-Auslegung zu Strömungen des Neuplatonismus.

Theologisch gesehen ist vor allem die Priorität der Schrifttheologie zu beachten. Eckhart hat ein ungeheures Vertrauen in die Wirkkraft des einzelnen Schriftwortes, das ihm jeweils transparent für das Ganze der Offenbarung erscheint. Dennoch ist der Ausgangspunkt seiner Auslegung stets der Literalsinn. Moralische und allegorische Auslegung treten dann hinter die anagogisch-eschatologische Deutung zurück. Entsprechend schließt sich z. B. an die «Expositio libri Genesis» ein «Liber parabolarum Genesis» an. Wie wir das einzelne verstehen, hängt also davon ab, wie wir das Ganze verstehen, so daß bei Eckhart bereits eine Hermeneutik des Vorverständnisses sichtbar wird, von der aus der historische Literalsinn auf Gegenwart und Zukunft hin erschlossen wird. Mit dieser Sprache hinter der Sprache wird jedes Wort überhaupt zum Gleichnis. Ebenso wie die Schriftsprache bricht Eckhart auch die Alltagssprache wie eine Schale entzwei, um zum Kern zu gelangen. Vertraut wird auch auf das Entsprechungsverhältnis von Glaube und Denken, von Theologie und Philosophie, von Schriftauslegung und intellektueller Einsicht. Diese Entsprechung ist freilich im Glauben begründet und vom Glauben her bestimmt, d. h. es geht um eine innere Selbstvergewisserung des Glaubens, nicht um eine rationale Einführung des Glaubens von außen her. Diese Entsprechung oder Konkordanz steht aber nicht von vornherein als gewußtes System fest, sondern sie muß stets neu in der theologischen Reflexion hergestellt und in der spirituellen Praxis ausgewiesen werden.

Gott ist bei Eckhart, um es mit E. Jüngel auszudrücken, «das Geheimnis der Welt», d. h. alle Wirklichkeit erschließt sich erst durch Transposition ihrer Erkenntnis in den göttlichen Bereich. Und dennoch findet sich bei Eckhart kein Verlust an «realer» Wirklichkeit. Denn die theologische Mitte ist der menschgewordene Logos der Schöpfung, d. h. das historische Faktum Jesu von Nazareth wird zum großen «Daß» der theologischen Spekulation, wobei das historische «Wie?» wenig interessiert. Die Quasi-Historisierung des Ablaufs der Heilsereignisse, die sich heute oft als plattes additives Nacheinander hinter dem Programm einer «heilsgeschichtlichen» Theologie verbirgt, ist Eckhart fremd. Man kann bei ihm nicht so denken, «als ob» beim Glauben an die Schöpfung der Glaube an Christus «noch» keine Rolle spiele oder «als ob» bei der Sünde «zunächst» das Erlösungswerk noch ausgeklammert werden könnte. Die Lehre von der «Gottesgeburt» wird so zum hermeneutischen Prinzip aller fundamentalen Heilsaussagen: der Trinität, des Verhältnisses von Ungeschaffenem und Geschaffenem, der christologischen Ereignisse, der theologischen Anthropologie und nicht zuletzt des christlichen Ethos. Dabei läßt sich Eckharts Geschichtsverhältnis, das ja angesichts seines Tranzendentalismus zum Problem wird, mit der einfachen Formel skizzieren: Gott bleibt im Wirken, ohne in seiner Barmherzigkeit etwas von sich vorzuenthalten, der er ist, aber der Mensch *wird:*

«Das Wirken und das Werden aber ist eins. Wenn der Zimmermann nicht wirkt, wird auch das Haus nicht. Wo die Axt ruht, ruht auch das Werden. Gott und ich, wir sind eins in diesem Gewirke; er wirkt und ich werde.» (DW 1, Pr. 6, S. 114, 2–5).

Diese Zeitlichkeit wird aber bei Eckhart nicht räumlich gedacht, wie eigentlich bei geschichtlichem Fortschritts- und Evolutionsdenken anzunehmen wäre, sondern die Analogie zwischen Werden und Wirken hat ihr Zentrum im Wirken (davon der mittelhochdeutsche Ausdruck «wirklicheit»); *was* wird ist weniger entscheidend, als *daß* wird, daß also nichts Irdisches sich erhält, indem es – was bei Gott möglich ist – bei sich bleibt. Kein Heil kommt aus dem, was der Mensch geschichtlich produziert – in diesem Sinne wird daher der «Glaube in Geschichte und Gesellschaft» (J. B. Metz) bei Eckhart nicht thematisiert –, kein Heil kommt aus «Zeitlichem, Körperlichem, Vielem», aber andererseits wird jeder «Status quo» lebensgeschichtlicher Zufriedenheit energisch bekämpft, und der unaufhörliche Aufbruch wird zur spirituellen Forderung, mit dem Ziel, die in Christus antizipierte Einheit der Humanität wiederherzustellen. Dieser Ansatz bleibt jedoch spirituell und wird nicht gesellschaftlich-strukturell, und dies, so scheint es, aus theologischer Enthaltsamkeit gegenüber der zur Gestaltung der Welt freigesetzten Vernunft.

Jeder theologische Blick auf Eckharts «Profil» führt, wie wir sehen, zugleich in die Glaubenspraxis, in die Spiritualität, die jedoch hier nicht im Sinne individueller Frömmigkeit zu verstehen ist, sondern durch und durch am «Nicht-Ich» festgemacht wird. «Nichts Eigenes», lautet die Parole. Gott bedarf keiner Garantie seines Für-sich-seins, wenn er sich theologisch als Liebe, als Für-uns-sein am besten verstehen läßt. Also braucht auch der Mensch nicht um Selbstverlust zu fürchten: «wo ich nichts für mich will, da will Gott für mich». Gottes Liebe gibt die Garantie, alles herzugeben in Armut und Gelassenheit; unendlicher Verlust ist unendlicher Gewinn. Ich habe dementsprechend den sozialethischen Ansatz bei Eckhart als «Christus, das Soziale im Menschen» (1972) zu fassen versucht; die Vorbehaltlosigkeit der Bruderliebe wird bei Eckhart immer wieder betont.

Was heißt das innerhalb der literarischen Strömung der «Deutschen» oder der «rheinischen» Mystik? Bleiben wir zunächst bei «Mystik» als literarhistorischem Begriff, der hier volkssprachlichen Texten zugeordnet wird, in denen es um Gotteserfahrung und spirituelle Glaubenspraxis geht. Eckharts Predigtwerk gehört sicherlich dazu. Aber Eckharts «Profil» ist ein anderes als das seiner Vorgänger und Nachfolger, von denen man einerseits besonders Mechthild von Magdeburg und die flämischen Mystikerinnen und andererseits die großen Johannes Tauler, Heinrich Seuse und den Flamen Ruusbroec nennen muß (vgl. L. Cognet). Dies wird sich in den folgenden Ausführungen zeigen. Eckhart wirkt durch die Radikalität seines Denkens und nicht durch «Seelenführung» (Tauler) oder narrative «Selbststilisierung» (Seuse) oder etwa durch kluge Führung des Aufbruchs im religiösen Bewußtsein in die Idee des «gemeinsamen Lebens» (Ruusbroec) oder durch Nachdichtung der inneren Schau. Auch die anderen Mystiker kann man freilich nicht ohne ihre theologischen Motive verstehen, und hier lassen sich oft zu Eckhart und seinem Fortwirken Brücken schlagen, wie überhaupt Unterscheidungen hier nicht als Trennungen zu verstehen sind. Aber bei Eckhart ist stets die Axt an die Wurzel jedes frommen Sekuritätsbestrebens gelegt. Diese Kritik übernehmen zwar seine Nachfolger, aber sie bauen sie wieder in «Stufen der Vollkommenheit» ein, sie bauen damit die fromme Gegenwelt (wenn man will: Anti-Kultur) der «Gottesfreunde» auf. Dies wird mit Wirklichkeitsverlust bezahlt, und zwar im doppelten Sinne: Verlust an Weltwirklichkeit (bei Tauler etwa wird die Welt zum spirituellen Übungselement) und Verlust an Praxis (die dann wieder zur Schau als Überschuß und Ergänzung hinzukommt). Jedes Erbauliche ist Eckhart fremd, und darum ist er es auch, der die Frommen «verwirrt» und keinerlei «psychologischen» Trost spendet. Radikale Denkprozesse eignen sich nicht für Gemeindebildung; sie setzen den Starken ins eigene frei (Eckhart als Anreger), aber sie halten dem Schwachen keinen Steigbügel. Eckharts Tragik liegt darin, daß er, mit sprachlichen Mitteln und mit Gleichnissen, den Weg zu den «Ungelehrten» gesucht hat – diesen Weg verteidigt er ausdrücklich am Ende des «Buches von der göttlichen Tröstung» –, aber daß er gleichzeitig diesen Trost durch Denken, durch Theologie, zu vermitteln versuchte und nicht durch «Paränese». Er hat als Seelsorger und «Lebemeister» nirgends ein spirituelles Lernen durch Bestätigung und Bekräftigung zu initiieren versucht. Wer mitgehen wollte, mußte sich auf Versuch und Irrtum einlassen, sich dem Experiment des Denkens aus Vertrauen in den Glauben ausliefern. Es ist interessant, daß in den Legenden Eckhart eher als Katalysator denn als indoktrinierender Führer erscheint. Sein außerordentliches spirituelles Ansehen ist sicher auch in der Lauterkeit seiner Person zu suchen. Man läuft ihm zu, man bewundert ihn, man hört ihn mit großer Intensität – auch Intensität des Denkens erzeugt Ausstrahlung –, ja man liebt ihn, aber man kann ihn nicht imitieren. Wenn mehrere seine deutschen Predigten mitstenographieren, dann versucht man, vermutlich durch gegenseitige Ablösung der Schreiber, das genaue Wort einzufangen, aber Eckhart zweifelt selbst häufig genug daran, ob man es auch versteht. Er hat die Texte vermutlich in ihrer Endredaktion selbst autorisiert, so daß ihre Überlieferung mit Sicherheit auf authentisches Material zurückgeht (P. G. Völker, Die Überlieferungsformen mittelalterlicher deutscher Predigten, 1963). Und doch entsteht gerade aus diesem Gegensatz eine besondere kerygmatische Wirkung: die Provokation eines Denkens, dessen gelebte Erfahrung niemand leugnen kann. Versuchen wir, den Ursachen dieser Wirkung, die bis heute kaum an Lebendigkeit verloren hat, etwas nachzugehen.

Etappen der Eckhartforschung

Die romantische Besinnung auf das Mittelalter hat auch die Gestalt Meister Eckharts wieder erscheinen lassen. Texte kannte man jedoch nur in Bruchstücken; der junge Hegel ließ sich darüber von F. von Baader informieren. Einzelne «kühne» Formulierungen aus den deutschen Predigten führten dann ein Eigenleben, wurden etwa von Schopenhauer und Nietzsche zitiert.

Mit dem Aufbruch der älteren Germanistik in der ersten Hälfte des 19. Jahrhunderts ist auch die Verbesserung des Zugangs zu den Texten verbunden, von denen man zunächst nur die deutschen Werke kannte. Als erste Etappe der Eckhartforschung rechnet man daher die 1857 erschienene Sammlung deutscher Predigten, Traktate, Sprüche und Legenden durch den Wiener Germanisten Franz Pfeiffer. Die Mängel dieser Ausgabe lagen im Fehlen des geplanten kritischen Apparates und in den Kriterien der Echtheitsfrage. Wie man damals Eckhart verstand, zeigt etwa der Titel des Werkes von J. Bach: «Meister Eckhart, der Vater der deutschen Spekulation» (Wien 1864). Man hat damals versucht, den Strom der «deutschen» Mystik als ganzen sichtbar zu machen (besonders W. Preger, 1874–1893). Idealistische Interessen erhielten einen Dämpfer, als H. S. Denifle lateinische Werke Eckharts auffand und untersuchte (1886). Damit wurde der Blick auf den «scholastischen» Eckhart gelenkt, der dann meist aus neuscholastischer Perspektive beurteilt und als «schlechter» Thomist diskreditiert wurde. In dieser zweiten Phase wird die Auseinandersetzung um Eckharts «Rechtgläubigkeit» wichtig, und es ist kein Wunder, daß daher die Auffindung und Herausgabe der Rechtfertigungs- und Prozeßschriften in den zwanziger Jahren unseres Jahrhunderts besonders bedeutsam war (A. Daniels, 1923; G. Théry, 1926). Danach installierte sich auch eine theologisch-positive Sicht (O. Karrer, H. Piesch, J. Koch u. a.).

Die vierte Etappe der Eckhartforschung wurde mit dem Beginn der kritischen Gesamtausgabe im Auftrag der deutschen Forschungsgemeinschaft (seit 1935) eingeleitet. Nun stand immer mehr kritisches Textmaterial zur Verfügung, wenn auch die Unterbrechung durch den Krieg dies vor allem in der Nachkriegszeit zum Tragen kam. Vor allem in den fünfziger Jahren sind eine Reihe von Eckhartdeutungen erschienen. Die Herausgeber der deutschen und lateinischen Werke (vor allem J. Quint, J. Koch, K. Weiß und H. Fischer) haben auch die Interpretation der Texte maßgebend bestimmt. So entstand ein differenziertes Eckhart-Bild auf neuer Grundlage, vor allem auf der Basis seiner spezifischen Analogielehre.

Die Ausgabe der Lateinischen Werke wurde dann von Loris Sturlese übernommen, der mit der Erforschung von Leben, Prozeß und Werkabfolge neue Erkenntnisse gewinnen konnte. In der Echtheitsfrage der deutschen Werke mußte man sich schrittweise von Parallelen aus der Rechtfertigungsschrift und den lateinischen Sermones her vortasten, um dann von gesicherten Texten aus den Vergleich weiterführen zu können. Das enorme Lebenswerk Josef Quints, das vor allem in den Bänden der deutschen Ausgabe (Bd. 1–3, Predigten, Bd. 5, Traktate) vor uns steht, kann nur außerordentliche Hochachtung vor dem Herausgeber erzeugen. Quint war es auch, der neben einigen kleineren Studienausgaben für eine breitere Öffentlichkeit eine Übersetzung deutscher Predigten und Traktate herausgab (1955), die einer breiteren Leserschaft den Zugang erschloss. Die Arbeit Josef Quints wird mit Akribie von Georg Steer weitergeführt. Seither ist nicht nur der IV. Band der Predigten (noch unvollständig) erschienen, der sich in zwei Teile geteilt hat, es ist auch die Einsicht gewachsen, daß noch weit mehr deutsche Eckhart-Schriften der Echtheits-Probe standhalten werden.

Es gibt heute eine ganze Reihe von Eckhart-Interpretationen auf hohem Niveau, die sich verständlicherweise untereinander nicht einig sind, weil ihre Erkenntnisinteressen und ihre philosophie-historischen Bezugspunkte divergieren. Der gelegentliche Versuch einiger Herausgeber, das authentische Verständnis gegenüber dieser Flut von Arbeiten zu schützen, gelingt nicht immer. Damit ist wohl jene Etappe angebrochen, in der der «Konflikt der Interpretationen» zwar fortschreitet, zugleich aber auch die Auseinandersetzung an Transparenz gewinnt. Daß das Eckhart-Bild im Wandel bleibt, dafür sorgt schon die geschichtliche Entwicklung selbst. Idealismus, Lebensphilosophie, Neuscholastik, nationale Ideologie, Gesellschaftskritik und zuletzt auch die interkulturelle Neomystik (Eckhart wird auch von außereuropäischer Mystik besonders zur Kenntnis genommen) trugen ihr Teil zu unterschiedlichen Vorverständnissen bei.

Die Diskussion über Meister Eckhart – ist er ein Philosoph mit theologischer Staffage, ein Bibelausleger mit einer besonderen Sprachtheorie bzw. Wortmetaphysik, ein Inkarnationstheologe, der eine Christologie von innen entwickelt hat, ein Metaphoriker, der seine eigentlichen Aussagen auf einer metaphorischen Ebene (z. B. in der Metaphorik vom Bild und vom Spiegel zwischen Seele und Gott) entwickelt, ein spiritueller Wegweiser, ein Provokateur der wahren Selbsterkenntnis u. a. m.? – all das wird andauern. Da mittelhochdeutsche und lateinische Texte in deutscher Übersetzung inzwischen durch die zweibändige schöne Ausgabe von Nikolaus Largier besser zugänglich geworden sind, besteht hier ebenso die Möglichkeit, sich, auch durch die Führung mittels reichhaltiger Anmerkungen, einen Einblick zu verschaffen, wie in der Fortsetzung der sog. «Lectura Eckhardi» (hg. v. Loris Sturlese und Georg Steer), ferner durch die Einordnung in die Mystikgeschichte durch die mehrbändigen Werke von Bernard McGinn und von Kurt Ruh sowie durch die Sammelbände zum Forschungsertrag, z. B. von Walter Haug und W. Schneider-Lastin (2001), insbesondere in den bisher sieben Jahrbüchern der Meister Eckhart Gesellschaft. Unter den theologischen Studien sei insbesondere auf Irmgard Kampmann, Christine Büchner und Mauritius Wilde (2000) verwiesen. Mir scheint damit eine verläßliche Grundlage erreicht, auch wenn die Anfragen an die Echtheit von einzelnen Texten ebenso weitergehen werden wie die Kontroverse um die «eigentliche» Intention des Meisters. Aus der neuen Literatur sind die Veröffentlichungen von Markus Vinzent (2012), Heinz Schirpenbach (2007), Alexandra Beccarisi (2012), Jeremiah Hackett (2012) und Walter Senner (2012) besonders hervorzuheben.

ZUR SACHE

Eckhart und die religiösen Bewegungen seiner Zeit

Wir sprachen bereits von Eckharts Profil in der theologischen und mystischen Literatur. Aber Eckhart gehört nicht nur hierher, sondern er war Prediger und Führer zum geistlichen Leben. Er hat vielen Menschen bei ihrer religiösen Erfahrung geholfen und entsprechende Verehrung gefunden. Dies bezeugen Tauler und Seuse sowie einige Schwesternviten und die Eckhartlegenden. Andererseits hat er nach Ansicht der kirchlichen Obrigkeit auch die Leute mit seinen volkssprachlichen Reden und Schriften «verunsichert». Damit ist wohl gemeint, daß einfache Leute seine Lehre nicht genug von der Lehre freigeistiger religiöser Laienbewegungen (Begarden genannt) unterscheiden konnten. Das Exempel, das mit seiner Verurteilung im niederrheinischen Raum statuiert wurde, galt schon nach der Ansicht einiger Zeitgenossen weniger dem Meister selbst, der ja von formeller Häresie freigesprochen wurde, als diesen Laienbewegungen, die sich mit Eckharts Autorität zu stützen versuchten.

Eckhart selbst sagt zu dieser Situation am Schluß seines volkssprachlichen «Buches der göttlichen Tröstung», das die meisten der verurteilten Sätze enthält:

«... man wird sagen, daß man solche Lehren nicht für Ungelehrte sprechen und schreiben solle. Dazu sage ich: soll man nicht ungelehrte Leute lehren, so wird niemals wer gelehrt, und so kann denn niemand lesen oder schreiben. Denn dazu belehrt man die Ungelehrten, daß sie aus Ungelehrten zu Gelehrten werden. Gäbe es nichts Neues, so würde nichts Altes. Dazu ist der Arzt da, daß er den Kranken gesund mache. Ist aber jemand, der diese Worte unrecht versteht, was kann der Mensch dafür, der dieses Wort, das recht ist, recht äußert?» (DW 5, S. 60,27–61,5).

Ein interessantes Selbstverständnis in der Rolle des Theologen. Man höre: Laien haben Anspruch auf Mitdenken in der Theologie, sie brauchen nicht unmündig und unkundig zu bleiben! Daß dies dem neuen religiösen Selbstverständnis der selbstbewußten Laienbewegungen entgegenkam, liegt auf der Hand. Man höre: es darf in Theologie und Kirche auch Neues – «nova et rara», heißt es gelegentlich bei Eckhart – gesagt und gelehrt werden, und dies auch, *nachdem* man sich gerade über die neue Lehre des Thomas von Aquin verständigt und nun ein Interesse an Absicherung hatte. Daß dies frommer Emanzipation entgegenkam und antihierarchische Affekte nicht gerade verringerte, liegt auf der Hand. Man höre: es geht um religiöse Gesundung als pastorale Aufgabe: der Helfer geht zum Krankenbett (d. h. er benutzt die Volkssprache) und sucht die Leute dort auf, wo sie stehen, vor allem bei ihren Mißverständnissen des Glaubens und der Frömmigkeit als Absicherung ihres Herdes und ihrer Zukunft. Dabei fällt dem Leser auf, daß Eckhart an zwei Fronten kämpft: gegen alte Frömmigkeitstechniken ebenso wie gegen neuen Spiritualismus und Quietismus, gegen die Verwaltung des Glaubens ebenso wie gegen leichtfertigen Umgang mit ihm. Es scheint mir nur, als habe er die Gefahr vor allem in der Besitzmentalität der verbürgerlichten Religion gesehen und nicht so sehr in der «Häresie». Auch hier muß man sagen: daß dies starkes Interesse bei denen fand, die ihre spirituelle Erfahrung schlecht oder nur aggressiv artikulieren konnten, liegt auf der Hand. Man höre schließlich: Eckhart geht so sehr vom positiven Faktum seines starken Glaubens und damit von seiner Christlichkeit und Kirchlichkeit aus, daß er sich quasi der Häresie subjektiv für unfähig hält und sich auch objektiv als Theologe zutraut, das rechte Wort zu finden. Die Argumentation mit seiner Mißbrauchbarkeit darf nach seiner Meinung nicht inquisitorisch verwendet werden. Hier werden Töne angeschlagen, die Eckhart in seiner Rechtfertigungsschrift ebenfalls benutzt. Aber daß damit die Autorität des führenden Theologen ins Spiel kommt und daß diese dann an den offiziellen Glaubenssätzen, sei es seitens der Amtskirche, sei es seitens der religiösen Bewegungen, gemessen wird, liegt auf der Hand.

In einer nachkonziliaren Phase des Glaubens, wie wir sie heute in der katholischen Kirche haben, sollten diese Probleme verständlich sein. Das Konzil hat Glaube und Praxis der Christen in Bewegung gebracht und größere Mündigkeit und Mitwirkung der Laien ausdrücklich gewünscht. Bewegungen aber können nur schwer gestützt und zugleich «kontrolliert» werden. So entsteht das Dilemma, daß die «neue» Lehre von den einen reduziert und von den anderen weiter entfaltet werden will, und daß derjenige, der hier eine fortschrittliche Mitte sucht, zwischen zwei Fronten gerät. An der Situation des Theologen in der Kirche hat sich seit Eckhart nicht so entscheidend viel geändert. Auch das für seine Zeit (ihm gegenüber) relativ humane Inquisitionsverfahren setzt sich heute noch mutatis mutandis als für unsere Zeit relativ inhumanes Lehrverfahren fort. Daß Eckhart heute auf diese Weise ohne theologische Brisanz wäre – freilich weniger im Sinne der aus dem Zusammenhang gerissenen verurteilten Formeln –, kann man füglich bezweifeln. Die Probleme zwischen amtlicher Lehrautorität bzw. bewahrender Hirtensorge, theologischer Kompetenz und Glaubenspraxis an der Basis, dürfen weiterhin als ungeklärt gelten. Eckhart war ein Reformator und Visitator von Klöstern, durchaus und ganz im kirchlichen Sinne. Man sollte sich nicht vorstellen, daß er als solcher kein Interesse auch an der Kirchlichkeit der Lehre und an disziplinarischer Abwehr von Freigeisterei gehabt hätte. Seine Theologie atmet aber weithin nicht den Geist des Systemzwanges. Wenn er am Ende seines Lebens seine Werke ordnet und ihnen ein System der Thesen voranstellt, so ist ihm dies Interesse ausdrücklich von seinen Hörern zugewachsen, und so ist er denn auch nicht mehr dazu gekommen, diese Aufgabe auszuführen. Er wollte nicht das System, sondern den Dienst an der Entfaltung des Denkens, am Anders-sein-können des Menschen und an einer neuen Lebenspraxis. Dennoch ist er Systematiker, aber Systematiker der Erschließung des Neuen am Alten.

Eckhart war ein Prediger. Er hat in Klöstern und Kirchen gepredigt, von denen wir einige aus Köln und Umgebung kennen, aber die meisten Orte und Zeiten sind uns unbekannt. Wen aber hat er angesprochen? Den Klerus sprach er mit lateinischen Predigten an, und es ist nicht bekannt, daß er hier «Verwirrung» gestiftet hat. Von seiner Ordensleitung wurde er bis zuletzt unterstützt. Das «Volk», das er ansprach, war wohl unterschiedlich. Es waren Laien, vor allem Frauen, in Klöstern, aber es waren wohl auch einfache Leute, die neben seinen Theologiestudenten in den Kirchen saßen. Eckhart unterscheidet zwischen dem, was er in der Kirche oder «in der Schule» sagt. Aber er trennt es nicht, sondern spielt durchaus auf theologische Streitfragen an: Erkenntnis oder Liebe, Ewigkeit der Welt, Folgen der Sünde usw. Daher spricht er nicht jeden an. Die «armen Leute» kehren wieder heim und sagen: «Ich will an einem Ort sitzen und mein Brot verzehren und Gott dienen!» Für diese predigt Eckhart nicht: er predigt für Menschen im religiösen Aufbruch, «die Gott nachfolgen in Armut und in Fremde» (Pf LVI, 181,20–25; in diesem Band S. 194). Den «impliziten» Hörer bei Eckhart kann man so erschließen: es war der an einer neuen spirituellen Lebenspraxis interessierte Laie innerhalb und außerhalb des Klosters. Eckhart hat dabei nicht für einen bestimmten «Ort» und für eine bestimmte «Weise» der Frömmigkeit gepredigt. Im Gegenteil: jeder sollte seinen Weg auf seine Weise gehen und «Gott in allen Dingen» finden.

Eckhart unterscheidet sich stark von «Volksmissionaren», wie wir sie etwa in der Gestalt Bertholds von Regensburg kennen. Vielleicht waren die beiden Kölner Dominikaner, die gegen ihn intrigierten, an dieser Art Volksmission interessiert. Eckhart hat, man kommt nicht umhin, dies zu bemerken, «Intellektuelle» angesprochen und wohl auch ansprechen wollen. Weil er seine Gedankengänge für so vernünftig zwingend hielt, ist er auf die Idee eines intellektuellen Mißverständnisses auch gar nicht gekommen, sondern nur auf die Idee grobsinniger Verfälschung. Unter «Intellektuellen» darf man sich aber damals keine Akademiker vorstellen, sondern Menschen, die eine – stets auch religiös orientierte – schulische Ausbildung genossen hatten. Der damalige «Intellektuelle» kannte die volkssprachliche Bibel und las wohl vor allem teils religiöse Literatur, teils höfische Dichtung.

Es ist die bürgerliche Welt in den Städten, in denen die Dominikanerklöster lagen, die uns hier begegnet. In dieser Welt gab es Bewegungen gegen das bürgerliche Dasein, die aber nicht etwa aus dem «Proletariat» kamen, sondern aus dem Bürgertum selbst. Man suchte nach alternativen Lebensformen – auch dieses heutige Wort gilt für eine alte Situation. Man braucht hier nur an die Bürgersöhne Petrus Waldes und Franziskus von Assisi zu erinnern, um zu zeigen, wie sehr diese Tendenz Eckharts Zeit bereits um ein Jahrhundert vorgegeben war. Vielleicht sollte man sich auch daran erinnern, daß Franziskus seine Bewegung zunächst als Laie entfachte.

Die Laien versuchten, ihre Glaubenspraxis auch in eigene Hände zu nehmen: dem biblischen Wort nachzufolgen, es wörtlich nehmen, neue Gemeinschaftsformen zu experimentieren, sich theologisch zu informieren. Ein Teil dieser Bewegung floß in die aufblühenden Bettelorden. Auch zu Eckharts

Zeit wurden viele neue Klöster gegründet, mußte die deutsche Ordensprovinz geteilt werden. Ein anderer Teil schloß sich in religiösen Kommunen zusammen, von denen uns die Frauenkommunen der Beginen in Belgien und Holland am bekanntesten sind. Dies waren Gemeinschaften – man muß dabei auch den Frauenüberschuß beachten –, in denen eine Mischform aus Kloster, gemeinsamer Bildungs- und Versorgungsstätte und weltlichem Leben möglich war. Mit der Heirat konnte man diese Kommune verlassen. Man bedenke dabei, daß Eckhart die geistige Armut mitten im Leben, nicht nur in klösterlicher Zurückgezogenheit, gepredigt hat. Die Beginenmystik ist eine Art «Laientheologie» der damaligen Zeit.

Die Kirche hatte diese Bewegungen mit der Zulassung neuer Orden kanalisiert. Aber sie hat sie scharf bekämpft, sobald antihierarchische und gnostische Züge in sie einmündeten. Frömmigkeit und Ketzertum hatten aber oft den gleichen Nährboden, und hier war es nicht einfach, Unkraut und Weizen zu sondern (an Jesu Vorbehalt gegenüber dieser Tätigkeit erinnerte man sich nicht). Die Spannung zwischen pastoralem Entgegenkommen und Inquisition kann man sich vorstellen.

Auf der einen Seite muß man sehen, daß die soziale, kulturelle und religiöse Umbruchszeit des Spätmittelalters in vielfältiger Begegnung mit jüdisch-islamischem Gedankengut und mit gnostischen Lehr- und Lebensformen eine Reihe von randkirchlichen Mischformen und tatsächlichen Häresien erzeugte. Auf der anderen Seite bot die «Kirche» in Avignon nicht die Gestalt, die einer Integration der geistlichen Anliegen dienlich war. Man denke in diesem Zusammenhang an die politische Verflechtung des Papsttums und an den weltlichen Verschleiß der Interdiktspraxis. Der freigeistigen Charismatik auf der einen Seite entspricht auf der anderen der Terror der Ketzerbekämpfung, in der das falsche Bewußtsein um des Heiles willen ausgerottet wurde.

Dies sind Spannungen, in denen es für einen Prediger «gefährlich» wird, unerhört Neues über die Gottesgeburt in den Herzen *aller* Gläubigen zu sagen, ohne dafür ausgefeilte religiöse Techniken oder institutionelle Verpflichtungen zu fordern. Andererseits muß Eckhart, dem eine große Anhängerschaft im Volk, das heißt unter den an einer Alternative zur bürgerlichen Lebensform interessierten mündigen Bürgern und Laien, nachgesagt wird, auch eine «befreiende» Wirkung gehabt haben. Wenn man auch nicht alles verstand und wenn der Meister daher mit Sicherheit auch einiges tun mußte, damit das nachgeschriebene Wort möglichst authentisch war – er hat darum sein deutschsprachiges Werk im Prozeß auch anerkannt –, so bekam man doch die Intention mit, aus der Eckhart sprach, die Intention, den Glauben mit Vernunftgründen auszulegen und Glaubenserfahrung zusammen mit der Glaubenspraxis zu vertiefen. Eckharts Konsequenz in diesem Ansatz muß beeindruckend gewesen sein, zumal seine persönliche Lauterkeit und sein ganzes geistiges Engagement dahinter standen. Die Zuhörer haben den «schwierigen» Eckhart, der sie keineswegs schonte und oft für sie predigte, indem er gegen sie und ihre religiöse Sprachregelung predigte, zumindest verstehen wollen, und dazu brauchten sie eine Motivation aus ihrer eigenen Lebenspraxis.

Das «Befreiende» war wohl unter anderem, daß Eckhart vom «Durchbruch» zur Gotteserfahrung sprach und dabei nicht irgendwelche Vorhöfe des Allerheiligsten im Auge hatte, sondern den «intellectus in deum ascensus», das Mit-Gott-sein durch Mitdenken und Mitwirken in der Zeit und in der Welt selbst. Das Ganze dieses neuen Daseins in jedem Schriftwort, in jedem einzelnen Grundwort gängiger spiritueller Erfahrung (Armut, Abgeschiedenheit, Gelassenheit), aufzubrechen, dies eben muß von den Adressaten wohl als eine Form der Reduktion aufgefaßt worden sein, die ihren Glauben von Balast befreite und auf das Wesentliche zurückführte.

Aber Eckhart war bis in Verkündigungstexte hinein unnachgiebig, was die Notwendigkeit der Reflexion anging. Ohne Denken keine Wahrheit, aber auch ohne entsprechende Lebenspraxis kein Denken der Wahrheit. Im zweiten konnten die Zuhörer folgen, im ersten blieben sie wohl auf der Strecke. Auch heute noch wird für den Leser die schwierige Frage bleiben, wie sich bei Eckhart der Primat des Denkens mit der praktischen Autorität der Erfahrung verbanden.

Gott denken und erfahren

Eckharts Spiritualität ist also zunächst eine Spiritualität des Denkens. Das mag dem heutigen Leser etwas fremd sein, vor allem, wenn er «Mystik» sucht und ein gut Teil Philosophie vorfindet. Aber Eckhart ging davon aus, daß Vernünftigkeit auch Verständlichkeit sei. So sinnt er auf dem Weg zu einer Predigt darüber nach, «wie ich euch so verständlich predigen könnte, daß ihr es gleich verstündet, und erdachte ein Gleichnis» (DW 2, Pr. 48, S. 416,1 f.; in diesem Band S. 143). Im mittelhochdeutschen Text heißt «verständlich» «vernunfteclîche», also zugleich auch: vernunftgemäß. Eckhart ist sich wohl bewußt, daß Denken unanschaulich sein kann, daher wählt er in den Predigten «Gleichnisse», manchmal auch Märlein, wie das damals üblich war. Aber gerade in der Predigt, die ich soeben zitiert habe, geht das Gleichnis zwar anschaulich vom Kanzelholz aus, das die Zuhörer vor sich haben, führt aber gleich zur Einheit von Erkenntnissubjekt und Gegenstand im Vorgang des Sehens. Also wird hier von den Hörern eine gewisse Abstraktionsfähigkeit verlangt. Abstraktionsfähigkeit: das gehört zur Spiritualität des Denkens. Wenn Eckhart zum Beispiel von der «Abgeschiedenheit» spricht, dann meint er unter anderem diese Abstraktionsfähigkeit als Fähigkeit zum geistigen Sehen, das von den Vorstellungen und Abschauungen (den «Bildern») abscheidet. Zugleich dient dieses Grundwort auch dazu, Gottes Unvermischtheit mit der Welt auszudrücken. Gott für sich ist daher dadurch bestimmt, daß sein Sein «Denken» (intelligere) ist (vgl. R. Imbach, 1976). Sind wir also bei einem Gott der Philosophen? Keineswegs. Dies wäre nur der Fall, wenn die geoffenbarte Glaubensrealität nicht der Kontext wäre, aus dem «gedacht» wird. Dem Glauben nach soll man sich ja von Gott nicht so leicht Vorstellungen machen, und in dem Sinn wird der nur «gedachte Gott» abgewehrt. Das Denken reinigt die Erfahrung Gottes von den Vorstellungen, wie wir ihn gern für uns hätten, macht ihn also größer als unsere Erfahrung oder unsere Liebe, die von ihm nur das Gute will.

Andererseits wird aber gerade dadurch Gottes Liebe und Barmherzigkeit für eine höhere Erfahrung frei. Ein gedachter Gott genügt nicht, denn, «wenn der Gedanke vergeht, vergeht auch der Gott», heißt es in den «Reden der Unterweisung» (DW 5, S. 205,5). Man soll Gott so sein lassen, wie er sich selbst aussagt: als eine größere Liebe und Barmherzigkeit, als wir sie uns selbst vorstellen, – als wir sie wollen können. In unserer Auswahl finden sich einige Sermones, die dies zum Thema haben.

Das Denken ist also nicht um seiner selbst willen wichtig, sondern um eine höhere Erfahrung der Liebe zu ermöglichen. Unsere Liebe kommt nicht so weit wie unser Denken, das uns die Grenze unserer Vorstellungen von der Güte zeigt. Wenn wir aber das Denken gegen unsere Vorstellungen wenden, dann kann Gott von sich aus sagen, was die Liebe ist. So heißt es in einer Predigt: über Erkennen und Liebe hinaus ist die Barmherzigkeit, das ist das Höchste und Lauterste, das Gott wirken kann (vgl. DW 1, Pr. 7, S. 123,3 ff.; diesem Band S. 131). Wo das Denken aufhört, da fängt die Liebe eigentlich erst an (vgl. LW 4, Sermo VI, n. 52, S. 51). Man darf sich also beim Lesen Eckharts nicht durch die vielen Stellen, an denen vom Vorrang des Denkens vor dem Lieben die Rede ist, täuschen lassen. Dieser Vorrang gilt dialektisch: das Denken treibt die Liebe über den bloßen Willensakt hinaus zur Liebe «ohne Worumwillen», die in die von Gott ausgehende Liebe eingefügt ist. Die meisten Ausleger übersehen dies.

Erfahrung ist also bei Eckhart nicht einfach zu haben. Er ist gegenüber einer Vorstellung von Erfahren, die vom Erleben her kommt, äußerst kritisch. Auf das Empfundene (mittelhochdeutsch «bevinden») kommt es nicht an. Die höhere Erfahrung «spürt» man nicht, weil man nicht dort wohnt, wo sie zu Hause ist, bei Gott selbst (vgl. DW 1, Pr. 4, S. 66,8). Wir sind im Bereich des Suchens, nicht des Erfahrens, denn Erfahrung setzt Gleichheit voraus.

Und doch ist Erfahrung das, was wir mit unserem Denken suchen. Wer daher die Wahrheit sehen will, muß ihr gleichen, dann kann er sie zugleich denken und erfahren. Wenn er ihr gleicht, redet mit ihm die Wahrheit selbst. Es gibt also eine existentielle Verbindlichkeit des Denkens, der Reflexion. So heißt es zum Verhältnis von Denken und Glauben:

«Es ist ein Zeichen von Stolz und Verwegenheit, nicht glauben zu wollen, wenn man nicht vorher mit dem Verstand es einsieht; aber ebenso ist es ein Zeichen von Feigheit und Nachlässigkeit, wenn man das, was man glaubt, nicht mit Überlegungen der natürlichen Vernunft und mit Gleichnisse erforschen wollte». (In Joh. n. 361, LW III, 307)

In den Predigten findet sich gelegentlich die Formel «mit dem Herzen erkennen» (DW 2, S. 41,5). Das Herz ist bei Eckhart kein Sitz emotionaler Bewegungen. Es ist vielmehr Gottes Erstlingswerk in der Schöpfung und die Mitte menschlichen Daseins (vgl. DW 3, Pr. 71, S. 217,7 ff.). Darüber hinaus ist das Herz Metapher für die Mitte und Tiefe göttlichen Seins (vgl. DW 1, Pr. 1, S. 31,5–8). Mit dem Herzen wird gedacht; Abgeschiedenheit und Reinheit sind Herzenstugenden. Wegen eines neuzeitlichen Mißverständnisses der intellektuellen Tiefe Eckharts (Denken = Kopfarbeit) hat man bisher die «Herzenssprache» bei ihm weitgehend übersehen, obwohl sie so sehr im Zentrum steht und an die Tradition der Gottesgeburt «im Herzen» anknüpft (vgl. H. Rahner, 1935).

Eckharts Denken lebt daher im angstfreien Vertrauen der Glaubenserfahrung, die er im Herzen trägt. Nur ist es so, daß er *über* diese Erfahrung nie als Sondererfahrung redet, sondern stets so aus ihr, als sei sie für jeden Christen selbstverständliche Voraussetzung. Von daher erklärt sich auch das weitgehende Fehlen von Texten der inneren Schau. Ebenso fehlen Visionen und prophetische Rede. Es scheint mir kein Zufall, daß von Eckhart Auslegungen zum Buch der Weisheit erhalten sind und nicht zu den Propheten. Seine Glaubenssprache ist die des Denkens und der von ihm bewegten, aber über es hinausverweisenden Metapher. So kann er in der Schöpfung lesen wie in einem Buch: wer nur die Geschöpfe erkennt, braucht keine Predigt, denn jedes Geschöpf ist ein von Gott beschriebenes Buch (vgl. DW 1, Pr. 9, S. 156,7–9).

Zum anderen setzt Eckharts Denken die praktische Lebenserfahrung voraus, wie vor allem die Predigt über Maria und Martha zeigt (s.u.). Die Praxis ist Voraussetzung sicherer Einsicht. Wer nicht nachfolgt «in Armut und in Fremde», der kann auch nichts einsehen. (Vgl. dazu in der Auswahl die Predigt «Sequere me»). Daß es ohne Praxis keine Gotteserfahrung gibt, ist zwar eine einheitliche Lehre der Tradition, aber Eckhart hat ihr eine originelle Schärfe gegeben.

Wenn man bei Eckhart von Gotteserfahrung spricht, so ist dies weder eine Erfahrung vom Typ «Beobachtung» noch eine Erfahrung vom Typ «Erlebnis», sondern eine der Praxis eigene Erfahrung, Erfahrung als Ethos. Wäre demnach nach Urs von Balthasars Bestimmung des spezifisch Christlichen in der «Mystik» das Kriterium der «Bereitschaft» an die Stelle des Kriteriums der «Erfahrung» zu setzen? «Wo christliche ‹Bereitschaft› zum obersten Wert aufrückt, muß ‹Erfahrung› an eine tiefer liegende Stelle ausweichen: der ganze *Stellenwert* von Mystik wird dadurch verändert.» (1974, 57 ff.). In der Tat lehrt Eckhart ein Ethos der freien Bereitschaft für Gott, der Selbstlosigkeit, Armut, Gelassenheit.

Wir werden damit an Eckharts Ethos verwiesen. Dies ist für Eckhart, was Gott betrifft, vor allem auch die Haltung des Gebets, aus der gedacht und gesprochen wird. In dieser Haltung heißt es aber, zunächst zu verstummen und Gott das Wort zu geben: Schweigen *vor* Gott ist mehr als Reden *von* Gott. Das Gebet des abgeschiedenen Menschen ist ein verstummendes Gebet (vgl. DW 5, Von Abg., S. 426,6 ff.; in diesem Band S. 94). Und der Schrifttheologe Eckhart bezeugt, wie sehr der Glaube vorn Hören und Befolgen jedes Wortes kommt, da er dem Menschen als Einsatzzeichen für sein Leben aufgeht. Unter diesem Aspekt vor allem hat Eckhart seine Schrifttexte ausgewählt: die Auslegung dient der Predigt und diese wiederum der Lebenslehre.

Lebenslehre als Seinslehre

Diese Voraussetzung – Lebenslehre als Seinslehre – ist bei Eckhart zu beachten. Denn ob Eckhart von den sittlichen Tugenden oder von den Grundworten der Vollkommenheit (Gerechtigkeit, Abgeschiedenheit, Gelassenheit, Armut, Eigenschaftslosigkeit, Wirken ohne Worumwillen) spricht, stets versteht er diese von ihrem Grund im Sein her, wo sie nichts anderes sind, als das Sein selbst. Beim Menschen «sind» sie nur in abgeleiteter Form da, d. h. philosophisch gesprochen, in der Form der Analogie. Was analog ist, ist aber nach Eckhart durch «Ununterschiedenheit unterschieden», d. h. die Diffe-

renz ist zu groß, als daß sie durch innerweltliche Unterscheidungen auszudrücken wäre. Gott ist daher auch nicht einfach anders als die Welt, sondern er ist das Nicht-Andere, größte Nähe und Ferne zugleich (vgl. LW 4, Sermo XXIV, n. 304, S. 270,7 f.). Erst wer zweifach verneint, sieht das Sein Gottes: wer verneint, daß Gott die Welt ist und wer verneint, daß er ihr negativ ablesbares Gegenteil ist.
So kann man Gott bejahen, und in diesem Bereich wohnt das eigentliche Leben mit seinen Maximen der Vollkommenheit: die Frucht ist in der Blüte bei sich selbst, nicht als Effekt der Blüte (vgl. LW 2, Sup. eccl. n. 22, in diesem Band S. 209). Dadurch entsteht eine «Vereinfachung» der Lebenslehre. Denn jedes Ethos ist in seinem Grunde das göttliche Lebensethos selbst. «Sein, Leben und Denken» sind Aspekte des göttlichen Geschehens (vgl. DW 1, Pr. 8, S. 129,6–130,4). So vielschichtig auch die von Eckhart thematisierten Aspekte der Vollkommenheit sind, es gibt nur ein Ethos, das sich darin perspektivisch auslegt.

Die Loslösung und das Gelöst-sein

Eckharts Ethos der Vereinfachung oder Ethos der Einheit läßt keine «Stufen der Vollkommenheit» zu, wohl aber eine perspektivische Betrachtung des «notwendigen Einen», das «Abgeschiedenheit» heißen kann (vgl. den Anfang dieses Traktates, S. 83), aber auch andere Namen trägt. Die Vorgänge der Loslösung, so verschiedene Namen sie tragen (Gelassenheit, Armut, Selbstlosigkeit), sind alle füreinander transparent.
Dabei gibt es ein Schema, wenn man etwa den Abgeschiedenheitstraktat mit der Armutspredigt vergleicht: zunächst werden falsche Vorverständnisse der Frömmigkeit angegriffen. Abge-

schiedenheit ist nicht Flucht in die Einsamkeit, Armut nicht die Spiritualität äußerer Besitzlosigkeit. In beiden Fällen könnte man sonst meinen, sich durch eine geschickte Technik Gott zu nähern. Abgeschiedenheit ist vielmehr völlige Vernichtung des Eigenen, Armut Nicht-haben, Nicht-wissen, Nicht-wollen.

Es geht ferner darum, eine neue Dimension des Daseins zu sehen und dort zu sein, wo Gott selbst abgeschieden und arm ist. Diese Dimension ist nur zu «haben», wenn alle Besitzstrukturen menschlichen Daseins, gipfelnd im Selbstbesitz, durchbrochen werden, wenn man sich von allem Worumwillen in Wollen und Wirken löst, das Reich der selbstgesetzten Zwecke verläßt und alles so empfängt, daß die Fraglosigkeit göttlichen Daseins selbst das Leben durchprägt:

«Fragte einer das Leben tausend Jahre lang: warum lebst du? – es würde antworten, wenn es sprechen könnte: ich lebe darum, daß ich lebe. Das kommt daher, daß das Leben aus seinem eigenen Grund lebt und aus sich selber quillt. Darum lebt es ohne Warum eben darin, daß es sich selber lebt. Wenn einer einen tätigen Menschen, der aus seinem eigenen Grund wirkte, fragte: warum wirkst du deine Werke? – dann spräche dieser, sollte er genau antworten: ich wirke darum, daß ich wirke.» (DW 1, Pr. 5 b, S. 91,10–92,6; in diesem Band S. 125)

In Gott wird das Leben «einfach», weil es bei sich selber ist. Auf dieses Dasein kommt es an. Man muß daher nichts «verlassen», man muß «gelassen» sein. Das Grundwort «Gelassenheit» (vgl. DW 1, Pr. 12, S. 192–203) gibt vielleicht am stärksten die positive Perspektive des Gelöstseins wieder.

Gelöstsein heißt in der Armutspredigt, zu sein, wie man war, als man noch nicht war. Dies ist aber nicht zeitlich mißzuverstehen, etwa als Rückkehr in die Vor-Existenz. Es wird ja nichts verlassen, sondern alles steht in neuem Licht. Dieses eigentliche Dasein wird metaphorisch auf vielerlei Art ausgedrückt: man geht aus (Gottes) Haus und bleibt doch darin (vgl. Pf LVI, 181,6 f.; in diesem Band S. 193); Gottes Bild ist stets aktuell im Spiegel der menschlichen Seele (vgl. DW 1, Pr. 9, S. 154,1–4); der Mensch ist wie das Echo, das Gottes Ruf hervorbringt (vgl. DW 1, Pr. 22, S. 383,1–3; in diesem Band, S. 137), wie das Wachs, durch das sich Gottes Siegel drückt (vgl. DW 2, Pr. 32, S. 136,2–6).

Der Mensch ist zugleich «draußen wie drinnen» (DW 3, Pr. 86, S. 488,4; in diesem Band, S. 164), denn Gott schafft und erlöst ihn stets aktuell: Schöpfung und Menschwerdung sind immerwährende Geschehnisse; es gäbe nichts, hörten sie nur einen Augenblick auf. Das Sein der Geschöpfe ist als «Dies und Da» nur Vorschein des göttlichen Wirkens der Gnade der Seinsverleihung. Der Mensch muß durch Loslösung und Gelöst-sein in die Tiefe dieses Geschehens eintauchen, um so bereit zu sein für das, was er in Wahrheit, d. h. in Gott selbst ist.

Daher durchzieht das Motiv «werde, der du bist» die Loslösungslehre Eckharts, und wie man sieht, ist dieses Motiv nur ungenügend erfaßt, wenn man es als aszetische Lebenslehre versteht. Das Ethos des Christen entspricht vielmehr der Bewegung göttlichen Seinsverleihens selbst. Es geht nicht um Pflichten, sondern darum, dem Sein entsprechend zu sein oder, theologisch gesprochen, alles aus Gnade zu empfangen.

Werfen wir einen Blick auf die einfachste Formulierung dieses Ethos in den «Reden der Unterweisung». Das Ethos wird hier als Qualität des Willens betrachtet, und der Maßstab für diese Qualität ist das Lassen des eigenen Wollens, das Sich-Aufgeben in Gottes Willen. Im Zentrum der ersten Rede steht der Kernsatz: «wo ich nichts für mich will, da will Gott für mich». Als Bedingung für diese Bereitschaft wird in der zweiten Rede das «ledige Gemüt» genannt, dafür lautet in der dritten Rede der Kernsatz: «wo du dich findest, da laß von dir ab». Deshalb, heißt es in der vierten Rede, muß man weniger bedenken, was man tun *soll*, als was man *ist*. Je besser das Sein, um so besser das Tun. Indem man Gott anhaftet, erfaßt man den Grund aller sittlichen Qualitäten (fünfte Rede). Dazu muß man die Welt nicht fliehen, sondern die Perspektive wechseln: «Gott in allen Dingen» (sechste Rede). Das aber heißt nicht, beständig an Gott zu denken, sondern frei für ihn sein. Zeichen für diesen Zustand des Gelöstseins ist, daß einen nichts innerlich behindert. Hat man dies geübt, dann kann man «unbefangen und frei» wirken.

Mit diesem neuen Dasein verhält es sich wie mit einem, der Durst hat: er hat ihn beständig, ob er daran denkt oder nicht und was immer er tut; oder wie mit einem, der liebt: diese Liebe ist immer gegenwärtig, wo er auch ist und was er auch tut. (Vgl. DW 5, 206,1–13)

Danach erst fragt Eckhart (siebte Rede), *wie* man wirken soll. Maßstab dafür sind Vernunft und Sachlichkeit. Eckhart folgt der aristotelisch-thomanischen Tradition, wonach das Sittliche nichts anderes ist als das Vernunftgemäße. Damit ist der Mensch ebenso bei sich selbst wie bei Gott.

Durchbruch und Wiedergeburt

Wo diese «Bereitschaft» in der Praxis des Menschen besteht, da wird der «Durchbruch» in den göttlichen Bereich möglich. Entsprechend dem Ethos des Denkens wird dieser «Durchbruch» oft als Erkenntnisvorgang beschrieben. Man vergesse dabei aber nicht, daß das Denken die praktische Bereitschaft voraussetzt. Wer praktisch menschlicher wird, hat auch die größere Erkenntniskraft.

Das «Durchbrechen» geschieht jäh, wie ein Blitzschlag (vgl. Pf IV, S. 28,34–29,7; in diesem Band S. 178). Es zerschlägt alle Vorstellungen, auch die von Gott, soweit er analog durch sein Wirken als Schöpfer aussagbar ist (vgl. Pf LVI, 181,13 f.; in diesem Band, S. 193). Im «Durchbrechen» wird die neue Identität in einem Augenblick gefunden, aber so vergänglich dieser Augenblick auch ist, die neue Identität bleibt, solange die im Gelöstsein ausgedrückte Bereitschaft währt, solange also der Mensch die Gnade nicht verliert.

Denn theologisch ist dieser Vorgang nichts anderes als die Gnade der Wiedergeburt des Sohnes im «Seelenfunken», d. h. im Vorschein des Göttlichen in der Seele. Mit Origenes heißt es, daß diese Wiedergeburt in jedem guten Gedanken, gutem Streben und guten Werk geschieht (vgl. Pf XLIII, S. 147, 35–37). «Bereitschaft» – «Durchbruch» – Gnade der «Wiedergeburt»: das sind freilich keine zeitlichen Etappen, sondern Perspektiven desselben Vorgangs. Dessen theologisches Zentrum ist die Geburt des Sohnes im Herzen des Vaters, in der Menschheit des Menschen und schließlich im Grunde jeder einzelnen menschlichen Existenz: «Gott gebiert seinen eingeborenen Sohn in dir, es sei dir lieb oder leid, ob du schläfst oder wachst: er tut das Seine.» (DW 1, Pr. 22, S. 387,3 f.; in diesem Band, S. 139)

Man sieht: auch hier eine «Vereinfachung». Logosgeburt, Menschwerdung, Christwerdung des einzelnen, das alles fällt in einem Geschehen zusammen, denn in Gott gibt es keine Zeit. Freilich wäre dies alles nicht möglich ohne die zeitlich-irdische Existenz Jesu. Doch diese wird johanneisch verstanden, als Begründung neuen Lebens. Der Sohn ist der Erweis der Liebe des Vaters (a.a.O. 377,13); die Gleichgestaltung des Menschen mit dieser Liebe ist die Wiedergeburt des Sohnes: ich gebäre den, von dem ich geboren bin (a.a.O. 382,9 f.) Das Geheimnis der göttlichen Barmherzigkeit spiegelt sich in der Nächstenliebe.

Überwiegt in der Durchbruch-Lehre oft das Ethos des Denkens, so überwiegt in der Wiedergeburt das Ethos der Liebe. Diese Liebe ist jedoch durch das Ethos des Denkens von ihren eigenen Vorstellungen gereinigt. Sie ist nicht Liebe «zu», sondern

Liebe «aus»: «Der Mensch aber ist wahrhaft Sohn, der alle seine Werke *aus* Liebe wirkt.» (DW 2, Pr. 26, S. 33,6 f.) Die Liebe muß durch die Erkenntnis unserer Unzulänglichkeit im Wollen, das an die Vorstellung des Guten gebunden bleibt, geläutert werden. Daher ist nach dem entsprechenden Traktat die Abgeschiedenheit wichtiger als die ungeläuterte Liebe. Der liebt, der «*aus* Gott die Liebe in sich schöpft» (DW 2, Pr. 32, S. 145,2).

Leben als Kunst des Seins

Das Ethos des Lebens ist umgewandte Seinslehre. Für dieses Ethos gibt es nur wenige Maximen: «sei eins, damit du Gott finden kannst» (VeM, DW 5, 113, 8 f.; in diesem Band S. 105). «Wirke ohne Worumwillen», «liebe durch die Gottesliebe» (BgT, DW 5, S. 44,7 f.). Die Kunst des Seins ist die Kunst der Vereinfachung, d. h. Vereinheitlichung der menschlichen Existenz, so daß diese in eine Wirkeinheit mit Gott gerät: «Gott wirkt, und ich werde» (DW 1, Pr. 6, S. 114,5) oder: Gott wirkt, und ich erleide es. (Vgl. DW 2, Pr. 52, S. 501) Leben als Kunst des Seins ist Wirkeinheit mit Gott, dies ist Eckharts Ansatz zur Ethik: alles Sollen stammt aus diesem Können.

Durch das göttliche Werk der Liebe «wird die Seele in Gott getaucht und getauft in göttlicher Natur, und sie empfängt darin ein göttliches Leben und nimmt göttliche Ordnung an, so daß sie nach Gott geordnet wird. Wie man aus einem Vergleich erkennen kann, wenn die Meister der Naturlehre schreiben: wenn das Kind im Mutterleibe empfangen wird, so hat es ausgebildete Glieder und Gestalt. Wenn aber die Seele in den Körper eingegossen wird ... so wird (es) zu etwas Einheitlichem, und dies durch die Kraft der Seele, und empfängt eine andere Gestalt von der Seele und ein anderes, der Seele gemäßes Aussehen. So geht es auch mit der Seele: wenn sie gänzlich mit Gott vereint wird und in göttlicher Natur getauft, so verliert sie alle ihre Hindernisse und Schwäche und Unbeständigkeit und wird völlig erneuert in einem göttlichen Leben und wird in allen ihren Sitten und Tugenden geordnet, wie man am Lichte erkennen kann: Je näher die Flamme beim Dochte brennt, um so schwärzer und grob-stofflicher ist sie; je höher aber die Flamme vom Dochte weg hinaufzieht, um so klarer ist sie. Je höher die Seele über sich hinauf gezogen ist, um so lauterer und klarer ist sie, um so vollkommener vermag Gott in ihr in seinem Gleichnis sein göttliches Werk zu wirken ...» (DW 3, Pr. 60, S. 23,1–26,3).

Wenn man die Tugend im Grunde, d. h. im göttlichen Sein, nimmt, dann handelt man gut (vgl. DW 1, Pr. 16 b, S. 276, 1–5). Das neue Sein ist Kompetenz zum Guten, und daher erkennt man es auch maßgeblich an der Fruchtbarkeit des betroffenen Menschen in guten Werken. Leben ist Kunst des Seins; Kunst des Seins aber ist Wirkeinheit mit Gott: «ein Wirken mit Gottes Wirken» (DW 2, Pr. 40, S. 275,2).

Wirken als Zeichen der Gotteserfahrung

Nach Eckhart geht es darum, zu «lernen, mitten im Wirken frei zu sein» (DW 5, RdU, S. 275,10). Dies ist ein Grundgedanke, den Teilhard de Chardin modern als «Loslösung in der Tätigkeit» formuliert hat. Damit ist nicht einfach eine Gesinnung gemeint, sondern eine Einübung in die Durchlässigkeit für das schöpferische und heilsspendende Wirken Gottes.

Um dies zu zeigen, greift Eckhart das biblische Motiv der Fruchtbarkeit auf (vgl. DW 1, Pr. 2, in diesem Band S. 115 f.).

Ich habe versucht, diesen Fruchtbarkeitsgedanken als Zusammenstimmen von «enteigneter Existenz» und «sozialer Existenz» zu beschreiben (1972).

Zu beachten ist, daß es hier um das Wirken geht, nicht um die Werke als seine Produkte. Diese sind hinfälliges Menschenwerk. Bedeutsam ist die befreiende Veränderung, die sie im Menschen bewirken (vgl. Pf XV, in diesem Band S. 184). Auch Gott bleibt Gott, indem er frei bleibt vom Werden in seinen Werken. Das «Daß» des Wirkens und der Grund des Wirkens sind entscheidend:

«So wie Gott ohne Worumwillen wirkt und kein Worumwillen kennt, in der Weise, wie Gott wirkt, so wirkt auch der Gerechte ohne Worumwillen; und so wie das Leben lebt um seiner selbst willen und kein Worumwillen sucht, um dessetwillen es lebe, so hat auch der Gerechte kein Worumwillen für sein Tun.» (Pf XLIII, 146,20–24) In der Wirkeinheit besteht die Fraglosigkeit einer Grundentschiedenheit; wer erst fragen muß, ob und was er tun solle, ist schon aus dieser Einheit herausgefallen und muß sich dann mit Gewalt zu einem Werk zwingen.

Das Wirken ist deshalb Zeichen der Gotteserfahrung, weil es Gott selbst zu eigen ist: «Gott ist allezeit wirkend ... und sein Wirken ist: seinen Sohn gebären» (DW 2, Pr. 43, S. 319,6 f.).

In diesem göttlichen Wirken fallen Schöpfung, Menschwerdung und Vollendung zusammen (vgl. LW 3, In Jo n. 185, S. 154). Außerhalb des Wirkens können wir davon nichts erfahren, denn nur im Wirken steht Gott mit seiner Schöpfung in Beziehung. Gott, wie wir ihn sehen können, «wird, wenn alle Geschöpfe Gott aussprechen» (Pf LVI, 181,1 f.; in diesem Band S. 193). In sich selbst, in der Gottheit, ist er unerkennbar, denn dort «entwird» Gott (a.a.O.). Es gibt daher nur einen Erfahrungsweg, nicht die Schau, nicht das Erlebnis, sondern: «Alles, das jemals von Gott ausging, das ist nur faßbar als lauteres Wirken» (DW 2, Pr. 52, S. 495,6). In der lateinischen Predigt über die Nachfolge (Sequere me) ist dies eingangs klar ausgesprochen (vgl. in diesem Band S. 260).

Gotteserfahrung und Weg in die Welt oder: Die Einheit von Vita Contemplativa und Vita Activa

Wenn die Anweisung zum christlichen Leben wenigstens in nuce konkret werden soll, dann muß man bei Eckhart zu den «Reden der Unterweisung» und zur Predigt über «Maria und Martha» greifen. Nicht, als fänden sich nur dort ethische Überlegungen. Die ethische Auslegung der Schriftworte gehört ja in den vierfachen Schriftsinn, tritt also zur historisch-wörtlichen, zur übertragenen und zur vorausweisenden Deutung hinzu. Aber der moralische Sinn ist bei Eckhart nicht gerade zentral. Ebensowenig liebt er die typologische Auslegung. Entscheidend ist für ihn der wörtliche Sinn im Text und der Sinn des einzelnen Wortes im Zusammenhang des Sinnganzen des Glaubens, von dem her es oft eine neue, weitreichende und das Ganze zugleich einschließende und eröffnende Bedeutung erhält. Jedes Wort der Schrift wird so wichtig, daß ein guter Teil der Predigten Wort für Wort nacheinander in diesem Sinne seiner Transparenz für das Ganze aufschließt, bis der ganze Satz zum Symbol christlicher Existenz überhaupt geworden ist.

Hier geht es uns jedoch nicht um die moralische Sinngebung, die bei Eckhart nicht von der zentralen ontologischen und theologischen Thematik zu trennen ist, weil sie das Sollen in die Form des Sein-Könnens transponiert. Hier geht es vielmehr um die Verbindung dieses Sein-Könnens mit der Praxis, wie es Eckhart etwa in der Predigt zu Ehren der heiligen Elisabeth beschreibt: «Diese Frau war nach außen vor der Welt in Reichtum und in Ehren, inwendig aber hatte sie die wahre Armut. Und als ihr der äußere Trost wegfiel (Elisabeth und ihren Kindern wurde nach dem Tode des Landgrafen von Thüringen das Erbe weggenommen), da floh sie zu ihm, zu dem alle Geschöpfe fliehen und verachtete die Welt und sich selbst. Damit kam sie über sich selbst und verachtete es, daß man sie verachtete, kümmerte sich also nicht darum und ließ von ihrer Vollkommenheit nicht ab. Danach verlangte sie kranke und verkommene (‹unvlaetige›) Leute mit reinem Herzen zu waschen und zu pflegen.» (DW 2, Pr. 32, S. 147)

Man soll sich um die Seele kümmern und zugleich sein «Brot nicht müßig essen», heißt es im darauf folgenden Abschluß der Predigt, und damit ist die Einheit von Mystik und Praxis gekennzeichnet, für die der Meister wohl selbst ein erstaunlicher Zeuge ist.

Es gibt andere Stellen, die in der gleichen Richtung sprechen: Einsiedler sind zu nichts nütze; man soll «beim Herdfeuer oder im Stall» Gott suchen; Welt- und Menschenflucht sind sinnlos, weil die Hindernisse bei einem selbst liegen; man soll die Werke als «Ausbruch des Wesens der Liebe» tun; Menschendienst ist mehr als Gottesekstase (nach Röm. 9,3); nicht einmal durch die Gefahr der Sünde soll man sich vom Wirken in guter Absicht abhalten lassen; jeder soll auf seine Weise in tätiger Liebe mit Gott mitwirken. So heißt es in den Predigten und in den Reden der Unterweisung.

Wenn Mystik nicht Bewußtseinserweiterung und Beschaulichkeit ist, sondern tätige Seinserneuerung, dann liegt es nahe, Eckhart eine «Tatmystik» zu unterstellen, um ihn dann als Vertreter europäischen (oder gar germanischen) Tatendrangs gegen die tatenlose Versenkungsmystik anderer Kulturen auszuspielen. Dahinter steht dann oft – auch bei Germanisten – der Faustanklang «im Anfang war die Tat». Aber für Eckhart geht es nicht um die Verherrlichung des Machens, sondern um das wirkende Wort Gottes. Sein eigenes Tun steht unter dem dominikanischen Prinzip, das Thomas formuliert: «contemplata aliis tradere», das Geschaute wirksam verkünden. Dazu muß man zuerst einmal nicht Hinein, sondern Hinaus aus Liebe und Leid des Lebens. Beim ersten Lesen erscheint es einem daher als ein Paradox: ist es doch Eckhart selbst, der die Abgeschiedenheit, Loslösung, Armut und Gelassenheit in einer unerhörten Schärfe predigt und der aus der «Situation humaine» herausführt, wo etwa noch der Mensch von Liebe und Leid berührt werden kann. Doch dieses Paradox läßt sich prozessual auflösen, wie es schon die Tradition bei Aktion und Kontemplation getan hatte: die Aktion ist das begleitende und vorbereitende Element der Tiefenerfahrung des Glaubens, und sie bezeugt diese und setzt sie fort. Man gibt alles auf und nimmt sich seiner wieder an. In der Spiritualitätsgeschichte ist dies freilich oft in verschiedene Etappen gefaßt; bei Eckhart ist entscheidend, daß Hinreise und Rückkehr in einem einzigen Augenblick geschehen, so daß die Abgeschiedenheit nie äußerlich verstanden werden darf.

Offensichtlich deckt Eckhart hier die innere Aporetik des Handelns auf: wollte man aus aller Zweideutigkeit des Handelns heraus in die Eindeutigkeit des ruhigen Bei-Gott-seins, dann verfiele man einer Illusion, weil eben kein Mensch alle Werke lassen kann: «Denn, wer recht daran sein soll, bei dem muß von je zwei Dingen eines geschehen: entweder muß er Gott *in* den Werken zu ergreifen und zu halten lernen, oder er muß alle Werke lassen. Da nun (aber) der Mensch in diesem Leben nicht ohne Tätigkeit sein kann, die zum Menschsein gehört und deren es vielerlei gibt, darum lerne der Mensch, seinen Gott in allen Dingen zu haben und unbehindert zu bleiben in allen Werken und Stätten.» (DW 5, RdU, S. 211,6–10)

Wie schon angedeutet, ist es eine Zeitlang üblich gewesen, Eckhart insofern als modernen Menschen zu verstehen, als seine «Mystik» in besonderer Weise (ähnlich wie unter anderen

Voraussetzungen die Theresa von Avilas) der Neigung zur «Tat» unterliege. Als repräsentativ für diese Auffassung mag eine Stelle aus der bekannten Einführung von Josef Quint gelten (1955):

«Wie aber steht dieser gottgeeinte Gerechte zum Leben? Scheint es doch, als tauge dieses leere Gefäß, das nichts will, nichts weiß und nichts hat in geistiger Armut, nur dazu, öde und tatenlos in die stille Wüste des Unendlichen zu starren. Doch nein, das ist es, was dieser Mystik Eckharts den unverkennbaren Stempel des abendländischen Weltgefühls aufprägt, den Stempel unendlicher Werde- und Tatenlust, daß für Eckhart die ewige Ruh' in Gott dem Herrn nicht anders denk- und vorstellbar ist denn als ewiges Drängen und Werden.» (S. 34)

Quint hat hier einerseits recht und andererseits unrecht. Recht hat er, soweit er seine Äußerung mit Eckharts Aussage zum Johannesprolog unterbauen kann: «Das Leben besagt nämlich ein Ausströmen, bei dem etwas in sich selbst schwellend sich zunächst in sich selbst ergießt mit jedem Teil seiner selbst in jeden Teil seiner selbst, bevor es sich ausgießt und überkocht nach draußen.» (In Exod. n. 16)

Der dynamische Charakter der Ontologie und Lebenslehre Eckharts ist gewiß nicht zu verkennen, und daher kann auch von Weltflucht und Weltfremdheit bei ihm keine Rede sein.

Aber mit den Worten «Drang» und «Tat», mit dem «abendländischen Weltgefühl» sind nun doch lebensphilosophische Perspektiven angesprochen, die Eckhart fremd sind und über die erst Goethe (s.o.: «Im Anfang war die Tat!») räsonniert. Eckharts Dynamik ist nicht am Tätertum zu orientieren, sondern philosophisch an der Energie des Seins und theologisch an der Gnade. Das bedeutet, daß man die «vita activa» letztlich als «vita passiva» zu interpretieren hat, als Bereitschaft für das Einwirken der Gnade. Es handelt sich ebenso gewiß nicht um Quietismus, wie es sich andererseits auch nicht um die moder-

ne Einstellung von Wissenschaft, Technik und Weltveränderung handelt.
Alle Wirksamkeit nämlich, die nicht Gott «im Rücken» hat, ist Behinderung und Entfremdung. Was den Himmel zwingt, ist nicht die Tat, sondern die Abgeschiedenheit, die Gott erst einmal bei sich sein läßt und dadurch paradoxerweise das Leben mit seiner Dynamik erfüllt. Wer hier mitwirkt, erleidet Gott.
Man darf also die Transposition nicht vergessen, die Eckhart sowohl mit Leiden als auch mit Wirken vornimmt: die Geister unterscheiden sich an äußerem und innerem Werk, an äußerlicher Berührbarkeit für Liebe und Leid und an innerer Bewegtheit von der Liebe und deren Preis, dem Leiden. So wie die Liebe erst in ihr Recht kommt, wenn sie durch die Katharsis von Erkenntnis und Erfahrung gegangen ist, so wird das Wirken, wie wir sahen, erst frei, wenn es durch die Katharsis des Abscheidens von allem Worumwillen gegangen ist. Eckhart sucht die theologische Dynamik des gereinigten Wirkens, für das weniger entscheidend ist, wofür es geschieht, als woraus es geschieht. Dabei muß man freilich beachten, daß nach seinem Glauben die Sachgerechtigkeit des Wirkens mit seiner Einbettung in die göttliche «Wirklichkeit» zunimmt. Viele Paradoxa der Sprache Eckharts klären sich, wenn man diesen einheitlichen spirituellen Prozeß im Auge behält: ohne daß sich die volle Hingabe an die Weltdinge und an die Mitmenschen ändert, erhält sie durch die Katharsis des Abscheidens einen neuen Charakter, wird sie aus den Besitzstrukturen des menschlichen Daseins gelöst und in das göttliche Dasein übereignet. Das hat dann nichts mehr mit modernem Vertrauen in die Machbarkeit der Dinge und Zustände zu tun, obwohl auch hier ein machtvoller «Mut zum Menschen» sich anmeldet, ein Mut freilich, der aus Gottes Wort und nicht aus menschlichem Selbstvertrauen stammt.
Man kann dies am Beispiel von Eckharts Wissenschaftslehre verdeutlichen. Eckhart sagt scharf, daß Wissen und Weisheit

um ihrer selbst willen erstrebt werden müssen (vgl. In Eccl. n. 28, LW 2, S. 255 f.; in diesem Band S. 225). Sie dürfen also nicht irgendeinem Nutzeffekt dienen. Indem sie sich aber um ihr Eigenes kümmern, vollziehen sie die «Wirklichkeit», d. h. den Weg zur Praxis, der dieser gemäß ist. Das Werk der Wissenschaft gehört zum Praxischarakter des Seins selbst.

Das Gleiche gilt von jedem Werk. Es bedarf der inneren Distanz zum Effekt. Das Werk ist im Wirken bei sich selbst, nicht im Ergebnis. Die Frucht ist in der Blüte, heißt es in einem anschaulichen Bild (vgl. In Eccl. n. 22, LW 2, S. 249–256; in diesem Band S. 221). Oder anders ausgedrückt: im Wirken selbst ist der Mensch Abbild des Schöpfers, dagegen sind seine Produkte nur Zerrbilder der göttlichen «Wirklichkeit». Modern gesprochen ergibt sich daraus eine ausgesprochene Distanz zur technischen Weltbewältigung und zur operationalen Geschichtsveränderung, aber ohne daß der Mensch etwa bloß zur beschaulichen Verweigerung verdammt wird. Vielmehr geht es hier um eine auch spätem dialektischem Denken vertraute Aporetik der menschlichen Praxis, die, wie etwa die pessimistischen Spätwerke Horkheimers und Adornos zeigen, Stückwerk und Fratzengesicht der angestrebten Erlösung bleibt. Was freilich der modernen Aporetik und ihren Symbolen (etwa dem Mythos vom Sisiphos bei Camus) fehlt, ist Eckharts hoffnungsfrohe Analogie: wenn schon nicht im Werk, so doch im (abgeschiedenen) Wirken greift Gottes Wort selbst um sich und schafft sich sein eigenes Worumwillen.

Nicht der welterlösenden Tat wird also das Wort geredet, und dennoch wird der «Weg in der Welt» gesucht. Dies geschieht jedoch weder in prometheischer Selbstbehauptung noch in der Hoffnung auf eine Sinngebung, die nicht im menschlichen Worumwillen liegt, sondern die in der inneren Distanz zum Werk, die das Wirken selbst begleitet, entborgen ist. Ich habe schon darauf hingewiesen, daß etwa die «Theologie der Befreiung», der man ja nun keineswegs Quietismus oder individuelle

Seelenrettung nachsagen kann, diesen Sinn der «Kontemplation» wiederentdeckt hat. So sagt S. Galilea: «Die Befreiung ist der Ort, an dem die politischen und die kontemplativen Dimensionen des Christen geschichtlich und theologisch-geistlich aufeinandertreffen.» Der chilenische Theologe unterscheidet zwischen einer «Evasionsmystik» und einer «Exodus»- oder Aufbruchsmystik der engagierten Kontemplativen. (Vgl. Concilium 10/1974/388–395) Nun ist Eckharts «Mystik» gewiß nicht prophetisch zu interpretieren, er ist kein Künder, sondern ein Denker. Zudem erscheint er in seinen Schriften als unpolitisch; es ist die Freiheit seines Denkens, die (Kirchen-) Politik herausfordert und zugleich desavouiert. Aber die Einheit von Kontemplation und Aktion hat er gesehen und die Katharsis der Egozentrik, die auch heute als Basis der christlichen Engagements zu gelten hat.

Um Eckharts Einstellung konkret zu erfassen, wirft man am besten einen Blick auf seine Predigt über Maria und Martha, in der die weltzugewandten Linien der «Reden der Unterweisung» konsequent ausgezogen sind.

Die Predigt über Maria und Martha fügt sich in eine ganz bestimmte Tradition ein. Seit Origenes hat man die Perikope (Lk 10,38–42) auf das Verhältnis von tätigem und beschaulichem Leben bezogen, so daß man die Geschichte dieses Verhältnisses innerhalb der Theologie bis ins Spätmittelalter an der Auslegung dieser Perikope ablesen kann. Daß hier Jesu «Bevorzugung» der beschaulichen Maria zunächst auf eine Bevorzugung der Evasionsmystik gegenüber dem Engagement hinauslaufen mußte, ist wohl eindeutig. Man kann dies zu den Beispielen rechnen, an denen sich zeigen läßt, wie unglücklich eine Harmonisierung griechischer Philosophoumena mit biblischen Stellen verlaufen konnte. Noch Thomas von Aquin stellt neun Gründe des Aristoteles für die Wertüberlegenheit des kontemplativen Lebens mit Bibelstellen zusammen (vgl. S. th. 2–2 q 182 a 1 resp.). Dieser Harmonisierungs-

versuch findet sich auch auf Mittelhochdeutsch unter den Eckhartiana (vgl. Pf 328,27–30,39). Dies ist eine Tradition, der Eckhart sich entschieden nicht anschließt.
Nun muß man zunächst sehen, daß die Perikope nach exegetischer Erkenntnis einen anderen Sinn hat, als die Kontemplation der Aktion vorzuziehen: sie wurde als Mahnung an die Hausfrauen in der Zeit urchristlicher Wanderprediger verstanden, über der Bewirtung des Gastes nicht die Predigt zu vernachlässigen. Chrysostomos, der sich hier von hellenischer Ideologie weitgehend unbeeinflußt zeigt, hat diesen Sinn schon in der Urkirche bewahrt.
Die Exegese mithilfe des Modells Aktion-Kontemplation ist also ein Mißverständnis, und da dieses bis in die Moderne hinein nicht mehr aufzuklären war, mußte jede Interpretation der Perikope sich mit den typologischen Voraussetzungen (Maria = Kontemplation; Martha = Aktion) herumschlagen. Eckharts Meisterstück besteht nun darin, daß er ohne historisch-kritische Kenntnis eine dem Ganzen des Neuen Testamentes durchaus entsprechende Auslegung erreicht, indem er das Wort an Maria als Verheißung für ihre Zukunft versteht und den Martha-Tadel nicht nur entschärft, sondern ihr Engagement zum Vorbild macht. Das ist, wenn man so will, eine Verdrehung des bereits Verzerrten, wodurch Eckhart zwar nicht den historischen Sinn der Perikope erreicht, wohl aber die biblische Spiritualität entschieden gegen ihre philosophische Verzerrung rekonstituiert.
Es ist völlig verfehlt, Eckhart hier die bewußte Verkehrung eines Jesuswortes zu unterstellen. Leider hat J. Quint trotz meiner Klarstellung dieser Umstände bei der Herausgabe der Predigt an diesem Mißverständnis festgehalten. Vermutlich entspricht es der ins Positive gewendeten «Freigeisterei» bei Meister Eckhart, wenn man ihn hier gegen «den objektiven Sinn des Evangeliums» Stellung beziehen läßt.
Schon Augustinus hatte die reine Verherrlichung der kontem-

plativen Maria zurückgenommen und nur noch von einem Vorzug des zukünftigen vor dem gegenwärtigen Leben gesprochen, ja sogar darüber reflektiert, warum Jesus dem «aktiven» Petrus statt dem «kontemplativen» Johannes die Kirchenführung anvertraut hatte. Eckhart kannte Augustins Ausführungen genau, und er ist nicht der erste, der noch über sie hinausgeht. Nachdem ich die augustinische Tradition bis ins Frühmittelalter beschrieben hatte, hat mich H. Fischer kritisch darauf hingewiesen, daß die Kommentare Heinrichs von Gent und Alberts des Großen vielleicht noch mehr Aufschluß geben. In der Tat findet man hier Eckharts Weg ein Stück weit vorgezeichnet, so daß die Vorstellung von einer geradezu titanischen Umdeutung bei ihm weiter relativiert wird. Heinrich von Gent stellt die Notwendigkeit der Nächstenliebe vor die «private» Gottesliebe, nimmt freilich im Gegensatz zu Eckhart an, daß diese «Notwendigkeit» nicht auf den Marthadienst zutreffe. Weiter geht der Lukaskommentar Alberts des Großen: demnach ist die Notwendigkeit zur tätigen Nächstenliebe immer und nicht nur, wie bei Augustinus, gelegentlich gegeben. Albert weiß, daß er hier über Augustin hinausgeht. So kommt bei ihm schon das Argument vor, das sich bei Eckhart wiederholt: wer das Eine will, muß sich um das Viele sorgen. Indem Martha ein Notwendiges tut, ist sie von jedem Tadel befreit. Martha *ist* daher mit Recht um Maria besorgt, und wie bei Eckhart wird sie deswegen vom Herrn über Maria getröstet. Maria bleibt Sinnbild der himmlischen Gottesschau.

Man sieht: Augustinus bildet den Rahmen, aber die Aufwertung der Martha schreitet fort, weil sich die biblische Einheit von Gottesliebe und Nächstenliebe fortschreitend gegen das hellenische Modell des Vorzugs der Kontemplation vor der Aktion emanzipiert. Eckhart setzt hier den Schlußpunkt, indem er – über Albert hinaus – auch Mariens Zukunft im Engagement sieht, hier der Legendenbildung um Maria (verstanden als Maria Magdalena) folgend: Maria wird Heidenmissionarin. Gemeinsam mit Albert ist das Fehlen bzw. die Umdeutung des Marthatadels, gemeinsam ist die Aufwertung ihrer Praxis, obwohl diese Linie in Eckharts Predigt noch einige Steigerungen erfährt; unterschiedlich ist jedoch die Konsequenz für den Marientyp: daß Maria erst die anfangende Maria ist, daß sie erst «Martha» werden muß, um wesentlich sie selbst zu sein, dieser Kerngedanke von Eckharts Predigt hat keine historischen Parallelen.

Auslegungsgeschichtlich gesehen steht also Eckhart am Ende eines verschlungenen Weges, der erst von biblischen Grundansätzen (Einheit von Hören und Tun, Gebet und Tätigkeit, Gottes- und Nächstenliebe) in die hellenische Geisteswelt mit ihrem Dualismus von Schauen und Wirken, Muße und Tätigkeit hineinführt und dann fortschreitend wieder zur Bibel zurückführt. Es ist daher auch kein Zufall, daß Eckhart hier – sicherlich bewußt – von schauendem und wirkendem Leben gar nicht erst redet. Das ignatianische «in actione contemplativus» oder Teilhard de Chardins «Loslösung in der Tätigkeit», nicht zuletzt auch das moderne Verständnis der Theorie aus der Praxis – das alles ist hier bereits vorweggenommen. Eckhart kennt auch nicht (man vergleiche die eingangs zitierte Stelle zur heiligen Elisabeth) die feine Unterscheidung, die Thomas von Aquin zwischen der «niederen» (Werke der Barmherzigkeit) und der «höheren» Aktion (Predigt der Dominikaner) vornimmt, wobei dieser Christus selbst nur die höhere Form zuspricht. Thomas ist in dieser Frage zu aristotelisch und zu aristokratisch, um biblisch zu sein.

Gehen wir einen Schritt weiter von Eckharts Situierung in einer Auslegungstradition zu Eckharts Beschreibung der Martha, in der die Thematik «Gotteserfahrung und Weg in die Welt» wohl am besten bei ihm zu fassen ist. Im Lichte der Marthafigur wird Eckharts «Mystik» und wohl auch seine eigene Gestalt besonders konkret. Es wird nochmals deutlich, was Eckharts

«Mystik» nicht ist: Evasion oder Versenkung, und was sie ist: Wirken aus Gott in der Zeit.

Die Versenkungsmystik wird auf vierfache Weise angegriffen. Man sucht den Trost der Gotteserfahrung, aber man kann eben diesen nicht ausweisen, wenn das Engagement nicht deutlich wird. Mystik ist dann Erotik der Seele statt tätige Liebe. Darum verlangt Martha von Maria, daß sie aufsteht und den Herrn verläßt. Man sucht zweitens einen Ort, einen «anderen Zustand» (R. Musil), an dem man von der Welt und der Gesellschaft nicht mehr erreicht wird, an dem «Freude und Leid» nicht mehr bewegen. Abgeschiedenheit wird hier falsch verstanden; dagegen wehrt sich Eckhart schon in seinem entsprechenden Traktat. Freilich gibt es auch bei ihm selbst viele Stellen, die ein solches Mißverständnis provozieren: wir sollen uns halten, als seien wir tot, so daß uns weder Liebe noch Leid berühren (vgl. DW 1, Pr. 8, S. 128,2; S. 135,4 f.; DW 5, Von Abg., S. 412, 1 ff.; in diesem Band S. 88). Das Ideal der Unbeweglichkeit vom Streß der Welt und ihrem Widerschein in den Regungen des eigenen Herzens scheint hier erhoben zu sein. Doch, so sagt unsere Predigt: es geht nicht um die Apathie des Herzens, sondern um die Konstanz des Willens. Der andere Seinsmodus ist kein anderer Gefühlsstatus. Wie Christus kann auch der Christ nur engagiert sein, wenn er leiden kann.

Das dritte Mißverständnis der Versenkungsmystik ist die Aufhebung der Sinnlichkeit. Auch hier sollen störende Umweltfaktoren ausgeschaltet werden. Eckhart wendet sich gegen solche Verdrängung. Schließlich wird viertens der Quietismus selbst widerlegt. Philosophisch gesprochen zeigt sich das wahre Sein nur im rechten Wirken, theologisch gesprochen ist das Engagement Ausweis der Gnade. In der Figur der Martha verbinden sich dagegen Lebenserfahrung, rückhaltloser zeitlicher Einsatz (nach Eph. 5,16: «Erkaufet die Zeit!») und die volle Kompetenz in der «Tugend», die Eckhart «Wesentlichkeit», d. h. Seinsgemäßheit, nennt. Hier fallen erstaunliche Sätze: «Das Leben schenkt die edelste Erkenntnis.» «Das Wirken in der Zeit ist ebenso edel wie sonst eine Verbindung mit Gott.» Die Ethik der «Heiden» (d. h. der Philosophen) wird gelobt, weil sie nicht vorschnell alles auf Gott bezieht. Die «natürlichen» Erkenntnismöglichkeiten sollen nicht überspielt und damit verspielt werden. Gerade wenn das Können die Voraussetzung des Sollens ist, muß man durch Tun lernen. Pädagogische Konvenienzgründe sind hier mit Eckharts dynamischer Ontologie unterbaut: das Sein liegt im Wirken, oder theologisch: wo Gott sich in Barmherzigkeit verschenkt, darf der Mensch nichts zurückhalten. Man kann genügend Stellen aufzählen, wo Eckhart sich für die Vorbehaltlosigkeit der Liebe einsetzt.

Es ist sicher nicht falsch, hier von «Mystik» im Sinne einer «reductio in mysterium» der «vita activa» zu sprechen. Dies wird in der Figur der Martha noch entschieden plastischer, anschaulicher als in den «Reden der Unterweisung». Hier liegt auch gegenüber der erwähnten Tradition des Modells «Aktion-Kontemplation» bei Eckhart entscheidend Neues, ohne daß das «Alte» aufgegeben wird, denn Maria ist es ja, die die Fruchtbarkeit der Kontemplation in der Aktion erweisen wird. Dies aber erst, nachdem sie wie Martha geworden ist. Ansätze dazu waren bereits da, aber die Verbindung von irdischer und himmlischer Gottesschau stand stets einer Aufwertung des tätigen Lebens im Wege. Es ist darum für Eckhart notwendig, das hellenische Begriffspaar «Aktion – Kontemplation» nicht zu erwähnen, um schon sprachlich eingefahrene Assoziationen zu vermeiden.

So könnte man abschließend das Thema dieser Ausführungen berichtigen: es geht nicht um Gotteserfahrung *und* Weg in die Welt, sondern um Gotteserfahrung *als* Weg in die Welt. Das Engagement des Christen ist nichts Zusätzliches, nichts Abgeleitetes, sondern es ist die Sache selbst. Und wenn es dem theologischen Ethiker erlaubt ist, den Ansatz bei Eckhart zeitgemäß auszuziehen, dann muß man gerade zur Predigt über Maria und Martha bemerken: wo Eckhart vom Wirken spricht, meint er inhaltlich keine andere Humanität als diejenige, die von den heidnischen Philosophen ebenfalls gesehen wird. Christliche und ‹menschliche› Humanität sind ununterschieden. Aber gerade darin liegt die Christlichkeit des Wirkens: sie ist, um eine Formel Eckharts zu gebrauchen, «durch Ununterschiedenheit unterschieden». Wenn das Christentum einen praktischen Vorteil gegenüber anderen Glaubensformen hat, so doch gerade darin, daß es keine andere Humanität will als die menschliche, daß es aber dabei anderen Sinnes ist als diejenigen, die die Moral religiös hypostasieren und daher auf die *Ergebnisse* menschlichen Wirkens setzen statt wie Eckhart auf den *«Grund»* des Wirkens. Diese religiöse Erfahrung weicht bei aller Wertschätzung der «vita activa» der Aporetik menschlicher Praxis nicht aus, ist also vom modernen Täter- und Machertum weit entfernt. Deshalb, so heißt es in der Predigt, kommt es darauf an, daß man im Wirken «die lebensvolle Wahrheit mit ihrer beglückenden Gegenwart erspürt». Die Predigt über Maria und Martha ist die entscheidende Stelle, an der man bei Eckhart vom Vorrang der Erfahrung reden kann, und es ist kein Zufall, daß dies im Kontext des tätigen Lebens geschieht. (Vgl. Lectura Eckhardi, Bd. 2, Stuttgart und D. Mieth, Jahrbuch, Bd. 6)

Zusammenfassung:

1. Gott ist das lautere Wirken (actus purus).
2. Gottes Wirken setzt sich in meinem Werden fort.
3. Der Mensch ist daher der Ort, in welchem sich «passiv», gefördert durch seine Bereitschaft, das Wirken Gottes an der Welt vollzieht.

4. Die höchste Bereitschaft des Menschen ist die Durchlässigkeit für Gottes Wirken.
5. Wo diese Durchlässigkeit besteht, wird das Werk des Menschen fruchtbar.
6. Diese Fruchtbarkeit erweist sich auch angesichts der Not des Nächsten.
7. Die Frucht des Werkes besteht aber auch in der Rückwirkung auf den handelnden Menschen, d. h. die ist bereits «in der Blüte».
8. Deshalb ist der äußere Erfolg der Werke nicht so bedeutsam wie ihre Rückwirkung auf den Handelnden.
9. Zur Geburt Gottes in der Seele aufgrund der Durchlässigkeit des Menschen gehört auch das Wiedergebären durch die Tugenden und Werke des Handelnden, in welchen auch die Schöpfung zurückbereitet wird zu Gott.
10. Der Gerechte, insofern er gerecht ist, ist aus seinem Ursprung und damit aus seinem eigenen Grunde gerecht. Aber das muß sich auch im Zeugnis zeigen. Das gültige Zeugnis der richtigen Erkenntnis (oder «Erfahrung») ist die wirksame Änderung des Lebens.

Zur Frage nach Eckharts «Mystik»

Das deutschsprachige Werk Eckharts wird, wie wir schon sahen, traditionell in die (alt)deutsche oder rheinische Mystik des 14. Jahrhunderts eingeordnet. Eckhart gilt als Vorläufer von Tauler, Seuse, Ruusbroec, und man sieht ihn auch in einer gewissen Kontinuität zur Frauenmystik des 13. Jahrhunderts, vor allem, was die Sprache betrifft, die von dieser Bewegung geschaffen wurde. Eckharts sprachliche Leistung besteht weni-

ger in der Bildung neuer Abstrakta als in der Fähigkeit, spekulatives Denken in einer Verbalsprache auszudrücken.
«Mystik» heißt hier eine Theologie des geistlichen Lebens, in der es um das «Erspüren» («bevinden» = «experiri») der göttlichen Gegenwart geht. Eine gewisse Weltzugewandtheit gehört dabei zu allen Großen des 14. Jahrhunderts; quietistische Züge, Züge rein individueller Verinnerlichung tauchen erst später, etwa in der «Imitatio Christi» des Thomas von Kempen, auf.
Nun haben wir aber gesehen, daß das Erleben von Ekstasen, Sondererfahrungen, Visionen, Erscheinungen usw. bei Eckhart keine Rolle spielt. Man ist sich für Eckhart darin einig, daß er keine Versenkungsmystik kennt (vgl. A. M. Haas, 1974), keine Evasionsmystik, wie wir es nannten. Auch dem «Erspüren» gegenüber bleibt er skeptisch. Die Frage liegt nahe, ob Eckharts Zuordnung zur Mystik nicht ein eingefahrenes Mißverständnis ist. Daß die freigeistigen Laienbewegungen, die Begarden, Eckhart mißverstanden haben, dürfte klar sein, wenn auch ein gewisses Fundament für dieses Mißverständnis darin liegen mag, daß Institution und Sakramente in seinem Kerygma zurücktreten. Das liegt zum Teil auch daran, daß er manche Motivation seines Denkens und seiner Verkündigung nicht eigens zum Erkenntnisobjekt macht, so z. B. den historischen Jesus. Eckharts Theologie ist bewußt selektiv, und dies nicht aus Ablehnung, sondern aus Anerkennung von Tradition und Institution, die er voraussetzt. Aber darin liegt das Problem: sobald der Meister für Laien zur theologischen Autorität schlechthin wurde, mußte sein «Ganzes im Fragment» als einseitig erscheinen und fälschlich als Summe des Christlichen interpretiert werden.
Die Frage ist, ob dieses Mißverständnis nicht auch seiner Zuweisung zur Mystik zugrundeliegt. Wer Eckhart auf der Basis seiner Tradition und mit Rücksicht auf seine Methoden versteht, findet ihn von außerordentlicher Klarheit. Auch seine

Sprache ist nicht dunkel, wenn man die philosophischen Voraussetzungen versteht und das Problem verderbter Texte ausklammert. Dennoch hat man, wie schon die Legenden zeigen, sich vor allem an metaphorische Zuspitzungen gehalten, die als Einzelaussprüche überliefert wurden. Damit aber wurde philosophische Klarheit in der Theologie und vom Ethos des Denkens getragene Präzision in der Lebenslehre zum «mystischen Dunkel» und zum esoterischen Ereignis. Auch Eckharts Gleichnisse verselbständigen sich gegenüber dem Gedanken, den sie tragen sollen.

Ein modernes Beispiel mag diesen Vorgang verdeutlichen. Bekanntlich hat Albert Einstein in der ersten Hälfte unseres Jahrhunderts eine ungeheure Popularität gefunden. Er galt als Begründer eines neuen kosmischen Weltbildes. Diese Wirkung beruhte keineswegs darauf, daß man seine Relativitätstheorie weithin verstand, sondern gerade darauf, daß man sie nicht verstand und deshalb mystifizierte. Sollte mit Eckhart, dessen Breitenwirkung ja unbestritten ist, ähnliches geschehen sein?

Diese Überlegung ist sicherlich nicht ganz von der Hand zu weisen. Andererseits geht es hier nicht um Mystifikation, sondern um Mystik. Wenn man von einem anderen Mystikbegriff ausgeht als von dem der Bewußtseins- und Erlebensmystik, muß die Frage neu gestellt werden. Die theologische Interpretation Eckharts geht davon aus, daß «Mystik» hier nicht auf «myein» (die Augen schließen und sich versenken) oder auf «mystes» (Einweihung in eine esoterische Gemeinde), sondern auf «mysterion» (Geheimnis der Wirklichkeit) zu beziehen ist. Demnach wäre Eckharts Philosophie, Theologie und geistliche Lebenslehre insofern «mystisch» zu nennen, als sie am geoffenbarten Geheimnis von Verborgenheit und Mitteilsamkeit Gottes orientiert ist, als nicht der gesamte Objektbereich der Theologie das Ziel ist, sondern ihre Tiefendimension von Glauben und Verstehen. Nun muß man Eckhart sicher zugestehen, daß er stets am Letzten und nicht am Vorletzten interessiert ist und dieses Interesse mit einer «Radikalität» verfolgt, die im Sinne dieses Wortes stets an die Wurzel unseres Daseins geht.

Demnach wäre aber Eckharts «Mystik» nur graduell, eben durch ihre Radikalität, von jeder fundamentalen Theologie zu unterscheiden. Denn fundamentale Theologie ist wesentlich an der Offenlegung des Mysteriums göttlicher Selbstmitteilung interessiert und läßt sich durch kein Paradox des Glaubens vom Denken abschrecken. In diesem Sinne sprechen wir ja wohl auch bei allen großen Theologen an bestimmten Stellen von «Mystik»: Ganz befriedigen kann aber diese Antwort, an der ich mich auch selbst bisher orientiert habe, nicht. Denn man kann einwenden, daß «Mystik» damit zu einem sehr relativen und unpräzisen Begriff wird: wo nämlich ist der Grad erreicht, an dem man von «mystischer» Theologie spricht?

Ebensowenig hilft aber die Tradition weiter, die Mystik einfach mit Kontemplation gleichsetzt, d.h. mit der göttlichen Wahrheitsschau, von der die Väter und die Scholastiker sprechen. Kontemplation ist eine im irdischen Leben beginnende Vorwegnahme himmlischer Schau. Eckhart kennt diese Tradition sehr wohl, wie die an Augustinus anknüpfende Predigt «Vom edlen Menschen» zeigt. Aber er hat sich in ihr zumindest wenig profiliert; es fehlt der gängige Traktat «De contemplatione», und wie eigen er mit einer biblischen Paradestelle, Maria und Martha, umgeht, haben wir gesehen.

Man muß radikaler fragen: sind Eckharts Vorbehalte gegen das gemeinhin «mystisch» Genannte – Ekstase, Kontemplation, Vision usw. – vielleicht nicht eher Zeichen einer «Antimystik» in seinen Schriften, einer Polemik gegen die Mystik? Ich habe bei Gelegenheit auf Eckharts «Antisprache» in der Verkündigung aufmerksam gemacht, das heißt auf das Phänomen, daß er fixierte Sprachregelungen immer wieder zu durchbrechen versucht, weniger Begriffe als Leitworte, die sich in unabgeschlossener Steigerung auslegen lassen, kennt, ja seine eigenen Sprachregelungen immer wieder durchmustert und durchbricht (vgl. Christus, 1972, 59–71). Es finden sich ja, je nach Perspektive und je nach Stellung im Denkprozeß Stellen gegen das Sein, gegen das Denken, gegen die Liebe, ja gegen «Gott». Dies alles hat keinen schwärmerischen oder dunklen Sinn, sondern soll Eingefahrenheit in die Weisen des Denkens, Lebens und Liebens verhindern – man hat mit Recht von Eckharts «Strukturfunktionalismus» gesprochen (H. Rombach, 1965) –, so wie ja auch die «Weisen» der Frömmigkeit einer steten Kritik unterzogen werden. Eckhart hat daran gearbeitet, jede Anschauung und jeden Begriff, die man hätte festschreiben können, zu durchbrechen bzw. zu verflüssigen. Es gibt bei ihm keine «mystische» Befriedung des Denkens und der Erfahrung.

Ferner könnte man sagen, daß sich Theologie hier weitgehend in Philosophie «aufhebt» – von daher stammt die a-theistische Interpretation Eckharts (vgl. H. Ley, 1966) –, daß die christliche Lebenslehre auch als fundamentale und radikale Anthropologie gelesen werden kann, und inwiefern sollte dies «mystisch» sein? (vgl. S. Ueda, 1965, 2).

Der Gesichtspunkt einer «Antimystik» ist zwar ebenfalls erhellend, führt aber auch nicht zu einem eindeutigen Ergebnis. Denn, wie wir gesehen haben, hat Eckhart die religiöse Erfahrung nicht einfach negiert, sondern zu reinigen versucht. So wie in seine gegensprachlichen Sprachmotive das negierte Negative eingehen muß, also «dialektisch» aufgehoben bleibt, so geht in seine «antimystischen» Motive denn doch die «Mystik» ein. Das ist nicht so kompliziert, wie es klingt. Jeder weiß, daß er, wenn er etwas bekämpft, von eben diesem auch beeinflußt wird. Gegnerschaft ist auch eine Form des Interesses und der Einflußnahme.

Entsteht also doch bei Eckhart eine spezifische «Mystik»? Das Spezifische dieser «Mystik» wäre zunächst, im Sinne der schon erwähnten Teilantwort, die Orientierung am Mysterium der göttlichen Selbstmitteilung. Bei Eckhart kommt es aber nicht allein auf diese «objektive» Basis an, sondern entschieden darauf, daß das individuelle Subjekt Anteil an diesem Geschehen gewinnt. Eckharts Lehre wäre ohne dieses Interesse am Subjektiven, an der Frage: «was geschieht mit *mir?*» ohne bewegende Kraft. Während also Eckhart gegen die Ideologien subjektiver Erfahrung kämpft, bleibt doch das Anliegen «gereinigt» erhalten. Die Weiselosigkeit des Gottfindens macht ja gerade die Vielgestaltigkeit des subjektiven Weges möglich: *jeder* soll hier Anteil gewinnen.

Dazu zwei Textbeispiele:

– «Gäbe es irgendwo einen reichen König, der eine schöne Tochter hätte: verheiratete er diese mit dem Sohn eines armen Mannes, so würden alle, die zu dem Geschlecht gehören, dadurch erhöht und geadelt. Nun sagt ein Meister (vermutlich Thomas): Gott ist Mensch geworden, dadurch ist das ganze Menschengeschlecht erhöht und geadelt. Dessen mögen wir uns wohl freuen ... Dieser Meister hat recht gesprochen, aber wahrlich, ich gäbe nicht viel darum (man sieht: die objektive Basis ist nichts ohne subjektiven Anteil!). Was hülfe es mir, einen reichen Mann als Bruder zu haben und dabei ein armer Mann zu bleiben? Was hülfe es mir, einen weisen Mann als Bruder zu haben, und ich bliebe dabei ein Tor?» (DW 1, Pr. 5 b, S. 85,6–86,7; vgl. in diesem Band S. 122).

– «Es ist Gott wertvoller, daß er von einer jeden guten Seele geistig geboren werde, als daß er von Maria leiblich geboren wurde». (a.a.O. Pr. 22, S. 376,3–5; vgl. in diesem Band S. 134)

Eckhart interessiert sich also nicht nur für das «Daß» der wirksamen Begnadung des Menschen, sondern ganz entschieden auch für das experientielle «Wie?». Doch will er dies weder an einer besonderen Gnosis, noch an einer besonderen Lebensweise festmachen. Er redet ja nicht nur für Eingeweihte und schreibt auch für Ungelehrte.

Es gibt eine Dimension «mystischer Erfahrung» in seiner Theologie. Aber diese ist nur dialektisch recht zu verstehen: als fortschreitende «Aufhebung» alles dessen, was man so benennt. Wer zu Eckharts «Mystik» will, muß durch seine «Antimystik» hindurch. «Mystik», so kann man schließen, ist also bei ihm nicht nur objektive Gegenwart des Mysteriums, sondern auch fortschreitend gereinigte Affirmation seiner Erfahrung, so wie das «Verneinen des Verneinens» fortschreitende Affirmation Gottes ist.

Dies wird auch subjektiv bei Eckhart deutlich, wenn er im Modus der persönlichen Betroffenheit redet oder schreibt. In der Legendenbildung, aber auch in den historischen Nonnenviten erscheint Eckhart persönlich nicht primär als Gelehrter, sondern als außerordentlicher Gottsucher. Ein wenig wird in der Predigt «Ave, gratia plena» (in diesem Band S. 139) der Schleier gelüftet, der sonst über seiner Gemütsverfassung liegt: «Unterwegs, als ich hierher gehen sollte, fiel mir ein, ich möchte (lieber) nicht hierher gehen, weil ich doch tränennaß würde aus Liebe». Eckhart möchte im folgenden dies jedoch lieber «auf sich beruhenlassen». Der Grund, weshalb bei ihm vom Niederschlag der Erfahrung im Gemüt so wenig die Rede ist, ist ganz und gar eindeutig in der Predigt «Vom edlen Menschen» ausgeführt. Er unterscheidet dort zwischen dem einfachen Sein bei Gott und seinem Erspüren in Schauen und Lieben. Dieses «Erspüren» nennt er «Zurückkommen». Es ist zwar als Zeichen der Einheit möglich – keineswegs gewiß –, aber nicht die Einheit selbst. Während der Allerweltsmystiker davon ausgeht, daß er dann bei Gott ist, wenn er etwas schaut und empfindet, geht Eckhart – hierin zunächst antimystisch – davon aus, daß das einfache Bei-Gott-Sein unendlich wichtiger ist als sein möglicher Widerschein in der Erkenntnis und im Gemüt. Nicht *sich* als Schauender und Liebender zu sehen, ist entscheidend, sondern mit Gott im Wirken eins zu sein. Zwar gibt es keine Seligkeit ohne Bewußtsein davon, aber eben dieses ist nicht der Grund der Seligkeit. (Vgl. DW 5, VeM, S. 116, 21–117, 10; in diesem Band S. 107 ff.).

Man versteht von daher noch einmal seine Betonung des Wirkens als Zeichen der Einheit. Es geht nicht um Empfindung, sondern um Wirken aus Liebe, dessen Kern nicht sein im Bewußtsein registriertes Worumwillen ist, sondern die Transparenz für das Wirken der Liebe selbst, Gottes selbst. Damit ist auch ein unterscheidendes Merkmal christlicher Mystik erreicht: Das Engagement, das bis zum Paradox von Röm 9,3, der Trennung von Christus um der Brüder willen – von Eckhart oft genug zitiert – zum Ausdruck kommt. Und doch wäre von dieser Wirkeinheit nichts mitteilbar, wenn dieses Geschehen sich nicht reflektierte. Also doch Bewußtsein: aber nur insofern, als es sich durch Praxis als geläutert ausweist.

Über «Mystik» bei Meister Eckhart, die hier in Anführungszeichen steht, hat sich der kenntnisreiche Philosoph Kurt Flasch 2006 und zuletzt 2010 geäußert. Der Untertitel «Die Geburt der ‹deutschen Mystik› aus dem Geist der arabischen Philosophie» (2006) wirkt jedoch suggestiv, zumal er die bei Eckhart so wichtige Geburtsmetapher benutzt. So eindrucksvoll Flasch zeigen kann, daß die Philosophie Eckharts ohne diese Bezüge zu Averroes, Avicenna und zu Moses Maimonides nicht zu denken ist, so sehr übersieht er doch, daß die Bezeichnung «deutsche Mystik» nicht Meister Eckhart allein meint und oft nur eine literarhistorische Bedeutung für bedeutendes religiöses Schrifttum in deutscher Sprache hat. Hier gibt es die bekannten Verbindungen zu Eckharts deutscher Predigtsprache. Zudem entsteht der Eindruck, daß mit dem von Flasch gewählten Titel mehr behauptet wird, als bewiesen werden kann. Denn die Traditionen der spirituell gewendeten Menschwerdung («Gottesgeburt») gehören nicht in diese Linie.Das ändert aber nichts daran, daß die im Buch selbst bescheidener formulierte Absicht, «morgenländische» Ursprünge «probeweise» zu erfassen (vgl. S. 154) von Flasch beeindruckend eingelöst wird.

Das Buch «Meister Eckhart – Philosoph des Christentums» (2010) ist vorzüglich geschrieben. Es bleibt aber die Frage, inwieweit eine Rekonstruktion des Denkers im Gespräch mit anderen Denkern den Prediger und sein Selbstverständnis erfassen kann. Auch die grundlegende Intention Meister Eckharts ist von Flasch ohne den Quellpunkt im Ursprung Gottes beschrieben, den Eckhart für das Prinzip schlechthin hält und aus dem alles, was daraus hervorgeht, auch die «Natur» der Schöpfung, als gnadenhafte Wirkung beschrieben wird. (Vgl. dazu D. Mieth, Meister Eckhart, 2014) Das Gedicht «Granum Sinapis», das Kurt Ruh Meister Eckhart in seiner Erfurter Zeit zugeschrieben hatte, zeigt deutlich diesen Urquell und die daraus hervorgehende Trinität als Fülle der inneren Gottesbeziehung, die sich dann in Schöpfungs- und Erlösungswerk entfaltet.

ZUR AUSWAHL

Auswahlkriterien und Übersetzung

Diese Textauswahl aus Meister Eckharts Schriften richtet sich an einen breiteren Leserkreis. Die ausgewählten Schriften sollen eine erste Information geben und weiter Interessierte zur wissenschaftlichen Ausgabe hinführen. Daraus ergeben sich erste Kriterien: Die Texte sollen zentral, einigermaßen verständlich und nicht zu lang sein. Da bereits eine allgemeinverständliche Ausgabe der deutschen Werke in Übersetzung vorliegt (Quint, 1955, ^{2}1963), wurden hier auch lateinische Texte in der Übersetzung der wissenschaftlichen Ausgabe aufgenommen. Der Leser kann sich so eine gewisse Meinung über Verbindendes und Unterscheidendes zwischen lateinischen und mittelhochdeutschen Texten bilden. Für weiterführende Zwecke sei darüber hinaus die Ausgabe von Nikolaus Largier mit deutschen und lateinischen Werken und mit der Übersetzung der wissenschaftlichen Ausgabe in 2 Bänden empfohlen.

Da der Umfang eines solchen Bandes der Auswahl ebenfalls Grenzen setzt, habe ich mich entschieden, Eckharts Predigtwerk in den Mittelpunkt zu stellen. Das entspricht auch den mehr pastoralen Intentionen dieser Reihe. Das Predigtwerk gehört nun seinerseits nach Eckharts Einteilung zum Werk der Schriftauslegungen. Daher schien es sinnvoll, die *Predigten und Vorlesungen zu Jesus Sirach 24, 23–31*, die die Brücke zwischen Schriftauslegung, geistlicher Konferenz und Predigt gut repräsentieren, in diese Auswahl aufzunehmen. Der Schrifttext gehört zum Fest Maria Geburt (8. September), die Predigten und Lektionen wurden auf einem Provinzialkapital des Dominikanerordens zwischen 1303 und 1311 vorgetragen. Ebenfalls eine Brücke zwischen Schriftauslegung und Predigt stellt der zweite lateinische Text dar, eine in die Auslegung des Johannesevangeliums eingeschobene Predigt über das Wort «Folge mir nach» (Jo 18,43).

Eine weitere Gruppe der Auswahl bilden die *lateinischen Sermones* oder eher Predigtanleitungen und -entwürfe, die Eckhart für sein geplantes «Opus sermonum» zusammengestellt hat. Ich habe hier Texte ausgewählt, die besonders die theologischen Themen von Liebe, Barmherzigkeit und Gnade behandeln. Diese Auswahl hat, obwohl Eckharts Methode entsprechend in jedem Text philosophische Reflexionen vorkommen, vorrangig Eckharts Theologie und geistliche Lebenslehre im Blick.

Für die «Reden der Unterweisung» und für das «Buch der göttlichen Tröstung» sei auf die Übersetzungen von Günter Stachel verwiesen. Der Neigung Stachels, Eckhart als Mystiker auf Kosten von Eckhart als scharfsinnigem Denker zu profilieren, stimme ich freilich nicht zu. Gegen den kurzen Traktat von der «Abgeschiedenheit», den ich hier aufgenommen habe, besteht der Einwand, er könne deshalb schwerlich von Eckhart sein, weil Eckhart darin zitiert wird, vgl. unten S. 95, Mitte: «ein Meister spricht: die Armen des Geistes sind diejenigen, die Gott alle Dinge so überlassen haben, wie er sie hatte, als wir (noch) nicht waren». Dies verweist auf Eckharts berühmte Armutspredigt, die freilich ihrerseits Probleme macht, weil sie den Inquisitoren offenbar nicht zur Verfügung stand. (Vgl. unten S. 146 ff.) Das ändert aber nichts daran, daß der Traktat – mit sehr eindrücklichen Bildern – durchaus in Eckharts Denkweise schreibt bzw. mit dieser sehr vertraut ist.

Elf deutsche Predigten stellen die größte Gruppe der Textauswahl dar, wie es auch immer noch der Breitenwirkung Eckharts entspricht. Bei der Auswahl dieser Predigten sprechen subjektive Interessen mit; es sind Predigten, mit denen ich mich besonders beschäftigt habe und die sich daher auch gut mit den Zentralgedanken meiner Einführung verbinden lassen. Ich bringe sie bis auf die letzte (Pr. 1) in der Reihenfolge der wissenschaftlichen Ausgabe.
Obwohl sich sachlich eher eine Voranstellung der lateinischen Schriften empfohlen hätte, erscheint es aus didaktischenGründen sinnvoll, zunächst mit den deutschen Texten zu beginnen. Jede Auswahl dieser Art muß sich letztlich Gegenargumente gefallen lassen, und eine «objektive» Rechtfertigung kann nicht bis ins einzelne geleistet werden. Ich habe mich auch bei den deutschen Predigtnachschriften dazu entschlossen, mit Ausnahme der letzten Predigt (Pr. 1), eine eigene *Übersetzung* zu bieten, die der Verständlichkeit dadurch entgegenkommt, daß sie den «mittelhochdeutschen» Sprachanklang und Sprachduktus der Übersetzung J. Quints zu modernisieren versucht. Ich gehe dabei auch von der Erfahrung aus, daß Quints textnahe Übersetzung wegen ihres «Mediävismus» von Nicht-Spezialisten kaum verstanden wird. Die Übersetzung Quints bleibt natürlich wissenschaftlich weiter maßgebend. Wenn ich Texte, über die Verständnishilfe hinaus, anders interpretiere, so habe ich freilich keinen Grund gesehen, auf solche – eher wenige – Änderungen zu verzichten. Solche Versuche mögen gerade im Rahmen einer Auswahl ohne wissenschaftliche Ambitionen erlaubt sein. Daß ich dennoch hoffe, keinen «anderen» Eckhart zu bieten, liegt auf der Hand. Die Übersetzung der Predigt 1 stammt von Hans Zimmermann und ist seiner Internetseite 12koerbe.de entnommen. Sie wird von ihm neben dem mhd. Text dargeboten. Das gibt dieser Präsentation ein besonderes Profil.
Die Übersetzungen aus dem Lateinischen sind der wissenschaftlichen Ausgabe entnommen.

Einige Bemerkungen zu Eckharts Methode der Schriftauslegungen und Predigtart als Anleitung zum Lesen

Eckhart hat keine umfassenden, fortlaufenden Kommentarwerke zur Schrift geschrieben, sondern «einzelne Schriftworte, die ihm besonders gehaltvoll erschienen» (J. Koch) paradigmatisch für das Ganze der Schrift ausgelegt. Das bedeutet zum Beispiel, daß ein einzelnes Schriftwort mit Parallelen aus der ganzen Schrift versehen und dadurch durch die ganze Schrift selbst in diesem Wort zum Erscheinen gebracht wird. Auch die Predigten sind solche Auslegungen; sie verzichten daher meist darauf, die gesamte liturgisch verwendete Perikope auszulegen, und beschränken sich auf einen repräsentativen Satz. Das Wort im einzelnen ist eine ebenso wichtige Einheit wie der Satz und sein sich auf das Ganze der Schrift hin erweiternder Kontext; das Wort, mitunter gar seine Bestandteile, ist die kleinste Bedeutungseinheit, die noch für das Ganze transparent werden kann. Eckhart hat z. B. selbst «Beiworte» wie «ecce» und «quasi» als Träger einer Sprache verstanden, die durch Transposition in ihren theologischen Sinn eine neue Aussagemöglichkeit erhält. Da dies für heutige Leser nicht selbstverständlich ist, muß eigens darauf hingewiesen werden.

Ferner gibt es für Eckhart keine einzige, andere absolut ausschließende Deutung des einzelnen Schriftwortes. Dies ergibt sich schon aus dem vierfachen Schriftsinn, der für seine Zeit die hermeneutische Regel war: der historisch-literarische, der moralische, der allegorisch-sinnbildliche und der anagogisch-vorausweisende Schriftsinn. Aber noch darüber hinaus ist Eckharts Schriftbetrachtung perspektivistisch: die «Fülle von Wahrheit und Licht, von Kraft und Gnade, die im einzelnen Wort steckt, vor seinen Lesern meisterlich auszubreiten, das ist sein großes Anliegen. Darum häuft er die mehrfachen Auslegungen wichtiger Stellen, ‹damit› – wie er selbst sagt –, ‹der Leser aus ihnen nach Belieben bald die eine, bald die andere nehme, je nachdem es ihm nützlich scheint› (In Jo n. 39)» (J. Koch). Dieser Rat des Autors sei an den Leser weitergegeben, zumal sich dieser heute zunächst mehr für Eckharts Gedanken selbst als für seinen Autoritätsbeweis mit der Schrift interessiert.

Die Predigten und Vorlesungen zu Jesus Sirach zeigen, wie Eckharts Schriftauslegung aus dem mündlichen Wort, eben Predigt und Vorlesung erwächst. Anders ist dies bei den Sermones. Von ihnen sind wenige ein Stück weit ausgearbeitet – wir haben diese bevorzugt –, sondern hier sind Materialien und Gedanken gesammelt. Wenige davon sind dann in deutscher Sprache ausgeführt worden; dies war nicht der Hauptzweck, sondern es handelt sich vor allem um akademische Predigtentwürfe, die für Predigten vor dem akademischen Klerus gedacht waren. Dabei führt Eckhart oft ein angegebenes Programm nicht aus, weil ihn das exegetische Interesse an einem Punkt festhält.

Die rhetorische Rhythmik der lateinischen Predigten kann die Übersetzung nicht wiedergeben. Wichtig ist aber, daß der Leser sieht, wie die sprachliche Anreicherung zugleich inhaltliche Steigerung zu erreichen versucht. Gelegentlich wird auch Wort für Wort ausgelegt, vor allem in den deutschen Predigten. Der Übergang vom historisch-erzählerischen Wortsinn in die übertragene Wortbedeutung ist bei ihm nur graduell: der Wortsinn ist die Schale, hinter der sich der Kern tieferer Bedeutung offenbart. Diese tiefere Bedeutung interpretiert nun die hermeneutischen Regeln auf eigene Weise: es kommt auf Konkordanz des theologischen Tiefensinnes mit der natürlichem Erkenntnis der Philosophie über Metaphysik, Naturlehre und Ethik an. (Vgl. Lib. par. Gen., LW 1, S. 454, 7–10) Durch die Predigt wird nun diese philosophische Interpretation der Schriftauslegung, die freilich immer im Dienst der theologischen Aussage bleibt, pädagogisch umgewendet, indem gedanklich auf die Höhe der theologischen Aussage zu führen versucht wird. Dabei wird der Adressat oft bei einem Mißverständnis «abgeholt», in den deutschen Predigten auch bei seinem Unverständnis, um ihm zu zeigen, wie die richtig gebrauchte Vernunft über sich selbst hinauf verweist, vom Wissen also in ein Nicht-Wissen kommt. Schriftauslegung und Predigt gehören daher bei Eckhart theologisch und auch pragmatisch (J. Koch hat gezeigt, daß der Stil der Schriftauslegungen oft den Prediger als Adressaten vor sich hat) zusammen. Es wird gleichsam der doppelte Weg «von oben», d. h. von der Autorität des geglaubten Wortes, und «von unten», d. h. der sich selbst schrittweise über sich selbst hinaus bewegenden Erkenntnis, eingeschlagen. Gerade dadurch wird Eckharts Predigt so besonders eindrucksvoll: sie ist ganz und gar Glaubenszeugnis, in dem sich gelebte Erfahrung mitteilt, und sie ist ganz und gar Vertrauen in die vom Glauben freigesetzte Vernunft und ihre Argumentation. So sind die Predigten biblisch und philosophisch zugleich: Gott denken und erfahren.

Zwar scheint es, als müsse der philosophisch nicht gebildete Leser diesen Texten fern bleiben. Aber dem ist nicht so, denn Eckhart nennt stets alle seine Voraussetzungen, so daß die gründliche Lektüre der Texte selbst schon sehr hilfreich sein kann. Nur lese man nicht nur zur Bewegung des Gemütes, sondern auch zu der des Denkens.

AUSWAHLTEXTE

AUS DEN DEUTSCHEN TRAKTATEN

Von Abgeschiedenheit

Wir wissen nicht, wann dieser Traktat abgefaßt wurde, und seine Echtheit war lange Zeit umstritten, bis man hinter der strengen Komposition und der typischen Diktion keinen anderen mehr als Eckhart zu sehen vermochte. Das Wort Abgeschiedenheit, *das in der Mitte steht, ist in dieser Form neu und durch den Traktat selbst geprägt. Dahinter steht sprachlich vermutlich das lateinische «separatio» und sachlich das lateinische «abstractio», das das Ethos des Denkens in anderen Schriften Eckharts begleitet. Eine rein intellektuelle Abstraktionsfähigkeit ist aber nicht gemeint; im Vordergrund steht die Einförmigkeit als Wirklichkeit Gottes und als Möglichkeit des Menschen.*

Abgeschiedenheit ist höher als alle Tugenden, wenn diese als sittliche Qualitäten verstanden werden. Wenn man das nicht tut – und Eckhart tut es meist nicht, sondern sieht die Tugend «in sich», d. h. in Gott – dann lösen sich die Gegensätze zwischen Abgeschiedenheit auf der einen, Liebe, Demut und Barmherzigkeit auf der anderen Seite wieder auf. Diese Tugenden werden ja auch als Grundlegungen zur Abgeschiedenheit aufgefaßt und kommen in der Abgeschiedenheit am Schluß wieder in den Blick (als «rechte Liebe» und «vollkommene Demut»). Man muß hier Eckharts Blickrichtung beachten, der das jeweils Thematisierte – Abgeschiedenheit oder sonst oft Barmherzigkeit – auf seine höchste Möglichkeit bringt, das heißt in den göttlichen Bereich, wo es dann alles andere übersteigt.

Abgeschiedenheit wird als das Höchste Gottes *in Gottes Innerlichkeit und das Höchste des* Menschen *in des Menschen Innerlichkeit dargestellt. Beides ist in Christus verbunden, daher benutzt der Traktat Christus als Urbild («Exemplar») und Maria als Vorbild («Exemplum»).*
Was zur Bereitschaft des abgeschiedenen Herzens gesagt wird, kann man auch sonst in Eckharts Predigten finden und zum Vergleich heranziehen. Besonders schön sind in diesem Traktat die Gleichnisse, in denen vom bleiernen Berg, Sonnenschein-Auge, Türangel, Backofen, Wachstafel, Sonne-Morgenrot gesprochen wird.
Eine inhaltliche Einführung zu geben, ginge zu weit. Zum Verständnis ist aber ein Aufweis der Gedankenschritte im Verlauf des Textes erforderlich.

1. *Exposition des Themas:*

Streitfrage: Welches ist die höchste und die beste Tugend? Kriterien einer Antwort: Nähe zu Gott, Erhebung zu Gott in der Gnade, Einheit mit des Menschen Urbild in Gott.
Vorweggenommene Antwort: Die Abgeschiedenheit übertrifft alle Tugenden, weil sie als einzige ganz von der Welt löst. Darum ist sie das Eine, das not tut.
Ähnlich heißt es in Eckharts Predigtprogramm: «Wenn ich predige, so pflege ich (zum ersten) zu sprechen von Abgeschiedenheit und daß der Mensch ledig werden soll seiner selbst und aller Dinge ...». (Quint, DW, Pr. 53, S. 528,5 f.)
Diese Exposition wird im folgenden streng durchgeführt.

Ich habe viele Schriften gelesen sowohl der heidnischen Meister wie der Propheten, des Alten und des Neuen Testaments, und habe mit Ernst und mit ganzem Eifer danach gesucht, *welches die höchste und die beste Tugend sei,* mit der sich der Mensch am meisten und am allernächsten Gott verbinden und mit der

der Mensch von Gnaden werden könne, was Gott von Natur ist, und durch die der Mensch in der größten Übereinstimmung mit dem Bilde stände, das er in Gott war, in dem zwischen ihm und Gott kein Unterschied war, ehe Gott die Geschöpfe erschuf. Und wenn ich alle Schriften durchgründe, soweit meine Vernunft es zu leisten und soweit sie zu erkennen vermag, so finde ich nichts anderes, als *daß lautere Abgeschiedenheit alles übertreffe,* denn alle Tugenden haben irgendein Absehen auf die Geschöpflichkeit, während Abgeschiedenheit losgelöst von allen Geschöpfen ist. Darum sprach unser Herr zu Martha: ‹Unum est necessarium› (Lk 10,42), das besagt so viel wie: Martha, wer unbetrübt und lauter sein will, der muß *Eines* haben, das ist *Abgeschiedenheit.*

2. *Abgeschiedenheit übertrifft jede Tugend*

Sie übertrifft die Liebe,

Die Lehrer loben die *Liebe* in hohem Maße, wie es Sankt Paulus tut, der sagt: ‹Welches Tun auch immer ich betreiben mag, habe ich die Liebe nicht, so bin ich nichts› (vgl. Kor 13,1 f.). Ich hingegen lobe die Abgeschiedenheit vor aller Liebe.

weil sie Gottes Liebe zu mir und nicht meine Liebe zu Gott freisetzt («erzwingt»),

Zum *ersten* deshalb, weil das Beste, das an der Liebe ist, dies ist, daß sie mich zwingt, daß ich Gott liebe, wohingegen die Abgeschiedenheit Gott zwingt, daß er mich liebe. Nun ist es um vieles vorzüglicher, daß ich Gott zu mir zwinge, als daß ich mich zu Gott zwinge. Und das liegt daran, weil Gott sich eindringlicher zu mir fügen und besser mit mir vereinigen kann, als ich mich mit Gott vereinigen könnte. Daß Abgeschiedenheit (aber) Gott zu mir zwinge, das beweise ich damit, daß ein jeglich Ding gern an seiner naturgemäßen eigenen Stätte ist.

Gottes naturgemäße eigene Stätte ist nun Einheit und Lauterkeit; das aber kommt von Abgeschiedenheit. Deshalb muß Gott notwendig sich selbst einem abgeschiedenen Herzen geben.

weil sie nicht um Gottes willen alles erträgt, sondern allein Gott empfängt, Beweis: sie macht dem Nichts gleich.

Zum *zweiten* lobe ich die Abgeschiedenheit vor der Liebe, weil die Liebe mich dazu zwingt, daß ich alle Dinge um Gottes willen ertrage, während Abgeschiedenheit mich dazu bringt, daß ich für nichts empfänglich bin als für Gott. Nun ist es viel wertvoller, für nichts empfänglich zu sein denn für Gott, als alle Dinge zu ertragen um Gottes willen. Denn im Leiden hat der Mensch (noch) ein gewisses Hinsehen auf die Kreatur, von der dem Menschen das Leiden kommt, wohingegen Abgeschiedenheit gänzlich losgelöst ist von aller Kreatur.

Daß aber Abgeschiedenheit für nichts empfänglich ist als für Gott, das beweise ich wie folgt: Was immer aufgenommen werden soll, das muß in etwas hinein aufgenommen werden. Nun (aber) ist die Abgeschiedenheit dem Nichts so nahe, daß nichts so fein (subtil) ist, daß es sich in der Abgeschiedenheit halten könnte, als Gott allein. (Nur) der ist so einfaltig und so feinfügig, daß er sich in dem abgeschiedenen Herzen wohl halten kann. Daher ist Abgeschiedenheit für nichts empfänglich als für Gott.

Sie übertrifft die Demut, weil die wahre Demut zur Abgeschiedenheit führt.

Die Meister loben auch die *Demut* vor vielen anderen Tugenden. Ich aber lobe die Abgeschiedenheit vor aller Demut, und zwar deshalb, weil Demut ohne Abgeschiedenheit, vollkommene Abgeschiedenheit aber nicht ohne vollkommene Demut bestehen kann, denn vollkommene Demut geht auf ein Vernichten des eigenen Selbst aus. Nun rührt (aber) Abgeschiedenheit so nahe an das Nichts, daß zwischen vollkommener Abgeschiedenheit und dem Nichts nichts sein kann. Daher kann vollkommene Abgeschiedenheit nicht ohne Demut sein. Nun sind allzeit zwei Tugenden besser als (nur) eine.

Weil die Demut aus sich herausgeht und die Abgeschiedenheit in sich selbst bleibt.

Der zweite Grund, weshalb ich die Abgeschiedenheit vor der Demut lobe, ist der, daß vollkommene Demut sich selbst unter alle Kreaturen neigt, und in dieser Neigung geht der Mensch aus sich selbst heraus auf die Kreaturen (hin), wohingegen die Abgeschiedenheit in sich selbst bleibt. Nun kann kein Ausgehen je so edel werden, daß nicht das Innebleiben in sich selbst viel edler sei. Deshalb sprach der Prophet David: ‹Omnis gloria eius filiae regis ab intus›, das heißt: ‹Des Königs Tochter hat alle ihre Ehre von innen› (Ps 44,14). Vollkommene Abgeschiedenheit hat kein Absehen auf irgendwelche Neigung unter irgendeine Kreatur noch über irgendeine Kreatur; sie will weder drunter noch drüber sein, sie will aus sich selbst dastehen, niemand zu Liebe noch zu Leide, und will weder Gleichheit noch Ungleichheit mit irgendeiner Kreatur haben noch dies und das: sie will nichts anderes als sein. Daß sie aber dies oder das sein möchte, das will sie nicht; denn wer dies oder das sein will, der will etwas sein. Abgeschiedenheit hingegen will *nichts* sein. Daher bleiben alle Dinge von ihr unbeschwert.

Der Einwand mit der Demut Mariens wird zum Gegenbeweis, denn Abgeschiedenheit kann man nicht aussagen. Maria ist darin Vorbild, daß sie sich ihrer nicht rühmt.

Nun könnte jemand sagen: Es waren aber doch alle Tugenden auf vollkommene Weise in Unserer Frau, und also mußte auch vollkommene Abgeschiedenheit in ihr sein. Ist nun (aber)

Abgeschiedenheit höher als Demut, weshalb rühmte sich dann Unsere Frau ihrer Demut und nicht ihrer Abgeschiedenheit, als sie sprach: ‹Quia respexit dominus humilitatem ancillae suae›, das heißt: ‹Er sah an die Demut seiner Magd› (Lk 1,48), – warum also sprach sie nicht: «Er sah an die Abgeschiedenheit seiner Magd»? Darauf antwortete ich wie folgt und sage, daß in Gott Abgeschiedenheit *und* Demut sind, sofern wir von Gott Tugenden aussagen können. Nun sollst du wissen, daß die liebeträchtige Demut Gott dazu brachte, daß er sich in menschliche Natur herabneigte, während (seine) Abgeschiedenheit unbeweglich in sich selbst verharrte, als er Mensch ward, wie sie es tat, als er Himmel und Erde schuf, wie ich dir hernach (noch) darlegen will. Und weil unser Herr, als er Mensch werden sollte, unbeweglich in seiner Abgeschiedenheit verharrte, wußte Unsere Frau sehr wohl, daß er dasselbe auch von ihr begehrte und daß er in dieser Sache auf ihre Demut und nicht auf ihre Abgeschiedenheit sah. Daher stand sie unbeweglich in ihrer Abgeschiedenheit und rühmte sich ihrer Demut und nicht ihrer Abgeschiedenheit. Und hätte sie auch nur mit einem Wort ihrer Abgeschiedenheit gedacht, so daß sie gesagt hätte: «Er sah an meine Abgeschiedenheit», so wäre damit die Abgeschiedenheit getrübt worden und nicht (mehr) vollständig noch vollkommen gewesen, weil dabei ein Aus-sich-Herausgehen geschehen wäre. Kein Herausgehen aber kann so geringfügig sein, daß die Abgeschiedenheit dabei ohne Makel bleiben könnte. Und damit hast du den Grund, warum Unsere Frau sich ihrer Demut rühmte und nicht ihrer Abgeschiedenheit. Daher sprach der Prophet: ‹Audiam quid loquatur in me dominus deus› (Ps 84,9), das heißt: ‹Ich› will schweigen und ‹will hören, was mein Gott und mein Herr in mich rede›, als ob er habe sagen wollen: «Will Gott zu mir reden, so komme er herein in mich, ich will nicht hinaus».

Sie übertrifft die Barmherzigkeit, sofern diese als aus sich herausgehende Gemütsbewegung verstanden wird (vgl. aber dazu das andere Verständnis von Barmherzigkeit, S. 129 ff.)
Ich lobe die Abgeschiedenheit auch vor aller *Barmherzigkeit,* denn Barmherzigkeit ist nichts anderes, als daß der Mensch aus sich selbst herausgeht hin zu den Gebrechen seines Mitmenschen und dadurch sein Herz betrübt wird. Davon bleibt die Abgeschiedenheit frei und verharrt in sich selbst und läßt sich von nichts betrüben; denn solange irgend etwas den Menschen betrüben kann, steht es nicht recht um ihn. Kurz gesagt: Wenn ich alle Tugenden ansehe, so finde ich keine so ohne Makel und so Gott verbindend, wie es die Abgeschiedenheit ist.

3. *Abgeschiedenheit erzwingt Einheit mit Gott*

Die Leere des freien Geistes erzwingt Gottes Selbstmitteilung. Ein Meister, er heißt Avicenna, spricht: Der Geist, der abgeschieden ist, dessen Adel ist so groß, daß, was immer er schaut, wahr ist und, was immer er begehrt, ihm gewährt ist und man in allem, was er gebietet, ihm gehorsam sein muß. Und das sollst du für wahr wissen: Wann immer der freie Geist in rechter Abgeschiedenheit steht, so zwingt er Gott zu seinem Sein; und könnte er ohne jede Form und ohne alle Akzidentien dastehen, so nähme er Gottes eigenes Sein an. Das aber kann Gott niemand geben als sich selbst; daher kann Gott dem abgeschiedenen Geist nicht mehr tun, als daß er ihm sich selbst gibt. Und der Mensch, der so in voller Abgeschiedenheit steht, der wird so in die Ewigkeit entrückt, daß ihn nichts Vergängliches (mehr) bewegen kann, daß er nichts (mehr) empfindet, was leiblich ist, und er heißt tot für die Welt, denn ihm schmeckt nichts, das irdisch ist. Das meinte Sankt Paulus, da er sprach: ‹Ich lebe und lebe doch nicht; Christus lebt in mir› (Gal 2,20).

Abgeschiedenheit «in sich selbst» bringt in Gleichheit mit Gott, durch Gnade.

Nun magst du fragen, was Abgeschiedenheit sei, da sie so gar edel ist *in sich selbst?* Hierzu sollst du wissen, daß rechte Abgeschiedenheit nichts anderes ist, als daß der Geist so unbeweglich stehe gegenüber allem anfallenden Lieb und Leid, Ehren, Schanden und Schmähung, wie ein bleierner Berg unbeweglich ist gegenüber einem schwachen Winde. Diese unbewegliche Abgeschiedenheit bringt den Menschen in die größte Gleichheit mit Gott. Denn daß Gott Gott ist, das hat er von seiner unbeweglichen Abgeschiedenheit, und von der Abgeschiedenheit hat er seine Lauterkeit und seine Einfaltigkeit und seine Unwandelbarkeit. Und daher, soll der Mensch Gott gleich werden, soweit eine Kreatur Gleichheit mit Gott haben kann, so muß das geschehen durch Abgeschiedenheit. Die zieht dann den Menschen in Lauterkeit und von der Lauterkeit in Einfaltigkeit und von der Einfaltigkeit in Unwandelbarkeit, und die bringen eine Gleichheit zwischen Gott und dem Menschen hervor; diese Gleichheit aber muß in *Gnade* erstehen, denn die Gnade zieht den Menschen von allen zeitlichen Dingen weg und läutert ihn von allen vergänglichen Dingen. Und du sollst wissen: Leer sein aller Kreatur ist Gottes voll sein, und voll sein aller Kreatur ist Gottes leer sein.

4. *Gott «in sich selbst» ist Abgeschiedenheit, und alle Abgeschiedenheit hat dort ihren Grund*

Gottes Abgeschiedenheit wird weder von der Schöpfung, noch vom Gebet, noch von der Menschwerdung und dem Leiden des Sohnes berührt.

Nun sollst du wissen, daß *Gott* in dieser unbeweglichen Abgeschiedenheit von Ewigkeit her gestanden hat und noch steht, und sollst wissen, daß, als Gott Himmel und Erde erschuf,

das seine unbewegliche Abgeschiedenheit so wenig anging, als ob nie eine Kreatur geschaffen worden wäre.
Ich sage auch weiterhin: Alle Gebete und guten Werke, die der Mensch im Zeitlichen verrichten kann, davon wird Gottes Abgeschiedenheit so wenig bewegt, als ob niemals ein Gebet oder gutes Werk in der Zeit verrichtet würde, und Gott wird deshalb nimmer gnädiger noch geneigter gegenüber dem Menschen, als wenn er das Gebet oder die guten Werke niemals verrichtete.
Ich sage zudem weiter: Als der Sohn in der Gottheit Mensch werden wollte und ward und die Marter erlitt, ging das die unbewegliche Abgeschiedenheit Gottes so wenig an, wie wenn er nie Mensch geworden wäre.

Dies ist nur zu verstehen, wenn man den Unterschied von Zeit und Ewigkeit versteht: in der Ewigkeit fällt alles Vor und Nach in einen «Anblick» zusammen.
Nun könntest du sagen: So höre ich wohl, daß alles Gebet und alle guten Werke verloren sind, weil sich Gott ihrer nicht (so) annimmt, daß ihn jemand dadurch bewegen könnte, und doch sagt man: Gott will um alles gebeten werden. Hier sollst du mich wohl anhören und recht verstehen, wenn du kannst, daß Gott in seinem ersten ewigen Anblick – wenn wir einen ersten Anblick da annehmen sollten – alle Dinge ansah, so wie sie geschehen würden, und (er) sah in diesem selben Anblick, wann und wie er die Kreaturen erschaffen und wann der Sohn Mensch werden wollte und leiden sollte. Er sah auch das geringste Gebet und gute Werk, das jemand verrichten würde, und sah an, welches Gebet und (welche) andächtige Hingabe er erhören wollte oder sollte; er sah, daß du ihn morgen mit Ernst anrufen und bitten willst, und dieses Anrufen und Gebet wird Gott nicht (erst) morgen erhören, denn er hat es (bereits) in seiner Ewigkeit erhört, ehe du je Mensch wurdest. Ist aber dein Gebet nicht eindringlich und ohne Ernst, so wird

dich Gott nicht (erst) jetzt abweisen, denn er hat dich (ja schon) in seiner Ewigkeit abgewiesen. Und so denn hat Gott in seinem ersten ewigen Anblick alles angesehen, und Gott wirkt nichts neu, denn alles ist vorausgewirkt. Und so steht Gott allzeit in seiner unbeweglichen Abgeschiedenheit, und doch sind darum der Leute Gebet und gute Werke nicht verloren; denn wer wohl tut, dem wird auch wohl gelohnt, wer übel tut, dem wird auch darnach gelohnt. Diesen Gedanken äußert auch Sankt Augustinus im fünften Buch ‹Von der Dreifaltigkeit› im letzten Kapitel und sagt: «Deus autem» etc., das will besagen: «Behüte Gott, daß jemand spreche, Gott liebe jemand auf zeitliche Weise, denn bei ihm ist nichts vergangen und auch nichts zukünftig, und er hat alle Heiligen geliebt, ehe die Welt geschaffen ward, so wie er sie vorhergesehen hat. Und wenn die Zeit kommt, daß er in der Zeit sichtbar macht, was er (schon) in der Ewigkeit geschaut hat, so wähnen die Leute, Gott habe ihnen eine neue Liebe zugewendet; so also, wenn er zürnt oder etwas Gutes tut, so werden wir gewandelt, während er unwandelbar bleibt, so wie der Sonnenschein den siechen Augen weh tut und den gesunden wohl, und doch bleibt (dabei) der Sonnenschein in sich selbst unwandelbar.» Denselben Gedanken berührt Augustinus auch im zwölften Buch ‹Von der Dreifaltigkeit› im vierten Kapitel und sagt: «Nam deus non ad tempus videt, nee aliquid fit novi in eius visione» – «Gott sieht nicht auf zeitliche Weise, und es ersteht auch in ihm kein neues Sehen.» Zu diesem Gedanken äußert sich auch Isidorus in dem Buch «Vom höchsten Gute» und sagt wie folgt: «Es fragen viele Leute: Was tat Gott, ehe er Himmel und Erde erschuf, oder woher kam der neue Wille in Gott, daß er die Kreaturen erschuf?», und er antwortet so: «Kein neuer Wille erstand jemals in Gott, denn obwohl es so ist, daß die Kreatur (als solche) in sich selbst (noch) nicht bestand», wie sie es jetzt tut, «so war sie doch von Ewigkeit her in Gott und in seiner Vernunft.» Gott erschuf nicht Himmel und Erde, so wie wenn wir im Zeitablauf sagen: Dies (oder das) werde!», denn alle Kreaturen sind (schon) im ewigen Worte (mit) ausgesprochen. Dazu können wir auch heranziehen, was unser Herr zu Moses sprach, als Moses unsern Herrn fragte: ‹Herr, wenn Pharao mich darauf anspricht, wer du seist, wie soll ich ihm antworten?›, da sprach unser Herr: ‹So sprich: Der da ist, der hat mich gesandt› (Ex 3,13 f.). Das heißt so viel wie: Der da unwandelbar ist an sich selber, der hat mich gesandt.

Einwand: wie steht es dann um die Leidensfähigkeit Christi und Mariens (als abgeschiedenem Menschen)? Antwort: wenn sie dem äußeren Menschen nach litten, so blieben sie doch dem inneren Menschen nach abgeschieden. Gleichnis: die Türangel bleibt unbeweglich, wenn die Tür sich dreht. (Das Gleichnis ist subtil, denn die Türangel gehört zur Tür und doch wieder nicht zu ihr!)

Nun könnte einer sagen: Hatte *Christus* auch unbewegliche Abgeschiedenheit, als er sprach: ‹Meine Seele ist betrübt bis in den Tod› (Mt 26,38; Mk 14,34), und *Maria*, als sie unter dem Kreuze stand, wo man doch viel von ihrer Klage berichtet, – wie kann dies alles bestehen mit unbeweglicher Abgeschiedenheit? Hier sollst du wissen, daß die Meister sagen, daß in einem jeglichen Menschen zweierlei Menschen vorhanden sind: der eine heißt der äußere Mensch, das ist die Sinnlichkeit; diesem Menschen dienen die fünf Sinne, und doch *wirkt* der äußere Mensch kraft der Seele. Der andere Mensch heißt der innere Mensch, das ist des Menschen Innerlichkeit. Nun sollst du wissen, daß ein geistiger Mensch, der Gott liebt, die Kräfte der Seele im äußeren Menschen nicht mehr in Anspruch nimmt, als die fünf Sinne notwendig bedürfen; und das Innere kehrt sich den fünf Sinnen nur soweit zu, wie es ein Führer und ein Leiter der fünf Sinne ist und sie behütet, damit sie sich nicht wie die Tiere ihrem Sinnesgegenstand hingeben, wie etliche Leute es tun, die nach ihrer leiblichen Wollust leben, wie's die Tiere tun, die ohne Vernunft sind; und solche Leute heißen eigentlicher Vieh als Menschen! Und was die Seele über das hinaus, was sie den fünf Sinnen zuwendet, an Kräften besitzt, diese Kräfte gibt die Seele alle dem innern Menschen. Und wenn dieser Mensch sich etwas Hohem und Edlem zuwendet, dann zieht die Seele alle die Kräfte an sich, die sie den fünf Sinnen geliehen hat, und dieser Mensch gilt (dann) als von Sinnen und verzückt; denn sein Vorwurf ist eine erkenntnismäßige Bildvorstellung oder etwas bildlos Erkenntnismäßiges. Doch wisse, daß Gott von einem jeden geistigen Menschen erwartet, daß er ihn mit allen Kräften der Seele liebe. Deshalb sprach er: ‹Liebe deinen Gott aus ganzem Herzen !› (Mk 12,30). Nun gibt es etliche Menschen, die verbrauchen die Kräfte der Seele ganz und gar im äußern Menschen. Das sind jene Leute, die alle ihre Sinne und ihre Vernunft vergänglichem Gut zukehren; die wissen nichts von dem innern Menschen. Nun sollst du wissen, daß der äußere Mensch sich in Betätigung befinden kann und doch der innere Mensch davon gänzlich frei und unbewegt bleibt. Nun war in Christus auch ein äußerer und ein innerer Mensch und ebenso in Unserer Frau; und was Christus und Unsere Frau je über äußere Angelegenheiten redeten, das taten sie nach ihrem äußeren Menschen, und (dabei) stand der innere Mensch in einer unbeweglichen Abgeschiedenheit. Und so auch redete Christus, als er sprach: ‹Meine Seele ist betrübt bis in den Tod› (Mt 26,38); und bei allem, was immer Unsere Frau klagte und sonst wie redete, stand doch ihr Inneres allzeit in einer unbeweglichen Abgeschiedenheit. Und dazu nimm einen Vergleich: Eine Tür geht in einer Angel auf und zu. Nun vergleiche ich das äußere Brett der Tür dem äußeren Menschen, die Angel aber setze ich dem inneren Menschen gleich. Wenn nun die Tür auf- und zugeht, so bewegt sich das äußere Brett hin und her, und doch bleibt die Angel unbeweglich an ihrer Stelle und wird deshalb niemals verändert. Ebenso ist es auch hier, wenn du's recht verstehst.

5. *Abgeschiedenheit im Menschen: die «Bereitschaft des abgeschiedenen Herzens»*

Das Höchste an Bereitschaft ist das Nichts, und dies ist der Abgeschiedenheit Gegenstand im abgeschiedenen Herzen.
Hier frage ich nun, was der lauteren Abgeschiedenheit Gegenstand sei. Darauf antworte ich wie folgt und sage, daß weder dies noch das der lauteren Abgeschiedenheit Gegenstand ist. Sie steht *auf einem reinen Nichts,* und ich sage dir, warum das so ist: Die lautere Abgeschiedenheit steht auf dem Höchsten. Nun aber steht der auf dem Höchsten, in dem Gott nach seinem ganzen Willen wirken kann. Nun kann Gott nicht in allen Herzen nach seinem ganzen Willen wirken, denn obgleich Gott allmächtig ist, so kann er doch nur soweit wirken, wie er *Bereitschaft* findet oder schafft. Und ich sage «oder schafft» Sankt Paulus' wegen, denn bei ihm fand er keine Bereitschaft, doch bereitete er ihn durch das Eingießen der Gnade. Deshalb sage ich: Gott wirkt danach, wie er Bereitschaft findet. Sein Wirken ist anders im Menschen als im Steine. Dafür finden wir ein Gleichnis in der Natur: Wenn man einen Backofen heizt und darein einen Teig von Hafer und einen von Gerste und einen von Roggen und einen von Weizen legt, so ist da nun nur eine Hitze in dem Ofen, und doch wirkt sie nicht gleich in den Teigen; denn der eine wird zu schönem Brot, der andere wird gröber, der dritte noch gröber. Und das ist nicht der Hitze Schuld, es ist die Schuld der Materie, die da ungleich ist. Ebenso wirkt Gott *nicht gleich in allen Herzen;* er wirkt danach, wie er Bereitschaft und Empfänglichkeit findet. In welchem Herzen nun dies oder das ist, da kann in dem «dies oder das» etwas sein, wodurch Gott nicht das höchste zu wirken vermag. Soll daher das Herz Bereitschaft haben zum Allerhöchsten, so muß es auf einem *reinen Nichts* stehen, und darin liegt auch die größte Möglichkeit, die sein kann. Da nun *das abgeschiedene Herz* auf dem Höchsten steht, so muß dies auf

dem Nichts (der Fall) sein, denn in dem liegt die größte Empfänglichkeit. Dafür nimm ein Gleichnis in der Natur: Will ich auf eine Wachstafel schreiben, dann kann nichts (noch) so edel sein, was auf der Tafel geschrieben steht, daß es mich nicht behindert, so daß ich nicht darauf schreiben kann; will ich aber doch schreiben, so muß ich alles das tilgen und auslöschen, was auf der Tafel steht. Und die Tafel schickt sich mir nimmer so wohl zum Schreiben, wie wenn gar nichts auf der Tafel steht. Ganz ebenso muß, soll Gott auf das allerhöchste in mein Herz schreiben, alles aus dem Herzen herauskommen, was dies und das heißen kann, und ganz so steht es mit dem *abgeschiedenen Herzen.* Deshalb kann Gott darin auf das allerhöchste und nach seinem höchsten Willen wirken. Drum ist des abgeschiedenen Herzens Gegenstand weder dies noch das.

Des abgeschiedenen Herzens Gebet ist die Einförmigkeit mit Gott; darüber hinaus kann es nicht beten.

Nun frage ich wiederum: Was ist *des abgeschiedenen Herzens Gebet?* Darauf antworte ich wie folgt und sage: Abgeschiedene Lauterkeit kann nicht beten, denn wer betet, der begehrt etwas von Gott, das ihm zuteil werden solle, oder aber begehrt, daß ihm Gott etwas abnehme. Nun begehrt das abgeschiedene Herz gar nichts, es hat auch gar nichts, dessen es gerne ledig wäre. Deshalb steht es ledig allen Gebets, und *sein Gebet ist nichts anderes als einförmig zu sein mit Gott.* Das macht sein ganzes Gebet aus. Hierzu können wir das Wort anführen, das Sankt Dionysius äußert zum Wort Sankt Paulus', wo der sagt: ‹Ihrer sind viele, die alle nach der Krone laufen, und doch wird sie nur einem zuteil› (vgl. 1 Kor 9,24) – *alle* Kräfte der Seele laufen nach der Krone, und doch wird sie nur dem Wesen zuteil – Dionysius also sagt: Der Lauf ist nichts anderes als eine Abkehr von allen Kreaturen und ein Sich-Vereinigen in die Ungeschaffenheit. Und wenn die Seele dazu kommt, so verliert sie ihren Namen, und Gott zieht sie in sich, so daß sie an sich selbst zunichte wird, so wie die Sonne das Morgenrot an sich zieht, so daß es zunichte wird. Dahin bringt den Menschen nichts als lautere Abgeschiedenheit. Hierzu können wir auch das Wort heranziehen, das Augustinus spricht: «Die Seele hat einen heimlichen Eingang in die göttliche Natur, wo ihr alle Dinge zunichte werden». Dieser Eingang ist auf Erden nichts anderes als lautere Abgeschiedenheit.

Erkenntnis und Liebe des abgeschiedenen Herzens sind ebenfalls Einförmigkeit mit Gott und Abscheidung aller Vorstellung.

Wenn die Abgeschiedenheit zum Höchsten gelangt, so wird sie von Erkennen erkenntnislos und von Liebe liebelos und von Licht finster. Dazu können wir auch anführen, was ein Meister spricht: Die Armen des Geistes sind diejenigen, die Gott alle Dinge so überlassen haben, wie er sie hatte, als wir (noch) nicht waren. Dies vermag niemand zu tun als ein lauteres, *abgeschiedenes Herz.* Daß Gott in einem abgeschiedenen Herzen lieber sei als in allen (anderen) Herzen, das erkennen wir an folgendem: Fragst du mich: «Was sucht Gott in allen Dingen?», so antworte ich dir aus dem Buche der Weisheit; dort spricht er (= Gott): ‹In allen Dingen suche ich Ruhe!› (Sir 24, 11). Nirgends aber ist vollständige Ruhe als einzig im abgeschiedenen Herzen. Deshalb ist Gott dort lieber als in anderen Tugenden oder in irgendwelchen (sonstigen) Dingen. Auch sollst du wissen: Je mehr der Mensch danach strebt, des göttlichen Einflusses empfänglich zu werden, um so seliger ist er; und wer sich dabei in die höchste *Bereitschaft* zu versetzen vermag, der steht auch in der höchsten Seligkeit. Nun vermag sich kein Mensch des göttlichen Einflusses empfänglich zu machen als durch *Einförmigkeit mit Gott;* denn so weit wie ein jeglicher Mensch einförmig mit Gott ist, so weit ist er empfänglich des göttlichen Einflusses. Nun kommt Einförmigkeit daher, daß sich der Mensch Gott unterwirft; so weit sich aber der Mensch der Kreatur unterwirft, so weit ist er minder einförmig mit Gott. Nun steht das lautere, abgeschiedene Herz ledig aller Welt. Daher ist es völlig Gott unterworfen, und dadurch steht es in der höchsten Einförmigkeit mit Gott und ist zugleich des göttlichen Einflusses am allerempfänglichsten.

Einförmigkeit mit Christus scheidet von seiner historischen Erscheinung ab.

Das meinte Sankt Paulus, als er sprach: ‹Legt an euch Jesus Christus!›, und er meinte: durch *Einförmigkeit mit Christus;* das Anlegen nämlich kann nur durch Einförmigkeit mit Christus geschehen. Und wisse: Als Christus Mensch ward, da nahm er nicht an sich einen Menschen, er nahm an die menschliche Natur. Entäußere dich deshalb aller Dinge, so bleibt allein, was Christus an sich nahm, und so denn hast du dir Christus angelegt.

6. *Adel und Nutzen der Abgeschiedenheit (Folgerungen für die Lebenslehre)*

Urbild der Abscheidung aller bildhaften Vorstellung ist Christus, der die menschliche Natur annahm.

Wer nun den Adel und Nutzen vollkommener Abgeschiedenheit erkennen will, der beachte Christi Worte, die er über seine Menschheit sprach, als er zu seinen Jüngern sagte: ‹Es ist euch nütze, daß ich von euch gehe, und gehe ich nicht von euch, so kann euch der Heilige Geist nicht zuteil werden› (Jo 16,7), gleichsam, als ob er spräche: Ihr habt zuviel Wohlgefallen an meiner gegenwärtigen Erscheinung gefunden, deshalb kann euch die vollkommene Freude des Heiligen Geistes nicht zuteil werden. Darum scheidet ab die bildhafte Erscheinung, und vereinigt euch mit dem formlosen Sein, denn Gottes geistiger Trost ist feingeartet; darum will er sich niemand darbieten als dem, der leiblichen Trost verschmäht.

Die Abgeschiedenheit verwandelt alles in das Beste.

Nun merkt auf, alle Verständigen! Niemand ist frohgemuter, als der da steht in der größten Abgeschiedenheit. Kein fleischlicher und leiblicher Trost kann je ohne geistigen Schaden sein, ‹denn das Fleisch begehrt wider den Geist und der Geist wider das Fleisch› (Gal 5,17). Wer immer daher im Fleische zuchtlose Liebe aussät, der erntet den ewigen Tod; und wer immer im Geiste rechte *Liebe* aussät, der erntet vom Geist das ewige Leben. Daher: je schneller der Mensch von der Schöpfung flieht, desto schneller läuft ihm der Schöpfer zu. Hier merkt auf, alle Verständigen! Da (schon) das Wohlgefallen, das wir an der leiblichen Erscheinung Christi empfinden könnten, uns an der Empfänglichkeit für den Heiligen Geist behindert, um wie viel mehr behindert uns denn Gott gegenüber die ungezügelte Lust, die wir nach vergänglichem Trost empfinden!

Deshalb ist Abgeschiedenheit das Allerbeste, / denn sie reinigt die Seele / und läutert das Gewissen / und entzündet das Herz / und weckt den Geist / und beschleunigt das Verlangen / und läßt Gott erkennen / und scheidet ab die Kreatur / und vereinigt sich mit Gott.

Leiden und Demut führen zu dieser Abgeschiedenheit.

Nun gebt acht, alle Verständigen! Das schnellste Tier, das euch zu dieser Vollkommenheit trägt, ist das Leiden; denn es genießt niemand mehr ewige Süßigkeit als die, die mit Christus in der größten Bitterkeit stehen. Es ist nichts galliger als Leiden, und es gibt nichts Honigsüßeres als Gelitten-Haben; es entstellt nichts mehr den Leib vor den Leuten als Leiden, hingegen ziert nichts mehr die Seele vor Gott als Gelitten-Haben. Das festeste Fundament, worauf diese Vollkommenheit stehen kann, das ist *Demut;* denn wessen Natur hier in der tiefsten Niedrigkeit kriecht, dessen Geist fliegt empor in das Höchste der Gottheit, denn Liebe bringt Leid, und Leid bringt Liebe. Wer daher zu vollkommener Abgeschiedenheit zu kommen begehrt, der trachte nach vollkommener Demut, dann kommt er in die Nähe der Gottheit. Daß uns das allen widerfahre, dazu verhelfe uns die höchste Abgeschiedenheit, das ist Gott selber. Amen.

Vom edlen Menschen

Unser Herr spricht im Evangelium: ‹Ein edler Mensch zog aus in ein fernes Land, sich ein Reich zu gewinnen, und kehrte zurück› (Lk 19,12). Unser Herr lehrte uns in diesen Worten, wie edel der Mensch geschaffen ist in seiner *Natur* und wie göttlich das ist, wozu er aus *Gnade* zu gelangen vermag, und überdies, wie der Mensch dahin kommen soll. Auch ist in diesen Worten ein großer Teil der Heiligen Schrift berührt.

Die Predigt «Vom edlen Menschen» ist stets zusammen mit dem »Buch der göttlichen Tröstung» überliefert und mit diesem nach K. Ruhs überzeugender Argumentation (vgl. Ruh, 1985,117.35) wohl 1318 entstanden. Eckhart selbst erwähnt dort diese Predigt als Anhang. Adressatin für beide Schriften ist Königin Agnes von Ungarn, die 1318 im Kloster Königsfelden ein halbgeistliches Leben begann («ein edler Mensch, der auszog in ein fernes Land, um ein Reich – Ungarn? – zu empfangen und wiederzukommen.»). Der Schrifttext Lk 19,12 ist Anfang des Evangeliums am Fest des hl. Stephan von Ungarn (2. September).
Der Aufbau der Predigt folgt den Worten des Schrifttextes, ähnlich wie wir es bei der lateinischen Predigt «Homo quidam erat dives» sehen werden. (Hier heißt es ja ähnlich: «Homo quidam nobilis ...»)
Leitsatz für das Thema der Predigt ist: «Sei eins, auf daß du Gott finden könntest!» (vgl. 3.) Hier werden wieder Gott als der Eine und die Einheit des Menschen («ein» Mensch zog aus) zusammenge-

dacht. Die Einleitung faßt den Gedankengang bereits als These zusammen: Eckhart will lehren, wie edel der Mensch seiner Natur nach geschaffen ist, wohin er aus Gnade gelangen kann und wie er dazu kommen soll. Das sind die Punkte 2.–4., vorangestellt ist die Unterscheidung des edlen, inneren Menschen vom äußeren Menschen, angeschlossen ist die Erörterung der Frage, ob die Einheit in der einfachen Schau oder im Bewußtsein dieser Schau («Rückkehr») bestehe. Eckhart hält zwar das Bewußtsein für gegeben, aber nicht für gründend, was die Einheit betrifft.

Die Stufen des Auszugs des edlen Menschen (vgl. 2.) finden sich auch in einer lateinischen Predigt (vgl. S. 300). Eckhart redet nur in diesem Augustinus-Zitat von Stufen.

1. *Die zwei Naturen des Menschen: äußerer und innerer Mensch*

Man soll zum ersten wissen, und es ist auch deutlich offenbar, daß der Mensch in sich zweierlei Naturen hat: Leib und Geist. Darum sagt eine Schrift: Wer sich selbst erkennt, der erkennt alle Kreaturen, denn alle Kreaturen sind entweder Leib oder Geist. Darum sagt die Schrift vom Menschen, es gebe in uns einen äußeren und einen anderen, den inneren Menschen.

Zu dem äußeren Menschen gehört alles, was der Seele anhaftet, jedoch umfangen ist von und vermischt mit dem Fleische und mit und in einem jeglichen Gliede ein körperliches Zusammenwirken hat, wie etwa mit dem Auge, dem Ohr, der Zunge, der Hand und dergleichen. Und dies alles nennt die Schrift den alten Menschen, den irdischen Menschen, den äußeren Menschen, den feindlichen Menschen, einen knechtischen Menschen.

Der andere Mensch, der in uns steckt, das ist der innere Mensch; den heißt die Schrift einen neuen Menschen, einen himmlischen Menschen, einen jungen Menschen, einen Freund und einen edlen Menschen. Und der ist gemeint, wenn unser Herr sagt, daß ‹ein edler Mensch auszog in ein fernes Land und sich ein Reich gewann und wiederkam›.

Man soll fürderhin wissen, daß Sankt Hieronymus und auch die Meister gemeinhin sagen, ein jeglicher Mensch habe von Anbeginn seines menschlichen Daseins an einen guten Geist, einen Engel, und einen bösen Geist, einen Teufel. Der gute Engel rät und treibt beständig an zu dem, was gut ist, was göttlich ist, was Tugend und himmlisch und ewig ist. Der böse Geist rät und treibt den Menschen allzeit hin zu dem, was zeitlich und vergänglich ist und was Untugend, böse und teuflisch ist. Derselbe böse Geist hält beständig Zwiesprache mit dem äußeren Menschen, und durch ihn stellt er heimlich allzeit dem inneren Menschen nach, ganz so wie die Schlange mit Frau Eva plauderte und durch sie mit dem Manne Adam (vgl. Gen 3, 1 ff.). Der innere Mensch ist Adam. Der Mann in der Seele ist der gute Baum, der immerfort ohne Unterlaß gute Frucht bringt, von dem auch unser Herr spricht (vgl. Mt 7,17). Er ist auch der Acker, in den Gott sein Bild und Gleichnis eingesät hat und darein er den guten Samen, die Wurzel aller Weisheit, aller Künste, aller Tugenden, aller Güte sät: den Samen göttlicher Natur (2 Petr 1,4). Göttlicher Natur Same, das ist Gottes Sohn, Gottes Wort (Lk 8,11).

Der äußere Mensch, das ist der feindliche Mensch und der böse, der Unkraut darauf gesät und geworfen hat (vgl. Mt 13,24 ff.). Von dem sagt Sankt Paulus: Ich finde in mir etwas, was mich hindert und wider das ist, was Gott gebietet und was Gott rät und was Gott gesprochen hat und noch spricht im Höchsten, im Grunde meiner Seele (vgl. Röm 7,23). Und anderswo spricht er und klagt: ‹O weh mir unseligem Menschen! Wer löst mich von diesem sterblichen Fleische und Leibe?› (Röm 7,24). Und er sagt wieder anderswo, daß des Menschen Geist und sein Fleisch allzeit widereinander streiten. Das Fleisch rät Untugend und Bosheit: der Geist rät Liebe Gottes, Freude, Frieden und jede Tugend (vgl. Gal 5,17 ff.). Wer dem Geiste folgt und nach ihm, nach seinem Rate lebt, dem gehört das ewige Leben (vgl. Gal 6,8). Der innere Mensch ist der, von dem unser Herr sagt, daß ‹ein edler Mensch auszog in ein fernes Land, sich ein Reich zu gewinnen›. Das ist der gute Baum, von dem unser Herr sagt, daß er allzeit gute Frucht bringt und nimmer böse, denn er will die Gutheit und neigt zur Gutheit, wie sie in sich selbst schwebt, unberührt vom Dies und Das. Der äußere Mensch ist der böse Baum, der nimmer gute Frucht zu bringen vermag (vgl. Mt 7,18).

2. Vom Adel und von den Stufen des inneren Menschen (nach Augustinus)

Vom Adel des inneren Menschen, des Geistes, und vom Unwert des äußeren Menschen, des Fleisches, sagen auch die heidnischen Meister Cicero und Seneca: Keine vernunftbegabte Seele ist ohne Gott; der Same Gottes ist in uns. Hätte er einen guten, weisen und fleißigen Ackerer, so würde er um so besser gedeihen und wüchse auf zu Gott, dessen Same er ist, und die Frucht würde gleich der Natur Gottes. Birnbaums Same erwächst zum Birnbaum, Nußbaums Same zum Nußbaum, Same Gottes zu Gott (vgl. Joh 3,9). Ist's aber so, daß der gute Same einen törichten und bösen Ackerer hat, so wächst Unkraut und bedeckt und verdrängt den guten Samen, so daß er nicht ans Licht kommt noch auswachsen kann. Doch spricht Origenes, ein großer Meister: Da Gott selbst diesen Samen eingesät und eingedrückt und eingeboren hat, so kann er wohl bedeckt und verborgen und doch niemals vertilgt noch in sich ausgelöscht werden; er glüht und glänzt, leuchtet und brennt und neigt sich ohne Unterlaß zu Gott hin.
Die erste Stufe des inneren und des neuen Menschen, spricht

Sankt Augustin, ist es, wenn der Mensch nach dem Vorbilde guter und heiliger Leute lebt, dabei aber noch an den Stühlen geht und sich nahe bei den Wänden hält, sich noch mit Milch labt.

Die zweite Stufe ist es, wenn er jetzt nicht nur auf die äußeren Vorbilder, darunter auch auf gute Menschen, schaut, sondern läuft und eilt zur Ehre und zum Rate Gottes und göttlicher Weisheit, kehrt den Rücken der Menschheit und das Antlitz Gott zu, kriecht der Mutter vom Schoß und lacht den himmlischen Vater an.

Die dritte Stufe ist es, wenn der Mensch mehr und mehr sich der Mutter entzieht und er ihrem Schoß ferner und ferner kommt, der Sorge entflieht, die Furcht abwirft, so daß, wenn er gleich, ohne Ärgernis aller Leute zu erregen, übel und unrecht tun könnte, es ihn doch nicht danach gelüsten würde; denn er ist in Liebe so mit Gott verbunden in eifriger Beflissenheit, bis der ihn setzt und führt in Freude und in Süßigkeit und Seligkeit, wo ihm alles das zuwider ist, was ihm (= Gott) ungleich und fremd ist.

Die vierte Stufe ist es, wenn er mehr und mehr zunimmt und verwurzelt wird in der Liebe und in Gott, so daß er bereit ist, auf sich zu nehmen alle Anfechtung, Versuchung, Widerwärtigkeit und Leid-Erduldung willig und gern, begierig und freudig.

Die fünfte Stufe ist es, wenn er allenthalben in sich selbst befriedet lebt, still ruhend im Reichtum und Überfluß der höchsten unaussprechlichen Weisheit.

Die sechste Stufe ist es, wenn der Mensch entbildet ist und überbildet von Gottes Ewigkeit und gelangt ist zu gänzlich vollkommenem Vergessen vergänglichen und zeitlichen Lebens und gezogen und hinüberverwandelt ist in ein göttliches Bild, wenn er Gottes Kind geworden ist. Darüber hinaus noch höher gibt es keine Stufe, und dort ist ewige Ruhe und Seligkeit, denn das Endziel des inneren Menschen und des neuen Menschen ist: ewiges Leben.

Für diesen inneren, edlen Menschen, in den Gottes Same und Gottes Bild eingedrückt und eingesät ist, – wie nämlich dieser Same und dieses Bild göttlicher Natur und göttlichen Wesens, Gottes Sohn, zum Vorschein komme und man seiner gewahr werde, wie er aber auch dann und wann verborgen werde, – dafür trägt der große Meister Origenes ein Gleichnis vor: Gottes Bild, Gottes Sohn, sei in der Seele Grund wie ein lebendiger Brunnen. Wenn aber jemand Erde, das ist irdisches Begehren, darauf wirft, so hindert und verdeckt es ihn, so daß man nichts von ihm erkennt oder gewahr wird; gleichviel bleibt er in sich selbst lebendig, und wenn man die Erde, die von außen daraufgeworfen ist, wegnimmt, so kommt er wieder zum Vorschein und wird man ihn gewahr. Und er sagt, daß auf diese Wahrheit hingedeutet sei im ersten Buche Mosis, wo geschrieben steht, daß Abraham in seinem Acker lebendige Brunnen gegraben hatte, Übeltäter aber füllten sie mit Erde; danach aber, als die Erde herausgeworfen worden war, kamen die Brunnen lebendig wieder zum Vorschein (Gen 26,14 ff.). Noch gibt's dafür wohl ein weiteres Gleichnis: Die Sonne scheint ohne Unterlaß; jedoch, wenn eine Wolke oder Nebel zwischen uns und der Sonne ist, so nehmen wir den Schein nicht wahr. Ebenso auch, wenn das Auge in sich selbst krank ist und siech oder verschleiert, so ist ihm der Schein nicht erkennbar. Überdies habe ich gelegentlich ein deutliches Gleichnis vorgetragen: Wenn ein Meister ein Bild macht aus Holz oder Stein, so trägt er das Bild nicht in das Holz hinein, sondern er schnitzt die Späne ab, die das Bild verborgen und verdeckt hatten; er gibt dem Holze nichts, sondern er benimmt und gräbt ihm die Decke ab und nimmt den Rost weg, und dann erglänzt, was darunter verborgen lag. Dies ist der Schatz, der verborgen lag im Acker, wie unser Herr im Evangelium spricht (Mt 13,44).

Sankt Augustinus sagt: Wenn des Menschen Seele sich vollends hinaufkehrt in die Ewigkeit, in Gott allein, so scheint auf und

leuchtet das Bild Gottes; wenn aber die Seele sich nach außen kehrt, und sei's selbst zu äußerlicher Tugendübung, so wird dies Bild vollkommen verdeckt. Und dies soll bedeuten, daß die Frauen das Haupt bedeckt tragen, die Männer aber entblößt, nach Sankt Paulus' Lehre (vgl. 1 Kor 11,4 ff.). Und darum: Alles das von der Seele, was sich niederwärts wendet, das empfängt von dem, zu dem es sich kehrt, eine Decke, ein Kopftuch; dasjenige der Seele aber, was sich emporträgt, das ist bloßes Bild Gottes, Gottes Geburt, unverdeckt bloß in entblößter Seele. Von dem edlen Menschen, wie nämlich Gottes Bild, Gottes Sohn, der Same göttlicher Natur in uns nimmer vertilgt wird, wenngleich er verdeckt werden mag, sagt König David im Psalter: Obzwar den Menschen mancherlei Nichtigkeiten, Leiden und Schmerzensjammer befällt, so bleibt er dennoch im Bilde Gottes und das Bild in ihm (vgl. PS 4,2 ff.). Das wahre Licht leuchtet in der Finsternis, wenngleich man es nicht gewahr wird (vgl. Joh 1,5).
‹Nicht achtet darauf›, meint das Buch der Liebe, ‹daß ich braun bin, ich bin doch schön und wohlgestaltet; aber die Sonne hat mich entfärbt› (Hld 1,5). «Die Sonne» ist das Licht dieser Welt und meint, daß selbst das Höchste und Beste, das geschaffen und gemacht ist, das Bild Gottes in uns verdeckt und entfärbt. ‹Nehmt weg›, spricht Salomon, ‹den Rost von dem Silber, so leuchtet und glänzt hervor das allerlauterste Gefäß› (Spr 25,4), das Bild, Gottes Sohn, in der Seele. Und das ist es, was unser Herr in jenen Worten sagen will, da er spricht, daß ‹ein edler Mensch auszog›, denn der Mensch muß aus allen Bildern und aus sich selbst ausgehen und allem gar fern und ungleich werden, wenn anders er wirklich den Sohn nehmen und Sohn werden will und soll in des Vaters Schoß und Herzen.

3. *Von Gott als Einem als Ziel des inneren («ausziehenden») edlen Menschen*

Jeder Art von Vermittlung ist Gott fremd. ‹Ich bin›, spricht Gott, ‹der Erste und der Letzte› (Geh. Offenb 22,13). Unterschiedenheit gibt es weder in der Natur noch in den Personen entsprechend der Einheit der Natur. Die göttliche Natur ist Eins, und jede Person ist auch Eins und ist dasselbe Eine, das die Natur ist. Der Unterschied zwischen Sein und Wesenheit wird als Eins gefaßt und ist Eins. Erst da, wo es (d. h. dieses Eine) sich nicht mehr in sich verhält, da empfängt, besitzt und ergibt es Unterschied. Darum: Im Einen findet man Gott, und Eins muß der werden, der Gott finden soll. ‹Ein Mensch›, spricht unser Herr, ‹zog aus.› Im Unterschied findet man weder das Eine noch das Sein noch Gott noch Rast noch Seligkeit noch Genügen. *Sei Eins, auf daß du Gott finden könntest.* Und wahrlich, wärest du recht Eins, so bliebest du auch Eins im Unterschiedlichen, und das Unterschiedliche würde dir Eins und vermöchte dich nun ganz und gar nicht zu hindern. Das Eine bleibt gleichmäßig Eins in tausendmal tausend Steinen wie in vier Steinen, und Tausendmaltausend ist ebenso gewiß eine einfache Zahl, wie die Vier eine Zahl ist.

Ein heidnischer Meister sagt, daß das Eine aus dem obersten Gott geboren sei. Seine Eigenart ist es, mit dem Einen eins zu sein. Wer es unterhalb Gottes sucht, der betrügt sich selbst. Und zum vierten, sagt derselbe Meister, hat dieses Eine mit nichts eigentlichere Freundschaft als mit Jungfrauen oder Mägden, wie denn Sankt Paulus spricht: ‹Ich habe euch keusche Jungfrauen dem Einen angetraut und verlobt› (2 Kor 11,2). Und ganz so sollte der Mensch sein, denn so spricht unser Herr: ‹*Ein* Mensch zog aus.›

4. *Die Demut und Welterkenntnis des edlen Menschen in Gott*

«Mensch» in der eigenen Bedeutung des Wortes im Lateinischen bedeutet in einem Sinne den, der sich mit allem, was er ist und was sein ist, unter Gott beugt und fügt und aufwärts Gott anschaut, nicht das Seine, das er hinter, unter, neben sich weiß. Dies ist volle und eigentliche *Demut;* diesen Namen hat er von der Erde, («homo» von «humus», daher «humilis» = demütig) Davon will ich nun nicht weiter sprechen. Wenn man «Mensch» sagt, so bedeutet dieses Wort auch etwas, was über die Natur, über die Zeit und über alles, was der Zeit zugekehrt ist oder nach Zeit schmeckt, erhaben ist, und das gleiche sage ich auch mit Bezug auf Raum und Köperlichkeit. Überdies noch hat dieser «Mensch» in gewisser Weise mit nichts etwas gemein, das heißt, daß er weder nach diesem noch nach jenem gebildet oder verähnlicht sei und vom Nichts nichts wisse, so daß man in ihm nirgends vom Nichts etwas finde noch gewahr werde und daß ihm das Nichts so völlig benommen sei, daß man da einzig finde reines Leben, Sein, Wahrheit und Gutheit. Wer so geartet ist, der ist ein «edler Mensch», fürwahr, nicht weniger und nicht mehr.

Noch gibt es eine andere Erklärungsweise und Belehrung für das, was unser Herr einen «edlen Menschen» nennt. Man muß nämlich auch wissen, daß diejenigen, die Gott unverhüllt erkennen, mit ihm *zugleich die Geschöpfe erkennen;* denn die Erkenntnis ist ein Licht der Seele, und alle Menschen begehren von Natur nach Erkenntnis, denn selbst böser Dinge Erkenntnis ist gut. Nun sagen die Meister: Wenn man die Welt in ihrem eigenen Wesen erkennt, so heißt das eine «Abenderkenntnis», und da sieht man die Geschöpfe in Bildern mannigfaltiger Unterschiedenheit; wenn man aber die Geschöpfe in Gott erkennt, so heißt und ist das eine «Morgenerkenntnis», und auf diese Weise schaut man die Geschöpfe ohne alle

Unterschiede und aller Bilder entbildet und aller Gleichheit entkleidet in dem Einen, das Gott selbst ist. Auch dies ist der «edle Mensch», von dem unser Herr sagt: ‹Ein edler Mensch zog aus›: darum edel, weil er Eins ist und Gott und Welt im Einen erkennt.

5. Die Rückkehr des edlen Menschen: Schauen, daß man Gott sieht.

Noch auf einen andern Sinn dessen, was der «edle Mensch» sei, will ich zu sprechen kommen und eingehen. Ich sage: Wenn der Mensch, die Seele, der Geist Gott schaut, so weiß und erkennt er sich auch als erkennend, das heißt: er erkennt, daß er Gott schaut und erkennt. Nun hat es etliche Leute bedünkt, und es scheint auch ganz glaubhaft, daß Blume und Kern der Seligkeit in jener Erkenntnis liegen, bei der der Geist erkennt, *daß* er Gott erkennt; denn, wenn ich alle Wonne hätte und wüßte nicht darum, was hülfe mir das und was für eine Wonne wäre mir das? Doch sage ich mit Bestimmtheit, daß dem nicht so ist. Ist es gleich wahr, daß die Seele ohne dies wohl nicht selig wäre, so ist doch die Seligkeit nicht darin gelegen; denn das erste, worin die Seligkeit besteht, ist dies, daß die Seele Gott unverhüllt schaut. Darin empfängt sie ihr ganzes Sein und ihr Leben und schöpft alles, was sie ist, aus dem Grunde Gottes und weiß nichts vom Wissen noch von Liebe noch von irgend etwas überhaupt. Sie wird ganz still und ausschließlich im Sein Gottes. Sie weiß dort nichts als das Sein und Gott. Wenn sie aber weiß und erkennt, daß sie Gott schaut, erkennt und liebt, so ist das der natürlichen Ordnung nach ein Ausschlag aus dem und ein Rückschlag in das Erste; denn niemand erkennt sich als weiß als der, der wirklich weiß ist. Darum, wer sich als weiß erkennt, der baut und trägt auf dem Weiß-Sein auf, und er nimmt sein Erkennen nicht unmittelbar und noch unwissend direkt von der Farbe, sondern er nimmt das Erkennen ihrer (d. h. der Farbe) und das Wissen um sie von dem ab, was da gerade weiß ist, und schöpft das Erkennen nicht ausschließlich von der Farbe an sich; vielmehr schöpft er das Erkennen und Wissen von Gefärbtem oder von Weißem und erkennt *sich* als weiß. Weißes ist etwas viel Geringeres und viel Äußerlicheres als das Weiß-Sein (oder: *die* Weiße). Etwas ganz anderes ist die Wand und das Fundament, darauf die Wand gebaut ist.

Die Meister sagen, eine andere Kraft sei es, mit Hilfe derer das Auge sieht, und eine andere, durch die es erkennt, *daß* es sieht. Das erstere: daß es *sieht,* das nimmt es ausschließlich von der Farbe, nicht von dem, was gefärbt ist. Daher ist es ganz einerlei, ob das, was gefärbt ist, ein Stein sei oder Holz, ein Mensch oder ein Engel: einzig darin, daß es Farbe habe, liegt das Wesentliche.

So auch, sage ich, nimmt und schöpft der edle Mensch sein ganzes Sein, Leben und seine Seligkeit bloß nur von Gott, bei Gott und in Gott, nicht vom Gott-Erkennen, -Schauen oder -Lieben oder dergleichen. Darum sagt unser Herr beherzigenswert treffend, ewiges Leben sei dies: Gott allein als den einen, wahren Gott zu erkennen (Joh 17,3), nicht aber: zu erkennen, daß man Gott erkennt. Wie sollte denn auch der Mensch sich als Gott-erkennend erkennen, der sich selbst nicht erkennt? Denn sicherlich, der Mensch erkennt sich selbst und andere Dinge überhaupt nicht, vielmehr nur Gott allein, fürwahr, wenn er selig wird und selig ist in der Wurzel und im Grunde der Seligkeit. Wenn aber die Seele erkennt, daß sie Gott erkennt, so gewinnt sie zugleich Erkenntnis von Gott und von sich selbst.

Nun ist aber eine andere Kraft – wie ich ausgeführt habe –, vermöge derer der Mensch *sieht,* und eine andere, durch die er weiß und erkennt, *daß* er sieht. Wahr ist es zwar, daß jetzt, hienieden, *in uns* jene Kraft, durch die wir wissen und erkennen, *daß* wir sehen, edler und höher ist als die Kraft, vermöge derer wir sehen; denn die Natur beginnt ihr Wirken mit dem Geringsten, Gott aber beginnt bei seinen Werken mit dem Vollkommensten. Die Natur macht den Mann aus dem Kinde und das Huhn aus dem Ei; Gott aber macht den Mann vor dem Kinde und das Huhn vor dem Ei. Die Natur macht das Holz zuerst warm und heiß, und danach erst läßt sie das Sein des Feuers entstehen; Gott aber gibt zuerst aller Kreatur das Sein und danach in der Zeit und doch ohne Zeit und jeweils gesondert alles das, was dazu (d. h. zum Sein) hinzugehört. Auch gibt Gott den Heiligen Geist eher als die Gaben des Heiligen Geistes.

So also sage ich, daß es zwar Seligkeit nicht gibt, ohne daß der Mensch sich bewußt werde und wohl wisse, daß er Gott schaut und erkennt; doch verhüte Gott, daß meine Seligkeit darauf beruhe! Wem's anders genügt, der behalte es für sich, doch erbarmt's mich. Die Hitze des Feuers und das Sein des Feuers sind gar ungleich und erstaunlich fern voneinander in der Natur, obzwar sie nach Zeit und Raum gar nahe beieinander sind. Gottes Schauen und unser Schauen sind einander völlig fern und ungleich.

Darum sagt unser Herr gar recht, daß ‹ein edler Mensch auszog in ein fernes Land, sich ein Reich zu gewinnen, und zurückkam›. Denn der Mensch muß in sich selber Eins sein und muß dies suchen in sich und im Einen und empfangen im Einen, das heißt: Gott lediglich schauen; und «zurückkommen», das heißt: wissen und erkennen, daß man Gott erkennt und weiß.

Und alles hier Vorgetragene hat der Prophet Ezechiel vorausgesprochen, als er sagte, daß ‹ein mächtiger Adler mit großen Flügeln, mit langen Gliedern voll mancherlei Federn zu dem lautern Berge kam und entnahm das Mark oder den Kern des höchsten Baumes, riß ab die Krone seines Laubes und brachte es herunter› (Ez 17,3 f.). Was unser Herr einen edlen Menschen heißt, das nennt der Prophet einen großen Adler. Wer ist denn nun edler, als der einerseits vom Höchsten und Besten, was die Kreatur besitzt, geboren ist und zum andern aus dem innersten Grunde göttlicher Natur und dessen Einöde? ‹Ich›, spricht unser Herr im Propheten Hosea, ‹will die edle Seele führen in eine Einöde, und ich will dort sprechen in ihr Herz› (Hos 2,14). Eines mit Einem, Eines von Einem, Eines in Einem und in Einem Eines ewiglich. Amen.

AUS DEN DEUTSCHEN PREDIGTEN

Zu den deutschen Predigten:

«Wenn ich predige,
pflege ich (erstens) zu sprechen:
Von der Loslösung (wörtlich «abegescheidenheit»)
Und daß der Mensch
von sich selbst
und von allen Dingen
frei werde.

Zum zweiten von der Geburt
Zurück in das einzigartige Gut,
das Gott ist.

Zum dritten von der hohen Würde (wörtlich: Adel),
die Gott in die Seele gelegt hat.

Zum vierten von der Klarheit
Der göttlichen Natur:
Wie rein und durchsichtig sie ist,
das ist nicht in Worte zu fassen.»

(Anfang der Predigt 53, DW II, 528f.)

Wir kennen über 100 von Eckharts deutschen Predigten, von denen bereits 86 kritisch ediert sind. Hier handelt es sich also nur um einen kleinen Einblick in ein Zehntel des Werkes, von dem Eckharts große Wirkung ausging.
Zeitgenössische Sammlungen von Eckharts deutschen Predigten liegen nicht vor, nur spätere Handschriften, frühestens aus der Mitte des 14. Jahrhunderts. Die Überlieferung wird von der Fachwelt eher als «schmal» angesehen, meist sind die Predigten innerhalb umfassender Sammlungen geistlicher Prosa anzutreffen. Dazu

mag Eckharts Verurteilung beigetragen haben, aber auch die große Wirkung der Predigten Taulers.

Die deutschen Predigten gehen insofern auf authentische Texte zurück, als man sich nicht vorstellen kann, daß Eckhart den Mitschriften seiner Predigten keine Aufmerksamkeit geschenkt hat und die Überlieferung der Texte nicht anders aussieht als etwa bei der authentischen Predigt «Vom edlen Menschen». Man sollte sie also nicht als unauthentische Nachschriften gegenüber dem anderen Werk herabsetzen. Eckhart selbst hat zwar zur folgenden Predigt gesagt, sie enthalte Dunkles und Zweifelhaftes, das er niemals behauptet habe (Rechtfertigungsschrift, Ausgabe Théry, § II 4 art. 13, S. 204), sich aber zu ihrem Kerngedanken bekannt. Er muß also die Mitschrift gekannt haben. Außerdem bezieht sich seine Bemerkung auf die Übersetzung ins Lateinische, die vielleicht zu schnell und flüchtig angefertigt war. Die Benutzung seiner deutschen Predigten im Prozeß selbst hat Eckhart nicht bestritten.

Die folgenden Predigten thematisieren zentrale Gedanken Eckharts: die Gottesgeburt in der Seele (1); den Sinn der Menschwerdung Christi (2); die Barmherzigkeit Gottes (3); Menschwerdung, Gottesgeburt und Rückkehr in den Ursprung (4); die «Gleichheit» von Mensch und Gott (5); die Armut des Geistes (6); die Einheit von Schauen und Wirken (7); Probleme der «Erfahrung» der Gottesgeburt (8); die Wiederbelebung der Werke in der Todsünde durch die Gnade und die Unterscheidung von Zeit und Ewigkeit, Werk und Wirken (9); der Gott der Schöpfung und die «Gottheit»; die Unsterblichkeit des neuen Lebens in der Gottheit (10).

Daneben fallen noch eine Reihe anderer Themen an: die Weiselosigkeit des Gottfindens; das Wirken ohne Worumwillen; das Verhältnis von Erkenntnis und Liebe, von Sein und Leben.

Intravit Jesus in quoddam castellum

(Lk 10,38)

Der lateinische Text, den ich euch vorgetragen habe, steht im Evangelium und lautet auf deutsch: «Unser Herr Jesus Christus ging hinauf in eine Burgstadt und wurde dort von einer Jungfrau empfangen, die zugleich eine Frau war.»

Der Aufbau der Predigt wird durch die Leitworte in Eckharts paraphrasierender Übersetzung angegeben: «Jungfrau», «Frau» (wörtlich: Weib) «Burgstadt» (als Metapher für den Seelengrund. Zentrale Gedanken sind die «Eigenschaftslosigkeit», die Fruchtbarkeit und die Gottesgeburt in den Seelenkräften. Daneben wird davon gesprochen, daß der innere Mensch in Gott weder altern noch leiden kann, daß der Seelengrund so wie Gott nicht benannt werden kann, weil er wie dieser eins ist. Um Mißverständnisse zu vermeiden, ist darauf hinzuweisen, daß «Eigenschaften» (das Ich des Menschen und die göttlichen Personen) nicht beseitigt, sondern überstiegen und im Höheren «aufgehoben» werden. Das Gleiche gilt für den Gedanken über Altern und Leiden. Schließlich sollte man den Seelengrund nicht als psychologische Qualität, sondern als die Beziehung (Relation) des Ungeschaffenen mit dem Geschaffenen verstehen, die in Gott göttlich, im Menschen menschlich ist. Auch hier ist Eckharts Analogielehre Voraussetzung zum Verständnis. Es sei darauf verwiesen, daß dem Zuhörer klar war: mit der Jungfrau, die zugleich Frau ist, ist Martha gemeint, die den Herrn empfängt und bewirtet. So erscheint in der Auslegung bereits ungenannt die Gestalt, die die Maria-Martha-Predigt beherrscht.

1. Jesus wird von einer «Jungfrau» empfangen: Loslösung, vor allem von der Bindung an das eigene Ich, und Bereitschaft.

Gebt nun auf dieses Wort besonders acht: Der Mensch, von dem Jesus empfangen wurde, mußte unbedingt eine Jungfrau sein. *«Jungfrau»* – das heißt hier ein Mensch, der von allen bildlichen Vorstellungen befreit ist. Er muß so frei sein, wie er war, als er noch gar nicht existierte. Da könnte man nun (zu Recht) fragen: wie kann ein Mensch, der geboren ist, sich entwickelt hat und vernünftig wurde, wie kann ein solcher so frei sein von allen Bildern wie vor seiner Geburt? Er weiß doch vieles, und alles, was er weiß, ist von Vorstellungen begleitet; wie kann er davon frei sein?

Hört zu, genau das will ich euch erklären. Hätte ich einen so umfassenden Geist, daß er alle Bilder, die sich Menschen eingeprägt haben, und die als Bilder in Gott selbst sind, umgreifen könnte, doch so, daß ich von diesen Bildern ungebunden bliebe, daß ich mich an keines davon im Tun und Lassen und im Ablauf der Zeit binden würde, daß ich vielmehr in diesem Augenblick völlig frei wäre für den geliebten Willen Gottes und diesen unaufhörlich zu erfüllen trachtete (sich in mir erfüllen ließe), in der Tat: dann wäre ich «Jungfrau» im Sinne völliger Freiheit und ohne Behinderung durch alle Vorstellungen und Ideen, und dies wäre ich jetzt ebenso gewiß, wie ich es war, bevor ich existierte.

Ich behaupte ferner: Daß so ein Mensch «Jungfrau» ist, das nimmt ihm von allen Werken, die er einmal getan hat, nichts weg; aber es läßt ihn *zugleich* dienen und frei sein. Nichts behindert ihn an der Berührung mit der höchsten Wahrheit, so wenig wie Jesus, das Urbild ganzer Freiheit und vollen Gehorsams (behindert wurde). Die Philosophen sagen, daß nur Gleiches sich mit Gleichem verbinden kann, und darum muß der Mensch, der den freien und gehorsamen Jesus empfangen will, selbst frei und gehorsam, «Magd» und «Jungfrau» sein.

Nun müßt ihr aber genau zuhören! Wäre der Mensch stets in diesem Sinne «Jungfrau», er würde nichts hervorbringen, sondern bliebe unfruchtbar. Wenn er Früchte bringen will, so muß er unbedingt auch zur «Frau» werden. «Frau» oder «Weib» ist der erhabenste Name für die Seele, viel schöner noch als «Jungfrau».

2. Jesus wird von dieser Jungfrau als «Frau und Mutter» wiedergeboren: unaufhörliche Fruchtbarkeit der Gnade im Wirken des losgelösten, bereiten Menschen,

Daß ein Mensch Gott in sich *empfängt,* das ist eine gute Sache, und soweit er das kann, ist er «Jungfrau». Daß aber Gott im Menschen *fruchtbar* werde, das ist noch besser; denn Dankbarkeit für ein Geschenk ist allein, es fruchtbar auszuschöpfen. Der Geist, der dies kann, ist gleichsam «Frau» und «Mutter», denn er gebiert in Dankbarkeit den empfangenen Jesus neu in Gottes väterliches Herz, aus dem er kommt.

Viele gute Gaben werden «jungfräulich» empfangen, aber nicht fortgezeugt und voller Lob und Dankbarkeit Gott zurückgeschenkt. Diese Gaben verderben und gehen zugrunde; der Mensch wird weder glücklicher noch besser davon. «Jungfräulichkeit» allein ist zu nichts nütze, wenn nicht die Fruchtbarkeit dazukommt, die wir hier «weiblich» nennen. Im Stehen-bleiben liegt der Schaden. Deshalb sagte ich: «Jesus ging hinauf in eine Burgstadt und wurde von einer Jungfrau empfangen, die zugleich eine Frau war.» Wie ich euch erklärt habe, muß es genau so sein.

Eheleute haben im Jahr kaum mehr als ein Kind. «Eheleute» im übertragenen Sinn sind für mich alle diejenigen, die sich selbst meinen, wenn sie beten, fasten, wachen und allerhand äußerliche Übungen und Kasteiungen verrichten. Die Bindung an das eigene Ich in jedem Werk (der Frömmigkeit) nimmt dir die Freiheit, in diesem gegenwärtigen Augenblick Gott gehorsam zu sein und seiner Eingebung zu folgen, mit der er dich anweist, etwas zu tun oder zu lassen, frei und neu in jedem Augenblick, als gäbe es für dich nichts anderes, als könntest und wolltest du nichts anderes. Jede Bindung an das eigene Ich oder jeder Plan, der dich festlegt und dir damit diese immer neue Freiheit wegnimmt, das eben ist für mich ein «Jahr». Denn du kommst nicht weiter voran und produzierst nichts mehr, bevor die vorgenommene Sache erledigt ist, die du dir als *deine eigene* in den Kopf gesetzt hast. Du hast dabei weder zu Gott noch zu dir selbst Vertrauen, bevor du nicht mit *deiner* Sache fertig bist, mit der du *dich selbst* meinst; vorher hast du keinen inneren Frieden.

Darum bringst du auch nichts zustande, bevor du diesen deinen Plan durchgeführt hast. Das eben ist «Kinderkriegen» in Jahresfrist, und das ist nicht eben eine große Fruchtbarkeit: die Frucht geht aus deinem eigenen kleinen Werke hervor und nicht aus der Freiheit, daher ist sie so klein wie du selbst. Solche Menschen nenne ich «Eheleute», denn ihnen geht es nur um sie selbst. Sie bringen nicht nur wenig hervor, ihre Frucht ist zudem klein, wie ich erklärt habe.

Eine «Jungfrau», die zugleich «Frau» ist, die frei und unbehindert durch ihr eigenes Ich lebt, ist Gott und sich selbst immer gleich nahe. (Wie der Baum im Evangelium) bringt sie viele Früchte; und diese sind nicht weniger groß als Gott selbst. Diese Frucht oder diese Geburt geschieht durch diese «Jungfrau», die ein «Weib» ist, und sie bringt Frucht alle Tage, hundertmal, tausendmal, ja unzählige Male. Die Frucht oder Geburt kommt dabei aus dem allerbesten Grund. Noch besser gesagt: aus demselben Grund, aus dem der Vater sein ewiges Wort gebiert, aus dem wirkt sie fruchtbar mit bei der Geburt. Denn Jesus, das Licht und der Widerschein des väterlichen Herzens – Paulus sagt, Jesus sei ein Widerschein des väterlichen Herzens und durchstrahle *mit* Kraft das väterliche

Herz (vgl. Hebr 1,3) –, dieser Jesus wird mit der Seele vereint und sie mit ihm, und sie leuchtet und glänzt mit ihm als ein einiges Eins und als reines und klares Licht im väterlichen Herzen.

3. Der «Ort», in dem Jesus empfangen und wiedergeboren wird, wird von den obersten Kräften der Seele, Vernunft und Wille, vorbereitet, ist aber eigentlich der Seelengrund, das wahre Bürglein» («castellum»), d. h. die «Stelle», an der die Seele einförmig ist mit dem Menschen an sich, «ohne Eigenschaft», und daher «gleichförmig» mit Gott an sich, «ohne Eigenschaft» seiner Personen.

Ich habe auch schon oft gesagt, daß in der Seele eine Kraft ist (die Vernunft), die weder mit der Zeit noch mit der Vergänglichkeit in Berührung kommt; diese Kraft fließt aus dem Geist und bleibt im Geist und ist durch und durch geistig. In dieser Kraft lebt Gott und grünt und blüht dort voller Freude und in ganzer Pracht, so wie er bei sich selbst ist. Die Freude ist dort so herzlich und so unbegreiflich groß, daß niemand sie erschöpfend schildern kann. Denn unaufhörlich gebiert der Vater seinen ewigen Sohn in diese Kraft, so daß diese Kraft selbst den Sohn des Vaters, beziehungsweise aus der einzigen Kraft des Vaters sich selbst als denselben Sohn mitgebiert. Besäße ein Mensch ein ganzes Königreich oder alles Gut der Erde und gäbe er alles allein um Gottes willen hin und würde einer der ärmsten Menschen, die irgendwo auf der Erde leben, und gäbe ihm Gott soviel Leid, als er je einem Menschen gab, und litte er dies alles bis zu seinem Tod und ließe ihn dann Gott nur einmal mit einem Blick schauen, wie er in dieser Kraft ist: seine Freude würde alles Leid und alle Armut übersteigen, so daß sie ihr gegenüber gering erschienen. Belohnte ihn auch Gott danach nicht einmal mit dem Himmelreich, so hätte er dennoch größeren Lohn erlangt, als es sein Leiden aufwiegt.

Gott ist nämlich in dieser Kraft wie in einem ewigen Augenblick. Wäre der Geist immer mit Gott in dieser Kraft vereint, so könnte der Mensch nicht altern; denn der Augenblick, in dem Gott den ersten Menschen schuf und der Augenblick, in dem der letzte Mensch sterben wird, und der Augenblick, in dem ich spreche, fallen in Gott zusammen und sind nichts als ein (einziger) Augenblick. Nun seht, dieser Mensch wohnt mit Gott in *einem* Licht. Deshalb gibt es in ihm kein Leid und keine Zeit, sondern nur unveränderliche Ewigkeit. In Wahrheit kann dieser Mensch durch nichts überrascht werden; alles in ihm entspricht dem Sein. Deshalb bringen ihm weder Zukunft noch irgendein Zufall Neues, denn er wohnt in der Einheit des ewigen Augenblicks, wo immer und unaufhörlich das Neue geschieht. So ist diese Kraft von göttlicher Hoheit.

Es gibt eine weitere Kraft (der Wille), die ebenfalls nicht irdisch ist; sie fließt aus dem Geist und bleibt im Geist und ist völlig geistförmig. In dieser Kraft glimmt und glüht Gott unaufhörlich mit seiner ganzen Fülle, mit seiner ganzen Süße und mit seiner ganzen Herrlichkeit. Wirklich, in dieser Kraft ist eine so große Freude und ein so großes, unermeßliches Glück, daß es niemand erschöpfend aussagen oder offenbaren kann. Wiederum sage ich: gäbe es irgendeinen Menschen, dessen Vernunft wirklich einen Augenblick lang dieses Glück und diese Freude schaute, – ihm wäre alles, was er leiden könnte oder was Gott ihm als Leid auferlegte, demgegenüber geringfügig, ja zu Nichts geworden. Ich sage noch mehr: dies alles würde ihm zur Freude und zum Trost.

Willst du genau wissen, ob dein Leiden dir oder Gott gehört, so prüfe dich daran: leidest du um deiner selbst willen, in welcher Weise auch immer, so schmerzt es dich und ist schwer zu ertragen. Leidest du aber nur um Gott und Gottes willen, so schmerzt es dich nicht und wird dir nicht schwer, denn Gott trägt die Last. Dies ist die volle Wahrheit: gäbe es einen Menschen, der um Gott und wirklich nur um Gottes willen leiden wollte, und fiele alles Leid zusammen auf ihn, das sämtliche Menschen je erlitten und das die ganze Welt zusammen trägt, so täte es ihm doch nicht weh und wäre ihm auch nicht schwer, denn Gott trüge die Last. Wenn mir einer einen Zentner auf den Nacken legte und ihn dann ein *anderer* auf *meinem* Nacken hielte, so lüde ich mir ebenso gern hundert für einen auf, denn es wäre mir nicht schwer und täte mir auch nicht weh. Kurz gesagt: was immer der Mensch nur um Gott und um Gottes willen leidet, das macht ihm Gott leicht und angenehm.

Am Anfang habe ich gesagt und damit unsere Predigt begonnen: «Jesus ging zu einer Burgstadt hinauf und wurde dort von einer Jungfrau empfangen, die eine Frau war.» Warum? Es war notwendig, daß sie eine Jungfrau und doch zugleich eine Frau war. Vorher habe ich zu euch darüber gesprochen, *daß* Jesus empfangen wurde; ich hatte euch aber noch nicht gesagt, *was* das «Burgstädtchen» ist. Darüber spreche ich jetzt gerade.

Manchmal habe ich gesagt, es gebe eine Kraft im Geist, die allein frei sei. Manchmal habe ich gesagt, es sei Hort des Geistes, manchmal, es sei ein Licht des Geistes, manchmal, es sei ein Fünklein. Jetzt aber sage ich: es ist weder dies noch das. Dennoch ist es ein Etwas, das erhabener über dies und das als der Himmel über der Erde ist. Darum benenne ich es nun auf eine edlere Weise, als ich es je benannt habe, und doch spottet es solcher Edelkeit ebenso wie jeder Weise (der Beschreibung) und ist darüber erhaben. Es ist von allen Namen frei und aller Formen bloß, ganz ledig und frei, wie Gott in sich selbst ledig und frei ist. Es ist so völlig eins und einförmig, wie Gott eins und einförmig ist, so daß man keine Möglichkeit hat, hineinzuschauen.

Die gleiche Kraft, von der ich gesprochen habe, in der Gott mit seiner ganzen Gottheit und der Geist in Gott grünt und blüht, in dieser gleichen Kraft gebiert der Vater seinen eingeborenen

Sohn so wahrhaft wie in sich selbst, denn er lebt wirklich in dieser Kraft, und der Geist gebiert mit dem Vater denselben eingeborenen Sohn und sich selbst als denselben Sohn und er ist derselbe Sohn in diesem Licht und ist die Wahrheit selbst. Könntet ihr mit meinem Herzen erkennen, so verstündet ihr wohl, was ich sage; denn es ist wahr, und die Wahrheit sagt es selbst.

Nun hört genau zu! So eins und einförmig ist dies «*Bürglein*» in der Seele, von dem ich spreche und das ich im Sinn habe, so über alle Weise erhaben, daß jene edle Kraft, von der ich gesprochen habe, nicht würdig genug ist, nur ein einziges Mal für einen Augenblick in dies «Bürglein» hineinzuschauen! Auch die andere Kraft, von der ich sprach, in der Gott mit seiner Fülle und seiner Herrlichkeit glimmt und glüht, die wagt es auch nie, dort hineinzuschauen. So völlig ein und einförmig ist dies «Bürglein» und über alle Weise und über alle Kräfte ist dieses einige Eine so erhaben, daß niemals eine Kraft oder eine Weise hineinschauen kann, nicht einmal Gott selbst. In voller Wahrheit, und so wahr Gott lebt: Gott selbst wird niemals nur einen Augenblick da hineinschauen und hat noch nie dort hineingeschaut, soweit er in der Weise und «Eigenschaft» seiner Personen existiert. Dies ist leicht einzusehen, denn dieses einige Eine ist ohne Weise und ohne «Eigenschaft». Deshalb: Soll Gott jemals dort hineinschauen, dann muß es ihn all seine göttlichen Namen kosten und seine «Eigenschaften» als Person. Das alles muß er draußen lassen, will er dort eintreten. Wenn nämlich Gott ein einförmiges Eins ist, ohne alle Weise und «Eigenschaft», dann ist er weder Vater noch Sohn noch Heiliger Geist, soweit es diesen Sinn betrifft, und doch ist er ein Etwas, das weder dies noch das ist.

Seht, so wie Gott eins und einförmig ist, so kommt er in dieses Eine, das ich ein «Bürglein» in der Seele nenne, und anders kommt er auf keine Weise dort hinein; sondern nur so kommt er dort hinein und bleibt darin. Mit diesem «Teile» ist die Seele

Gott gleich und sonst nicht. Was ich euch gesagt habe, das ist wahr; dafür setze ich die Wahrheit zum Zeugen und meine Seele zum Pfände.
Daß wir so ein «Bürglein» seien, in dem Jesus aufsteige und empfangen werde und ewig in uns bleibe in der Weise, wie ich's gesagt habe, dazu helfe uns Gott. Amen.

In hoc apparuit caritas Dei in nobis

(1 Joh 4,9)

«Darin ist uns Gottes Liebe erschienen und in uns sichtbar geworden, daß Gott seinen eingeborenen Sohn in die Welt gesandt hat, damit wir mit dem Sohn und in dem Sohn und durch den Sohn leben»; denn alle, die nicht durch den Sohn leben, denen geht es wahrlich nicht gut.

Auch hier wird durch paraphrasierende Übersetzung des lateinischen Bibeltextes der Aufbau der Predigt skizziert: Gott sendet seinen Sohn (1) in die Welt (2), damit wir . . . leben (3). Im voraus seien einige mögliche Mißverständnisse geklärt: Eckhart bestreitet nicht, daß Gottes Sohn individueller Mensch wurde, aber nach Pfingsten (vgl. Von Abgeschiedenheit, S. 96) ist dies nicht das Entscheidende, sondern Mensch und Christus begegnen sich in der allgemeinen Menschennatur. Auch der Mensch löst sich nicht als Person auf (vgl. 3.3 «verströmt»), sondern er findet sich nur auf neue Weise in einem neuen Leben und Wirken, für das nicht mehr entscheidend ist, warum und wozu es ist, sondern, woraus *es ist: aus Gott.*

1. *Menschwerdung des Sohnes*

Was bedeutet die Menschwerdung des Gottssohnes? Antwort: «Gott ist nicht nur Mensch geworden, sondern er hat die menschliche Natur angenommen.»

Gäbe es irgendwo einen reichen König, der eine schöne Tochter hätte: verheiratete er diese mit dem Sohn eines armen Mannes, dann würden alle, die zu dessen Familie gehören, dadurch erhöht und geadelt. Nun sagt ein Meister (Thomas): Gott ist Mensch geworden, (und) dadurch ist das ganze Menschengeschlecht erhöht und geadelt. Wir können uns sehr darüber freuen, daß Christus, unser Bruder, aus eigener Kraft über alle Engelschöre aufgefahren ist und zur rechten Hand des Vaters sitzt.

Dieser Meister hat recht gesprochen, aber ich gäbe wahrlich nicht viel darum. Was würde es mir helfen, wenn ich einen reichen Mann zum Bruder hätte, und ich bliebe dabei ein armer Mann? Was würde es mir helfen, wenn ich einen weisen Mann zum Bruder hätte, und ich bliebe dabei ein Tor?

Deshalb sage ich etwas anderes und Tieferes: Gott ist nicht nur Mensch geworden, sondern er hat die menschliche Natur angenommen.

Die menschliche Natur hat «in sich» bereits alles zu eigen, was Christus an Gutem besessen und an Heil gebracht hat, weil sie eins ist und deshalb in Gott ist.

Alle Meister sagen, die Menschen seien alle in ihrer Natur gleich edel. Ich sage wahrheitsgemäß aber (darüberhinaus): Alles Gute, das alle Heiligen und Maria, die Mutter Gottes, und das Christus nach seiner Menschheit besessen hat, ist mein eigen, soweit ich zu dieser Natur gehöre.

Nun könntet ihr mich fragen: wenn ich in dieser Natur alles habe, was Christus nach seiner Menschheit sein kann, woher kommt es dann, daß wir Christus erhöhen und als unsern

Herrn und Gott verehren? Der Grund ist, daß er als Bote von Gott zu uns gekommen ist und unser Heil gebracht hat. Das Heil, das er uns brachte, war (bereits) unser. (Denn) dort, wo der Vater seinen Sohn im innersten Grunde gebiert, dort geht diese Natur mit ein. Diese Natur ist eins und einfaltig. Es kann dort wohl etwas hervorschauen und etwas daran hängen, aber das ist dieses Eine nicht.

Wie gelangt man und hält man sich in dieser allgemeinen Menschennatur? Antwort: durch Freisein von persönlicher Eigenart in absolut gleicher Liebe zu allen Menschen; durch Herzensreinheit, d. h. Vernichten aller Geschöpflichkeit; durch Freisein vom «Nicht», das heißt von allem, was nicht Gott ist (Feuergleichnis).

Ich sage weiter und schwerer (erstens): wer unmittelbar in der Nacktheit dieser Natur verweilen will, der muß von aller persönlichen Eigenart frei sein, so daß er dem Menschen, der jenseits des Meeres wohnt (und) den er nie mit Augen gesehen hat, soviel Gutes gönnt wie dem Menschen, der ihm nahe und sein vertrauter Freund ist. Solange du deiner Person mehr Gutes gönnst als dem Menschen, den du nie gesehen hast, bist du wahrlich nicht auf dem rechten Weg, und du hast noch keinen einzigen Augenblick in diesen einfaltigen Grund gesehen. Du kannst vielleicht in einem Abziehbild die Wahrheit wie in einem Gleichnis gesehen haben, aber das war nicht das Beste.

Zweitens mußt du reinen Herzens sein: das Herz allein ist rein, das alle Geschöpflichkeit zunichte gemacht hat.

Drittens mußt du frei sein vom «Nicht». Man fragt, was in der Hölle brennt. Die Meister antworten alle: das tut der Eigenwille. Ich aber sage wahrheitsgemäß, daß das «Nicht» in der Hölle brennt. Höre dazu ein Gleichnis:

Man nehme eine glühende Kohle und lege sie auf meine Hand. Würde ich nun sagen, die Kohle brenne meine Hand, so täte ich ihr sehr unrecht. Soll ich genau sagen, was mich brennt? Es ist das «Nicht», denn die Kohle hat etwas in sich, was meine Hand *nicht* hat. Seht, eben dieses «Nicht» brennt mich. Hätte meine Hand all das in sich, was die Kohle ist und leisten kann, dann hätte sie ganz und gar die Natur des Feuers. Nähme einer dann alles Feuer, das je gebrannt hat, und schüttete es auf meine Hand, es könnte mich nicht schmerzen. Ebenso sage ich: weil Gott und alle, die Gott anschauen, im seligen Zustand etwas in sich haben, was jene nicht haben, die von Gott getrennt sind, deshalb peinigt dieses «Nicht» die Seelen in der Hölle mehr als Eigenwille oder irgendein (wirkliches) Feuer. Ich sage wahrheitsgemäß: soviel dir vom «Nicht» anhaftet, so weit bist du unvollkommen. Deshalb (sage ich): wollt ihr vollkommen sein, dann müßt ihr vom «Nicht» frei sein.

2. Sendung des Sohnes in die Welt meint vor allem die «innere Welt», d. h. das «Innigste» des Geistes, den Seelengrund.

Wenn darum der kurze Text, den ich euch vorgelegt habe, sagt: «Gott hat seinen eingeborenen Sohn in die Welt gesandt», dann dürft ihr das nicht (nur) auf die äußere Welt beziehen, in der er mit uns aß und trank, sondern ihr müßt es (auch) im Sinne der inneren Welt verstehen:

So wahr der Vater in seiner einfaltigen Natur seinen Sohn gemäß seiner Natur gebiert, so wahr gebiert er ihn in das Innigste des Geistes, und dies ist die innere Welt. Da ist Gottes Grund mein Grund und mein Grund Gottes Grund. Da lebe ich ebenso aus meinem Eigenen, wie Gott aus seinem Eigenen lebt. Wer nur einen Augenblick in diesen Grund sähe, dem wären tausend Mark roten, geprägten Goldes wie ein falscher Heller.

3. Aus diesem Grund soll man wirken und leben: Wirken und Leben «ohne Worumwillen».

Aus diesem innersten Grunde sollst du alle deine Werke ohne Worumwillen wirken. Ich sage wahrheitsgemäß: solange du deine Werke um des Himmelreiches oder um «Gottes» oder um deines ewigen Heiles willen, also von außen her, wirkst, so lange ist es wahrlich nicht recht um dich bestellt. Du bist zwar in Ordnung, aber das ist noch nicht das Beste. Denn wahrlich, wenn einer (du) wähnt (wähnst), in Innerlichkeit, Andacht, wohltuender Verzücktheit und in besonderer Begnadung Gottes mehr zu erhalten als beim Herdfeuer oder im Stall, dann tust du nichts anderes, als wenn du Gott nähmst, wändest ihm einen Mantel um das Haupt und schöbest ihn unter eine Bank. Wer nämlich Gott in einer (besonderen) Weise sucht, der nimmt die Weise (der Frömmigkeit) und verfehlt Gott, der in der Weise verborgen ist. Wer aber Gott ohne (besondere) Weise sucht, der nimmt ihn, wie er in sich selbst ist, und ein solcher Mensch lebt mit dem Sohn und ist das Leben selbst.

Fragte einer das Leben tausend Jahre lang: warum lebst du? – es würde antworten, wenn es sprechen könnte: ich lebe darum, daß ich *lebe*. Das kommt daher, daß das Leben aus seinem eigenen Grund lebt und aus sich selber quillt. Darum lebt es ohne Worumwillen eben darin, daß es sich selber lebt. Wenn einer einen wirklichen Menschen, der aus seinem eigenen Grund wirkt, fragt: warum wirkst du deine Werke? – dann spräche dieser, sollte er genau antworten: ich wirke darum, daß ich *wirke*.

Folgerung für die Lebenslehre: «Geh völlig aus dir heraus um Gottes willen, so geht Gott völlig aus sich selbst heraus um deinetwillen.»

Wo kein Geschöpf mehr ist, da beginnt Gott zu sein. Gott will also nicht mehr von dir, als daß du dich selbst deiner geschöpflichen Seinsweise nach verläßt und Gott Gott in dir sein läßt. Das kleinste geschöpfliche Bild, das sich jemals in dich hinein abbildet, ist so groß, wie Gott (in dir) groß ist. Warum? Weil es dich an einem ganzen Gotte hindert. Wo dieses Bild (in dich) eingeht, da muß Gott weichen und (mit ihm) seine ganze Gottheit. Wo aber dieses Bild ausgeht, da geht Gott ein. Gott wünscht so sehr, daß du aus dir selber seiner geschöpflichen Seinsweise nach herausgehst, als läge sein ganzes Glück darin. Also, lieber Mensch, was schadet es dir, wenn du Gott gönnst, in dir Gott zu sein? Geh völlig aus dir heraus um Gottes willen, so geht Gott völlig aus sich selbst heraus um deinetwillen. Wenn diese beiden herausgehen, dann ist das, was bleibt, ein einfaltiges Eins. In diesem Einen, im innersten Quellgrund, gebiert der Vater seinen Sohn. Dort entfaltet sich als Blüte der Heilige Geist, und dort entspringt in Gott ein Wille, der der Seele zugehört. Solange dieser Wille von allen Geschöpfen und von aller Geschöpflichkeit unberührt bleibt, ist dieser Wille frei. Christus spricht: «Niemand kommt zum Himmel, als wer vom Himmel gekommen ist» (Joh 3,13). Alle Dinge sind aus nichts geschaffen. Das Nichts ist darum ihr wahrer Ursprung, und soweit sich dieser edle Wille den Geschöpfen zuwendet, soweit verfließt er mit den Geschöpfen in ihr Nichts.

Aufstieg unter Aufgabe des Eigenwillens in Gott ist zugleich Rückkehr zu Zeit und Welt, die in ursprünglicher Freiheit zu ihrem Ursprung gebracht werden.

Nun fragt man, ob sich dieser edle Wille soweit verströmt, daß er nie wieder zurückkommen könne. Die Meister sagen im allgemeinen, er komme nie wieder zurück, soweit er mit der Zeit verströmt sei. Ich aber sage: wenn jemals dieser Wille sich von sich selbst und aller Geschöpflichkeit zurück(zieht) und (nur) einen Augenblick in seinen ersten Ursprung kehrt, dann kehrt er (wieder) zu seiner (ursprünglichen) freien Art (zurück) und ist frei; und in diesem Augenblick wird alle (scheinbar) verlorene Zeit wieder eingebracht.

Daher ist «Ausgehen» eigentlich «Bei-sich-selbst-bleiben» und Offenbarung der seinsgemäßen Wahrheit im Menschen.

Die Leute sagen oft zu mir: «Betet für mich». Dann denke ich: warum geht ihr aus? Warum bleibt ihr nicht bei euch selbst und greift in euer eigenes Gut? Ihr tragt doch alle Wahrheit seinsgemäß in euch!

Daß wir in solcher Weise wahrhaft innen bleiben können, daß wir alle Wahrheit unmittelbar und ohne Unterschiedenheit in vollem Glück besitzen, dazu helfe uns Gott! Amen.

Populi eius qui in te est, misereberis

(Hos 14,4)

Der Prophet sprach: «Herr, des Volkes, das in dir ist, dessen erbarme dich». Unser Herr antwortete: «Alles, was anfällig ist, das werde ich alles gesund machen (vgl. Jer 33,6; Mt 4,24), und (ich) werde sie (die Menschen) willig lieben.» (Hos 14, 5)

Auch den Aufbau dieser Predigt ergeben die Worte des Leitverses, freilich in anderer Reihenfolge:

- *das in dir ist,*
- *dessen erbarme dich,*
- *des Volkes.*

Daraus ergeben sich die drei Teile der Predigt (der auf Jesus gedeutete Antwortvers Hos 14,5 – die erste Auslegung geschieht hier durch Schriftvergleich! – bleibt außer Betracht).

1. Zum ersten Teil *zieht Eckhart, um das «in dir», d. h. in Gott, einzuführen, einen Schrifttext als Unterthema (vielleicht aus dem Tagesevangelium) heran, von dem er drei Worte auslegt: Frieden, Essen und Pharisäer. Man beachte die dynamische Auslegung vom Frieden in Gott, das Gleichnis vom Essen, das die Einheit im Sein veranschaulicht, und die Auslegung des Wortes «Pharisäer» im Sinne der richtigen Etymologie, mit der das Thema von Loslösung und Abgeschiedenheit angesprochen wird. Damit kommt Eckhart auf dreifache Weise zu einer indirekten Auslegung von «das in dir ist».*

Ich nehme (dazu) ein Schriftwort: «Der Pharisäer begehrte, daß unser Herr mit ihm äße» (Lk 7,36), und danach sprach unser Herr zu der Frau: «vade in pace» (geh in Frieden, Lk 7,50)!
Es ist gut, wenn man vom Streit zum Frieden kommt, es ist lobenswert; doch bleibt es anfällig. Man soll zum Frieden laufen, man soll keinen Streit anfangen. Unser Herr will sagen, man soll in den Frieden versetzt werden und in den Frieden gestoßen werden und soll im Frieden enden. Unser Herr sprach: «In mir allein habt ihr Frieden» (Joh 16,33). Genau so weit in Gott, soweit in Frieden. Ist etwas von einem in Gott, so hat es Frieden; ist etwas von einem außerhalb Gottes, so hat es Streit. Sankt Johannes sagt: Alles, was aus Gott geboren ist, das überwindet die Welt» (1 Joh 5,4). Was aus Gott geboren ist, das sucht Frieden und läuft in den Frieden. Der Mensch, der in ständiger Bewegung ist und im Frieden bleibt, der ist ein himmlischer Mensch. Der Himmel läuft beständig um, und in diesem Laufe sucht er Frieden.
Nun gebt acht! «Der Pharisäer begehrte, daß unser Herr mit ihm äße». Die Speise, die der Mensch ißt, wird so in ihm in den Leib verwandelt, wie der Leib mit der Seele (vereint ist). Der Leib und die Seele sind zu einem Sein vereint, nicht zu einem Werk, wie sich meine Seele mit dem Auge zu einem Werk ver-

eint, damit es sieht. Also hat sich die Speise, die der Mensch ißt, in einem Sein mit der (seiner) Natur vereint, nicht in einem Werk, und die große Einung, die wir mit Gott haben sollen, die besteht im Sein, nicht im Werk. Darum bat der Pharisäer, daß Gott mit ihm äße.

Pharisäer bedeutet soviel wie einer, der abgeschieden ist und kein Ende mehr kennt. Was zur Seele gehört, das muß (erstens) völlig abgelöst sein. Je edler die Kräfte sind, desto mehr lösen sie ab. Manche Kräfte sind weit über dem Körper und so abgesondert, daß sie völlig abschälen und abscheiden. Ein Meister sagt ein schönes Wort: was nur einmal Körperliches berührt, das kommt nicht mehr da hinein. Von der Ablösung und Abgeschiedenheit kommt zweitens, daß ein ungelehrter Mensch mit Liebe und Anstrengung Wissen erlangen und lehren kann. Die dritte Bedeutung (von Abgeschiedenheit) ist, daß man kein Ende hat und nirgends abschließt und stehen bleibt. Man soll so in den Frieden versetzt sein, daß man vom Streit nichts mehr weiß. (Das geschieht), wenn der Mensch mit den Kräften in Gott versetzt wird, die völlig abgelöst sind. Deshalb sprach der Prophet: «Herr, des Volkes, *das in dir ist,* dessen erbarme dich.»

2. Der zweite Teil beschreibt die Barmherzigkeit als höchstes Werk Gottes. Man sieht hier im Vergleich zum Traktat von Abgeschiedenheit, daß man Barmherzigkeit und Abgeschiedenheit auf der gleichen Stufe durchaus vereinen kann. Mit der Barmherzigkeit Gottes ist Gott in sich selbst als Ursprung aller Seinsmitteilung gemeint, und daher erscheint Barmherzigkeit in Gott seiner Güte und Wahrheit – d. h. dem, was Wille und Erkennen an ihm suchen! – überlegen. Auch hier steht das ausgelegte Wort «dessen erbarme dich», erst am Ende.

Ein Meister sagt: das höchste Werk, das Gott je gewirkt habe, das sei die *Barmherzigkeit* gegenüber allen Geschöpfen. (Das ist zugleich) das Heimlichste und das Verborgenste, über das, was er an den Engeln je gewirkt hat. Das Werk der Barmherzigkeit wird in die Barmherzigkeit emporgetragen, so daß es zugleich in sich selbst und in Gott ist. Was Gott auch wirkt, der erste Ausbruch ist die Barmherzigkeit – nicht so, wie er dem Menschen die Sünde vergibt und wie sich ein Mensch des anderen erbarmt, vielmehr: das größte Werk, das Gott je gewirkt hat, das ist die Barmherzigkeit. Ein Meister sagt: Das Werk Barmherzigkeit ist Gott so wesensverwandt, daß zwar Wahrheit und Fülle und Güte Gott benennen, wenn auch das eine ihn mehr aussagt als das andere, das höchste Werk Gottes aber ist Barmherzigkeit. Und das bedeutet, daß Gott die Seele in das Höchste und Reinste versetzt, das sie empfangen kann in der Welt, in ein grundloses Meer; dort wirkt Gott Barmherzigkeit. Darum sprach der Prophet: «Herr, des Volkes, das in dir ist, dessen *erbarme* dich.»

3. Der dritte Teil fragt nun danach, welches «Volk» in Gott ist. Damit sind hier die Seelenkräfte gemeint, das «Volk» in der Seele. Dies führt in die Streitfrage, welche von den obersten Seelenkräften, Liebe (= Wille) oder Denken (= Vernunft), am meisten Einheit bewirke. Eckhart antwortet: die Liebe ist nicht Ursache, sondern Wirkung der Einheit; das Denken hingegen schafft den «Durchbruch» durch die analoge Benennung Gottes (Güte und Wahrheit) zu Gott «in sich selbst». Aber das Denken begreift Gott nicht, es begreift nur, daß es nicht begreift, daher ist die Barmherzigkeit höher, weil sie Gott bejahend, nicht nur sein Umfeld verneinend erfaßt. Aber «wo» in der Seele wirkt Gott Barmherzigkeit? Antwort: im Seelengrund, der ebenso verborgen und unaussprechlich ist wie Gottes Barmherzigkeit und aus dem ebenso verborgen die Kräfte und Werke ausgehen.

Welches «*Volk*» ist in Gott? Sankt Johannes sagt: «Gott ist die Liebe, und wer in der Liebe bleibt, der bleibt in Gott und Gott in ihm» (1 Joh 4,16). Obwohl Sankt Johannes sagt, die Liebe einigt, so versetzt doch die Liebe niemals in Gott. Vielleicht leimt sie, aber sie vereinigt nicht, in keiner Weise, sondern, was schon zusammengehört, das heftet sie (fester) zusammen und bindet es zu. Liebe vereint im Wirken, nicht aber im Sein.

Die besten Meister sagen, das Denken schäle völlig ab und nehme Gott nackt, so wie er ein reines Sein in sich selbst sei. Das Denken bricht durch Wahrheit und Güte und wirft sich auf reines Sein und nimmt Gott nackt, wie er ohne Namen ist.

Ich sage: weder Erkennen noch Liebe einigen. Liebe nimmt Gott, sofern er gut ist, und entfiele Gott dem Namen «Güte», so käme die Liebe nicht mehr weiter. Die Liebe nimmt Gott unter einem Fell, unter einem Kleid. Das tut das Denken nicht; das Denken nimmt Gott, wie er in ihm erkannt wird. Es kann ihn aber niemals im Meer seiner Grundlosigkeit begreifen. Ich sage: über diesen beiden, über Erkennen und Liebe, ist die Barmherzigkeit. Gott wirkt Barmherzigkeit im Höchsten und Reinsten, das er wirken kann.

Ein Meister sagt ein schönes Wort: etwas ist in der Seele, das ist recht heimlich und verborgen und weit oberhalb dessen, wo die Kräfte Vernunft und Wille ausbrechen. Sankt Augustinus sagt: oberhalb des ersten Ausbruchs, in dem Vernunft und Wille ausbrechen, gibt es etwas sehr Heimliches, ebenso unaussprechlich wie der erste Ausbruch des Sohnes aus dem Vater. Ein Meister, der am allerbesten von der Seele gesprochen hat, sagt, daß alle menschlichen Fähigkeiten niemals darin Einsicht gewinnen, was die Seele in ihrem Grunde sei. Zur Einsicht in die Seele gehört übernatürliches Wissen. Wissen wir doch nichts von dem Punkt, wo die Kräfte aus der

Seele in die Werke ausgehen; wir wissen wohl ein wenig davon, aber das ist geringfügig. Was die Seele in ihrem Grund ist, davon weiß niemand etwas. Was man davon wissen kann, das muß übernatürlich sein, es muß *aus Gnade* sein. Dort wirkt Gott Barmherzigkeit. Amen.

Ave, gratia plena

(Lk 1,28)

Die Stelle, die ich auf lateinisch vorgelesen habe, steht im heiligen Evangelium und lautet auf deutsch: Gegrüßet seist du, voll der Gnade, der Herr ist mit dir! Der Heilige Geist wird von oben, vom höchsten Thron herabsteigen und aus dem Licht des ewigen Vaters in dich fließen (vgl. Lk 1,28.35; Jak 1,17; Weish 18,25).

Diese Predigt über Menschwerdung, Gottesgeburt und Rückkehr in den Ursprung, eine der schönsten und persönlichsten Eckharts überhaupt, läßt sich nach dem Ort, an dem sie gehalten wurde, genau und deshalb nach der Zeit ungefähr bestimmen. Durch Quer- und Rückverweise auf andere Predigten ergibt sich nämlich, daß sie im Kölner Zisterzienserinnen-Kloster St. Mariengarten gehalten wurde, und dies führt uns in die letzten Lebensjahre Eckharts in Köln, zwischen 1323 und 1327. Dieser Zeit kann man eine Reihe von acht Predigten Eckharts mit großer Wahrscheinlichkeit zuweisen und sogar ihre Reihenfolge bestimmen (vgl. Quint, DW 1, S. 372 f.). Man kann sich also den etwa 65jährigen Meister vorstellen, zumal er in dieser Predigt locker von seinen gedanklichen Einfallen erzählt: «vor einigen Jahren kam mir der Gedanke; auf dem Weg hierher kam mir der Gedanke; unterwegs, als ich hierher gehen wollte, fiel mir ein ...» Nach kurzer Auslegung der Schriftstelle wirft er sich auf sein zentrales johanneisches Thema: «in principio» (im Ursprung). Ferner hört man die ganz persönliche Bemerkung, daß Eckhart Gemütsbewegung, Tränen der Liebe, bei seinen Predigten haben kann. Eckhart, der Denker, der der Liebe das Denken voranstellt, ist offensichtlich von Liebe zum Denken bewegt. So kommt uns der Mensch Eckhart näher, der hier offensichtlich auch mit seinen Zuhörern ganz vertraut und ihnen nahe ist. Man vergleiche im Gegensatz dazu die an «Publikumsbeschimpfung» grenzende Ironie in der Predigt über die «Armut des Geistes» und die freundliche Schelte rührseliger Seelen in der Predigt über «Maria und Martha».

1. Der erste Teil der Predigt legt den Mariengruß des Engels aus. Die Auslegung geschieht zunächst durch den an die Übersetzung angefügten Schriftvergleich, den wir auch sonst beobachten können: die Schrift wird am besten durch sich selbst ausgelegt. Dann folgt eine dreifache Deutung des Engelsgrußes, von der die dritte ausgeführt wird: Gottesgeburt als geistige Geburt in jeder verlangenden Seele. Für diese Deutung werden Beweise beigebracht: ein Schriftbeweis mit Lk 11,27f., der an die erste Predigt dieser Auswahl erinnert («Jungfrau»); ein Gleichnis (vom Ausgehen und Bleiben in Vaters Haus); eine «Mär» (man findet sie beim Dichter Herrant von Wildonie) von der Gattenliebe, die Gottes Selbstaufgabe in die menschliche Natur verdeutlicht. Dies ist eine der wenigen Predigten, in denen Menschheit, bzw. Seele als Braut Christi aufgefaßt werden, in der also Brautmystik erscheint. Die Ausführungen schließen mit der Antwort des Engels auf Mariens Frage nach dem «Wie» der Gottesgeburt: Gottesgeburt ist Geistbegabung. Man sieht auch hier die nachpfingstliche Auffassung der Menschwerdung bei Eckhart.

Daraus (aus dem Engelsgruß) sind drei Dinge zu lernen: erstens die Unterordnung der Engelsnatur; zweitens, daß der Engel sich unwürdig sah, den Namen der Gottesmutter auszusprechen; drittens, daß er dies nicht nur zu ihr, sondern zu einer sehr großen Menge sagte, (nämlich) zu jeder guten Seele, die nach Gott verlangt. *(Eckhart geht nur auf diesen letzten Punkt ein.)*
Ich meine: hätte Maria Gott nicht zuerst geistig geboren, er wäre von ihr nie leiblich geboren worden. Eine Frau sagte zu unserem Herrn: Selig ist der Leib, der dich getragen hat! Da antwortete unser Herr: Nicht allein der Leib, der mich getragen hat, ist selig; selig sind, die Gottes Wort hören und es behalten! (Lk 11,27.28) Für Gott ist es (noch) wertvoller, daß er von jeder «Jungfrau», d. h. jeder guten Seele, geistig geboren wird, als daß er von Maria leiblich geboren wurde.
Damit ist gemeint: wir sollen einfaltig im Sohn sein, den der Vater in der Ewigkeit geboren hat. Als der Vater alle Geschöpfe geboren hat, hat er mich geboren, und mit allen Geschöpfen bin ich ausgeflossen und doch in Vaters Haus geblieben. Genauso wie das Wort, das ich jetzt spreche: es entspringt (erstens) in mir, zweitens verweile ich bei (seiner) Vorstellung, drittens spreche ich es aus, und ihr alle nehmt es auf. Dennoch bleibt es dem Wesen nach in mir. So bin ich auch im Vater geblieben. Im Vater sind die Urbilder aller Geschöpfe. Das Holz (dieser Kanzel) hat in Gott ein geistiges Urbild. Dies ist nicht nur vernünftig, sondern die Vernunft selbst.
Das ist das größte Glück, das Gott dem Menschen schenkte: daß er Mensch wurde. Ich will (euch) eine Geschichte erzählen, die das gut erläutert:
Es gab (einmal) einen reichen Mann und eine reiche Frau. Da widerfuhr der Frau ein Unfall, so daß sie ein Auge verlor. Darüber wurde sie sehr traurig. Da kam der Mann zu ihr und fragte: Warum bist du so traurig? Du sollst nicht darüber

traurig sein, daß du dein Auge verloren hast! Die Frau antwortete: «Es macht mir keinen Kummer, daß ich mein Auge verloren habe, aber ich mache mir Sorgen, daß du mich deshalb weniger liebst, und das macht mich traurig. Der Mann versicherte: Aber ich habe dich lieb! Kurz darauf stach er sich selbst ein Auge aus, kam zu seiner Frau und sagte: Damit du mir glaubst, daß ich dich lieb habe, habe ich mich dir gleich gemacht; jetzt habe ich auch nur noch ein Auge.

So (wie die Frau in der Geschichte) ist der Mensch: er konnte kaum glauben, daß Gott ihn so sehr liebe, bis Gott sich selbst endlich «ein Auge ausstach» und menschliche Natur annahm, das heißt, Fleisch geworden ist (Joh 1,14).

Unsere Frau (Maria) sprach: Wie soll dies geschehen? Der Engel antwortete: Der Heilige Geist wird vom obersten Thron, vom Vater des ewigen Lichtes zu dir herabkommen und in dich fließen.

2. Gottesgeburt und Rückkehr zum Ursprung

Der zweite Teil *beschäftigt sich nun unmittelbar mit der Geburt des im Engelsgruß angekündigten Sohnes. So assoziativ die Gedanken vorgetragen zu sein scheinen: «neulich, gestern, einmal, bisweilen kam mir der Gedanke», so fangen die Abschnitte an; es gibt doch eine klare innere Gliederung, die man zum Verständnis erfassen muß.*

Dieser zweite Teil enthält auch schöne Gleichnisse: vom Echo, von den Grashalmen, vom Salz der Liebe, vom Vaterschoß oder der dunklen Schatzkammer des Vaters: der Mensch als Widerhall Gottes, dessen wahres Sein in der vor allen Namen Gottes verborgenen Tiefe ruht, und der im Salz der Liebe Gottes, die ihn umfaßt, Gott in allen Dingen erspürt.

«In principio.» (Job 1,1) – (Im Ursprung:) «Ein Kind ist uns geboren, ein Sohn ist uns geschenkt» (Is 9,6), ein Kind nach der Niedrigkeit der Natur, ein Sohn nach der ewigen Gottheit.

Gottesgeburt bedeutet Gleichheit mit dem Ursprung. Feuergleichnis: wie das dürre Holz (die abgeschiedene Seele) im Feuer in Brand geraten muß, so auch die Seele in Gott. Der Funke in der Seele ist Gottes Feuer in der Seele und damit sein Ebenbild. Gleichheit mit dem Sohn aber gilt nur analog in der Ableitung des Geborenseins, nicht gemäß der Ungeborenheit des Vaters.

Die Theologen sagen: Alle Geschöpfe streben danach zu gebären, darin wollen sie dem Vater *gleich* werden. Ein anderer Theologe sagt: Jede Wirkursache sucht ihr Endziel und darin Rast und Ruhe. Wieder ein anderer: Alle Geschöpfe bewegen sich nach ihrer ursprünglichen Geistigkeit und nach ihrer höchsten Vollkommenheit.

(Ein Beispiel:) Feuer als Feuer zündet nichts an; es ist so lauter und fein, daß es (selbst) nicht brennt. Aber das dürre Holz wird durch die Natur des Feuers entfacht und durch diese strömt seine (des Feuers) Klarheit in es hinein, gemäß seiner (des Holzes) höchsten Vollkommenheit. So hat es auch Gott getan. Er hat die Seele nach der (ihrer) höchsten Vollkommenheit geschaffen und hat alle seine Klarheit und Lauterkeit in sie eingegossen und ist dabei doch unvermischt geblieben.

Neulich sagte ich an anderer Stelle: bevor Gott alle Geschöpfe ins Leben rief, hat er etwas geboren, das ungeschaffen war, das die Urbilder aller Geschöpfe in sich trug: das ist der Funke. Wie ich zuletzt im Sankt Makkabäerkloster (in Köln) sagte, wenn ihr euch noch erinnern könnt: dieses Fünklein ist Gott so verwandt, daß es einig und Eins ist, unterschiedlos (bleibt) und (doch) in sich die Urbilder aller Geschöpfe trägt, Urbilder ohne bildliche Vorstellung oder über jede bildliche Vorstellung hinaus.

Gestern wurde in der Schule unter den «großen» Theologen (d. h. im Studium generale der Dominikaner in Köln) eine Streitfrage (sogenannte «quaestio») besprochen. Mich wundert, sagte ich (dabei), daß die Schrift so gehaltvoll ist und doch niemand das kleinste Wort ergründen kann. Und fragt ihr mich: wenn ich ein einiger Sohn sei, den der himmlische Vater in Ewigkeit geboren habe, ob ich dann (auch) in Ewigkeit in Gott Sohn gewesen sei, so antworte ich: ja und nein. Ja: als *Sohn*, sofern mich der Vater in Ewigkeit *geboren* hat; nein: als Sohn gemäß der *Ungeborenheit* (des *Vaters* selbst).

Gottesgeburt: Sein im Ursprung, Dies ist dreierlei: Schlafen im Vaterschoß vor der Geburt; Geburt und Wiedergeburt zugleich (Echogleichnis); Gleichheit aus Einheit (Grashalmgleichnis).
«In principio»: Das soll uns erklären, daß wir ein einiger Sohn sind, den der Vater in Ewigkeit aus dem verborgenen Dunkel ewiger Vaterschaft geboren hat, und daß wir im ersten Anfang, in der ersten Lauterkeit, die eine Fülle aller Klarheit ist, *verweilen.* Hier habe ich ewig in der verborgenen Erkenntnis des ewigen Vaters geruht und geschlafen. Ich verweilte und war nicht ausgesprochen.
Aus dieser (ersten) Lauterkeit hat er mich in Ewigkeit als seinen eingeborenen Sohn zum Ebenbild seiner ewigen Vaterschaft geboren, damit ich (auch) Vater sei und den gebäre, von dem ich geboren bin. (Das ist) gleichsam so, wie wenn einer vor einem hohen Berg stehen würde und riefe: Bist du da? Dann würde der Widerschall und Widerhall (das Echo) zurückrufen: Bist du da? Riefe er: Komm heraus!, das Echo riefe auch: Komm heraus!
Ja, wer in diesem Licht ein Stück Holz (s.o.!) betrachtete, (für den) würde es zu einem Engel und geistig und nicht nur geistig, (sondern) es würde zu reiner Geistigkeit in der ersten Lauterkeit, die eine Fülle aller Klarheit ist. So handelt Gott: er

gebiert seinen eingeborenen Sohn in das Höchste der Seele. Im gleichen Vorgang, in dem er seinen eingeborenen Sohn in mich gebiert, gebäre ich ihn zum Vater zurück. Das ist nicht anders, als daß Gott den (Maria grüßenden) Engel gebar, während er wiederum von der Jungfrau geboren wurde.
Einmal kam mir der Gedanke – es ist schon einige Jahre her –, ob ich wohl einmal gefragt werden würde, woher jeder Grashalm dem anderen so ungleich sei. Es geschah (dann), daß ich danach gefragt wurde, woher sie einander so ungleich seien. Da sprach ich: Woher alle Grashalme einander so gleich sind, das ist noch erstaunlicher. Ein Meister sagte (Thomas von Aquin): daß alle Grashalme so ungleich sind, kommt aus dem Überfluß der Güte Gottes, die er im Überfluß in alle Geschöpfe gießt, damit seine Herrlichkeit um so mehr offenbar wird. Ich aber sagte damals: Erstaunlicher ist es, woher alle Grashalme so gleich sind, und fügte hinzu: so wie alle Engel in der ersten Lauterkeit ein Engel sind, ganz eins, so sind auch alle Grashalme in der ersten Lauterkeit eins, und alle Dinge sind da eins.

Wie kann man Gott zur Gnade «zwingen»? Zum ersten durch die Demut, zum zweiten durch Liebe statt Furcht, zum dritten ist es eigentlich umgekehrt: Gott tut sein Werk, und der Mensch kann ihm nicht entfliehen. Gott tut unter allen Umständen das Seine.
Auf dem Weg hierher kam mir bisweilen der Gedanke, daß der Mensch inmitten der Zeitlichkeit es erreichen könne, *Gott zu zwingen.* Stände ich hier oben und riefe einem zu: komm herauf! das wäre schwierig. Sagte ich aber: setz dich hierher nieder! das wäre leicht. Genauso handelt Gott. Wenn sich der Mensch erniedrigt, kann Gott sich in seiner Güte nicht zurückhalten, sich in den *demütigen* Menschen zu ergießen und hineinzusenken, und dem allergeringsten gibt er sich am allermeisten und teilt sich ihm völlig mit. Was Gott gibt, ist

sein Sein, und sein Sein ist seine Güte, und seine Güte ist seine Liebe.
Alles Leid und alle Freude kommen aus der Liebe. Unterwegs, als ich hierher gehen sollte, fiel mir ein, daß ich gar nicht hierher gehen möchte, (aus Sorge), daß ich doch aus Liebe zu Tränen gerührt würde. Wenn ihr aus Liebe zu Tränen gerührt wurdet – wir wollen das auf sich beruhen lassen. Freude und Leid kommen aus der Liebe.
Der Mensch soll Gott nicht fürchten, denn, wer ihn fürchtet, flieht ihn. Solche Furcht ist eine schädliche Furcht. Hingegen ist das rechte Furcht, wenn man Gott zu verlieren fürchtet. Der Mensch soll ihn nicht fürchten, er soll ihn lieben, denn Gott liebt den Menschen mit seinem ganzen vollkommenen Sein.
Die Meister sagen, alle Dinge wollten wirken, um zu gebären und dem Vater gleich zu werden, und sie veranschaulichen dies damit: Die Erde flieht den Himmel; flieht sie nach unten, so kommt sie in den Niederungen zum Himmel, flieht sie nach oben, so berührt sie den Himmel von unten. Die Erde kann nicht so weit in die Niederungen fliehen, daß der Himmel nicht (doch) in sie fließt und seine Kraft in sie preßt und sie (so) fruchtbar macht, es sei ihr lieb oder leid. So geht es auch dem Menschen, der Gott zu entfliehen wähnt und ihm doch nicht entfliehen kann, (denn) alle Winkel offenbaren ihn. Er meint, Gott zu entfliehen, und läuft ihm (doch) in den Schoß. Gott gebiert seinen eingeborenen Sohn in dir, es sei dir lieb oder leid, ob du schläfst oder wachst: er tut das Seine.

Von der vollkommenen Vollendung und ihrer Erfahrung: auch dieses Thema wird dreigliedrig behandelt: erstens, das Salz der Liebe aus Gott läßt uns alle Dinge in Gott schmecken, aus Gott wirken und dem Sohn gleichförmig sein; zweitens, die Seele, die von Gott bestimmte Braut Christi, kehrt in die verborgene Schatz-

kammer des Vaters zurück, weil der Sohn voll aus sich herausgeht bis in den Tod und sie zurückführt (Sprache der Brautmystik nach dem Hohen Lied); drittens: Endziel und Rast allen Seins ist Gott «in sich selbst», nicht einmal das Licht seiner Vaterschaft (d. h. Ungeborenheit) leuchtet in diese Finsternis.

Ich sagte neulich, was daran schuld sei, daß es der Mensch nicht empfindet: schuld daran, sagte ich, sei, daß seine Zunge mit einem anderen Geschmack, d. h. mit den Geschöpfen, verklebt sei, ganz so, wie bei einem Menschen, dem jedes Essen bitter ist und nicht schmeckt. Was ist schuld daran, daß uns das Essen nicht schmeckt? Schuld daran ist, daß wir kein Salz haben. Das *Salz* ist die göttliche Liebe. Hätten wir die göttliche Liebe, so schmeckten uns Gott und alle Werke, die er jemals wirkte, und wir empfingen alle Dinge von Gott und wirkten dieselben Werke alle, die er wirkt. In dieser Gleichheit sind wir alle ein einziger Sohn.

Als Gott die Seele schuf, schuf er sie nach seiner höchsten Vollkommenheit, damit sie eine Braut für den eingeborenen Sohn sei. Als dieser sie wohl erkannte, wollte er aus der verborgenen Schatzkammer der ewigen Vaterschaft, in der er von Ewigkeit verweilend schlief, ohne ausgesprochen zu werden, heraustreten. «In principio»: im ersten Anfang der ersten Klarheit, dort hat der Sohn das Zelt seiner ewigen Herrlichkeit aufgeschlagen, und aus diesem Allerhöchsten ist er herausgetreten, weil er seine Freundin, die ihm der Vater von Ewigkeit her vermählt hatte, erhöhen wollte, um sie in dieses Allerhöchste, aus dem sie gekommen ist, zurückzuführen. Und an anderer Stelle steht geschrieben: «Siehe, dein König kommt zu dir» (Sach 9,9). Darum also trat er hervor, und «wie ein Rehböcklein kam er gesprungen» und erlitt seine Marter aus Liebe. Und er wollte nicht ausgehen, ohne mit seiner Braut in seine Kammer heimzukehren. Diese Kammer ist das stille Dunkel der verborgenen Vaterschaft. Aus dem Allerhöchsten,

woher er ausging, dort in das Allerlauterste wollte er wieder eintreten und ihr die verborgene Heimlichkeit seiner verborgenen Gottheit dort offenbaren, wo er mit sich selbst und allen Geschöpfen ruht.
«In principio», das heißt auf deutsch soviel wie ein Anfang allen Seins, wie ich (schon) in der Hochschule sagte. Ich fügte hinzu: Das ist (zugleich) ein Ende allen Seins, denn der erste Anfang ist um des letzten Endzieles willen da. Ja, Gott selbst ruht nicht da, wo er der erste Beginn ist, er ruht da, wo er Endziel und Rast allen Seins ist, nicht, als ob dieses Sein zunichte würde: es wird vielmehr dort gemäß seiner höchsten Vollkommenheit in seinem letzten Ziel vollendet. Was ist das letzte Endziel? Es ist das verborgene Dunkel der ewigen Gottheit, und (es) ist unerkannt und wurde nie erkannt und wird nie erkannt werden. Gott in sich selbst bleibt dort unerkannt, und (wenn auch) das Licht des ewigen Vaters dort ewig hineingeschienen hat, so begreift doch die Finsternis dieses Licht nicht. (Vgl. Joh 1,5)
Daß wir zu dieser Wahrheit kommen, dazu helfe uns die Wahrheit, von der ich gesprochen habe. Amen.

Alle gleichen Dinge lieben sich gegenseitig und vereinigen sich miteinander, und alle ungleichen Dinge fliehen sich und hassen einander.

Auch diese Predigt wurde vermutlich in Köln gehalten und ist in Eckharts letzte Lebensjahre zu datieren (vgl. Quint, DW 2, S. 412). Eigentümlich ist, daß sie weder einen Schrifttext behandelt,

noch die Schrift überhaupt zitiert. Das Leitwort ist eine philosophische Sentenz, vor der in der Handschrift steht: ‹Ein Meister spricht›. Es bleibt unklar, ob es sich hier nur um ein Fragment einer Predigt handelt. Auffallend ist hier, wie auch in der vorhergehenden Predigt «Ave gratia plena», das Bemühen um Anschaulichkeit und Verständlichkeit. Man sieht den Meister, wie er auf das Kanzelholz pocht und das Gleichnis vom «Holzauge» vorträgt. Wenn dann das Gleichnis vom «Schafsauge», das meinem Auge in der Funktion gleich ist, folgt, meint man doch, hier müsse ein Stück Humor dabei gewesen sein, zumal, wenn eingangs dieser Überlegungen der Meister seine eigene Unverständlichkeit indirekt ironisiert.
Die Predigt behandelt Gottes Fruchtbarkeit in der demütigen menschlichen Seele (1), die Wirkeinheit von Gott und Seelengrund (2) und den Drang des Seelenfünkchens in den unerkannten Grund der Einheit, wo es keine «Eigenschaften» mehr gibt (3).

1. Himmel und Erde sind in der Natur am meisten ungleich, und doch gibt der Himmel seine ganze Fruchtbarkeit so in das Erdreich, daß dieses davon den Namen «fruchtbar» trägt. Wie in der Natur, so ist es auch im göttlichen Bereich: Gott muß sich seinem Wesen nach in die Seele ergießen, wo sie wie die Erde aus Demut an die unterste Stelle flieht, und sie fruchtbar machen.

Nun sagt ein Meister, nichts sei so ungleich wie Himmel und Erde. Das Erdreich hat seiner Natur nach gespürt, daß es dem Himmel fern und ungleich ist. Darum ist es vor dem Himmel bis auf die niederste Stätte geflohen, und darum ist das Erdreich unbeweglich, daß es dem Himmel nicht nahe komme. Und das hat (wiederum) der Himmel seiner Natur nach gespürt, daß das Erdreich vor ihm geflohen ist und die niederste Stätte bezogen hat. Darum ergießt sich der Himmel in fruchtbarer Weise völlig in das Erdreich, und nach Meinung der Meister behalte der breite, weite Himmel nicht die Breite einer Nadelspitze zurück, sondern gebäre sich vollständig in fruchtbarer Weise in das Erdreich. Darum heißt das Erdreich das fruchtbarste Geschöpf unter allen zeitlichen Dingen.

In gleicher Weise spreche ich von dem Menschen, der *sich* in sich selbst, in Gott und in allen Geschöpfen vernichtet hat. Dieser Mensch hat die niederste Stätte bezogen, und in diesen Menschen muß sich Gott ganz und gar ergießen, oder er ist nicht Gott. Ich sage bei Gottes ewiger Wahrheit, daß Gott sich in einen jeden Menschen, der sich von Grund auf gelassen hat, seiner ganzen Macht gemäß völlig ergießen muß, so ganz und gar, daß er in seinem Leben, in seinem Wesen, in seiner Natur und in seiner ganzen Gottheit nichts vorbehält; er muß es alles zugleich in fruchtbarer Weise in den Menschen ergießen, der sich gelassen und die niederste Stätte bezogen hat.

2. *Mit drei Gleichnissen versucht Eckhart verständlich zu machen, wie Gott und Mensch* im Vollzug *(wörtlich: in der «wirklichen») eins sein können (Funktionseinheit oder Wirkeinheit). Das Gleichnis vom Holzauge zeigt, wie Gott und Mensch durch ihre Beziehung (im Sehen, das im Gleichnis ganz vom Menschenauge, im göttlichen Bereich ganz von Gott ausgeht) ein Sein sind. Das Gleichnis vom Schafsauge zeigt wiederum Funktionsgleichheit im Gegensatz zur Einheit im Sein. Das Gleichnis vom Licht (als Auge der Seele, das Gott sehend macht) zeigt wiederum die Wirkeinheit von Gott und Seelengrund.*

Als ich heute hierher ging, da sann ich nach, wie ich euch so verständlich predigten könne, daß ihr mich gut verstündet, und erdachte ein Gleichnis. Könntet ihr das richtig verstehen, dann verstündet ihr mein Herz und den Grund meines Anliegens, über den ich immer gepredigt habe. Das Gleichnis aber handelt von meinen Augen und diesem (Kanzel-) Holz. Wird mein Auge aufgeschlagen, so ist es ein Auge. Ist es geschlossen, so ist es dasselbe Auge. Durch das Sehen wiederum geht dem Holz weder etwas ab noch etwas zu. Nun versteht mich ganz richtig! Geschieht es aber, daß mein Auge an sich selbst eins und einfaltig ist und nun aufgeschlagen und auf das Holz mit einem Blick geworfen wird, dann bleibt ein jedes, was es ist, und doch werden beide *im Vollzug* des Ansehens wie eines, so daß man wohl sprechen kann: Auge im Holz, und das Holz ist mein Auge. Wäre aber das Holz unstofflich und ganz geistig wie der Blick meiner Augen, so könnte man wahrlich sagen, daß im Vollzug meines Blickes das Holz und mein Auge in einem Sein bestünden. Gilt dies von leiblichen Dingen, um wieviel mehr gilt es von geistigen Dingen!

Ihr müßt wissen, daß mein Auge mit eines Schafes Auge, das jenseits des Meeres ist und das ich nie gesehen habe, viel mehr übereinstimmt als mit meinen Ohren, mit denen es doch dem Sein nach eins ist. Und das kommt davon, daß des Schafes Auge die gleiche Tätigkeit wie auch mein Auge ausübt, und deshalb spreche ich ihnen *im Vollzug* mehr Übereinstimmung zu als meinen Augen und Ohren, denn die sind in ihren Werken getrennt.

Gelegentlich habe ich von einem *Lichte* in der Seele gesprochen, das ungeschaffen und unerschaffbar ist. Genau dieses Licht pflege ich stets in meiner Predigt zu berühren. Und das gleiche Licht ergreift Gott unvermittelt, nackt und bloß, wie er in sich selbst ist, und das ist *im Vollzug* der Eingebärung zu verstehen. Da kann ich wahrheitsgemäß sagen, dieses Licht habe mit Gott mehr Übereinstimmung als mit irgendeiner Kraft, mit der es doch dem Sein nach eins ist. Denn ihr sollt wissen, daß dieses Licht dem Sein meiner Seele nach nicht edler ist als die niederste oder allergrobsinnlichste Kraft, wie Gehör oder Sehrkraft oder eine andere Kraft, die mit Hunger oder Durst, Frost oder Hitze befallen werden kann, und das liegt daran, daß das Sein einfaltig ist. Sofern man also die Seelenkräfte im *Sein* nimmt, sind sie alle eins und gleichviel wert; nimmt man aber die Kräfte in ihren *Werken*, dann ist eine viel angesehener und höherstehend als die andere.

3. Das Ziel dieser Einheit im Seelengrund, die man durch völlige Loslösung von sich selbst und den Dingen vorbereitet, liegt in der schweigenden Wüste der Gottheit, wo es keinen Unterschied mehr, also völlige Seinseinheit gibt: über die «Eigenschaft» der Personen hinaus und über die Einheit der Fruchtbarkeit («Wirkeinheit») hinaus, von der eingangs die Rede war. Das Fünklein will mehr als Einheit, es will den unerkannten Grund der Einheit, wo Bewegung und Leben erst entstehen. In diese Tiefe treibt es das nichterkennende Erkennen der Vernunft.

Deshalb sage ich: wenn sich der Mensch von sich selbst abkehrt und von allen geschaffenen Dingen – soviel du das tust, so sehr wirst du geeint und selig gemacht im Seelenfünklein, das weder Zeit noch Raum je berührte. Dieser Funke widersagt allen Geschöpfen und will nichts als Gott unverhüllt, wie er in sich selbst ist. Ihm genügen weder Vater noch Sohn noch Heiliger Geist noch überhaupt die drei Personen, sofern jede von ihnen in ihrer besonderen Eigenschaft besteht. Ich sage wahrheitsgemäß, daß diesem gleichen Licht die Einheit der Fruchtbarkeit göttlichen Wesens nicht genügt. Ich will noch mehr sagen, das noch verwunderlicher klingt. Ich sage bei der ewigen und immerwährenden Wahrheit, daß es diesem Licht an dem einfaltigen, stillstehenden göttlichen Sein, das weder gibt noch nimmt, nicht genügt; es will vielmehr wissen, woher dieses Sein kommt, es will in den einfaltigen Grund, *in die schweigende Wüste,* wo nie eine Unterschiedenheit hineinlugte, weder Vater, noch Sohn, noch

Heiliger Geist. In dem Innersten, wo niemand daheim ist, dort (erst) genügt es diesem Licht, und da ist es einiger als in sich selbst, denn dieser Grund ist ein einfaltiges Schweigen, das in sich selbst unbeweglich bleibt, und von dieser Unbeweglichkeit werden alle Dinge bewegt und empfangen ihr Leben alle, die nach der Vernunft leben und in ihre eigene Tiefe gezogen sind.
Daß wir ebenso vernünftig leben, dazu helfe uns Gott. Amen.

Beati pauperes spiritu, quoniam ipsorum est regnum caelorum

(Mt 5,3)

Die Seligkeit tat ihren Mund der Weisheit auf und sprach: «Selig sind die Armen des Geistes, denn das Himmelreich ist ihrer.» (Mt 5,3)

Diese Predigt über die «Armut des Geistes» ist ein geschlossenes Meisterwerk, das schon damals manche Mißverständnisse auslöste. Ruusbroec zum Beispiel polemisiert dagegen oder gegen die Art, wie die Begarden es auffaßten. In der Tat konnte man Eckharts Autorität dazu mißbrauchen, die äußere Armut geringzuschätzen, sich ähnlich wie die Korinther zur Zeit Pauli schon im Wehen des Geistes zu fühlen und Eckharts Polemik gegen äußere Frömmigkeitswerke auf alles Institutionelle ausdehnen.
Die Predigt ist in der Tat polemisch, aber aus pädagogischen Gründen und nicht aus Arroganz. Eckhart könnte sonst seine Hörer nicht in diesem Ton beschwören: man solle dieser Wahrheit gleichen, um sie zu verstehen, und sein Herz nicht betrüben, wenn man nicht verstehe, weil dies für die Seligkeit nicht notwendig sei.

Der Aufbau der Predigt ist sehr klar durch die drei Aspekte der geistigen Armut gegeben: Nicht wollen (höchste Armut) – nicht wissen (reinste Armut) – nicht haben (äußerste Armut). Der Sinn dieser drei Aspekte geht verloren, wenn man statt «nicht» hier in der Übersetzung «nichts» einführt, weil es um totale Reduktion des Wollens, Wissens und Habens geht: wer «nichts» wollte, hätte einen, wenn auch negativen Gegenstand des Wollens. Aber wie man schon aus dem Traktat «Von Abgeschiedenheit» weiß, der Gegenstand dieser Reduktion ist nicht aussagbar. Es geht nämlich um Armut «in sich selbst», das ist der Schlüsselbegriff. Das heißt, entsprechend der Analogielehre, um jene Armut, die nicht mehr von etwas anderem abgeleitet ist, die also durchbricht durch die Geschöpflichkeit, durch das Selbst, ja durch «Gott», sofern er nicht «in sich selbst» ist, sondern mit etwas in Beziehung steht. Gottlosigkeit heißt hier: Gott vor dem Gott, den die Geschöpfe als ihren Ursprung anzeigen.

Die zentralen Gedanken lassen sich auch in anderen Predigten finden: Nicht-wollen entspricht dem Gedanken: ohne Worumwillen; Nicht-wissen dem Gedanken, daß das Ethos des Denkens in ein Nicht-wissen führt; Nicht-haben dem Gedanken, daß der Seelengrund eigentlich keine dem Menschen eigene Qualität und somit ortlos (ohne «Stätte») ist. Die Weise der Ungeborenheit haben wir schon in der Predigt «Ave gratia plena» als den Vaterschoß der Gottheit kennengelernt.

Zu möglichen Mißverständnissen ist zu sagen: die äußere Armut in der Nachfolge Christi wird in keiner Weise herabgesetzt und geschmälert: wie wäre dies auch bei einem Mitglied eines Bettelordens möglich! Sie ist für Eckhart selbstverständlich, aber nicht sein Thema. Er polemisiert auch daher innerhalb seines Themas gegen Mißverständnisse der geistigen Armut als Aszese, als Denkverzicht oder als Bewußtseinsmystik (psychologisches Mißverständnis des Seelenfunkens). Nicht die äußere, sondern die innere Armut ist hier falsch bestimmt. Ferner muß man bei der Lektüre beachten, daß man nicht Eckharts «vor» aller Schöpfung, «vor» Gott als

Schöpfer, «vor» der Geburt der Seele usw. zeitlich versteht – Eckhart sagt einmal: wer den Unterschied von Zeit und Ewigkeit versteht, der versteht alles, was ich sage –, sonst müßte man Eckharts Aussagen als Weltflucht, als Erlöschen im Nirwana oder als a-theistisch (nicht-theistisch wäre noch möglich) verstehen. Auch der geistig arme Mensch bleibt dem Werden nach in der Zeit (und in dieser engagiert), nur seinem Sein nach ist er in der Tiefendimension der Wirklichkeit, in der Tiefe der Unbeweglichkeit des doch so mitteilsamen Gottes, verankert. Schließlich: alles, was Eckhart hier sagt, gilt «insofern», «insoweit» diese Armut im Menschen wirkend ist. Auch hier ist «Bereitschaft» alles und Erfahrung nichts. Der arme Mensch ist nicht der schauende Mensch, sondern der seiende Mensch.

Alle Engel und alle Heiligen und alles, was je geboren ward, das muß schweigen, wenn die Weisheit des Vaters spricht; denn alle Weisheit der Engel und aller Kreaturen, das ist eine reine Torheit vor der grundlosen Weisheit Gottes. Diese hat gesprochen, daß die Armen selig seien.

Nun gibt es zweierlei Armut; eine *äußere* Armut, und die ist gut und ist sehr zu loben an dem Menschen, der sie freiwillig auf sich nimmt aus Liebe zu unserem Herrn Jesus Christus, weil dieser sie selbst auf Erden gehabt hat. Von dieser Armut will ich nicht weiter sprechen. Indessen, es gibt noch eine andere Armut, eine *innere* Armut, die unter jenem Wort unseres Herrn zu verstehen ist, wenn er spricht: «Selig sind die Armen des Geistes.»

Nun bitte ich euch, daß ihr genauso *seid*, damit ihr diese Rede versteht: denn ich sage euch bei der ewigen Wahrheit: wenn ihr dieser Wahrheit, von der wir nun sprechen wollen, nicht gleicht, so könnt ihr mich nicht verstehen.

Einige Leute haben mich gefragt, was Armut ‹*in sich selbst*› und was ein armer Mensch sei. Darauf wollen wir antworten.

Bischof Albrecht (Albertus Magnus) sagt, das sei ein armer Mensch, der an allen Dingen, die Gott je erschuf, kein Genügen habe, – und das ist gut gesagt. Wir aber sagen es noch besser und nehmen Armut in einem höheren Sinne: Das ist ein armer Mensch, *der nicht will und nicht weiß und nicht hat.* Von diesen drei Punkten wollen wir nun sprechen, und ich bitte euch um der Liebe Gottes willen, daß ihr diese Wahrheit versteht, wenn ihr könnt; versteht ihr sie aber nicht, so bekümmert euch damit nicht, denn ich will von so gearteter Wahrheit sprechen, wie sie nur wenige gute Leute verstehen werden.

1. *Ein armer Mensch ist, wer nicht will.*

Zum ersten sagen wir, daß der ein armer Mensch sei, der *nicht will.* Diesen Sinn verstehen manche Leute nicht richtig; es sind jene Leute, die in Bußübung und äußerlicher Übung, was diese Leute für groß erachten, sich selbst mit ihrer Eigenheit festhalten. Das erbarme Gott, daß solche Leute so wenig von der göttlichen Wahrheit erkennen! Diese Menschen heißen heilig wegen des äußeren Anscheins; aber von innen sind sie Esel, denn sie können die göttliche Wahrheit nicht unterscheiden. Diese Menschen sagen zwar (auch), das sei ein armer Mensch, der nicht will. Sie deuten das aber so: daß der Mensch so leben müsse, daß er seinen Willen nimmermehr in irgend etwas erfülle, daß er vielmehr danach trachten solle, den allerliebsten Willen Gottes zu erfüllen. Diese Menschen sind recht daran, denn ihre Meinung ist gut; darum wollen wir sie loben. Gott möge ihnen in seiner Barmherzigkeit das Himmelreich schenken. Ich aber sage bei der göttlichen Wahrheit, daß diese Menschen keine armen Menschen sind, noch armen Menschen ähnlich. Sie sind hoch geachtet in den Augen der Leute, die nichts Besseres wissen. Doch ich sage, daß sie Esel sind, die nichts von göttlicher Wahrheit verstehen. Wegen ihrer guten Absicht mögen sie das Himmelreich erlangen; aber von *der* Armut, von der wir jetzt sprechen wollen, davon wissen sie nichts.

Wenn einer mich nun fragte, was denn aber das sei: ein armer Mensch, der nicht will, so antworte ich darauf und sage so: Solange der Mensch dies noch hat, daß es *sein Wille* ist, den allerliebsten Willen Gottes erfüllen zu wollen, so hat ein solcher Mensch nicht die Armut, von der wir sprechen wollen; denn dieser Mensch hat einen Willen, mit dem er dem Willen Gottes genügen will, und das ist nicht rechte Armut. Denn, soll der Mensch wahrhaft Armut haben, so muß er seines geschaffenen Willens so ledig sein, wie er's war, als er (noch) nicht war.

Denn ich sage euch bei der ewigen Wahrheit: Solange ihr den Willen habt, den Willen Gottes zu erfüllen, und Begierde habt nach Ewigkeit und nach Gott, solange seid ihr nicht arm; denn das ist ein armer Mensch, der nicht will und nicht begehrt.

Als ich in meiner ersten Ursache stand, da hatte ich keinen Gott, und da war ich Ursache meiner selbst; da wollte ich nicht und begehrte ich nicht, denn ich war ein lediges Sein und ein Erkenner meiner selbst mit dem Geschmack der Wahrheit. Da wollte ich mich selbst und wollte nichts anderes; was ich wollte, das war ich, und was ich war, das wollte ich, und hier stand ich Gottes und aller Dinge ledig. Als ich aber durch meinen freien Willen ausging und mein geschaffenes Sein empfing, da hatte ich einen Gott; denn, ehe die Geschöpfe waren, war Gott nicht «Gott»: sondern er war, was er war. Als aber die Geschöpfe entstanden und sie ihr geschaffenes Sein empfingen, da war Gott nicht «Gott in sich selbst», sondern er war «Gott» in den Geschöpfen.

Nun sagen wir, daß Gott, soweit er «Gott» ist, nicht das höchste Ziel der Geschöpfe ist; denn so hohen Seinsrang hat (auch) die geringste Kreatur in Gott. Und wäre es so, daß eine Fliege Vernunft hätte und auf dem Wege der Vernunft den ewigen Abgrund göttlichen Seins, aus dem sie gekommen ist, zu suchen vermöchte, so würden wir sagen, daß Gott mit alledem, was er als «Gott» ist, nicht (einmal) dieser Fliege Erfüllung und Genügen zu schaffen vermöchte. Darum bitten wir Gott, daß wir «gott«-los (wörtlich: «Gottes» ledig) werden und daß wir die Wahrheit dort erfassen und sie ewiglich genießen, wo die obersten Engel und die Fliege und die Seele gleich sind, dort, wo ich stand und wollte, was ich war, und war, was ich wollte. Also sagen wir: Soll der Mensch arm sein an Willen, so muß er so wenig wollen und begehren, wie er wollte und begehrte, als er nicht war. Und in dieser Weise ist der Mensch arm, der nicht will.

2. *Ein armer Mensch ist, wer nicht weiß.*

Zum ändern Male ist das ein armer Mensch, der *nicht weiß*. Wir haben gelegentlich gesagt, daß der Mensch so leben sollte, daß er weder sich selber noch der Wahrheit noch «Gott» lebte. Jetzt aber sagen wir's anders und wollen darüber hinaus sagen: Der Mensch, der diese Armut haben soll, der muß so leben, daß er nicht (einmal) weiß, daß er weder sich selber noch der Wahrheit noch Gott lebe; er muß vielmehr so ledig sein allen Wissens, daß er nicht wisse, noch erkenne, noch empfinde, daß Gott in ihm lebt; mehr noch; er soll ledig sein allen Erkennens, das in ihm lebendig ist. Denn, als der Mensch in der ewigen Weise Gottes stand, da lebte in ihm nicht ein anderes *(Gott ist der Nicht-Andere!)*; vielmehr, was da lebte, das war er selber. Also sagen wir, daß der Mensch so ledig sein soll seines eigenen Wissens, wie er's tat, als er nicht *war*, und er lasse Gott wirken, was er wolle, und der Mensch stehe ledig.

Alles, was je aus Gott kam, das ist gesetzt in reines Wirken. Das dem Menschen eigene Wirken aber ist: Lieben und Erkennen. Nun ist es eine Streitfrage, worin die Seligkeit vorzüglich liege. Einige Meister haben gesagt, sie liege im Erkennen, einige sagen, sie liege im Lieben, wieder andere sagen, sie liege im Erkennen und im Lieben, und diese sagen es besser. Wir aber sagen, daß sie weder im Erkennen noch im Lieben liege; sondern das Eine, das in der Seele ist, aus dem (Einen) fließen Erkennen und Lieben; es selbst erkennt und liebt nicht in der Art der Kräfte der Seele. Wer dieses (Eine) erkennt, der versteht, worin die Seligkeit liegt. Dieses (Eine) kennt weder Vorher noch Nachher, und es wartet auf keine Bereicherung, denn es kann weder gewinnen noch verlieren. Deshalb ist es so ausgeraubt, daß es nicht (einmal) um Gottes Wirken in ihm weiß; es ist vielmehr selbst dasselbe, das sich selbst genießt nach der Art Gottes. So quitt und ledig also, sagen wir, soll der Mensch stehen, daß er nicht wisse noch erkenne, daß Gott in ihm wirke, und so kann der Mensch Armut besitzen. Die Meister sagen, Gott sei ein Sein und ein vernünftiges Sein und erkenne alle Dinge. Wir aber sagen: Gott ist weder Sein noch vernünftig, noch erkennt er dies oder das. Darum ist Gott aller Dinge ledig, und (eben) darum ist er alle Dinge. Wer nun arm in geistiger Weise sein soll, der muß arm sein an allem eigenen Wissen, so daß er von allem nicht wisse, weder von Gott, noch von Welt, noch von sich selbst. Darum ist es nötig, daß der Mensch danach begehre, die Werke Gottes weder wissen noch erkennen zu können. In dieser Weise vermag der Mensch arm zu sein an eigenem Wissen.

3. *Ein armer Mensch ist, wer nicht hat.*

Zum dritten ist das ein armer Mensch, der nicht hat. Viele Menschen haben gesagt, das sei Vollkommenheit, daß man nichts an materiellen Dingen der Erde besitze, und das ist wohl wahr in einem Sinne: für den, der es mit Vorsatz so hält. Aber dies ist nicht der Sinn, den ich meine.

Ich habe vorhin gesagt, das sei ein armer Mensch, der nicht (einmal) den Willen Gottes erfüllen will, der vielmehr so lebe, daß er seines eigenen Willens und des Willens «Gottes» so ledig sei, wie er war, als er nicht war. Von dieser Armut sagen wir, daß sie die *höchste* Armut ist. – Zum zweiten haben wir gesagt, das sei ein armer Mensch, der (selbst) vom Wirken Gottes in sich nicht weiß. Wenn einer des Wissens und Erkennens so ledig steht, so ist das die *reinste* Armut. – Die dritte Armut aber, von der ich nun reden will, die ist die *äußerste* Armut: es ist die, daß der Mensch *nicht hat.*

Nun gebt hier genau acht! Ich habe es (schon) oft gesagt, und große Meister sagen es auch: der Mensch solle aller Dinge und aller Werke, innerer wie äußerer, so ledig sein, daß er eine eigene Stätte Gottes sein könne, darin Gott zu wirken vermöge. Jetzt aber sagen wir anders. Ist es so, daß der Mensch ledig steht aller Geschöpfe und Gottes und seiner selbst, steht es aber noch so mit ihm, daß Gott in ihm eine Stätte zum Wirken findet, so sagen wir: Solange es *das* noch in dem Menschen gibt, ist der Mensch (noch) nicht arm in der äußersten Armut. Denn Gott strebt in seinen Werken nicht danach, daß der Mensch eine Stätte in sich habe, darin Gott wirken könne; sondern das ist Armut des Geistes, daß der Mensch so ledig Gottes und aller seiner Werke steht, daß Gott, wollte er in der Seele wirken, selbst die Stätte sei, darin er wirken will, – und dies tut er (gewiß) gern. Denn, findet Gott den Menschen so arm, so wirkt Gott sein eigenes Werk und der Mensch erleidet Gott so in sich, und Gott ist eine eigene Stätte seiner Werke mit Rücksicht darauf, daß Gott einer ist, der in sich selbst wirkt. Genau dort, in *dieser* Armut, erlangt der Mensch das ewige Sein, das er gewesen ist und das er jetzt ist und das er für immer bleiben soll.

Es gibt ein Wort Sankt Pauls, das lautet: «Alles, was ich bin, das bin ich durch die Gnade Gottes» (1 Kor 15,10). Nun aber scheint diese Rede oberhalb der Gnade und oberhalb des Seins und oberhalb der Erkenntnis und oberhalb des Willens und oberhalb alles Begehrens, – wie kann denn Sankt Pauls Wort wahr sein? Darauf antwortet man so, daß Sankt Pauli Worte wahr seien. Daß die Gnade Gottes in ihm war, das war nötig: denn die Gnade Gottes bewirkte in ihm, daß die Zufälligkeit (= accidentalitas) zur Wesenshaftigkeit (= essentialitas) vollendet wurde. Als die Gnade endete und ihr Werk vollbracht hatte, da blieb Paulus, was er war.

Also sagen wir, daß der Mensch so arm sein solle, daß er keine Stätte sei noch habe, darin Gott wirken könne. Wo der Mensch Stätte behält, da behält er Unterschiedenheit. Darum bitte ich Gott, daß er mich «gott»-los (wörtlich: «Gottes» quitt) mache; denn mein wesentliches Sein ist oberhalb von «Gott», sofern wir Gott als Ursprung der Welt fassen. In Selbst-Sein Gottes nämlich, wo Gott über allem Sein und über aller Unterschiedenheit ist, dort war Ich-selber, da wollte ich Mich-selber und erkannte Mich-selber (willens), diesen Menschen (= mich) zu schaffen. Darum bin ich Ursache meiner selbst meinem Sein nach, das ewig ist, nicht aber meinem Werden nach, das zeitlich ist. Und darum bin ich ungeboren, und nach der Weise meiner Ungeborenheit kann ich niemals sterben. Nach der Weise meiner Ungeborenheit bin ich ewig gewesen, und bin ich jetzt, und werde ich ewig bleiben. Was ich meiner Geborenheit nach bin, das wird sterben und zunichte werden, denn es ist sterblich; darum muß es mit der Zeit verderben. In meiner (ewigen) Geburt wurden alle Dinge geboren, und ich war Ursache meiner selbst und aller Dinge, und hätte ich gewollt, so wäre weder ich noch wären alle Dinge; wäre aber ich nicht, so wäre auch «Gott» nicht: daß Gott «Gott» ist, dafür bin ich die Ursache; wäre ich nicht, so wäre Gott nicht «Gott». Dies zu wissen, ist nicht nötig.

Ein großer Meister sagt, daß sein Durchbrechen edler sei als sein Ausfließen, und das ist wahr. Als ich aus Gott floß, da sprachen alle Dinge: «Gott» ist; dies aber kann mich nicht selig machen, denn hierbei erkenne ich mich als Geschöpf. In dem Durchbrechen aber, wo ich ledig stehe meines eigenen Willens und des Willens «Gottes» und aller seiner Werke und «Gottes» selber, da bin ich über allen Geschöpfen und bin weder «Gott» noch Geschöpf, bin vielmehr, was ich war und was ich bleiben werde jetzt und immerfort. Da empfange ich eine Einprägung, die mich über alle Engel bringen soll. In dieser Prägung empfange ich so große Bereicherung, daß Gott mir nicht genug sein kann mit allem dem, was er als «Gott» ist, und mit allen seinen göttlichen Werken; denn ich empfange in diesem Durchbrechen, daß ich und Gott eins sind. Da bin ich, was ich war, und da nehme ich weder ab noch zu, denn ich bin da eine unbewegliche Ursache, die alle Dinge bewegt. Dort findet Gott keine Stätte in dem Menschen, denn der Mensch erlangt mit dieser Armut, was er ewig gewesen ist und immerfort bleiben wird. Hier ist Gott eins mit dem Geiste, und das ist die äußerste Armut, die man finden kann.

Wer diese Rede nicht versteht, der bekümmere sein Herz nicht damit. Denn, solange der Mensch dieser Wahrheit nicht gleicht, solange wird er diese Rede nicht verstehen; denn dies ist eine unverhüllte Wahrheit, die aus dem Herzen Gottes unmittelbar gekommen ist.

Daß wir so leben mögen, daß wir es auf ewig erfahren, dazu helfe uns Gott. Amen.

Intravit Jesus in quoddam castellum

(Lk 10,38–42)

Sankt Lukas schreibt im Evangelium, daß unser Herr Jesus Christus in eine kleines Städtlein ging. Dort empfing ihn eine Frau, die Martha hieß. Diese hatte eine Schwester namens Maria: sie saß zu den Füßen unsres Herrn und hörte seine Worte. Martha aber ging umher und diente dem geliebten Christus.

Der Stil dieser mit Recht berühmten Predigt über die Maria-Martha-Perikope im lukanischen Reisebericht lebt vom inneren Dialog der Gestalten Maria und Martha. Während einerseits die Figur der Martha schrittweise gesteigert und gefüllt wird, wird damit anderseits der Weg Mariens zur wahren Maria vorgezeichnet, so daß man hier eine Schilderung des geistlichen Weges durch Eckhart vor sich hat. Diese Schilderung ist locker aufgebaut und mit mancherlei Exkursen, die den nächsten Schritt vorbereiten helfen, durchsetzt. Die Sätze des Schrifttextes dienen dabei als Leitschienen, zu denen immer wieder zurückgekehrt wird (vgl. dazu die Einführung, S. 58 ff.).

1. *Gegenüberstellung Marthas und Mariens*

Die drei Gründe Mariens:
Drei Gründe ließen Maria zu den Füßen Christi sitzen. Der erste war, daß die Güte Gottes ihre Seele umgriffen hatte. Der zweite war eine unaussprechliche Sehnsucht: sie sehnte sich, sie wußte nicht wonach, und wollte, sie wußte nicht was. Der dritte war ein süßer Trost und Lust, die sie aus den zeitlosen Worten schöpfte, die da rannen durch Christi Mund.

Die drei Gründe Marthas:
Martha trieben auch drei Gründe, die sie umhergehen und dem geliebten Christus dienen ließen. Der erste war ihr überlegenes Alter und ein bis zum Allerhöchsten gut geübter (Seelen-) Grund: deshalb dachte sie, niemanden stünde der Dienst so gut an wie ihr. Das zweite waren Vernunft und Weisheit, die das äußere Werk gut auf das Allerhöchste ausrichten konnten, das die Liebe gebietet. Der dritte war die große Würde des lieben Gottes.

Was heißt «Genügen» in Gott?
Die Meister sagen, daß Gott für jeden Menschen bereit sei, für sein geistiges und sinnliches Genügen bis zum Höchsten, das er begehrt. Daß uns Gott in geistiger Hinsicht genug sei und daß er uns auch in sinnlicher Hinsicht genug sei, das zeigt einen Unterschied an den lieben Freunden Gottes. Genügen in sinnlicher Hinsicht heißt, daß uns Gott Trost, Lust und Erfüllung gibt; und darin verwöhnt zu sein, das lenkt die lieben Freunde Gottes von den niederen Sinnen *(oder:* Bedürfnissen, *es geht ja hier um das Besorgen des Mahles)* ab. Aber geistige Erfüllung, die richtet sich nach dem Geist. Ich nenne das geistige Erfüllung, wenn der oberste Wipfel der Seele *(einer der Ausdrükke für den Seelengrund)* nicht abwärts geneigt wird von aller Beseligung, so daß er in dieser Lust nicht ertrinkt, sondern machtvoll darüber steht.
Dann ist die Beseligung eine geistige Erfüllung, wenn Liebe und Leid des Geschöpfes den obersten Wipfel nicht abwärts neigen können. ‹Geschöpf› (aber) nenne ich alles, was man unterhalb Gottes sieht und empfindet.

2. Marthas Forderung an den Herrn:

Sie entspricht liebevoller Besorgnis.
Nun sagt Martha: «Herr, heiß sie, mir zu helfen!» Martha sagte dies nicht aus Mißgunst, sondern sie sprach es aus der Liebesgunst, von der sie bezwungen war. Wir sollten es eine Liebesgunst oder einen liebevollen Tadel nennen («einen minnegunst oder einen minneschimpf»). Wieso? Gebt acht! Sie sah, daß Maria mit Beseligung zur Erfüllung ihrer ganzen Seele umfaßt war. *(Quint:* «daß sie im Wohlgefühl schwelgte»).

Sie entspricht Marthas Lebenserfahrung, die die Tugend einschließt.
Nun kannte aber Martha Maria besser als (umgekehrt) Maria Martha, denn sie hatte lange und recht gelebt; denn das Leben, gibt das edelste Erkennen. Leben erkennt besser als Lust oder Licht. Alles, was man in diesem Leibe, abgesehen von Gott, erfahren kann, das gibt das Leben alles recht, und in mancher Weise gibt das Leben ein klareres Erkennen, als es das Licht der Ewigkeit geben kann. Das Licht der Ewigkeit läßt immer sich selbst *und* Gott erkennen, aber nicht sich selbst *ohne* Gott; das Leben jedoch läßt sich selbst *ohne* Gott erkennen. Wenn es sich selbst alleine sieht, merkt es besser, was gleich oder ungleich ist *(Unterschiede werden besser wahrgenommen).* Das beweisen Sankt Paulus und auch die heidnischen Meister: Sankt Paulus sah in seiner Verzückung Gott *und* sich selbst in geistiger Weise in Gott, und doch erkannte er nicht auf anschauliche Weise in ihm jede Tugend mit größter Genauigkeit; und das kam davon, daß er sie nicht in Werken *geübt* hatte. *(Es fehlte ihm die Lebenserfahrung.)* Die (heidnischen) Meister erreichten mit der Tugend*übung* eine so hohe Erkenntnis, daß sie eine jede Tugend anschaulicher und genauer erkannten als Paulus oder irgendein Heiliger in seiner ersten Verzückung.

Sie entspricht dem Verdacht, Maria suche mehr die Lust als den geistigen Gewinn.
So stand auch Martha da. Deshalb sprach sie: «Herr, heiß sie, mir zu helfen!» – als hätte sie sagen wollen: «meine Schwester meint, sie könne, was sie wolle, während sie bei dir getröstet sitzt. Nun (also): laß sie sehen, ob es so ist, und gebiete ihr, aufzustehen und von dir zu gehen.» Ferner war es zärtliche Liebe, es sei denn, sie hätte es sinnlos (wörtlich: außerhalb des Sinnes) gesagt. Maria war so voll Sehnsucht: sie sehnte sich, sie wußte nicht wonach, sie wollte, sie wußte nicht was. Wir haben sie im Verdacht, die liebe Maria, sie säße mehr um des Lustgewinns als um des geistigen Gewinnes willen da. Deshalb sprach Martha: «Herr, heiße sie aufstehn!» denn sie befürchtete, daß *sie in der Lust verharre und nicht weiter käme.*

3. *Die Antwort Christi an Martha ist als Vertröstung gemeint.*

Da antwortete ihr Christus und sprach: «Martha, Martha, du bist besorgt und bekümmert um vieles. Davon ist eines notwendig. Maria hat den besten Teil erwählt, der ihr nicht mehr genommen werden kann.» Dieses Wort sprach Christus nicht zu Martha, um sie zu tadeln, sondern mit seiner Antwort tröstete er sie, daß Maria so werden würde, wie sie es begehrte.

Über die Bedeutung der einfachen und zweifachen Namensnennung in der Schrift: niemand, der mit Namen gerufen wird, geht verloren.
Warum sagte Christus «Martha, Martha» und nannte ihren Namen zweimal? Isidor sagt: zweifellos rief Gott, bevor und nachdem er Mensch wurde (d. h. im Alten und Neuen Bund), nie Menschen mit ihrem Namen an, von denen auch nur einer verloren gegangen wäre. Es steht zweifelhaft um die, die er nicht mit Namen angerufen hat. ‹Anrufen-Christi›, das nenne

ich sein ewiges Wissen, untrüglich vor Erschaffung der Welt im lebendigen Buche ‹Vater, Sohn und heiliger Geist› (verzeichnet) zu stehn. Was darin verzeichnet ist und von den Menschen, deren Namen Christus selbst wörtlich aussprach, ging keiner je verloren. Das bezeugt Moses, zu dem Gott selbst sagte: «Ich habe dich mit Namen erkannt» (Ex 33,12), und Nathanael, zu dem der liebe Christus sprach: «Ich erkannte dich, als du unter den Blättern des Feigenbaumes lagst» (Joh 1,48). Der Feigenbaum bezeichnet Gott, in dem sein Name von Ewigkeit her eingeschrieben war. Und so ist erwiesen, daß keiner von den Menschen je verloren wurde oder wird, den der liebe Christus durch seinen menschlichen Mund aus dem ewigen Wort heraus anrief.

Zweifache Namensnennung ist Vollkommenheit. Warum aber nannte er Martha zweimal? Er meinte damit, daß Martha alles, was es an zeitlichem und ewigem Gut gibt und ein Geschöpf besitzen soll, vollends besaß. Beim ersten Mal, als er Martha sagte, da bezeugte er ihre Vollkommenheit in zeitlichen Werken. Beim zweiten Mal, als er Martha sagte, da bezeugte er, daß ihr nichts von all dem fehlte, was zur ewigen Seligkeit gehört. In diesem Sinn sagte er «du bist besorgt» und meinte damit: «du stehst bei den Dingen, aber die Dinge besetzen dich nicht, und diejenigen sorgen sich recht, die in all ihrem Gewerbe unbehindert bleiben.» Diejenigen stehen unbehindert, die alle ihre Werke genau nach dem Vorbild des ewigen Lichtes ausrichten; und diese Leute stehen bei den Dingen und nicht in den Dingen. Sie stehen ganz nahe (bei der Wirklichkeit) und haben doch deswegen nicht weniger, als wenn sie dort oben am Umkreis der Ewigkeit stünden.

Zweifache Namensnennung: Zwei Mittel führen zu Gott oder: Loslösung in der Tätigkeit.

«Ganz nahe», sage ich, denn alle Geschöpfe vermitteln. Es gibt zweierlei Mittel. Das *eine,* ohne das ich nicht zu Gott kommen kann, das ist das Werk und das Gewerbe in der Zeit, und das vermindert die ewige Seligkeit nicht. «Werk» bedeutet, daß man sich äußerlich in Werken der Tugenden übt; aber «Gewerbe» *(= Anspielung auf das «frequens ministerium», die Geschäftigkeit der Martha)* bedeutet, daß man sich im Geist und Vernunft von innen her übt. Das zweite (Mittel) ist: sich davon unbeeinflußt zu halten. Denn darum sind wir in die Zeit gestellt, daß wir durch vernunfterhelltes Wirken in der Zeit Gott näher kommen und (ihm) ähnlicher werden. Das meinte auch Sankt Paulus, als er sprach: «Erkauft die Zeit, die Tage sind übel!» (Eph 5,16). «Die Zeit erkaufen», bedeutet, daß man ohne Unterbrechung mit der Vernunft in Gott aufsteige, nicht nach unterschiedlichen Vorstellungen, sondern in vernunftgemäßer, lebensvoller Wahrheit. Und «die Tage sind übel», das versteht (sich) folgendermaßen: der Tag verweist auf die Nacht. Gäbe es keine Nacht, so gäbe es keinen Tag und keine Rede von ihm, denn alles wäre ein Licht; und das meinte Paulus, denn ein lichtvolles Leben wäre allzu gering, bei dem es noch irgendeine dunkle Stelle geben könnte, die einem Geist voll Leuchtkraft die ewige Seligkeit verschleiert und verschattet. Das meinte auch Christus, als er sagte: «Gehet voran, solange ihr das Licht habt» (Joh 12,35). Denn, wer da wirkt im Licht, der steigt zu Gott hinauf, frei und ledig von allem Mittel: sein Licht ist sein Gewerbe, und sein Gewerbe ist sein Licht.

Zweiheit und Einheit, Mittelbarkeit und Unmittelbarkeit, sind kein Gegensatz.

So stand die liebe Martha da. Daher sprach er zu ihr: «Des Einen ist not», nicht zweierlei. Ich und du, einmal umfangen vom ewigen Licht, das ist Eines und Zwei. Eines ist ein brennender Geist, der über allen Dingen steht und unter Gott am «Umkreis der Ewigkeit» weilt. Der ist (zugleich) Zwei, weil er ohne Mittel Gott nicht sieht. Sein Erkennen und sein Sein oder sein Erkennen und auch seine Vorstellung davon, die werden niemals zu Einem. Sie sehen Gott nicht, es sei denn dort, wo er geistig, d. h. frei von allen Vorstellungen, gesehen wird. Eines wird Zwei, Zwei ist Eins; Licht und Geist, die beiden sind Eins, umfangen vom Licht der Ewigkeit.

Die drei Wege zu Gott:

Der Weg der tätigen Liebe:
Nun merke, was der «Umkreis der Ewigkeit» sei. Die Seele hat drei Wege zu Gott. Der erste ist: mit vielerlei Gewerbe, mit brennender Liebe in allen Geschöpfen Gott suchen (s.o.: das erste Mittel). Das meinte der König Salomon, wenn er sagte: «in allen Dingen habe ich Ruhe gesucht» (Sir 24,11).

Der Weg der vorübergehenden Entrückung:
Der zweite Weg ist ein wegloser Weg, frei und doch gebunden, hoch über sich selbst und alle Dinge ohne (Worum)Willen und ohne Vorstellung entrückt und erhaben, wenn dies auch noch keinen wesentlichen Bestand hat. *Den* Weg meinte Christus, als er sprach: «Selig bist du, Peter! Fleisch und Blut erleuchten dich nicht, sondern es ist ein Erhobensein in die Vernunft, in dem du zu mir ‹Gott› sagst: mein himmlischer Vater hat es dir geoffenbart.» (Mt 16,17) Sankt Peter sah Gott nicht unverhüllt; er war wohl über alle geschaffene Einsicht durch des himmlischen Vaters Kraft an den «Umkreis der Ewigkeit» gestoßen. Ich sage: er wurde vom himmlischen Vater mit stürmischer Kraft in liebevoller Umarmung umfangen; ohne es zu wissen, schaute er im Geiste, der über alle Einsicht in die Macht des himmlischen Vaters entrückt ist. Dort wurde (das Wort) Sankt Peter von oben eingegeben, (und kam) herab mit einem süßen irdischen Ton, doch frei von allem leiblichen Genießen, in der einfaltigen Wahrheit der Einheit Gottes und

des Menschen in der Person des Sohnes des himmlischen Vaters. Ich sage ungescheut: hätte Sankt Peter Gott *ohne* Mittel in seiner Natur geschaut, wie er es später tat und wie Paulus, als er in den dritten Himmel entrückt wurde, ihm wäre (selbst) des obersten Engels Sprache zu grob gewesen. So aber sprach er vielerlei lieblich klingende Worte, deren der liebe Jesus gar nicht bedurft hätte, denn er sieht in die Herzen und in des Geistes Grund, dort wo er *ohne* Mittel vor Gott in der Freiheit ihrer wahren Gemeinschaft (wörtlich: «in der Freiheit wahrer ‹Ihrheit›») steht. Das meinte (auch) Sankt Paulus, als er sagte: «Ein Mensch wurde in Gott verzückt und hörte geheimnisvolle Worte, die für alle Menschen unaussprechlich sind.» (2 Kor 12,3 f.) Darunter versteht, daß Sankt Peter am «Umkreis der Ewigkeit» stand und nicht in der Einheit Gott in sich selber (wörtlich: «in der Seinesheit») sah. *(Diese biblische Beweisführung zeigt den zweiten Weg als Entrückung an den «Umkreis der Ewigkeit», d. h. in einen Zwischenbereich zwischen Gott und Schöpfung, in dem zwar wahre Eingebung, und zwar ohne Bewußtsein des Betroffenen, möglich ist, aber Gott nicht in sich selbst geschaut wird.)*

Der weglose Weg im göttlichen Bereich:
Der dritte Weg heißt «weg von hier» und ist doch daheim, das bedeutet: Gott *ohne* Mittel in seiner Selbstheit zu sehen. Nun spricht der liebe Christus: «Ich bin der Weg und die Wahrheit und das Leben» (Joh 14,6), im einen Christus die eine Person, in einem Christus der eine Vater, in einem Christus der eine Geist, drei als eins, drei «Weg, Wahrheit und Leben», eins der liebe Christus, in dem dies alles ist. Außerhalb dieses Weges gilt die Umkreisung und Vermittlung durch alles Geschaffene (vgl. oben: «Umkreis der Ewigkeit»). *In* Gott, d. h. innerhalb dieses Weges, geleitet vom Lichte seines Wortes (= Christus) und vom Geist ihrer beider Liebe umfangen: das geht über alles, was man in Worten ausdrücken kann.

Lausche nun auf das Wunderbare! Welch wunderbares Stehen draußen wie drinnen, begreifen und umgriffen werden, schauen und das Geschaute selbst sein, es in sich haben und zugleich hinein gehalten werden: das ist die Vollendung, wo der Geist voll Ruhe in der Einheit der lieben Ewigkeit (für immer) bleibt. *(Der dritte Weg ist Christus selbst, in dem zugleich die Dreifaltigkeit erscheint und die Vollendung des Menschen vorweggenommen ist.)*

Zurück zu Martha: sie ist auf dem rechten Weg, weil sie Mittelbarkeit und Unmittelbarkeit, Wirken in der Zeit und Daheimsein vereint.

Nun kehren wir wieder zu unserer Aussage zurück, wie die liebe Martha und mit ihr alle Freunde Gottes *mit* Sorge, aber nicht *in* Sorge dastanden, und dort (in diesem Zustand) ist das zeitliche Werk ebenso edel wie irgendein Aufstieg in Gott, denn es läßt uns so hoch aufsteigen wie das Höchste, das uns zuteil werden kann, ausgenommen allein die Schau Gottes in (seiner) reinen Natur. Deshalb sagt er (Christus): «Du stehst bei den Dingen und bei der Sorge», und er meint damit, daß sie wohl mit ihren niederen Sinnen betrübt und bekümmert war, weil sie nicht ebenso verzärtelt in geistigem Wohlgefühl stand (wie ihre Schwester Maria). Sie stand bei den Dingen, nicht in den Dingen, sie stand ... (Text unklar).

Drei Merkmale unseres Wirkens in der Zeit.

Drei Merkmale sollen wir in unseren Werken beachten. Diese sind: daß man nach der Ordnung, nach der Einsicht und nach der Weisheit wirke. Dem spreche ich «Ordnung» zu, das in jeder Hinsicht dem Höchsten entspricht. Ebenso spreche ich dem Einsicht zu, über das hinaus man zur Zeit nichts Besseres kennt. Ebenso spreche ich dem Weisheit zu, worin man die lebendige Wahrheit mit ihrer beglückenden Gegenwart in den guten Werken erspürt. *(Die mittelalterliche Weisheit ist die*

Kunst des «Schmeckens» der Wahrheit.) Wo diese drei Merkmale vorhanden sind, da lassen sie ebenso hoch steigen und sind sie ebenso förderlich wie die ganze Wonne Maria Magdalenens in der Wüste. *(Nach der Legende ist Maria von Bethanien mit Maria von Magdala identisch und mit Lazarus und Martha zunächst Missionarin in Südfrankreich, dann Einsiedlerin.)*

4. *Die Antwort Christi wird auf Mariens Zukunft gedeutet.*

Maria kann behindert werden durch ein Einziges, Martha nicht durch Vieles, weil sie im Grund der Tugend steht und innere Freiheit hat, und damit hat sie auch das Eine Notwendige: Gott.
Nun sagt Christus: «Du bist um vieles betrübt, nicht um Eines». Das heißt: wenn sie (d. h. Maria oder auch allgemein: jede Seele) in reiner Einfalt (ohne den heutigen herabmindernden Nebensinn gemeint) ohne alles Gewerbe bleibt, hinaufgezogen an den «Umkreis der Ewigkeit», dann wird sie betrübt, wenn ein Etwas als Mittel dazwischen tritt, so daß sie nicht lustvoll dort oben verweilen kann. *Der* Mensch wird durch ein Etwas betrübt, der dort versinkt und (doch) bei der Sorge steht.
Martha aber stand im leuchtenden Schmuck wohl gefestigter Tugend und in der Freiheit des Gemüts, das von allen Dingen unbehindert bleibt. Deshalb forderte sie, ihre Schwester solle in den gleichen Stand gesetzt werden, denn sie sah, daß diese (noch) nicht wesentlich dastand. Es war der Glanz ihres Grundes, aus dem heraus sie forderte, daß sie (Maria) in all dem gefestigt werde, das zur ewigen Seligkeit gehört (d. h. auch im zeitlichen Wirken).
Deshalb sagt Christus: «Eines ist not.» Was ist das (Eine, das notwendig ist)? Das ist *das* Eine, das ist Gott! Das tut allen Geschöpfen not, denn, zöge Gott das Seine an sich, würden alle

Geschöpfe zu Nichts. Zöge Gott das Seine aus der Seele Christi, wo ihr Geist mit der ewigen Person (in der Trinität) vereint ist, so bliebe Christus als bloßes Geschöpf zurück. Deshalb bedarf man dieses Einen sehr. Martha befürchtete (nun), daß ihre Schwester an Lust und Süße haften bliebe, und forderte, daß sie würde wie sie selbst. Das Wort Christi ist also als Erklärung gemeint (wörtlich: Christus spricht also, als ob er spräche): ‹Tröste dich nur, Martha, sie hat (schon) den besten Teil erwählt, dies (ihr Mangel) wird sich verlieren. Das Höchste, das einem Geschöpf zuteil werden kann, das wird (auch) ihr zuteil werden: sie soll ebenso selig werden wie du!› *(Der ‹beste Teil› Mariens liegt also noch in der Zukunft!)*

Exkurs über Tugend und Wille als Belehrung für Maria
Nun laßt euch über die Tugenden belehren! Tugendhaftes Leben hängt an drei Kennzeichen des (guten) Willens. Das erste ist: den Willen in Gott aufgeben, denn, was man dabei einsieht, das muß man vollbringen, es sei Einschränkung oder Entfaltung. Es gibt (nämlich) dreierlei Willen. Der erste ist ein sinnlicher Wille, der zweite ein vernunfterhellter Wille, der dritte ein ewiger Wille. Der sinnliche Wille bedarf der Unterweisung, also daß man wahrhaftige Autoritäten (wörtlich: Lehrer) höre. Der vernunfterhellte Wille verlangt, daß man in die Fußspuren aller Werke Christi und der Heiligen trete, das heißt, daß man Wort, Wandel und Gewerbe in gleicher Weise, auf das Höchste ausgerichtet, gestalten soll. Wenn dies alles vollbracht wird, dann senkt Gott etwas anderes in der Seele Grund, das ist ein ewiger (beständiger) Wille, (erfüllt) mit dem liebevollen Gebot des Heiligen Geistes. Dann betet die Seele: «Herr, gib mir ein, daß dein ewiger Wille geschehe.» *(Vgl. das Vaterunser.)* Wenn sie also dem genügt, was wir vorher angesprochen haben, und wenn dies dann Gott wohlgefällt, dann spricht der liebe Vater sein ewiges Wort in die Seele.

Man kann nicht unberührt bleiben von Liebe und Leid, darf sich aber dadurch nicht von Gott abbringen lassen.
Nun sagen unsere biederen Leute, man solle so vollkommen werden, daß uns keine Freude mehr erregen kann und daß man von Freude und Leid unberührt bleibe. Sie werden der Sache nicht gerecht. Ich sage: kein Heiliger ward je so groß, daß er nicht erregt wurde. So spreche ich auch dagegen: wohl geschieht es Heiligen in diesem Leben, daß nichts sie von Gott abkehren kann. Ihr meint (nun), solange Worte euch zu Freude und zu Leide erregen können, solange seiet ihr unvollkommen. Dem ist nicht so. Christus war das nicht eigen; das bezeugte er, als er sprach: «Meine Seele ist betrübt bis auf den Tod.» (Mt 26,37) Christus taten Worte so weh, und wäre aller Geschöpfe Weh auf ein (einziges) Geschöpf gefallen, es wäre so tief nicht gegangen, wie es Christus weh war; und das kam vom Adel seiner Natur und von der heiligen Vereinigung göttlicher und menschlicher Natur. Aus diesem Grund behaupte ich, daß es einem Heiligen nie geschah noch daß es je einer erreichen kann, daß Pein ihn nicht schmerzte und Gutes ihm nicht wohltäte. Gelegentlich kann es aus tiefer Liebe und durch die Gnade mit einem geschehen: da kommt einer und sagt, man sei ein Ketzer – oder eine andere beliebige Beleidigung –, wenn dann der (betroffene) Mensch mit der Gnade übergössen wäre, so änderten Liebes und Leides nichts an seinem Zustand. Das aber mag einem Heiligen wohl geschehen, daß ihn überhaupt nichts von Gott abbringen kann; wird zwar das Herz (vom Vorwurf) gepeinigt, ob der Mensch nicht in der Gnade sei, so besteht doch der Wille einfach in Gott, indem er sagt: «Herr, ich gehöre dir und du mir.» Was darin einbricht, das hindert die ewige Seligkeit nicht, solange es nicht den obersten Wipfel des Geistes dort oben befällt, wo er in Einheit mit Gottes von Liebe erfülltem Willen steht.

Martha ist «wesentlich»; Maria muß erst wesentlich («Martha») werden, ehe sie die vollkommene Maria ist, die sie dann tatsächlich in der Zukunft wird.

Nun sagt Christus: «Durch viele Sorge wirst du betrübt.» Martha war so wesentlich, daß sie ihr Gewerbe nicht hinderte (d. h. ihre Geschäftigkeit beim Tischdienst); Werk und Geschäftigkeit führten sie zur ewigen Seligkeit. Sie wurde wohl gefördert durch bestimmte Mittel: eine hohe Veranlagung, beständige Übung und bereits genannte Tugenden. (Wörtlich: Sie wurde wohl etwas gemittelt: es fördern wohl ...)

Maria war erst Martha, ehe sie Maria wurde; denn, als sie bei den Füßen unseres Herrn saß, da war sie nicht Maria: wohl war sie es mit Namen, sie war es aber nicht im Sein (mhd.: «wesen», davon: wesentlich). Denn sie saß da wegen Lust und Süße und war erst einmal in die Schule genommen und lernte leben. Aber Martha stand so wesentlich da und sagte deshalb: «Herr, heiße sie aufstehn!» Als ob sie hätte sagen wollen: «Herr, ich möchte gern, daß sie nicht wegen der Lust dort säße; ich wünschte, daß sie leben lernte, damit sie es wesentlich zu eigen hätte! Heiße sie aufstehn, daß sie vollkommen werde!» Sie (Maria) hieß nicht (zu Recht) Maria, als sie zu Christi Füßen saß. Ich nenne das (eine vollkommene) Maria: einen wohlgeübten Leib, der einer weisen Seele (oder: Lehre) gehorsam ist. Dies nenne ich ‹Gehorsam›: daß der Wille das ausführt, was die Einsicht gebietet.

Man kann die Einwirkung der Sinnenwelt nicht verhindern, aber ihren Einfluß steuern. (Gegen den Spiritualismus)

Nun meinen unsere biederen Leute, es so weit zu bringen, daß die Gegenwart sinnlicher Dinge für ihre Sinne nichts mehr bedeute. Das gelingt ihnen (aber) nicht. Daß ein peinigendes Gedröhne meinen Ohren ebenso angenehm sei wie ein süßes Saitenspiel, das erreiche ich niemals. Aber das soll man erstreben: daß ein vernünftiger, gottförmiger Wille von allem natürlichen Lustgewinn unbeeinflußt bleibt, daß, wenn die Vernunft es ansieht und dem Willen gebietet, sich davon abzuwenden, der Wille dann antwortete: ich tu es gern! Seht, da würde (innerer) Kampf zur Lust; denn, was der Mensch mit großer Anstrengung erkämpfen muß, das wird ihm zur Herzensfreude, und dann bringt es Frucht.

Man kann nicht ohne Werke auskommen. (Gegen den Quietismus) Erst die tätige Liebe macht Maria zur Heiligen. Die Antwort Christi an Martha bezieht sich also auf die Zukunft Mariens.

Nun wollen gewisse Leute es dahin bringen, daß sie ohne Werkeauskommen. Ich sage: das kann nicht sein! Nachdem die Jünger den Heiligen Geist empfingen, fingen sie an, erst einmal Tugenden zu wirken. «Maria saß zu den Füßen unseres Herrn und hörte seine Worte» und lernte (dabei), denn sie warerst einmal in die Schule genommen und lernte leben. Aber danach, als sie gelernt hatte und Christus zum Himmel auffuhr und sie den Heiligen Geist empfing, da fing sie allererst an zu dienen und fuhr über das Meer und predigte und lehrte und wurde eine Dienerin und eine Wäscherin für die Jünger. Wenn die Heiligen zu Heiligen werden, dann fangen sie allererst an, Tugenden zu wirken, denn dann sammeln sie einen Schatz für die ewige Seligkeit. Was vorher (d. h. vor der Gnade) gewirkt ist, das büßt Schuld und wendet Strafe ab. Davon finden wir an Christus ein Zeugnis: von Anbeginn, da er Mensch ward, fing er auch an, für unser ewiges Heil zu wirken bis an das Ende, als er am Kreuze starb. Kein Glied war an seinem Leibe, das nicht besondere Tugend geübt hätte.
Daß wir ihm getreulich in der Übung wahrer Tugenden nachfolgen, dazu helfe uns Gott. Amen.

Et cum factus esset Jesus annorum duodecim

(Lk 2,42)

Man liest im Evangelium:
Als unser Herr zwölf Jahre alt geworden war, ging er mit Maria und Josef nach Jerusalem in den Tempel. Und als sie wieder fortgingen, blieb Jesus im Tempel; sie aber wußten es nicht. Und als sie heimkamen und ihn vermißten, da suchten sie ihn unter Bekannten und Verwandten und in der Menge und fanden ihn nicht; sie hatten ihn unter der Menge verloren und mußten darum wieder dahin umkehren, woher sie gekommen waren. Und als sie in den «Ursprung», in den Tempel, zurückkamen, da fanden sie ihn. (Vgl. Lk 2,42–46)

Die Predigt behandelt das Problem der Erfahrung der Gottesgeburt. Diese wird als Loslösung von der «Menge» und als Rückkehr in den Ursprung («Tempel») im verborgenen Sinn der Geschichte des zwölfjährigen Jesus gefunden und so als Leitmotiv vorangestellt.

So gilt bei der Wahrheit: willst du diese edle Geburt finden, mußt du alle «Menge» lassen, und du mußt in den «Ursprung» und in den Grund zurückkehren, aus dem du gekommen bist. Alle Seelenkräfte und alle ihre Werke, das alles ist «Menge»: Gedächtnis, Vernunft und Wille, all dies macht dich zur «Menge». Darum mußt du sie alle lassen: Sinnlichkeit, Phantasie und alles, worin du dich selbst findest oder zum Ziel setzt. Erst dann kannst du diese Geburt finden, anders geht es gewiß nicht. Er (Jesus) wurde nie unter Freunden und Verwandten oder bei Bekannten gefunden, sondern er geht dort ganz verloren.

Nach dieser Einleitung entwickelt sich die Predigt als Lehrgespräch. Vielleicht ist sie aus solchen Lehrgesprächen («Collationen» nach Tisch im Kloster) entstanden. Das Lehrgespräch nimmt an einer längeren Stelle fast Dialogform an. Wie man sieht, standen für Eckbarts Predigten recht unterschiedliche Kunstmittel zur Verfügung.
Sechs Leitfragen bestimmen den Aufbau. Im Zentrum der Antworten steht der Verzicht auf alle Eigenaktivität der Seelenkräfte und das Verweilen im passiven Dunkel der Gottesgeburt. In Gottes Belieben steht es, ob er sich zeigt, aber daß er wirken muß, wo er Leere findet, steht fest. Ein Zeichen seiner Wirksamkeit ist es, wenn alle Dinge «lauter Gott» werden. Sich fangen lassen von seiner Liebe ist mehr als aszetische Übung.
Eindrucksvoll an dieser Predigt sind vor allem die Gleichnisse: das Gleichnis vom Zimmermann, der nach Belieben wirkt (im Gegensatz zu Gott); von der Sonne, die sich ergießen muß, wenn die Luft klar ist; von der Gestaltung des Kindes im Mutterleib; vom wartenden Gott vor der Herzenstür; vom Blitzschlag (für den jähen Vorgang der Gottesgeburt und die unmittelbare Veränderung); von der Sonne im Auge, die in alles hineinscheint, das man nachher ansieht; schließlich von der Liebesangel des göttlichen Fischers.

1. *Findet man zur Gottesgeburt durch die Vorstellungen von Gott in der Vernunft?*
Antwort: Nein, vielmehr in der Loslösung davon. Die eigene Aktivität bringt hier nichts. Nicht die Vorstellung ist entscheidend, sondern Gott selbst.

Deshalb müssen wir eine Frage stellen: ob der Mensch diese Geburt jemals in bestimmten Dingen finden könne, die zwar göttlich sind, aber von außen durch die Sinne nach innen getragen werden, zum Beispiel bestimmte Vorstellungen von

Gott, daß Gott gut, weise, barmherzig sei, oder was sonst an Göttlichem von der Vernunft erfaßt wird: ob man in alldem jemals diese Geburt finden könne?

Bei der Wahrheit: nein! Wie gut und göttlich all dies auch sei, es wird doch alles von außen durch die Sinne nach innen getragen. Es muß aber alles von innen, aus Gott heraus, aufquellen, wenn diese Geburt authentisch und klar dort leuchten soll, und all dein *Tun* muß stillgelegt werden, und alle deine Kräfte müssen dem *Seinen* dienen und nicht dem *Deinen.* Soll dieses Werk vollkommen sein, dann muß es Gott allein wirken, und du sollst es nur erleiden. Wo du wahrhaft aus deinem Willen und deinem Wissen herausgehst, da geht Gott mit seinem Wissen und Willen wahrhaft hinein und leuchtet dort voll Klarheit. Wo sich Gott so wissen soll, da kann dein Wissen weder bestehen noch dazu dienen. Du darfst nicht meinen, daß deine Vernunft so groß werden könne, daß du Gott zu erkennen vermöchtest. Wenn Gott göttlich in dir leuchten soll, hilft dir ein natürliches Erkenntnislicht ganz und gar nicht; es muß vielmehr zu einem reinen Nicht und seiner selbst ganz entäußert werden. Dann kann Gott mit seinem Licht hineinleuchten und alles, was du aufgegeben hast, und tausendmal mehr mit sich bringen und eine neue Form dazu, die die ganze Fülle faßt.

Dies bezeugt uns auch ein Gleichnis im Evangelium. Als unser Herr auf dem Brunnenrand liebevoll mit der Heidin (Samariterin) gesprochen hatte, da ließ sie ihren Krug stehen und lief in die Stadt und erzählte dem Volk, daß der wahre Messias gekommen sei. (Vgl. Joh 4,5 f.) Die Leute glaubten ihren Worten nicht, gingen aber mit ihr hinaus und sahen ihn selbst. Da sprachen sie zu ihr: nicht wegen deiner Worte glauben wir, sondern deshalb, weil wir ihn selbst gesehen haben. (Vgl. Joh 4,42) So also in Wahrheit: weder aller Geschöpfe Kenntnis noch deine eigene Weisheit können dich dazu bringen, daß du Gott auf göttliche Weise zu wissen vermagst.

Willst du Gott göttlich wissen, so muß dein Wissen in reines Unwissen und zum Vergessen deiner selbst und aller Geschöpfe gelangen.

2. *Bleibt dann die Vernunft nicht ohne jede Aktivität in Finsternis?*
Antwort: Ja, Finsternis und Unwissen sind der rechte Weg der Vernunft. Dem Menschen kommt nur die Möglichkeit zur Empfängnis, die Bereitschaft zu. Das Gemüt des Menschen steigt durch fortschreitende Loslösung auf in Finsternis und Einöde, ohne je Ruhe zu erlangen oder zurückkehren zu können. Die Wüste Gottes ist die Entfremdung des Menschen von aller Welt. (Diese Antwort wird in Dialogform gegeben.)

– Nun könntest du sagen: also Herr, was soll denn meine Vernunft, wenn sie ohne alles Wirken ledig herumsteht? Ist das die höchste Weise, daß ich mein Gemüt in eine unerkannte Erkenntnis erhebe, das es doch gar nicht geben kann? Denn, erkannte ich etwas, das bliebe nicht Unerkanntheit und wäre weder ledig noch bloß: soll ich denn völlig in Finsternis stehn?
– Ja sicherlich: du befindest dich nicht besser, als wenn du dich ganz ins Finstere und ins Unwissen setzt.
– Ach Herr, muß es alles weg, gibt es da keine Wiederkehr?
– Nein, da gibt es ganz gewiß keine richtige Wiederkehr.
– Was aber ist diese Finsternis, wie heißt sie oder was ist ihr Name?
– Ihr Name lautet nicht anders als: *Möglichkeit zur Empfängnis.* Dieser fehlt durchaus nicht das Sein oder sie entbehrt sonst etwas, sonder sie ist eine Anlage zur Empfängnis, in der du vollendet werden sollst. Und darum gibt es daraus keine Wiederkehr.
Geschieht es aber doch, daß du wiederkehrst, so kann dies nicht wegen einer Wahrheit sein, sondern die Sinne oder die

Welt oder der Teufel sind schuld daran. Und folgst du dieser Wende, dann fällst du mit Bestimmtheit in Sünde, und du kannst dich soweit abkehren, daß du auf ewig stürzest. Darum gibt es da keine Wiederkehr, sondern nur beständiges Vorwärtsdrängen mit dem Ziel, diese Möglichkeit zu erlangen und (diese Anlage) zu erfüllen. Diese kennt keine Ruhe, bis sie mit vollem Sein erfüllt wird. Und genau so, wie die Materie nicht ruht, sie werde denn mit allen Formen erfüllt, auf die hin sie angelegt ist, so ruht auch die Vernunft niemals, es sei denn, sie werde mit alldem, was ihr möglich ist, erfüllt.

– Dazu sagt ein heidnischer Philosoph: in der Natur gibt es nichts, was schneller wäre als der Himmel; der überholt in seinem Lauf alle Dinge.

– Aber gewiß doch! Des Menschen Gemüt überflügelt ihn in seinem Lauf. Angenommen, daß es in seinem Vermögen unaufhörlich tätig bliebe und daß es sich unbeschädigt und unverletzt von niederen und schlechten Dingen bewahrte, so überholte es den oberen Himmel und ließe sich nicht aufhalten, bis es in das Allerhöchste käme und dort mit dem allerbesten Gut gespeist und genährt würde, das Gott ist. Daraus folgt, wie nützlich es ist, dieser Möglichkeit nachzufolgen. Und daß man sich ledig und bloß halten muß und allein dieser Finsternis und diesem Unwissen nachfolge, nachhänge, nachspüre und nicht umkehre. So ist dir wohl möglich, den zu gewinnen, der alle Dinge ist. Und je mehr du dich selbst zur *Einöde* machst und je unwissender von allem du bist, desto näher kommst du ihm.

Von dieser Einöde steht bei Jeremias geschrieben: Ich will meine Freundin in die Wüste führen und will ihr (unmittelbar) ins Herz sprechen (vgl. Hos 2,14). Das wahre Wort der Ewigkeit wird nur in der Ewigkeit eingegeben, wo der Mensch für sich selbst und aller Mannigfaltigkeit zur Wüste und Fremde geworden ist. Nach dieser verwüsteten Fremde verlangte der Prophet, als er sprach: ach, wer gibt mir Federn wie der Taube, damit ich dahin fliegen kann, wo ich Ruhe finde? (Vgl. PS 54,7) Wo findet man Ruhe und Rast? Das tut man wahrlich nur in der Verworfenheit und in der Wüstenei und dort, wo man allen Geschöpfen fremd geworden ist. David sagt dazu: lieber wäre ich verworfen und verschmäht in meines Gottes Haus, als geehrt und reich in der Taverne der Sünder zu weilen. (Vgl. PS 83,11)

3. Wie kann der Mensch diese trostlose Selbstvernichtung aushalten: soll er sich nicht mit dem Trost frommer Werke helfen? Antwort: Nein, Bereitschaft und Leere müssen ausgehalten werden, damit Gott, der schon vor dir dazu bereit steht, allein wirken kann. Gott muß wirken und daher geschehen Bereitung und Eingießung in einem Augenblick. Die Gnade wirkt im Höchsten der Natur. Doch ist sie nicht fern, sondern steht bedrängend vor der Tür des Herzens.

Nun könntest du einwenden: mit Verlaub, Herr, ist das für immer unausweichlich, daß man nach außen und nach innen, in den Kräften und in ihrem Wirken, von allen Dingen verelendet und verwüstet ist? Wenn das alles fort muß, das ist dann (doch) schwer auszuhalten! Gesetzt, Gott läßt den Menschen dann ohne seinen Zuspruch, so daß er damit sein Elend verlängert – wie der Prophet sagt: weh mir! mein Elend ist mir verlängert! (Vgl. PS 119,5) –, daß er ihm weder einleuchtet noch tröstet noch in ihm so wirkt, wie Ihr es hier lehrt und voraussetzet? Wenn der Mensch so in einem reinen Nicht steht, ist es dann nicht besser, daß er etwas tue, das ihm Dunkel und Elend vertreibe – etwa daß ein solcher Mensch bete oder (die Schrift) lese oder Predigt höre oder andere Werke tue, die doch Tugenden (der Frömmigkeit) sind –, um sich damit zu behelfen?

Nein, das sollst du bei der Wahrheit wissen: so still und leer wie

möglich, das ist dein Allerbestes! Das merke dir! Ohne Schaden kannst du von dort nicht zu irgendwelchen Dingen umkehren, das ist sicher. Du möchtest gern zu einem Teil von dir und zu einem Teil von ihm bereitet werden, das aber kann nicht sein. Du kannst niemals so blitzschnell das Bereitsein denken oder es begehren, daß Gott nicht schon *vor* dir da wäre, um dich zu bereiten. Gesetzt, es sei (in der Tat) so aufgeteilt, daß die Bereitung dein und das Wirken und Eingießen sein sei – was doch unmöglich ist –, so mußt du wissen, daß Gott wirken und eingießen muß, sobald er dich bereit findet. Meine nicht, es sei mit Gott wie mit einem irdischen Zimmermann: der arbeitet oder arbeitet nicht, wenn er will; es liegt in seinem Willen, ob ihn nach Tun oder Lassen gelüstet. So ist es nicht bei Gott: wann immer dich Gott bereit findet, *muß* er wirken und sich in dich ergießen, ebenso, wie wenn die Luft klar und rein ist, die Sonne sich ergießen muß und sich dessen nicht zu enthalten vermag. Es wäre gewiß ein großer Mangel an Gott, wenn er nicht große Werke an dir wirkte und großes Gut in dich gösse, wenn er dich entsprechend ledig und entblößt vorfindet.
So schreiben (uns) die Meister, daß zum selben Zeitpunkt, an dem die Materie des Kindes im Mutterleib bereitet ist, Gott in den Leib den lebendigen Geist augenblicklich eingießt, das heißt: die Seele, die des Leibes Form ist. Bereitung und Eingießung geschehen in einem Augenblick. Wenn die Natur ihr Höchstes erreicht, dann gibt Gott die Gnade; zum gleichen Zeitpunkt, an dem der Geist bereit ist, geht Gott ohne Verzug und ohne Zögern in ihn ein. Im Buch der Geheimnisse steht geschrieben, daß unser Herr zum Volk ruft: ich stehe vor der Tür und klopfe und warte; wer mich einläßt, mit dem will ich Abendmahl halten (vgl. Offb 3,20). Du darfst ihn weder hier noch dort suchen, er ist nicht ferner als vor der Herzenstür; da steht er und harrt und wartet, wen er bereit findet, ihm aufzutun und ihn einzulassen. Du brauchst ihn nicht von weit-

her herbei zu rufen; er drängt mehr als du, daß du öffnest. Er begehrt tausendmal mehr nach dir als du nach ihm. Auftun und Eindringen ist nichts als ein (einziger) Zeitpunkt.

4. (Nachdem alle Vorstellungen, die Eigenaktivität der Vernunft und die Frömmigkeit als Erfahrungsquelle, ausgeschaltet sind, stellt sich die Frage:) Wie kann die Gottesgeburt geschehen, wenn man doch nichts von ihr verspürt (erlebt, erfährt)? Die Erfahrung ist in der Macht Gottes, nicht in der des Menschen. Man empfängt ihn und hat kein Bewußtsein davon. Aber man muß wissen, daß Gott jede Leere erfüllt.

Nun könntest du sagen: wie kann das geschehen? Ich spüre doch nichts von ihm?

Nun gib acht: das Empfinden ist nicht in deiner Gewalt, sondern in der seinen. Wenn es ihm paßt, dann zeigt er sich, und wenn er will, kann er sich verbergen. Dies meinte Christus, als er zu Nikodemus sprach: der Geist gibt den Geist, wenn er will; du hörst seine Stimme, aber du weißt nicht, wann er kommt oder wohin er zieht. (Vgl. Joh 3,8) Er sprach hier und wiederholt es jetzt: du hörst und weißt doch nicht. (Und doch) kommt Wissen vom Hören. Christus meinte: mit dem Hören empfängt man ihn oder man zieht ihn hinein, als ob er (damit) sagen wollte: du empfängst ihn und weißt nicht davon. Das sollst du *wissen:* Gott kann nichts leer und unausgefüllt lassen; daß irgendetwas unausgefüllt oder leer sei, das kann der Gott der Schöpfung nicht dulden. Mag es also geschehen, daß dich dünkt, daß du nichts von ihm spürst und daß du ganz leer von ihm bist, so ist dem doch nicht so. Denn gäbe es irgend etwas Leeres unter dem Himmel, was immer es sei, groß oder klein, der Himmel zöge es entweder zu sich hinauf oder er müßte sich hernieder neigen und müßte es mit sich selbst erfüllen. Gott, der Herr der Schöpfung, duldet es unter keinen

Umständen, daß irgend etwas leer sei. Steh darum still und wanke nicht, denn, wenn du dich jetzt von Gott abwendest, findest du nicht wieder dahin zurück.

5. Wenn diese Geburt ohne unmittelbare Erfahrung geschieht, gibt es dann wenigstens ein Zeichen davon?
Antwort: Ja, wie bei einem Blitzschlag alles umgewendet wird, so werden dir alle Dinge lauter Gott. Wo Gott nicht das ganze Leben durchformt, fehlt diese Geburt.

Nun könntest du noch einwenden: mit Verlaub, Herr, ihr geht bei allem davon aus, daß es einmal dazu kommen solle, daß diese Geburt geschieht, daß in mir der Sohn geboren werde. Nun denn, könnte ich ein *Zeichen* davon haben, woran ich erkennen könnte, daß es (wirklich) geschehen sei?
Gewiß doch, drei wahre Zeichen gibt es wohl! Eines davon will ich jetzt angeben. Man fragt mich oft, ob der Mensch dazu kommen kann, daß ihn in der Zeit weder Vielheit noch Materie hindern. Ja, bei der Wahrheit! Wenn diese Geburt wirklich geschieht, können dich alle Geschöpfe nicht hindern, sondern sie weisen dich alle zu Gott und zu dieser Geburt. Dafür finden wir ein Gleichnis im Blitzschlag. Was immer es sei, das er trifft, wenn er einschlägt, es sei Baum, Tier oder Mensch, das wendet er mit dem Schlag zu sich hin. Und hätte ein Mensch (ihm) den Rücken gekehrt, sofort wirft er ihn mit dem Antlitz herum. Hätte ein Baum tausend Blätter, sie alle kehrten sich mit der rechten Seite dem Schlage zu. Sieh, so geschieht es auch all denen, die von dieser Geburt betroffen werden: sie werden blitzschnell zu dieser Geburt gewendet, und zwar in allem was gerade gegenwärtig ist, wie schlicht es auch sein mag. Ja, was dir vorher ein Hindernis war, das fördert dich nun allesamt. Das Antlitz wird ganz dieser Geburt zugewandt. Ja, alles, was du siehst und hörst, was immer das sei, du

kannst in allen Dingen nichts anderes empfangen als diese Geburt. Ja, alle Dinge werden lauter Gott, denn in allen Dingen sinnst du nichts als lauter Gott. Genauso, wie wenn ein Mensch lange die Sonne ansähe; was er danach ansähe, da hinein schiene die Sonne. Wo dir dies mangelt, daß du in allem und jedem Gott sinnst und suchst, da mangelt dir diese Geburt.

6. Nützt die Aszese dem Menschen zur Bewahrung dieser Gottesgeburt?
Antwort: Aszese ist sinnvoll, besser aber ist es, sich von Gottes Liebesangel einfangen zu lassen. Wen Gott fängt, der hat Gott gefangen und er tut seine Werke aus Liebe, was nützlicher ist, als die bloße Vermeidung der Sünde, der die Aszese dient. Gefangenheit in der Liebe bewirkt die wahre Freiheit.

Nun könntest du (noch) fragen: soll der Mensch, der in diesem Zustand ist, sich nicht in Werken der Buße üben, oder versäumt er nicht etwas, wenn er sich nicht darin übt?
Merke folgendes: Alles Bußleben ist unter anderem deshalb erfunden – es sei Fasten, Wachen, Beten, Knien, Kasteiung, härene Hemden tragen, hart Liegen oder dergleichen – das alles ist darum erdacht, weil der Körper und das Fleisch sich zu jeder Zeit gegen den Geist stellen. Der Leib ist für ihn oft zu stark, geradezu Kampf und ewiger Streit ist stets zwischen ihnen. Der Leib ist hier kühn und stark, denn er ist hier daheim, die Welt hilft ihm, die Erde ist sein Vaterland, alle seine Verwandten helfen ihm hier: die Speise, der Trank, das Wohlleben: all das ist gegen den Geist. Der Geist ist hier in der Fremde, alle seine Verwandten und sein Geschlecht sind nämlich im Himmel: dort findet er gar wohl Freunde, wenn er sich dorthin richtet und dort heimisch macht. Um also dem Geist in dieser Fremde zu Hilfe zu kommen und das Fleisch in diesem Streite etwas zu schwächen, damit es nicht über den Geist

siege, darum legt man ihm den Zaun der Bußübungen an und darum unterdrückt man ihn, damit sich der Geist seiner erwehren kann.

Wenn man ihm also dies antut, um ihn gefangen zu halten: willst du ihn tausendmal besser fangen und (mit Ketten) beladen, so lege ihm den Zaum der Liebe an. Mit der Liebe überwindest du ihn am wirksamsten und mit der Liebe kettest du ihn am stärksten. Und darum lauert uns Gott mit nichts so sehr auf wie mit der Liebe. Denn mit der Liebe ist es wie mit der Angelrute des Fischers. Der Fischer kann den Fisch nicht fangen, wenn er nicht an der Angel hängt. Hat er den Angelhaken geschnappt, dann ist der Fischer des Fisches sicher; mag sich der Fisch noch so hin und her wenden, wohin auch immer, der Fischer bleibt seiner ganz sicher. In diesem Sinn rede ich von der Liebe: wer von ihr gefangen wird, der trägt die stärkste Fessel und doch eine süße Last. Wer diese süße Last auf sich genommen hat, der erreicht mehr und kommt damit weiter als mit aller Bußübung und Askese, die alle Menschen (je) üben könnten. Er kann auch heiter all das leiden und ertragen, was ihn anfällt und Gott über ihn verhängt, und er kann auch gütig alles vergeben, was man ihm Übles antut. Nichts macht dich Gott so zu eigen, noch dir Gott so zu eigen wie dieses süße Band. Wer diesen Weg gefunden hat, der suche keinen anderen. Wer an dieser Angel haftet, der ist so gefangen, daß alles Gottes Eigentum sein muß: der Fuß und die Hand, der Mund, die Augen und das Herz und alles, was (sonst) am Menschen ist. Und darum kannst du diesen Feind ohne Schaden nicht besser überwinden als durch die Liebe. Deshalb steht geschrieben: stark wie der Tod ist die Liebe, hart wie die Hölle (HL 8,6). Der Tod scheidet die Seele vom Leib, aber die Liebe scheidet alle Dinge von der Seele. Was nicht Gott oder göttlich ist, das duldet sie auf keinen Fall. Wer in dieser Fessel gebunden ist und auf diesem Weg geht, was immer dieser an Werken tut oder läßt, das wirkt die Liebe; dem ist es gleich, ob er wirkt

oder nicht wirkt, daran ist ganz und gar nichts gelegen. Dennoch ist eines solchen Menschen geringstes Werk oder Übung für ihn selbst und alle Menschen nützlicher und fruchtbringender und Gott lieber als aller Menschen Übung, die zwar ohne Todsünde sind, aber die geringere Liebe haben. Seine Ruhe ist wirksamer als eines anderen Wirken. Darum suche allein diese Angel, dann wirst du liebevoll gefangen, und um so mehr gefangen, um so mehr befreit.
Daß wir so gefangen und befreit werden, dazu helfe uns der, der selber die Liebe ist. Amen.

Mortuus erat et revixit, perierat et inventus est

Er war tot und wurde wieder lebendig, er war verloren und wurde wiedergefunden

(Lk 15,32)

Eckhart fängt hier die Wirkung einer früheren Predigt auf und beweist seine Behauptung, daß mit dem Neugewinn der Gnade alle Werke wieder lebendig werden, die in der Zeit der Todsünde gewirkt wurden, und daß damit die Zeit in der Sünde nicht verlorengeht, falls der Mensch die Gnade wieder erlangt. Der biblische Leitvers hat mehr den Sinn eines zusammenfassenden Autoritätsbeweises aus der Schrift, der dann durch philosophische Argumente ausgelegt wird. Der sonstige Schriftvergleich fehlt, aber die Auslegung eines Schriftwortes durch philosophische Reflexion, in der der vorgegebene Glaube durch den Gedanken eingeholt wird, ist für Eckhart typisch.
Es geht um eine theologische Streitfrage (eine «Quaestio disputata»), die Eckhart anders auflöst als alle übrigen Theologen seiner Zeit, wie er selbstbewußt sagt. Nach seiner Meinung stehen mit dem Wieder-

gewinn der Gnade alle guten Werke wieder auf, die der Mensch im Stande der Todsünde getan hat. Damit ist auch die Zeit nicht verloren, in der der Mensch ein Sünder war. Der Grund für diese These ist die zeitlose «Aufhebung» der Werke im Geist des Menschen, der sie getan hat. Diese sehr gedankliche Predigt – ohne jedes Gleichnis, aber mit eindrücklichen Wiederholungen – ist wichtig für Eckharts Werklehre, die jenseits von Werkgerechtigkeit und Werkfeindlichkeit bleibt, für Eckharts Verständnis des Verhältnisses von Zeit und Ewigkeit und für die Frage nach einem Weg von der Sünde zur Gnade.

1. Eckhart skizziert zunächst seine dreifache Übereinstimmung mit den übrigen Theologen, um dann präzis den Unterschied festzuhalten, denn die Meister sagen, auch nach wiedererlangter Gnade sei die Zeit in der Todsünde unwiederbringlich verloren. Der folgende Beweisgang gegen diese These hat die Form eines «Syllogismus», d. h. aus zwei einander entsprechenden Voraussetzungen («Prämissen») wird der logische Schluß gezogen. Zunächst kommen die Prämissen, dann die Schlußfolgerung.

Ich habe in einer Predigt (davon) gesprochen, ich wolle den Menschen lehren, der in Todsünden war und in der Zeit, während er in Todsünden war, gute Werke getan hatte: seine guten Werke könnten wieder lebendig auferstehn mit der Zeit, in der sie getan getan wurden. Das will ich euch jetzt beweisen, wie es der Wahrheit entspricht, denn ich bin gebeten worden, den Sinn (dieser Behauptung) zu erläutern. Das will ich jetzt tun, obwohl es gegen alle Lehrmeister ist, die jetzt leben. Diese Meister sagen (nämlich) alle: während der Mensch in der Gnade ist, sind alle Werke, die er dann wirkt, des ewigen Lohnes wert, und das ist wahr, denn Gott tut die Werke durch die Gnade. Darin stimme ich ihnen zu.

Weiter sagen die Lehrmeister alle übereinstimmend: fällt der Mensch in Todsünde, dann sind alle Werke, die er im Stand der Todsünde wirkt, allesamt tot, so wie er selbst auch tot ist; sie sind nicht des ewigen Lohnes wert, weil er nicht in der Gnade lebt. Auch das ist sinngemäß wahr, und darin stimme ich auch mit ihnen überein.
(Ferner) sagen die Lehrmeister: wenn Gott dem Menschen, dem seine Sünde leid tut, die Gnade wiedergibt, dann stehen alle Werke, die er in der Gnade wirkte, bevor er in Todsünde fiel, allesamt in der neuen Gnade wieder auf und leben wie zuvor. Auch darin stimme ich mit ihnen überein.
Nun sagen sie aber: Die Werke, die der Mensch tat, während er in Todsünden war, sind für immer verloren, (und zwar) Zeit und Werk miteinander. Und dem widerspreche ich, Meister Eckhart, ganz und gar und sage folgendes: alle guten Werke, die der Mensch tat, während er in Todsünden war, von all diesen ist kein einziges verloren, und auch die Zeit ist nicht (verloren), in der sie geschahen, sofern er wieder Gnade empfängt.
Seht, das ist gegen alle Lehrmeister, die jetzt leben!

2. Eckhart sagt radikal: alle guten Werke sind als Werke mit der Zeit, in der sie geschahen, ohnehin verloren. Sie sind ja nur gut, wenn man sie von dem Geist ableitet, aus dem sie geschahen und in dem sie bleiben, wenn er sich zurückzieht. Das heißt: es kommt im Wirken nicht auf den Effekt im Werk an, sondern auf die Wirkung im Menschen, der es tut.

Nun gebt genau acht, worauf ich mit diesen Worten abziele, dann könnt ihr den Sinn verstehen.
Ich sage schlicht und einfach: alle guten Werke, die der Mensch jemals getan hat und die jemals geschehen werden, und auch

die Zeit, in der sie geschahen und noch geschehen werden: Werk und Zeit sind miteinander verloren, Werk als Werk, Zeit als Zeit. Mehr noch: ich sage, kein Werk ist jemals (als Werk) gut, heilig oder glücklich gewesen. Ferner sage ich, keine Zeit ist jemals heilig, glücklich oder gut gewesen und wird es jemals werden. Weder das eine noch das andere (ist als solches verdienstvoll). Wie könnte es Bestand haben, wenn es weder gut noch glücklich noch heilig ist? Wenn also gute Werke und auch die Zeit, in der sie geschahen, miteinander allesamt verloren sind, wie können dann die Werke erhalten bleiben, die in Todsünden geschehen sind, wie die Zeit, in der sie geschahen? Ich aber sage: sie sind miteinander verloren, Werke und Zeit, böse und gute. Werk als Werk, Zeit als Zeit, sind miteinander auf ewig verloren.

Nun fragt sich, warum *nennt* man ein Werk heilig, glücklich oder gut, warum ebenso die Zeit, in der das Werk geschah? Seht, wie ich vorhin sagte: das Werk und die Zeit, in der das Werk geschah, sind weder heilig, noch glücklich, noch gut. Gutheit, Heiligkeit und Geglücktheit (Seligkeit) sind (nur) zugefügte (äußerliche) Benennungen des Werkes und der Zeit, sie kommen ihnen nicht aus sich heraus zu. Warum? Ein Werk als Werk ist nichts aus sich selber, es existiert auch nicht um seiner selbst willen, es geschieht nicht aus sich selbst, es geschieht auch nicht um seiner selbst willen, es weiß auch nichts von sich selbst. Und deshalb ist es weder gut, noch heilig, noch glücklich, noch unglücklich, vielmehr: der Geist, aus dem das Werk geschieht, macht sich von seiner Vorstellung frei und diese kommt nicht wieder in ihn (hinein). Denn sobald das Werk entstand, sobald wurde es zunichte, und auch die Zeit, in der es geschah; und nun ist es weder hier noch dort, denn der Geist hat an diesem Werk nichts mehr zu tun. Soll er weiter etwas wirken, dann muß dies mit anderen Werken und auch in einer anderen Zeit geschehen.

Darum gehen Werk und Zeit miteinander verloren. Ob böse oder gute, sie sind doch gleich verloren, denn sie haben weder Bestand im Geist, noch haben sie an für sich Sein oder Existenz, und Gott bedarf ihrer auch zu nichts, also sind sie verloren.

Geschieht ein gutes Werk durch einen Menschen, so befreit sich der Mensch mit dem Werk, und durch diese Freiheit ist er seinem Ursprung gleicher und näher, als er vorher war, ehe diese Freiheit eintrat, und ebenso ist er glücklicher und besser, als er vorher war, ehe diese Freiheit eintrat. In Ableitung davon nennt man (dann) das Werk heilig und glücklich und ebenfalls die Zeit, in der das Werk geschah; und doch ist das (eigentlich) nicht wahr, denn weder das Werk noch die Zeit, in der es geschah, haben (an für sich) Sein; denn es vergeht von selbst. Darum ist (das Werk) weder gut, noch heilig, noch glücklich, sondern der Mensch ist glücklich, in dem die Frucht des Werkes bleibt, weder als Zeit noch als Werk, sondern als ein Gutes-tun, das mit dem Geist ewig bleibt, insofern auch der Geist an und für sich ewig ist, und (dieses Gutes-tun) ist der Geist selbst.

Seht, auf solche Weise ging nie ein Gutes-tun verloren, noch die Zeit, in der es geschah; nicht, daß es als Werk und als Zeit erhalten bliebe, sondern (es bleibt) abgelöst von Werk und Zeit mit der Tat im Geist, in dem es ewig ist, wie der Geist an für sich ewig ist.

3. *Wenn das so ist, kann man Werke und Zeit überhaupt nicht verlieren. In der Todsünde verliert man vielmehr sich selbst und damit die Frucht der Werke, die im Geist bleiben. Am Verhältnis von Geist und Werk aber ändert sich durch die Todsünde nichts. Sofern in guten Werken des Todsünders der Grund seines Geistes, der von Natur aus an für sich gut ist, wirkt, bleiben die Werke sittlich gut, wenn auch ohne den Lohn, den die Gnade vorent-*

hält. Im Gegenteil: da gute Werke auf den Geist des Menschen, der sie tut, befreiend wirken, nähert sich der Todsünder Gott. Wenn dann die Gnade wiederkommt, wird diese Bereitschaft jäh zur Einheit mit Gott vollendet.

Seht, nun achtet auf die Werke, die in den Todsünden geschehen. So wie ihr es (schon) gehört habt – diejenigen, die mich verstanden haben –: als Werke und als Zeit sind die guten Werke verloren, die in Todsünden geschehen sind, Werk und Zeit miteinander. Nun habe ich auch gesagt, daß Werk und Zeit an für sich nichts sind. Sind aber Werk und Zeit nichts an für sich, seht, dann verliert der auch nichts, der sie verliert. Das ist wahr. Ich habe ferner gesagt: Werk und Zeit haben an für sich weder Sein noch Existenz, wirkend fielen sie aus dem Geist in die Zeit. Soll der Geist weiter wirken, so muß das notwendigerweise ein anderes Werk sein und in einer anderen Zeit geschehen. Und darum kann es nicht mehr in den Geist (hinein) kommen, sofern es Werk und Zeit war. Es kann auch mitnichten in Gott (hinein), denn noch nie kam Zeit oder zeitliches Werk in Gott (hinein). Und dies ist in dem Sinn wahr, und ich will euch das verdeutlichen. Und, wie ich schon vorhin sagte, es ist gegen alle Lehrmeister, die jetzt leben.
Nun hört in Kürze den Sinn, wie es der Wahrheit entspricht: die (guten) Werke, die der Mensch tut, während er *in* Todsünden ist, diese Werke tut er doch nicht *aus* Todsünden, denn (während) diese Werke gut sind, sind doch die Todsünden böse. Vielmehr wirkt er sie aus dem Grund seines Geistes, der von Natur aus an für sich gut ist; freilich befindet er sich nicht im Stand der Gnade, deshalb verdienen die Werke, in der Zeit, in der sie geschehen, nicht das Himmelreich. Andererseits schadet es doch dem Geist nichts, denn die Frucht des Werkes, abgelöst von Werk und Zeit, bleibt im Geist und ist mit dem Geist Geist und wird ebensowenig zunichte, wie dem Geist

sein Sein zunichte wird. Vielmehr: der Geist befreit sein Sein mit dem Ins-Werk-setzen der Vorstellungen, die an sich gut sind, so wahr er dies im Zustand der Gnade täte; denn er bewirkt die gleiche Bereitschaft zur Einung und zur Gleichheit, wobei Werk und Zeit zu nichts (anderem) nützlich sind, als daß sie der *Mensch* ins Werk setzt. Und je mehr sich der Mensch befreit und ins Werk setzt, um so mehr nähert er sich Gott, der an und für sich frei ist. Und insoweit der Mensch im Vorgang der Befreiung ist, insoweit verliert er weder Zeit noch Werk. Und wenn die Gnade wiederkommt, dann steht alles, was (bis dahin nur) von Natur aus in ihm stand, nun aus Gnaden in ihm auf, und soweit er sich mit guten Werken, während er in Todsünden war, befreit (geläutert) hatte, soweit gelingt ihm ein entsprechender jäher Fortschritt, sich mit Gott zu vereinen, der ihm nicht gelingen könnte, wenn er sich nicht mit Werken befreit (geläutert) hätte, während er in Todsünden war. Und sollte er sie (die guten Werke) jetzt erst ins Werk setzen, dann müßte er Zeit dazu aufwenden. Da er sich aber in der vorhergehenden Zeit, während er in Todsünden war, befreit (geläutert) hat, hat er die Zeit für sich gewonnen, für die er jetzt frei geworden ist, und er kann in dieser Zeit andere Werke wirken, die ihn noch näher mit Gott vereinen. Die Früchte dieser Werke bleiben im Geist. Wenn auch die Werke und die Zeit nicht ewig sind, so lebt doch der Geist, aus dem sie geschahen, und die Früchte der Werke (leben), abgelöst von Werk und Zeit, voller Gnaden, so wie (jetzt) auch der Geist voller Gnade ist.

4. Damit ist bewiesen, daß kein gutes Werk und keine Zeit guter Werke verlorengehen kann, weil sie im Geist bleiben und «der Geist von dem Tun geadelt wird, das sich in Werken ausdrückt.» Mit der Auferstehung der Gnade geschieht also auch die Auferstehung der Werke.

Seht, so haben wir den Sinn wahr gemacht, wie es in der Wahrheit (selbst) wahr ist. Und alle, die dagegen sprechen, denen ist allesamt widersprochen, und ich beachte sie überhaupt nicht; denn, was ich gesagt habe, ist wahr, und die Wahrheit sagt es selbst. Verstünden sie richtig, was Geist ist und was Werk und Zeit an für sich sind, und in welcher Beziehung das Werk zum Geist steht, so würden sie mitnichten behaupten, daß irgendein gutes Werk oder Tun jemals verloren ginge oder gehen könnte. Geht auch das Werk für sich mit der Zeit dahin und wird zunichte, in Beziehung mit dem Geist geht es nicht anders, als daß der Geist von dem Tun geadelt wird, das sich in den Werken ausdrückt. Das ist die (bewegende) Kraft des Werkes, um derentwillen das Werk geschah. Diese bleibt im Geist und trat noch nie aus ihm heraus, und sie kann ebensowenig vergehen wie der Geist an für sich.

Seht, wer dies verstünde, wie könnte der sagen, daß irgend ein gutes Werk je verlorenginge, solange der Geist sein Sein hat und in der neuen Gnade lebt?

Daß wir mit Gott ein Geist werden und daß wir im Gnadenstand bleiben, dazu helfe uns Gott. Amen.

Nolite timere eos

Fürchtet nicht, die euch dem Leibe nach töten wollen,
die Seele aber nicht töten können
(Mt 10,28)
denn Geist tötet nicht Geist.

Die Predigt wurde am Fest Johannes des Täufers (29. August) gehalten (Evangelientext nach dem Dominikaner-Meßbuch). Eckhart behandelt den Anlaß freilich nur mit einer kurzen Ausdeutung zur Willensstärke und Tugend des Johannes. Heiligenlob ist seine Sache nicht, das findet er bei Gott gut aufgehoben.

Er will hingegen im Sinne seiner Gesamtintention, «nova et rara», Neues und Noch-nicht-Gehörtes zu sagen, über die Lauterkeit göttlicher Natur und über den Adel der menschlichen Seele predigen. Es handelt sich hier um die nach ihrem Schluß genannte «Opferstockpredigt»: Eckhart muß so reden, weil ihn die Wahrheit, die Erfahrung und das Ethos des Denkens dazu antreiben, mag man ihn verstehen oder nicht. Damit ist nicht gesagt, daß ihm an Verständlichkeit nicht liegt – wir haben Beispiele für das Gegenteil gesehen –, aber er bleibt in der Frage nach der Wahrheit davon unbeeinflußt. Oder besser: die Wahrheit erfaßt ihn, nicht er sie: gesegnet, gesegnet sei Gott! ruft er aus, wenn er Gottes Werk an der menschlichen Seele betrachtet.

Gottes Werk an der menschlichen Seele, das ist der Sinn der Predigt, erschöpft sich nicht darin, daß die Seele als Gipfel der Schöpfung diese wie in einem Spiegel Gottes sammelt und zurückstrahlt. So wie Gott, wenn er sich in sich selbst zurückzieht, seiner selbst «entwird», so kann der Mensch durch Entwerden seiner selbst in den Grund der «Gottheit» durch Gnade zurückkehren.

Damit begegnet das Fazit dieser Predigt dem Traktat «Von Abgeschiedenheit». Das hier mit «Gottheit» Gemeinte ist nichts anderes als Gottes Abgeschiedenheit, das mit dem Werk der Vernunft, die alle Geschöpfe dorthin zieht, Gemeinte, ist nicht anderes als der Menschen Abgeschiedenheit, und beide sind identisch. Um noch einmal eine Eckhartsche Formel zu gebrauchen: durch Ununterschiedenheit geschieden, durch Unterschiedenheit geeint.

1. Der erste Gedanke ist: Gottes größtes Werk, das er mit sich selbst macht, die Seele, liebt er in sich selbst als sich selbst und schmeckt er in sich selbst als sich selbst. Ist Gott ein Narziß? Kaum: denn er gibt sich vorbehaltlos an die Seele als Gipfel der Schöpfung aus.

Geist gibt dem Geist Leben. Die euch töten wollen, das sind Blut und Fleisch. Was Fleisch und Blut ist, stirbt miteinander (vgl. 1 Kor 15,52). Das Edelste am Menschen ist das Blut (= der Wille), wenn es recht will; andererseits ist das Ärgste am Menschen das Blut (= die Begierde), wenn es übel will. Siegt das Blut über das Fleisch, so ist der Mensch demütig, geduldig und keusch und hat alle Tugend an sich. Siegt hingegen das Fleisch über das Blut (die Begierde über den Willen), so wird der Mensch hoffärtig, zornig, unkeusch und hat alle Untugend an sich. Johannes der Täufer sei darin gelobt. Ich kann ihn nicht mehr loben, daß Gott ihn nicht schon darüber hinaus gelobt hätte.

Nun gebt acht! Ich will jetzt etwas sagen, was ich noch nie gesagt habe. Als Gott Himmel, Erde und alle Geschöpfe erschuf, da *wirkte* Gott nicht; er hatte nichts zu wirken, auch war keinerlei *Werk* in ihm. Da sprach Gott: «Wir wollen ein Ebenbild tun» (Gen 1,7). Schaffen (= Herstellen) ist leicht, das macht man, wann und wie man will. Was aber *ich* tue, das tue *ich* selbst und mit *mir* selbst und in *mir* selbst und *mein* Bild drücke ich völlig da hinein. «.*Wir* wollen ein Ebenbild machen»: «nicht du, Vater, noch du, Sohn, noch du, Heiliger Geist, sondern *wir*, im Rate der Dreifaltigkeit, *wir* wollen ein Ebenbild tun!»

Als Gott den Menschen machte, da wirkte er in der Seele *sein* gleichförmiges Werk, *sein* wirkendes Werk und *sein* immerwährendes Werk. Das Werk war so groß, daß es nichts anderes war als die Seele, und die Seele war nichts anderes als das Werk *Gottes.* Gottes Natur, sein Sein und seine Gottheit hängen daran, daß er in der *Seele* wirken muß. Gesegnet, gesegnet sei

Gott! Wenn *Gott* in der Seele wirkt, dann liebt *er sein* Werk. Wo nun die Seele ist, in der Gott sein Werk wirkt, da ist das Werk so groß, daß dieses Werk nichts anderes ist als die *Liebe;* die Liebe (aber) ist Gott (selbst). Gott liebt *sich* selbst und seine Natur, sein Sein und seine Gottheit. In der Liebe, in der Gott *sich* liebt, darin liebt er alle Geschöpfe (mit), nicht (aber) als Geschöpfe, sondern die Geschöpfe als Gott. In der Liebe, in der Gott sich liebt, darin liebt er alle Dinge.

Nun will ich (noch etwas) das sagen, was ich (noch) nie gesagt habe: Gott schmeckt sich selbst. In dem Schmecken, in dem Gott sich schmeckt, darin schmeckt er alle Geschöpfe, nicht als Geschöpfe, sondern die Geschöpfe als Gott. In dem Schmecken, darin Gott sich schmeckt, in dem schmeckt er alle Dinge.

2. Der zweite Gedanke behandelt den Unterschied in Gott zwischen «Gott» und «Gottheit». Sie sind so weit voneinander unterschieden wie der äußere und innere Mensch und noch mehr: durch Werden und Entwerden. «Gott» wird: Gott geht aus und bleibt bei sich selbst wie die Sonne, die, wenn sie scheint, ihre Leuchtkraft nicht verliert. Alle Geschöpfe sind unterwegs zu ihm durch die Ebenbildlichkeit mit ihm in der Spitze der menschlichen Seele: im Innersten des inneren Menschen, wo Gott Gott ist. Das folgende Sonne-Spiegel-Gleichnis entspricht dem Echo-Gleichnis in «Ave, gratia plena» (vgl. S. 137). Durch das Rückstrahlen der Geschöpfe im Spiegel der Seele wird «Gott» aussagbar.

Nun gebt acht! Alle Geschöpfe laufen auf ihre höchste Vollkommenheit zu. Jetzt bitte ich euch: vernehmt bei der ewigen Wahrheit und bei meiner Seele! Wieder will ich sagen, was ich nie gesagt habe: Gott und «Gottheit» sind so weit voneinander verschieden wie Himmel und Erde. Ich sage noch mehr: Der innere und der äußere Mensch sind so weit verschieden

wie Himmel und Erde. Gott aber ist es um viele tausend Meilen mehr: Gott *wird* und *entwird*.
Nun komme ich auf mein Wort wieder zurück: Gott schmeckt sich selbst in allen Dingen. Die Sonne wirft ihren lichten Schein auf alle Geschöpfe aus, und worauf die Sonne ihren Schein wirft, das saugt sie auf und doch verliert sie nichts von ihrer Leuchtkraft.
Alle Geschöpfe entäußern sich ihres *Lebens* um ihres *Seins* willen. Alle Geschöpfe ziehen in meine Vernunft ein, so daß sie geistig in mir *sind*. Ich allein bereite alle Kreaturen wieder zu Gott. Schaut, was ihr alle tut!
Nun komme ich wieder auf (meine Unterscheidung zwischen) »innerem» und «äußerem» Menschen zurück. Ich schaue die Lilien auf dem Feld und ihre leuchtende Schönheit und ihre Farbe und all ihre Blätter. Ihren Duft aber sehe ich nicht. Warum? Weil der Duft in *mir* ist. Ferner: was ich spreche, ist in *mir*, und *ich* spreche es aus mir heraus. Alle Geschöpfe schmecken als Geschöpfe meinem «äußeren» Menschen, wie Wein und Brot und Fleisch. Meinem «inneren» Menschen aber schmeckt nichts als Geschöpf, sondern als Gabe *Gottes*. Mein «innerster» Mensch aber schmeckt sie nicht als *Gaben* Gottes, sonder als ewig.
(Ein weiteres Beispiel:) Ich nehme ein Becken mit Wasser und lege einen Spiegel hinein und halte es ins Sonnenlicht. Dann wirft die Sonne ihren hellen Schein aus der (Spiegel-)Scheibe und aus dem Grund der Sonne und vergeht darum doch nicht. Das Rückstrahlen des Spiegels in der Sonne ist in der Sonne die Sonne (selbst), und doch bleibt er (der Spiegel), was er ist. So ist es (umgekehrt) auch mit Gott, Gott ist in der Seele mit seiner Natur, mit seinem Sein und mit seiner Gottheit (wie die Sonne im Spiegel), und doch ist er nicht in der Seele. Das Rückstrahlen der Seele, das ist in Gott Gott, und doch bleibt sie, was sie ist. *(Das Beispiel ist verkürzt ausgeführt; «Wasser» wäre das Bild für die Brechung der Beziehung durch die Geschöpflichkeit).*

3. Gott wird aussagbar, aber nicht die Gottheit: sie «entwird», weil sie mit «Gott» als Beziehung zur Wirklichkeit nichts zu tun hat. Sie ist das In-sich-selbst-bleiben Gottes. Das ist Geheimnis, davon kann niemand reden, zumal man vom «Einen» nicht reden kann. Wenn der Mensch dahin durchbricht, ist er mehr als geschaffen, weil dort «noch» nicht Schaffen und Werden ist. Dahin aber bricht der Mensch durch, wenn er alles Geschaffene durch seine Vernunft in den Grund der Schöpfung zieht und dort selbst in die Fraglosigkeit seines Ursprungs gerät.

Gott wird, wo alle Geschöpfe Gott aussprechen: da wird «Gott». Als ich (noch) im Grunde, im Boden, im Strom und Quell der *Gottheit* stand, da fragte mich niemand, wohin ich wollte und was ich täte: da war niemand, der mich gefragt hätte. Als ich (dann) ausfloß, da sprachen alle Geschöpfe «Gott». Fragte man mich: «Bruder Eckhart, wann gingt Ihr aus dem Hause?» – dann bin ich darin gewesen. So also reden alle Geschöpfe von Gott. Und warum reden sie nicht von der «Gottheit»? (Weil) alles das, was in der «Gottheit» ist, Eins ist, und davon kann man nicht reden. Gott wirkt, die «Gottheit» wirkt nicht, sie hat auch nichts zu wirken, in ihr ist kein Werk; sie hat es niemals auf ein Werk abgesehen. Gott und «Gottheit» sind unterschieden nach Wirken und Nichtwirken. Wenn ich in Gott zurückkomme und nicht dabei stehen bleibe, dann ist mein «Durchbrechen» viel edler als mein Ausfließen. Ich allein bringe alle Geschöpfe in ihrem geistigen Sein in meine Vernunft, so daß sie in mir eins sind. Wenn ich in den Grund, in den Boden, in den Strom und in die Quelle der «Gottheit» komme, so fragt mich niemand, woher ich komme und wo ich gewesen bin. Dort hat mich (ja) niemand vermißt, dort entwird Gott.

Wer diese Predigt verstanden hat, dem gönne ich sie gern. Wäre hier niemand gewesen, ich hätte sie diesem Opferstocke predigen müssen. Es gibt manche unbedarften Leute, die kehren wieder heim und sagen: «Ich will an meinem Platz sitzen (bleiben) und mein Brot verzehren und Gott dienen!» Ich sage bei der ewigen Wahrheit: diese Leute bleiben in der Irre und können niemals so weit gelangen noch das erringen, was die anderen erreichen, die Gott in Armut und in Fremde nachfolgen. Amen.

Intravit Iesus in templum et coepit eicere vendentes et ementes

(Mt 21,12)

Predigt 1, wahrscheinlich Fastenpredigt zum 11. Februar 1326, mittelhochdeutscher Text gemäß der Edition von J. Quint (1936 ff). Übersetzung von Hans Zimmermann, 12koerbe.de

Wir lesen in dem heiligen êwangeliô,
daz unser herre gienc in den tempel
und was ûzwerfende,
die dâ kouften und verkouften,
und sprach ze den andern,
die dâ hâten tûben und sôgetâniu dinc veile:
«tuot diz hin, tuot diz enwec!»
(Joh 2,16)

Wir lesen im heiligen Evangelium,
daß unser Herr in den Tempel ging
und hinauszuwerfen begann,
die da kauften und verkauften,
und zu den anderen sprach,
die da Tauben und dergleichen Dinge feilhielten,
«Tut dies fort, schafft dies hinweg!»
(Joh 2,16).

War umbe was Jêsus ûzwerfende,
die dâ kouften und verkouften
und hiez die hin tuon,
die dâ hâten tûben?

Warum begann Jesus hinauszuwerfen,
die da kauften und verkauften,
und hieß die wegräumen,
die da Tauben feilhielten?

Er enmeinte anders niht,
wan daz er den tempel wolte ledic hân,
rehte als ob er spraeche:
ich hân reht ze disem tempel
und wil aleine dar inne sîn
und hêrschaft dar inne hân

Er meinte damit nichts anderes,
als daß er den Tempel ledig haben wollte,
recht, als ob er hätte sagen wollen:
Ich habe das Recht auf diesen Tempel
und will allein darin sein
und die Herrschaft darin haben

Waz ist daz gesprochen?

Was will das besagen?

Dirre tempel,
dâ got inne hêrschen wil gewalticlîche
nâch sînem willen,
daz ist des menschen sêle,
die er sô rehte glîch nâch im selber
gebildet und geschaffen hât,
als wir lesen, daz unser herre sprach:
«machen wir den menschen
nâch unserm bilde und ze unser glîchnisse.» (1 Mos 1, 26).

Dieser Tempel,
darin Gott mächtig herrschen will
nach seinem Willen,
das ist des Menschen Seele,
die er so recht als ihm selbst gleich
gebildet und geschaffen hat,
wie wir lesen, daß unser Herr sprach:
«Machen wir den Menschen
nach unserm Bilde und zu unserm Gleichnis!» (Gen 1,26).

Und daz hât er ouch getân.

Als glîch hât er des menschen sêle
gemachet im selber,
daz in himelrîche noch in ertrîche
von allen herlîchen crêatûren,
diu got so wünniclîch geschaffen hât,
keiniu ist, diu im als glîch ist
als des menschen sêle aleine.

Her umbe wil got disen tempel ledic hân,
daz ouch niht mê dar inne sî
dan er aleine.

Daz ist dar umbe,
daz im dirre tempel sô wol gevellet,
wan er im alsô rehte glîch ist
und im selber alsô wol behaget in disem
tempel,
swenne er aleine dar inne ist.

Eyâ, nû merket!
Wer wâren die liute, die dâ kouften und
verkouften,
und wer sint sie noch?

Nû merket mich vil rehte!
Ich wil nû zemâle niht predigen
dan von guoten liuten.

Nochdenne wil ich ze disem mâle
bewîsen,
welhez die koufliute dâ waren und noch
sint,
die alsô kouften und verkouften und
noch tuont,
die unser herre ûzsluoc und ûztreip.

Und daz tuot er noch allen den,
die dâ koufent und verkoufent in disem
tempel:
der enwil er einen einigen dar inne niht
lâzen.

Sehet, diz sint allez koufliute,
die sich hüetent vor groben sünden
und waeren gerne guote liute
und tuont ir guoten werk gote ze êren,
als vasten, wachen, beten

Und dies hat er auch getan.

So gleich ihm selber
hat er des Menschen Seele gemacht,
daß im Himmelreich noch auf Erden
unter allen herrlichen Kreaturen,
die Gott so wundervoll geschaffen hat,
keine ist, die ihm so gleicht,
wie einzig des Menschen Seele.

Hierum will Gott diesen Tempel ledig hab
auf daß denn auch nichts weiter darin sei
als er allein.

Das ist deshalb so,
weil ihm dieser Tempel so wohl gefällt,
da er ihm so recht gleicht
und es ihm selber so wohl behagt in diese
Tempel,
wenn immer er allein darin ist.

Wohlan, nun gebt acht!
Wer waren die Leute, die da kauften und v
kauften,
und wer sind sie noch?

Nun hört mir genau zu!
Ich will jetzt überhaupt nichts predigen
als nur von guten Leuten.

Dennoch will ich diesmal aufzei-
gen,
welches die Kaufleute waren und noch
sind,
die so kauften und verkauften und es noch
tun,
die unser Herr hinausschlug und hinaustri

Und dies tut er immer noch allen denen,
die da kaufen und verkaufen in diesem
Tempel;
von denen will er keinen einzigen darin
lassen.

Seht, alle die sind Kaufleute,
die sich hüten vor groben Sünden
und wären gern gute Leute
und tun ihre guten Werke Gott zu Ehren,
wie Fasten, Wachen, Beten

und swaz des ist,
aller hande guotiu werk,
und tuont sie doch dar umbe,
daz in unser herre etwaz dar umbe gebe,
oder daz in got iht dar umbe tuo,
daz in liep sî:
diz sint allez koufliute.

Daz ist grop ze verstânne,
wan sie wellent daz eine umbe daz ander geben
und wellent alsô koufen
mit unserm herren.

An disem koufe sint sie betrugen.

Wan allez, daz sie hânt
und allez, daz sie vermügen ze würkenne,
gaeben sie daz allez durch got,
daz sie hânt,
und würhten sich zemâle ûz durch got,
dar umbe enwaere in got nihtes niht schuldic
ze gebenne noch ze tuonne,
er enwolte ez denne gerne vergebene tuon.

Wan daz sie sint, daz sint sie von gote,
und daz sie hânt, daz hânt sie von gote
und niht von in selber.

Dar umbe enist in got umbe iriu werk
und umbe ir geben nihtes niht schultic,
er enwellez denne gerne tuon von sîner gnâde
und niht umbe iriu werk noch umbe ir gâbe,
wan sie engebent von dem irn niht,
sie enwürkent ouch von in selber niht,
als Kristus selber sprichet:
«âne mich müget ir niht getuon.»
(Joh 15,5)

Diz sint harte tôrehte liute,
die alsô koufen wellent mit unserm herren;
sie bekennent der wârheit kleine
oder niht.

und was es dergleichen gibt,
allerhand gute Werke,
und tun sie doch darum,
daß ihnen unser Herr etwas dafür gebe
oder daß ihnen Gott etwas dafür tue,
was ihnen lieb wäre:
dies sind alles Kaufleute.

Das ist im groben Sinn zu verstehen,
denn sie wollen das eine um das andere geben
und wollen auf solche Weise markten
mit unserm Herrn.

Bei solchem Handel sind sie betrogen.

Denn alles, was sie besitzen,
und alles, was sie zu wirken vermögen,
gäben sie das alles um Gottes willen hin,
was sie haben,
und wirkten sich um Gottes willen gänzlich aus,
so wäre ihnen Gott dafür ganz und gar nichts
zu geben oder zu tun schuldig,
es sei denn, daß er es freiwillig umsonst tun wolle.

Denn, was sie sind, das sind sie durch Gott,
und was sie haben, das haben sie von Gott
und nicht von sich selbst.

Darum ist ihnen Gott für ihre Werke
und für ihr Geben gar nichts schuldig,
es sei denn, er wolle es gerne tun aus seiner Gnade
und nicht für ihre Werke noch für ihre Gaben;
denn sie geben nicht von dem Ihren,
sie wirken auch nicht aus sich selbst,
wie Christus selbst sagt:
«Ohne mich könnt ihr nichts tun»
(Joh. 15,5).

Dies sind sehr törichte Leute,
die so markten wollen mit unserm Herrn;
sie erkennen von der Wahrheit wenig
oder nichts.

Dar umbe sluoc sie unser herre ûz dem tempel und treip sie ûz.	Darum schlug sie unser Herr aus dem Tempel und trieb sie hinaus.
Ez enmac niht bî einander gestân daz lieht und diu vinsternisse.	Es kann nicht miteinander bestehen das Licht und die Finsternis.
Got der ist diu wârheit und ein lieht in im selber.	Gott ist die Wahrheit und ein Licht in sich selbst.
Swenne denne got kumet in disen tempel, sô vertribet er ûz unbekantnisse, daz ist vinsternisse, und offenbaret sich selber mit liehte und mit wârheit.	Wenn denn Gott in diesen Tempel kommt so vertreibt er daraus die Unwissenheit, das ist die Finsternis, und offenbart sich selbst mit Licht und mi Wahrheit.
Denne sint die koufliute enwec, als diu wârheit wirt bekannt, und diu wârheit begert dekeiner koufmanschaft.	Dann sind die Kaufleute fort, wenn die Wahrheit erkannt wird, und die Wahrheit begehrt nicht nach irgendwelchem Kaufhandel.
Got ensuochet des sînen niht; in allen sînen werken ist er ledic und vrî und würket sie ûz rehter minne.	Gott sucht das Seine nicht; in allen seinen Werken ist er ledig und frei und wirkt sie aus echter Liebe.
Alsô tuot ouch dirre mensche, der mit gote vereinet ist; der stât ouch ledic und vrî in allen sînen werken und würket sie aleine gote ze êren und ensuochet des sînen niht, und got der würket ez in im.	Ganz ebenso tut auch der Mensch, der mit Gott vereint ist; der steht auch ledig und frei in allen seine Werken und wirkt sie allein Gott zu Ehren und sucht das Seine nicht, und Gott wirkt es in ihm.
Ich spriche noch mê: alle die wîle der mensche ihtes iht suochet in allen sînen werken von allem dem, daz got gegeben mac oder geben wil, sô ist er disen koufliuten glîch.	Ich sage noch weitergehend: Solange der Mensch irgend etwas sucht mit allen seinen Werken von all dem, was Gott zu geben vermag oder geben will so ist er diesen Kaufleuten gleich.
Wiltû koufmanschaft zemâle ledic sîn, alsô daz dich got in disem tempel lâze, sô soltû allez, daz dû vermaht in allen dînen werken, daz soltû lûterlîche tuon gote ze einem lobe und solt des alsô ledic stân, als daz niht ledic ist, daz noch hie noch dâ enist.	Willst du der Kaufmannschaft gänzlich lec sein, so daß dich Gott in diesem Tempel belass so sollst du alles, was du in allen deinen Werken vermagst, rein nur Gott zum Lobe tun und sollst davon so ungebunden bleiben, wie das Nichts ungebunden ist, das weder hier noch dort ist.
Dû ensolt nihtes niht dar umbe begern.	Du sollst gar nichts dafür begehren.

Swenne dû alsô würkest, sô sint dîniu werk geistlich und götlich, und denne sint die koufliute ûz dem tempel getriben alzemâle, und got der ist aleine dar inne, wan der mensche niht wan got meinet.	Wenn du so wirkst, dann sind deine Werke geistig und göttlich, und dann sind die Kaufleute allzumal aus dem Tempel vertrieben, und Gott ist allein darin; denn dieser Mensch hat nur Gott im Sinn.
Sehet, alsus ist dirre tempel ledic von allen koufliuten.	Seht, in solcher Weise ist dieser Tempel ledig aller Kaufleute.
Sehet, der mensche, der sich noch niht enmeinet dan aleine got und die êre gotes, der ist gewaerlîche vrî und ledic aller koufmanschaft in allen sînen werken und ensuochet des sînen niht, als got ledic ist in allen sînen werken und vrî und ensuochet des sînen niht.	Seht, der Mensch, der weder sich im Sinn hat, noch irgend etwas außer Gott allein und Gottes Ehre der ist wahrhaft frei und ledig aller Kaufmannschaft in allen seinen Werken und sucht das Seine nicht, so wie Gott ledig und frei ist in allen seinen Werken und das Seine nicht sucht.
Ich hân ouch mê gesprochen, daz unser herre sprach ze den liuten, die dâ tûben veile hâten: «tuot diz enwec, tuot diz hin!»	Ich habe weiterhin auch gesagt, daß unser Herr zu den Leuten sprach, die da Tauben feilhielten: »Schafft dies hinweg, tut dies fort!«
Die liute entreip er niht ûz noch enstrâfte sie niht sêre; sunder er sprach gar güetlîche: «tuot diz enwec!» als ob er sprechen wolte: diz enist niht boese, und doch bringet ez hindernisse in der lûtern wârheit.	Diese Leute trieb er nicht noch auch schalt er sie sehr, sondern er sprach gar gütlich: «Schafft dies hinweg!», als hätte er sagen wollen: Dies ist nicht böse, und doch bringt es Hindernis für die lautere Wahrheit.
Dise liute daz sint alle guote liute, die iriu werk tuont lûterlîche durch got und ensuochent des irn niht daran und tuont sie doch mit eigenschaft, mit zît und mit zal, mit vor und mit nâch.	Diese Leute, das sind alles gute Leute, die ihre Werke rein um Gottes willen tun und des Ihren nichts darin suchen und tun sie doch mit Eigensinn, mit Zeit und mit Zahl, mit Vor und mit Nach.
In disen werken sint sie gehindert der aller besten wârheit, daz sie solten vrî und ledic sîn, als unser herre Jêsus Kristus vrî und ledic ist	In diesen Werken sind sie gehindert an der allerbesten Wahrheit: daß sie nämlich sollten frei und ledig sein, wie unser Herr Jesus Christus frei und ledig ist

und enpfaehet sich alle zît niuwe âne underlaz
und âne zît von sînem himelischen vater
und ist sich in dem selben nû
âne underlaz wider îngebernde volkomenlîche
mit dankbaerem lobe in die veterlîche hôcheit
in einer glîcher wirdicheit.

und sich allzeit ohne Unterlaß und zeitlos
neu empfängt von seinem himmlischen Vater
und will sich im selben Nun
ohne Unterlaß vollkommen wieder eingebären
mit dankerfülltem Lobe in die väterliche Hoheit,
in gleicher Würde.

Alsô solte der mensche stân,
der der aller hoehsten wârheit wolte enpfenclich werden
und dar inne lebende âne vor und âne nâch
und âne hindernisse aller der werke
und aller der bilde, diu er ie verstuont,
ledic und vrî in disem nû
niuwe enpfâhende götlîche gabe
und die wider îngebernde âne hindernisse
in disem selben liehte
mit dankbaerem lobe
in unserm herren Jêsû Kristô.

Ganz so sollte der Mensch dastehen,
der für die allerhöchste Wahrheit empfänglich werden
und darin leben möchte ohne Vor und oh Nach
und ohne Behinderung durch alle Werke
und alle jene Bilder, deren er sich je bewu wurde,
ledig und frei in diesem Nun
neu empfangend göttliche Gabe
und sie ungehindert wieder eingebärend
in diesem gleichen Lichte
mit dankerfülltem Lobe
in unserm Herrn Jesus Christus.

Sô waeren die tûben enwec,
daz ist hindernisse
und eigenschaft aller der werke,
diu nochdenne guot sint,
dar inne der mensche des sînen niht ensuochet.

So wären die Tauben hinweg,
das heißt die Behinderung
und der Eigensinn all jener Werke,
die ansonsten gut sind,
in denen der Mensch das Seine nicht sucht.

Dar umbe sprach unser herre wol güetlîche:
«tuot diz hin, tuot diz enwec!»
als ob er sprechen wolte:
ez ist guot, doch bringet ez hindernisse.

Darum sprach unser Herr gar gütlich:
»Tut dies fort, schafft dies hinweg!«,
als hätte er sagen wollen:
Es ist zwar gut, doch bringt es Behinderun mit sich.

Swenne dirre tempel
alsus ledic wirt von allen hindernissen,
daz ist eigenschaft und unbekantheit,
sô blicket er alsô schône

Wenn dieser Tempel
so frei wird von allen Hindernissen,
das heißt von Eigensinn und Unwissenhei
so glänzt er so schön

und liuhtet alsô lûter und klâr über
allez,
daz got geschaffen hât,
und durch allez, daz got geschaffen
hât,
daz im nieman widerschînen
mac
dan der ungeschaffene got aleine.

Und bî rehter wârheit,
disem tempel ist ouch nieman glîch
dan der ungeschaffene got aleine.

Allez daz under den engeln ist,
daz glîchet sich disem tempel nihtes niht.

Die hoechsten engel selbe
die glîchent disem tempel der edelen sêle
etwie vil
und doch niht alzemâle.

Daz sie der sêle glîchent etlicher
maze,
daz ist an bekantnisse und an minne.

Doch ist in zil gesetzet;
dar über enmügen sie niht.

Diu sêle mac wol vürbaz.

Stüende ein sêle glîch dem obersten
engel,
des menschen, der noch lebete in der
zît,
der mensche môhte nochdenne
in sînem vrîen vermügenne
unzellîche hoeher kumen über den
engel
in einem ieglîchen nû niuwe âne zal,
daz ist âne wîse,
und über die wîse der engel
und aller geschaffener vernunft.

Und got der ist aleine vrî und ungeschaf-
fen
und dar umbe ist er ir aleine glîch nâch
der vrîheit
und niht nâch der ungeschaf-
fenheit,
wan si ist geschaffen.

und leuchtet so lauter und klar über alles
hinaus,
das Gott geschaffen hat,
und durch alles hindurch, das Gott geschaf-
fen hat,
daß niemand ihm Widerschein zu geben
vermag
als einzig der ungeschaffene Gott.

Und in voller Wahrheit:
Diesem Tempel ist wirklich niemand gleich
als der ungeschaffene Gott allein.

Alles, was unterhalb der Engel ist,
das gleicht diesem Tempel überhaupt nicht.

Die höchsten Engel selbst
gleichen diesem Tempel der edlen Seele
bis zu gewissem Grade,
aber doch nicht völlig.

Daß sie der Seele in gewissem Maße
gleichen,
das trifft zu für die Erkenntnis und die Liebe.

Jedoch ist ihnen ein Ziel gesetzt;
darüber können sie nicht hinaus.

Die Seele aber kann wohl darüber hinaus.

Stünde eine Seele gleich mit dem obersten
Engel,
und zwar die eines Menschen, der noch in
der Zeit lebte,
so könnte dieser Mensch immer noch
in seinem freien Vermögen
unermeßlich hoch über den Engel hinausge-
langen
in jedem Nun neu, ohne Zahl,
das heißt ohne Weise,
und über die Weise der Engel
und aller geschaffenen Vernunft hinaus.

Gott allein ist frei und ungeschaf-
fen,
und daher ist er allein ihr gleich der Freiheit
nach,
nicht aber im Hinblick auf die Unerschaf-
fenheit,
denn sie ist geschaffen.

Swenne diu sêle kumet in daz ungemischte lieht,
sô sleht si in ir nihtes niht
sô verre von dem geschaffenen ihte in dem nihtes nihte,
daz si mit nihte enmac wider komen von ir kraft
in ir geschaffen iht.

Und got
der understât mit sîner ungeschaffenheit
ir nihtes niht
und entheltet die sêle in sînem ihtes ihte.

Diu sêle hât gewâget ze nihte ze werdenne
und enkan ouch von ir selber
ze ir selber niht gelangen,
sô verre ist si sich entgangen,
und ê daz sie got hât understânden.

Daz muoz von nôt sîn.

Wan als ich ê sprach:
«Jêsus was îngegangen in den tempel
und was ûzwerfende,
die dâ kouften und verkouften,
und begunde ze sprechenne ze den andern:
tuot diz hin!»
jâ, sehet, nû hân ich daz wörtelîn:
«Jêsus gienc în und begunde ze sprechenne:
tuot diz hin!
und sie tâten ez hin».

Sehet, dô was dâ nieman mê dan Jêsus aleine
und begunde ze sprechenne in dem tempel.

Sehet, daz wizzet vür wâr:
wil ieman anders reden in dem tempel,
daz ist in der sêle,
dan Jêsus aleine,
sô swîget Jêsus, als er dâ heime niht ensî,
und er ist ouch dâ heime niht in der sêle,
wan si hât vremde geste, mit den si redet.

Wenn die Seele in das ungemischte Licht kommt,
so schlägt sie in ihr Nichts
so fern von dem geschaffenen Etwas in dem Nichts,
daß sie mitnichten zurückzukommen verm
aus eigener Kraft
in ihr geschaffenes Etwas.

Und Gott
stellt sich mit seiner Ungeschaffenheit unt
ihr Nichts
und hält die Seele in seinem Etwas.

Die Seele hat gewagt, zunichte zu werden
und kann auch von sich selbst aus
nicht zu sich selbst gelangen
– so weit ist sie sich entgangen,
ehe Gott sich unter sie gestellt hat.

Das muß notwendig so sein.

Denn, wie ich früher sagte:
»Jesus war hineingegangen in den Tempel
und begann hinauszuwerfen,
die da kauften und verkauften,
und begann zu den anderen zu sprechen:
Tut dies fort!«
– ja, seht, nun nehme ich das Wörtlein:
»Jesus ging hinein und hub an zu sprechen:
Tut dies fort!,
und sie taten es fort«.

Seht, nun war da niemand mehr als Jesus allein,
und er begann in dem Tempel zu sprechen.

Seht, dies sollt ihr fürwahr wissen:
Will jemand anders in dem Tempel,
das ist in der Seele,
reden als Jesus allein,
so schweigt Jesus, als sei er nicht daheim,
und er ist auch nicht daheim in der Seele,
denn sie hat fremde Gäste, mit denen sie re

Sol aber Jêsus reden in der sêle,
sô muoz si aleine sîn und muoz selber swîgen,
sol si Jesum hoeren reden.

Eyâ, sô gât er în
und beginnet ze sprechenne.

Waz sprichet her Jêsus?
Er sprichet, daz er ist.

Waz ist er denne?
Er ist ein wort des vaters.

In dem selben worte sprichet der vater sich selber
und alle götlîche natûre
und allez, daz got ist, alsô als er ez bekennet,
und er bekennet ez, als ez ist.

Und wan er ist volkomen
in sînem bekantnisse und in sîner vermügenheit,
her umbe sô ist er ouch volkomen in sînem sprechenne.

Dâ er sprichet daz Wort,
dâ sprichet er sich und alliu dinc
in einer andern persône
und gibet im die selbe natûre, die er selber hât,
und sprichet alle vernünftige geiste
in dem selben worte
glîch dem selben worte
nâch dem bilde, als ez inneblîbende ist,
nâch dem, sô ez ûzliuhtende ist,

als ein ieglich bî im selber ist,
niht glîch in aller wîse dem selben worte,
mê: sie hânt mügelicheit enpfangen

glîcheit ze enpfahenne
von gnâden des selben wortes;
und daz selbe wort, als ez in im selber ist,
diz hât der vater allez gesprochen,
daz wort und allez, daz in dem worte ist.

Soll aber Jesus in der Seele reden,
so muß sie allein sein und muß selbst schweigen,
wenn sie Jesus reden hören soll.

Nun denn, so geht er hinein
und beginnt zu sprechen.

Was spricht der Herr Jesus?
Er spricht das, was er ist.

Was ist er denn?
Er ist ein Wort des Vaters.

In diesem selben Worte spricht der Vater sich selbst
und die ganze göttliche Natur
und alles, was Gott ist, so wie er es erkennt;
und er erkennt es, wie es ist.

Und da er vollkommen ist
in seinem Erkennen und in seinem Vermögen,
darum ist er auch vollkommen in seinem Sprechen.

Indem er das Wort spricht,
spricht er sich und alle Dinge
in einer andern Person
und gibt ihm dieselbe Natur, die er selbst hat,
und spricht alle vernunftbegabten Geistwesen
in demselben Worte
gleich demselben Worte
nach dem Bild, insofern es innebleibend ist,
– nach dem Bild aber, insofern es ausleuchtend ist,
insofern also ein jedes für sich gesondert ist,
noch nicht in jeder Weise demselben Worte gleich –.
Allerdings haben sie die Möglichkeit bekommen,
Gleichheit zu empfangen
aus der Gnade des selben Wortes;
aber dasselbe Wort, wie es in sich selbst ist,
das hat der Vater gänzlich gesprochen,
das Wort und alles, was in dem Worte ist.

Sît der vater diz gesprochen hât, waz ist denne Jêsus sprechende in der sêle?	Da nun der Vater dies gesprochen hat, was will denn Jesus in der Seele sprechen?
Als ich gesprochen hân: der vater sprichet daz wort und sprichet in dem worte und anders niht, und Jêsus sprichet in der sêle.	Wie ich gesagt habe: Der Vater spricht das Wort und spricht in dem Worte und sonst nicht; Jesus aber spricht in der Seele.
Diu wîse sînes sprechennes daz ist, daz er sich selben offenbaret und allez, daz der vater in im gesprochen hât, nâch der wîse als der geist enpfenclich ist.	Die Weise seines Sprechens ist die, daß er sich selbst offenbart und alles, was der Vater in ihm gesprochen hat, in der Weise, wie der Geist empfänglich ist
Er offenbâret veterliche hêrschaft in dem geiste in einem glîchen unmaezigen gewalte.	Er offenbart die väterliche Herrscherkraft in dem Geiste in gleicher unermeßlicher Macht.
Swenne der geist disen gewalt enpfaehet in dem sune und durch den sun,	Wenn der Geist diese Macht in dem Sohne und durch den Sohn empfängt,
sô wirt er gewaltic in einem ieglichen vürgange, alsô daz er glîch und gewaltic wirt in allen tugenden und in aller volkomener lûterkeit, sô daz in liep noch leit noch allez,	so wird er mächtig mit jedem weiteren Schritt, so daß er gleich und mächtig wird in allen Tugenden und in aller vollkommenen Lauterkeit, also daß weder Liebes noch Leides noch alles,
daz got in der zît geschaffen hât, daz enmac den menschen niht zerstoeren, er enblîbe gewalticliche dar inne stânde als in einer götlichen kraft, der entgegen alliu dinc sint kleine und niht vermügende.	was Gott in der Zeit geschaffen hat, den Menschen zu verstören vermag, er vielmehr machtvoll darin stehen bleibt wie in einer göttlichen Kraft, der gegenüber alle Dinge klein und unvermögend sind.
Ze dem andern mâle offenbâret sich Jêsus in der sêle mit einer unmaezigen wîsheit, diu er selber ist, in der wîsheit sich der vater selbe bekennet mit aller sîner veterlichen hêrschaft und daz selbe wort, daz ouch diu wîsheit selber ist, und allez daz dar inne ist, alsô als daz selbe ein ist.	Zum andern Male offenbart sich Jesus in der Seele mit einer unermeßliehen Weisheit, die er selbst ist, in welcher Weisheit sich der Vater selbst mit seiner ganzen väterlichen Herrscherkr sowie ebendas Wort erkennt, das ja auch die Weisheit selbst ist, und alles, was darin ist, so, wie dasselbe Eins ist.

Swenne disiu wîsheit mit der sêle vereinet wirt,
sô ist ir aller zwîvel und alliu irrunge
und alliu dünsternisse alzemâle abe genomen
und ist gesetzet in ein lûter klârez lieht,
daz selber got ist,
als der prophête sprichet: «herre,
in dînem liehte sol man daz lieht bekennen»
(Ps 35,10)

Dâ wirt got mit gote bekant in der sêle;
sô bekennet si mit dirre wîsheit
sich selber und alliu dinc,
und die selbe wîsheit bekennet si mit im selben,
und mit der selben wîsheit
bekennet si die veterliche hêrschaft
in vruhtbaerer hêrhafticheit
und die weseliche isticheit
nâch einvaltiger einicheit âne einigen underscheit

Jêsus der offenbâret sich ouch
mit einer unmaezigen süezicheit und rîcheit
ûz des heiligen geistes kraft
ûzquellende und überquellende und invliezende
mit übervlüzziger voller rîcheit und süezicheit
in alliu enpfenclichiu herzen

Swenne sich Jêsus
mit dirre rîcheit und mit dirre süezicheit
offenbâret und einiget mit der sêle,
mit dirre rîcheit und mit dirre süezikeit
sô vlîuzet diu sêle in sich selber und ûz sich selber
und über sich selber und über alliu dinc
von gnâden mit gewalte âne mittel
wider in ir êrste begin

Wenn diese Weisheit mit der Seele vereint wird,
so ist ihr aller Zweifel und alle Irrung
und alle Finsternis ganz und gar abgenommen,
und sie ist versetzt in ein lauteres, klares Licht,
das Gott selbst ist,
wie der Prophet spricht: «O Herr,
in deinem Lichte wird man das Licht erkennen»
(Ps 35,10).

Da wird Gott mit Gott erkannt in der Seele;
dann erkennt sie mit dieser Weisheit
sich selbst und alle Dinge,
und diese selbe Weisheit erkennt sie mit ihm selbst,
und mit derselben Weisheit
erkennt sie die väterliche Herrschermacht
in fruchtbarer Zeugungskraft
und die wesenhafte Istheit
in einfaltiger Einheit ohne jegliche Unterschiedenheit.

Jesus offenbart sich zudem
mit einer unermeßlichen Süßigkeit und Fülle,
eine aus des Heiligen Geistes Kraft
herausquellende und überquellende und einströmende
mit überströmend reicher Fülle und Süßigkeit
in alle empfänglichen Herzen

Wenn Jesus sich
mit dieser Fülle und mit dieser Süßigkeit
offenbart und mit der Seele vereinigt,
so fließt mit dieser Fülle und mit dieser Süßigkeit
die Seele in sich selbst und aus sich selbst
und über sich selbst und über alle Dinge hinaus
aus Gnade, mit Macht, ohne Mittel
zurück in ihren ersten Ursprung.

Denne ist der ûzer mensche gehôrsam
sînem innern menschen
unz an sînen tôt
und ist denne in staetem vride
in dem dienste gotes alle zît.

Daz ouch Jêsus in uns komen müeze
und ûzwerfen und hin tuon alle hinder-
nisse
und uns mache ein,
als er ein ist mit dem vater
und mit dem heiligen geiste ein
got,
daz wir alsô ein werden mit im und
êwiclîchen blîben,
des helfe uns got.

Âmen

Dann ist der äußere Mensch
seinem inneren Menschen gehorsam
bis zu seinem Tod
und ist dann in stetem Frieden
im Dienste Gottes allezeit.

Daß Jesus auch in uns kommen müsse
und hinauswerfen und wegräumen alle
Hindernisse
und uns Eins mache,
wie er als Eins ist
mit dem Vater und dem heiligen Geiste als
ein Gott,
auf daß wir ebenso eins werden mit ihm u
ewig bleiben,
dazu helfe uns Gott.

Amen

LATEINISCHE SCHRIFTAUSLEGUNG, VORLESUNG UND PREDIGT

Predigten und Vorlesungen über Jesus Sirach 24,23–31

Es handelt sich um zwei Predigten und zwei Vorlesungen, die von Eckhart als Provinzial auf einem der Provinzialkapitel des Dominikanerordens der Provinz Saxonia am Fest Maria Geburt (9. Sept.) zwischen 1303 und 1311 gehalten wurden.
Eckhart hat diese Schriften in seinem dreigeteilten Gesamtwerk dem Auslegungswerk (opus expositionem) zugeordnet. Durch Querverweise hat er den Text mit dem Weisheit-Kommentar verbunden, der in seiner Ausgabe anschließend folgen sollte. Man beachte auch die Hinweise auf das – fragmentarische – «Werk der Thesen» vor allem in der Analogielehre (n. 52.53). Dieses Lehrstück aus der zweiten Vorlesung und das Lehrstück über die «Frucht in der Blüte» aus der ersten Vorlesung sind für ein Verständnis Eckharts unbedingte Voraussetzung.

Erste Predigt

Ego quasi vitis fructificavi suavitatem odoris[1]
Ich brachte gleich wie der Weinstock die Frucht
lieblichen Duftes[1] hervor
Sir 24,23

Wir haben hier keine wörtliche Predigt vor uns, sondern eine Predigtunterlage, eine Predigtskizze. Daher auch der knappe Stil in Form von in Sätzen notierten Einzelpunkten und zusätzlichem Material an Vergleichsstellen.
Stellen aus dem 2. Korintherbrief dienen als neutestamentliches Unterthema. In der Einleitung wird die Entsprechung zwischen der Predigt der Weisheit, der Predigt des Paulus und der Predigt des «Predigerbruders» (Dominikaners) hergestellt. Dann begegnet uns die Weisheit als Wirt, der uns zur Erquickung einlädt.
Ab n. 8 beginnt die erste Auslegung auf die «ungeschaffene Weisheit», das heißt auf Gott. Die gesamte Auslegung, mit Ausnahme der mariologischen, bezieht sich auf den «göttlichen» Bereich, d. h. auf die zweite Art eckhartscher Schriftdeutung (natürlich, göttlich, moralisch). Von Gott, der ungeschaffenen Weisheit, wird zuerst die Reinheit (n. 8–10), dann die Fülle (n. 11–12) und schließlich die Lieblichkeit (n. 13) ausgesagt. Die Reinheit der Substanz suchen auf ihre verschiedene Weise Wille (Liebe) und Erkennen; die Fülle der Beziehung: das ist nicht Gott als Substanz «in sich selbst», sondern Gott als der Zeugende und Schaffende; die lieblich anziehende Kraft Gottes aber zieht das Geschaffene wieder in seinen Ursprung zurück. N. 14 bis zum Schluß enthält die zweite Auslegung auf Maria, die völlig gleich strukturiert ist. Überwiegt in der ersten Auslegung Eckbarts Gedanke vor dem Zitat, so in der zweiten das Zitat vor dem Gedanken.

[1] Nach Eckharts Deutung besteht die Frucht in dem lieblichen Duft.

[1] Diese Worte sollen zuerst in Form einer Predigt, besonders im Hinblick auf die selige Jungfrau Maria behandelt, zweitens in der Weise einer Vorlesung ausgelegt werden. Zum Ersten. (Die Weisheit) spricht:
Ich brachte gleich wie der Weinstock die Frucht lieblichen Duftes hervor. ‹Den Duft seiner Erkenntnis tut (Gott) durch uns allerorts kund, denn wir sind Christi Wohlgeruch› (2 Kor 2,14 f.).

[2] Der zweite Vorspruch entspricht sowohl dem Wortlaut wie dem Inhalt nach recht genau dem ersten. Denn der Apostel, «Der Prediger der Wahrheit», kennzeichnet die Predigttätigkeit sowie die Aufgabe des Predigenden und folgert daraus mit den Worten: ‹Wir sind Christi Wohlgeruch›, was für den Prediger selbst notwendig ist. Und das sind drei (Eigenschaften): Reinheit des Lebens, Lauterkeit der Absicht und Lieblichkeit des duftspendenden Rufes. Lauterkeit der Absicht: er soll nur Christus meinen, nichts anderes außer ihm, nach dem Wort: ‹wir predigen Christus den Gekreuzigten› (1 Kor 1,23). Lieblichkeit des Rufes: ‹Wohlgeruch›. Bernhard schreibt in einem seiner Briefe: der Glanz eines Werkes ist der Wohlgeruch seines Rufes. Reinheit des Lebens: ‹wir sind›. Denn «Leben ist für die lebenden Wesen Sein». Je allgemeiner, je abstrakter aber das Sein – ‹wir sind› – (genommen wird), um so reiner bezeichnet es das Leben, und das besagt (das bloße Zeitwort) leben.

[3] Und das ist es, was in unserm Thema gesagt wird: *ich brachte gleich wie der Weinstock die Frucht lieblichen Duftes hervor. Ich* (bedeutet) Reinheit des Lebens – ich bezeichnet ja die bloße, reine Substanz – so daß (der Prediger) sagen kann: ‹für mich ist Christus das Leben› (Phil 1,21). Christus ist ja auch als Mensch «aus dem reinsten Blut der Jungfrau» gebildet worden, wie Johannes von Damaskus sagt.

[4] *Gleich wie der Weinstock.* Der Ausdruck «gleich wie» bezeichnet die Beziehung der Ähnlichkeit. Das der Beziehung eigene Sein ist aber Nicht-eigen-Sein; für sie ist Sein nicht Für-

sich-sein, sondern Sein des andern, zum andern hin und für das andere. So soll der Prediger des Wortes Gottes, das ‹Gottes Kraft und Gottes Weisheit› ist (1 Kor 1,24), nicht für sich sein oder leben, sondern für Christus (vgl. 2 Kor 5,15), den er predigt, gemäß dem Wort: ‹ich lebe, doch nicht mehr ich, Christus lebt in mir› (Gal 2,20). ‹Ich, doch nicht mehr ich›, das bedeutet: ich (bin nur noch) ein Gleichnis (meines Ich) oder ein Gleichnis des Weinstockes, das heißt Christi, (also) ein Gleichnis Christi (der von sich sagt): ‹ich bin der wahre Weinstock› (Joh 15,1). Christus ist der Weinstock, der Prediger gleich wie der Weinstock. Da nun das Wirken dem zukommt, dem das Sein zugehört, darf der Prediger Christi mit seiner Lehre nur Christus meinen, so daß er (von sich) sagen kann: ‹meine Lehre ist nicht meine, sondern dessen, der mich gesandt hat› (Joh 7,16). Das ist also das Zweite, was vom Prediger gefordert wird, Lauterkeit der Absicht: gleich wie der Weinstock.

[5] Es folgt das Dritte, nämlich Lieblichkeit des wohlduftenden Rufes: *ich brachte die Frucht lieblichen Duftes hervor,* so daß man von ihm sagen kann: ‹sieh, der Duft meines Sohnes gleicht dem Duft eines fruchtschweren Ackers, den Gott gesegnet hat› (Gen 27,27).

Aber, Geliebte, ‹wer ist hierzu tauglich genug?› (2 Kor 2,16) Gewiß niemand, es sei denn durch ihn, ‹der uns zu tauglichen Dienern des Neuen Bundes gemacht hat, nicht durch den Buchstaben, sondern durch den Geist› (2 Kor 3,6). ‹Nicht durch den Buchstaben› sagt er, ‹sondern durch den Geist›. Laßt uns also, um jenes zu erlangen, den Geist selbst anrufen und beten: «komm, Heiliger Geist» usw.

[6] Ich brachte gleich wie der Weinstock (die Frucht lieblichen Duftes hervor). Wirte, die zu ihrem eigenen Nutzen und Gewinn die Vorüberziehenden zu ihren Herbergen rufen und einladen, pflegen sie bekanntlich anzulocken und ihnen Bequemlichkeiten zu versprechen, die erfahrungsgemäß Rei-

sende und solche, die schwere Mühen hinter sich haben, schätzen und lieben. Es heißt ja: ‹kommt zu mir alle, die ihr mühselig und beladen seid, ich will euch erquicken› (Mt 11,28). Solche Wirte empfehlen daher Stallung und Futter, Wein und Speisesaal und dergleichen mehr und versprechen alles zu einem billigen Preis. ‹All ihr Dürstenden, kommt zum Wasser› (ruft der Herr) und: ‹kauft ohne jedes Entgelt Wein und Milch› (Jes 55,1). Das ist die Weise, in der uns heute die göttliche Weisheit in ihrer Güte einlädt durch die Worte der Epistel: ‹kommt alle her zu mir› (24,26). Sie verspricht zu Beginn dreierlei, was alle lieben, nicht mehr, nicht weniger, nichts anderes, und das ist die *Reinheit* des Geliebten, seine überreiche *Fülle* und drittens seine *Lieblichkeit:* Reinheit ohne Beimischung von irgend etwas anderm, im Gegensatz zu dem Wort: ‹dein Wein ist mit Wasser gemischt› (Jes 1,22); Fülle ohne jeden Mangel; Lieblichkeit ohne irgendwelchen fremden Anreiz. Das besagt das Wort: ich brachte gleich wie der Weinstock die Frucht lieblichen Duftes hervor. (Bezeichnet wird) im Fürwort die Reinheit: ich; in der Bezeichnung der Ähnlichkeit die Fruchtbarkeit, in der die überreiche Fülle widerstrahlt: gleich wie der Weinstock; im Duft der Frucht die Lieblichkeit: brachte die Frucht lieblichen Duftes hervor.

[7] *Ich brachte gleich wie der Weinstock (die Frucht lieblichen Duftes hervor)*. Diese Worte sind von der ungeschaffenen Weisheit Gottes geschrieben, sie werden aber heute in der Epistel auf die unversehrte Gottesmutter bezogen, durch die und in der Gottes Weisheit in ihrer Barmherzigkeit Fleisch angenommen hat. Demgemäß wird die Predigt *zwei Teile* umfassen: erstens werden wir jene Worte *von der ungeschaffenen Weisheit* auslegen, von der sie ja auch geschrieben sind, *zweitens von der unversehrten Gottesmutter,* auf die sie heute in der Lesung bezogen werden.

[8] Nach der ersten Weise (der Auslegung) also tut die Weis-

heit Gottes ihre *Reinheit* mit dem Wort *ich* kund. Denn *ich* bezeichnet die bloße und reine *Substanz*, und das ist das Erste, was (die Liebe) im Geliebten sucht. Obwohl nämlich jedes Seelenvermögen (nur) ein einziges reines Formalobjekt hat, so trifft dies doch insbesondere auf den *Willen* und die *Liebe* zu. Denn erstens «richtet sich der Wille» und die Liebe «auf das Ziel als solches» (Thomas von Aquin), und das ist immer (nur) ein einziges; zweitens ist es der Liebe eigentümlich, daß sie einigende Kraft hat. Liebe und Wille zielen also auf *das geliebte Objekt als solches*, wie es in sich und durch sich selbst allein und rein, ungetrübt durch etwas anderes besteht, ja sie verachten sogar alles Fremde, alles davon Verschiedene. Denn der Gerechte liebt seinem Wesen nach als Gerechter allein die Gerechtigkeit und haßt alles, was nicht gerecht ist, gemäß dem Wort: ‹du hast mich dir zum Widersacher gemacht, deshalb bin ich mir selbst zur Last geworden› (Jjob 7,20); ‹wer nicht mit mir ist, der ist wider mich›; ‹niemand kann zwei Herren dienen› (Mt 12,30; 6,24). Ferner liebt der Wille das geliebte Objekt in seiner reinen Form so, daß er auch dessen Wesensursprünge nicht beachtet. Wer zum Beispiel eine Tür aufschließen möchte, kümmert sich nicht im geringsten darum, ob der Schlüssel aus Holz oder Gold ist, wenn er nur richtig aufschließt, wie Augustin im 4. Buch ‹Von der christlichen Lehre› sagt. Deshalb tadelt der Engel den Tobias mit den Worten: ‹weshalb fragst du nach der Abkunft eines Lohndieners?› (Tob 5,17)[2] Daher kommt es, daß die Liebe beim Geliebten nicht auf Wirk- oder Zielursache schaut, sondern nur und ausschließlich auf dessen lautere Wesensform: ‹ich habe seine Wesensform liebgewonnen› (Weish 8,2).

Daher kommt es ferner, daß «der Heilige Geist die Liebe des Vaters zum Sohn ist», der ein Ausfluß der Form nach ist, wobei

[2] Wie ein Schlüssel, so ist ein Diener nur nach seiner Brauchbarkeit zur Erreichung des Zieles, nicht nach seiner Abkunft zu bewerten.

Wirk- und Zielursache ausgeschlossen sind, gemäß dem Wort: ‹sie[3] ist Gottes reiner Ausfluß› (Weish 7,25).

[9] Anders ist es beim *Verstand* und der *Erkenntnis.* Denn diese nehmen eine Sache aus und in ihren *Ursprüngen,* und demgemäß wird auf eine Art der Ausspruch erklärt: ‹im Anfang war das Wort› (Joh 1,1). Denn das Wort gehört zu Erkenntnis und Verstand. Darum sagt Philippus: ‹Herr, zeige uns den Vater›, das heißt den Ursprung ohne Ursprung, ‹und es genügt uns› (Joh 14,8). Denn der Verstand ist, bildlich gesprochen, jener ‹mächtige Adler mit langgestreckten Gliedern, der zum Libanon kam und das Mark der Zeder›, das heißt die Ursprünge der Dinge, ‹davontrug und den Wipfel ihres Laubes abriß› (Ez 17,3 f.); das heißt, er erfaßt die Gründe der Dinge im Wipfel ihrer ursprünglichen und uranfänglichen Ursachen, wo sie vor ihrem Ausgang in die Dinge «noch in ihrem reinen und bloßen geistigen Sein» verborgen sind. In diesen Bereich der Reinheit der Substanz gehört nun der Sinngehalt des Fürwortes *ich,* und das ist das Erste, was im Geliebten gesucht wird, nämlich Reinheit ohne jede Beimischung, und diese kommt der göttlichen Weisheit im eigentlichen Sinn zu. Daher sagt der Verfasser des Lebensquells im 5. Buch von Gott, dem Erhabenen und Heiligen: «er ist die Substanz, welche die Wesenheit aller Formen bildet, die vollkommene Weisheit, das reinste Licht». ‹Ihre[4] Früchte sind die ersten und lautersten› (Spr 3,14).

[10] Diese erhabene Reinheit erhellt aus fünf Überlegungen. Erstens ist sie die Substanz, die durch sich ganz in sich selbst als ganzer und «in allem, was zu ihr gehört», ruht, die sich auf nichts stützt, mit nichts vermischt ist. Deshalb wendet sie sich auf sich selbst zurück «in vollendeter Rückwendung». Zwei-

[3] Gemeint ist die göttliche Weisheit.

[4] D.h. der göttlichen Weisheit. Eckhart trennt willkürlich die letzten Worte des Verses von den vorhergehenden und ändert damit ihren Sinn vollständig.

tens besagt das Fürwort *ich* die Substanz ohne jedes Akzidens, ja das Akzidens geht sogar in ihr und durch sie in die Substanz über. Der Grund dafür ist, daß das Sein aller Akzidentien in einem Träger mit dem Sein des Trägers identisch ist. Im Ersten aber ist das Sein die Substanz; also geht in Gott jedes Akzidens in die Substanz über. Weil aber die Beziehung allein ihr Sein nicht im Träger noch vom Träger hat, sondern vielmehr vom Objekt, das heißt vom Gegenüberstehenden, geht sie nicht in die Substanz über. So bleiben nur zwei Kategorien, Substanz und Beziehung, auf Gott anwendbar. Drittens bezeichnet das Fürwort *ich* nicht diese oder jene Substanz, sondern die lautere Substanz schlechthin. Viertens bezeichnet es auch nicht eine zur Gattung der Substanz gehörende Substanz, sondern etwas Höheres und folglich Reineres, das die Vollkommenheiten aller Gattungen in sich schließt. Fünftens ist diese (irdische) Welt für die Substanz als solche, die das Fürwort *ich* bezeichnet, weder aufnahmefähig noch ihrer würdig, sondern der Verstand allein; und auch dieser nicht, sofern er Natur oder ein Naturwesen, sondern sofern er etwas über die Natur Erhabenes ist. Deshalb sagt der Philosoph: «die Seele ist der Ort der geistigen Erkenntnisbilder», welche die Ideen der Dinge sind, «aber nicht als ganze, sondern nur der Verstand». Auch Augustin sagt, Plato folgend, Weisheit und Wahrheit gehörten nicht dieser, sondern einer höheren, nämlich der Welt des Verstandes an. Soviel über den ersten der drei Punkte (des ersten Teils)[5].

[11] Der zweite ist die überreiche *Fülle* des Geliebten, von der seine Fruchtbarkeit zeugt. Diese kennzeichnen die Worte *gleich wie: gleich wie der Weinstock,* weil sie die *Beziehung* zum Weinstock und die Ähnlichkeit (mit ihm) ausdrücken. Hier ist zu bemerken: wie schon oben gesagt, sind auf Gott nur zwei Kategorien, Substanz und Beziehung, anwendbar. Nun hat die Sub-

[5] Vgl. die Einteilung n. 7, S. 199.

stanz als Substanz nicht die Eigenschaft, sich auszuströmen. Denn sie ist nicht auf anderes, sondern nach innen, auf sich selbst bezogen. Sodann gehört sie ihrer ganzen Natur nach zum Sein, und das ist in Gott immer eines. Deshalb sagen die Heiligen und Theologen treffend, daß in Gott die Wesenheit nicht zeugt. Die Theologen sagen auch übereinstimmend, das Zeugungsvermögen sei nicht die Wesenheit schlechthin, sondern die Wesenheit (in Verbindung) mit der Beziehung. Was aber den Vorrang hat, ist eine verwickelte Frage.

[12] Die *Beziehung* also muß es sein, auf Grund deren es in Gott Fruchtbarkeit und Ausströmen gibt. Das ist der Sinn dessen, was Boethius sagt: «die Wesenheit wahrt die Einheit, die Beziehung entfaltet die Dreiheit». Deshalb heißt es nach einer ändern[6] Auslegung von Joh 1,1 treffend: ‹im Anfang war das Wort›, weil der Vater das Wort nicht spricht noch den Sohn zeugt, insofern er Wesenheit oder Substanz, sondern insofern er der Anfang[7] ist. Daher die übliche Auslegung: ‹im Anfang›, das heißt im Vater, ‹war das Wort›. Anfang aber, wie auch Erstes, besagt, daß (anderes) ihm zugeordnet ist und von ihm seinen Ursprung nimmt. Im Buch Von den Ursachen heißt es ja: «das Erste ist von Natur reich». «Das Erste» sagt er (mit Recht), nicht der Erste. Denn Gott läßt auf Grund der Beziehung oder Hinordnung sowohl in sich wie auch in den Geschöpfen seine Fruchtbarkeit ausströmen: ‹er gibt allen reichlich› (Jak 1,5), das heißt alles; und der Apostel sagt: ‹er wirkt alles in allen› (1 Kor 12,6). Denn die erste Ursache gibt, wie es nicht anders sein kann, allen alles; entweder nämlich allen oder keinem, alles oder nichts, nach dem Wort: ‹er ruft das, was nicht ist, wie das, was ist› (Röm 4,17), wie ich zu dieser Stelle ausführlich dargelegt habe. Deshalb heißt es: ‹er ordnet alles lieblich an› (Weish 8,1).

[6] Im Unterschied zu der oben n. 9 S. 201 vorgelegten.

[7] oder Ursprung der Dreieinigkeit.

[13] Das ist nun der dritte Hauptpunkt (des ersten Teils), die Lieblichkeit des Geliebten: (die Frucht) *lieblichen Duftes.* Lieblich (suave) ist, was *durch seine Kraft* (sua vi)[8] anzieht, und das ist die dritte Eigentümlichkeit des Geliebten, daß es allein durch die ihm allein eigene *Kraft* anzieht. Denn den Gerechten zieht als Gerechten ganz allein die Gerechtigkeit, das heißt die Gerechtigkeit und alles Gerechte, an. Wir sehen ja auch, daß nur die Farbe oder das Farbige das Auge oder den Gesichtssinn reizt oder anzieht; alles andere ist ihm ganz nebensächlich, zum Beispiel, ob (das Farbige) ein Mensch, ein Stück Holz oder ein Stein ist. Nun aber zieht allein das Oberste oder Höchste *durch seine Kraft* an; alles, was unter ihm steht, zieht in der Kraft des Oberen an, wie in der Abhandlung ‹Von der Natur des Oberen› ausführlich dargelegt ist. Die ungeschaffene Weisheit aber, von der wir predigen, wohnt ‹in den höchsten Höhen› (Sir 24,7). Daraus erhellt, daß sie allein *durch ihre Kraft* anzieht, und so besitzt sie den lieblichen Duft und haucht ihn aus. Das hören wir hier aus dem Mund der Weisheit (selbst): ich brachte gleich wie der Weinstock die Frucht lieblichen Duftes hervor. Soviel zum ersten Teil der Predigt.

[14] Legen wir aber diese Worte von der Mutter der fleischgewordenen Weisheit *(Maria)* aus, so besagen sie dreierlei. Denn die selige Jungfrau wird auf Grund von drei (Vorzügen) gepriesen, wegen der Heiligkeit und *Reinheit* ihres Lebens: *ich;* zweitens wegen ihrer mütterlichen *Fruchtbarkeit: brachte gleich wie der Weinstock die Frucht hervor;* drittens wegen der *Lieblichkeit* ihres duftspendenden Rufes: *lieblichen Duftes.*

Zum Ersten sagt Anselm: es ziemte sich durchaus, «daß diese Jungfrau in solcher *Reinheit* erstrahlte, über die hinaus unter Gott keine größere denkbar ist». ‹Ganz schön bist du, meine Freundin, und kein Makel ist an dir› (Hld 4,7); sie ist ‹das Weib,

[8] Dieses Wortspiel läßt sich in der Übersetzung nicht nachahmen.

mit der Sonne bekleidet, und der Mond unter ihren Füßen› (Offb 12,1). Führe das nach Belieben weiter aus.

[15] Zum Zweiten, nämlich ihrer *Fruchtbarkeit*, sagt Augustin in der Predigt «Wir lesen, daß Moses»: «durch das Wirken der göttlichen Macht wird der Schoß der Glaubenden befruchtet. Er, den Erde, Meer und Himmel nicht umfassen, wird zwischen eines kleinen Leibes Glieder aufgenommen; von einem Geschöpf wird der Schöpfer aller Dinge zum Leben gebracht und geboren». Das Erste, die Lauterkeit, entspricht ihrer Jungfräulichkeit, das Zweite, die Fruchtbarkeit, ihrer Mutterschaft. Beda sagt in einer Homilie: welch heiliges Schauspiel, Jungfrau und Mutter!

[16] Zum Dritten, nämlich der *Lieblichkeit* des duftspendenden Rufes, sagt Chrysostomus in seiner Matthäusauslegung zu dem Wort: ‹es fand sich, daß sie empfangen hatte› (1,18): «unschätzbares Lob Mariens! Josef glaubte mehr ihrer Keuschheit als ihrem Mutterschoß, mehr der Gnade als der Natur. Eher hielt er es für möglich, daß ein Weib ohne Mann empfangen, als daß Maria sündigen könne». ‹Gleich wie erlesene Myrrhe gab ich lieblichen Duft› (Sir 24,20).

Das ist der Sinn dieses Wortes: *ich brachte gleich wie der Weinstock die Frucht lieblichen Duftes hervor.* Der Lieblichkeit von Duft und Frucht mache uns teilhaftig er selbst, ‹die gebenedeite Frucht› (Lk 1,42), mit dem Vater und dem Heiligen Geist von Ewigkeit zu Ewigkeit. Amen.

Erste Vorlesung

Ego quasi vitis fructificavi suavitatem odoris.
Flores mei fructus honoris et honestitatis.
Ich brachte gleich wie der Weinstock die Frucht
lieblichen Duftes hervor. Meine Früchte
sind Blüten der Ehre und Ehrenhaftigkeit.
Sir 24,23 f.

Die Vorlesung behandelt den Gedanken, daß im göttlichen Bereich die «Frucht», d. h. die Wirkung, in der «Blüte», d. h. im Ursprung selbst, ist. (Vgl. insbesondere n. 27) Dazu muß Eckhart den folgenden Satz «Meine Blüten sind Früchte der Ehre und Ehrenhaftigkeit» aufteilen (n. 19), um den Gedanken «Frucht in der Blüte» besonders hervorzuheben. 14 Gründe werden dazu mitgeteilt (n. 19–28). Hervorzuheben sind dabei der siebte und neunte Grund: die Tugend liegt im Wirken, nicht in den Werken (als Effekte des Wirkens); der achte Grund: die Seligkeit kommt nicht nach *dem Leiden, sondern* im *Leiden selbst – im göttlichen Bereich ist alles Gegenwart, nichts vergangen und zukünftig –; der neunte bis zwölfte Grund: das Gute liegt allein in der empfangenen Intention, der Liebe; der dreizehnte Grund: im göttlichen Bereich stammt die Ruhe* vom *Werk und geschieht* im *Wirken, nicht umgekehrt; der vierzehnte Grund: die Wissenschaft ist darin frei, daß sie die Weisheit um ihrer selbst willen sucht. Die Zusammenfassung des Gedankengangs (n. 29) verweist zugleich auf die abweichende Auslegung Thomas von Aquins.*
Eine zweite, moralische Auslegung, schließt den Schriftvers «Meine Blüten tragen Früchte der Ehre und Ehrenhaftigkeit» wieder zusammen. Es geht also um die Frucht der guten Werke. Dabei wird das Verhältnis von Ehrenhaftigkeit und Ehrerweis im Anschluß an die Ethik des Aristoteles behandelt (n. 30).

[17] In diesen Worten scheint (etwas) fragwürdig zu sein,[1]. Erstens ist, wie schon gesagt, lieblich, was *durch seine Kraft* anzieht. Das kommt aber allein dem ersten Beweger und letzten Ziel zu. Ziel der Blüte ist aber fraglos die Frucht, und Ziel des Geruches der Geschmack. Ferner dient die Blüte der Frucht, nicht umgekehrt, und die Blüte treibt zur Frucht, nicht umgekehrt. Was ist also der Sinn des Wortes: *ich brachte die Frucht lieblichen Duftes hervor,* da der Duft nicht durch seine Kraft anzieht, sondern vielmehr in der Kraft der Frucht, auf die er hingeordnet ist wie der Geruch auf den Geschmack?

[18] (Antwort) Es ist zu beachten, daß dies die Eigentümlichkeit und Besonderheit des Göttlichen ist, wodurch es sich vom Nicht-Göttlichen unterscheidet und abhebt, *daß das Göttliche die Frucht in der Blüte trägt.* Denn sonst wäre es keinesfalls göttlich. Das ist der Sinn der folgenden Worte: Meine Blüten sind Früchte.

Der Grund ist der: Gott, ‹der alles in allen wirkt› (1 Kor 12,6) – ‹alle unsere Werke hast du für uns gewirkt, Herr› (Jes 26,12) – ist ‹der Ursprung und das Ziel› (Offb 1,8; 22,13), ‹der Erste und der Letzte› (Jes 41,4). Er ist also Blüte als *Ursprung,* Frucht als Ziel.

[19] Daher kommt es *erstens,* daß Gott der Ursprung aller jener *Werke* und ihrer allein ist, deren Ziel und lautere Absicht er ist; ein solches Werk wirkt Gott, und so ist es göttlich, weil von Gott gewirkt[2].

Daher kommt es *zweitens,* daß, wie der Psalmist sagt, ‹mein *Gebet* sich in mein Herz zurückwenden wird› (Ps 34,13), wie ich zu demselben Psalm ausführlich bemerkt habe. Ist nämlich (Gott) zum Ziel geworden, so wird und ist er dadurch und

[1] Zum Verständnis der Frage sei auf S. 204 Anm. 8 verwiesen.

[2] Im lateinischen Text Anakoluth, der sich in einer etwas freieren Übersetzung vermeiden läßt.

dadurch allein *Ursprung*[3]. So (geschieht) also (beides) zugleich und durch dasselbe: er blüht und bringt Frucht, ist Blüte und Frucht, und die Blüte ist die Frucht. Dementsprechend läßt sich unser Text so abteilen: *meine Blüten sind Früchte,* und es folgt, davon getrennt: *der Ehre und der Ehrenhaftigkeit.* Hiervon wird weiter unten[4] die Rede sein.

[20] Wiederum *drittens:* im Göttlichen ist *«jegliches in jeglichem»,* das Größte im Geringsten, und so die Frucht in der Blüte. Grund: «Gott», sagt ein Weiser, «ist eine unendliche geistige Kugel, deren Mittelpunkt überall mit der Oberfläche zusammenfällt» und «die so viel Oberflächen hat, als es in ihr Punkte gibt», wie in demselben Buch (der 24 Philosophen) geschrieben steht. Bildlich wird das in der Erzählung vom göttlichen Manna ausgedrückt: ‹auch der, welcher weniger gesammelt hatte, fand nicht weniger› (Ex 16,18), und bei Lukas: ‹Maria hat den besten Teil erwählt› (10,42). Denn das Beste und das Ganze ist im Teil, die Frucht in der Blüte. So ist Gott ganz in jedem Geschöpf, in einem wie in allen. Also bringt ein Werk, das Gottes und göttlich ist, als solches Frucht in der Blüte, und (es treibt) zur Blüte und zu lieblichem Duft (als Frucht).

[21] Daher kommt es *viertens,* daß jedes Werk Gottes *immer neu* ist: ‹in sich verharrend macht er alles neu› (Weish 7,27); ‹sieh, ich mache alles neu› (Offb 21,5), wie ich zum 7. Kapitel des Weisheitsbuches weiter ausgeführt habe.

Wiederum heißt es *fünftens:* ‹im *Anfang* hat Gott Himmel und Erde geschaffen› (Gen 1,1). ‹Er hat geschaffen›: Ziel und Frucht (des Werkes) wird in der Vergangenheit ausgedrückt; (aber) ‹im Anfang›, (und so) ist es Blüte und neu.

[3] Das heißt nach Eckharts Auslegung des Psalmwortes: Das Gebet um Gott selbst schließt die Erhörung bereits ein. Vgl. In Joh n. 646.647.

[4] Vgl. n. 30. Dort wird auch der Sinn der grammatischen Bemerkung Eckharts verständlich.

Daher erklärt es sich *sechstens*, daß Gott, soweit er in sich selbst wirkt, wenn anders man hier von Werk sprechen darf, den *Sohn* immer gezeugt hat und ihn immer zeugt, daß dieser immer geboren ist und immer geboren wird: die Blüte ist die Frucht, die Blüte in der Frucht, die Frucht in der Blüte.

[22] Daher erklärt sich *siebentens* der Ausspruch: ‹im Anfang war das *Wort*› (Joh 1,1). Das Wort, die Frucht, war im Anfang, das heißt in der Blüte. Im Göttlichen ist also die Frucht in der Blüte und ist die Blüte selbst.

Daraus ergibt sich, wie zu bemerken ist, daß der Tugendhafte das tugendhafte *Wirken selbst* als Frucht erachtet, nicht das Gewirkthaben. Denn die Tugend und das Gute bestehen im Tun. Deswegen wäre das Gewirkthaben keineswegs die Frucht der Tugend, wenn das Gewirkthaben nicht Wirken, die Frucht nicht Blüte wäre.

[23] Daraus erklärt sich *achtens* das Wort: ‹selig, die Verfolgung leiden› (Mt 5,10); es heißt nicht: ‹gelitten haben›, wie ich zu derselben Stelle in meiner Matthäusauslegung weiter ausgeführt habe. (Diese Ausdrucksweise) trifft offenbar auf das Göttliche zu. Denn bei Gott selbst (könnte man nicht sagen:) der Vater habe den Sohn gezeugt, wenn bei ihm Gezeugthaben nicht Zeugen wäre. Daher läßt Origenes in seiner Auslegung des Propheten Jeremias die Person des göttlichen Sohnes sprechen: ‹vor allen Hügeln zeugt mich der Herr› (Spr 8,25), «nicht: ‹hat er mich gezeugt›, wie manche fälschlich lesen». So Origenes. Die Übersetzung der Vulgata lautet: ‹wurde ich geboren›. Der Grund ist der: in Gott und folglich im Göttlichen als solchem gibt es *nichts Vergangenes und nichts Zukünftiges*, weder der Sache noch unserer Auffassung nach. Ein Grund dafür ist auch der, daß das Vergangene und das Zukünftige nicht unter das Sein fallen noch in ihm leuchten. Daher heißt es: ‹ich kenne euch[5]

[5] D.h. die Bösen, die als solche, ebenso wie Vergangenes und Zukünftiges, kein Sein haben.

nicht› (Mt 25,12). Augustin sagt dazu, daß Gott das allein kennt, was er in den ewigen Regeln der unveränderlichen Wahrheit findet und (was dort) leuchtet. So ist es ja auch bei uns: durch das Erkenntnisbild eines Menschen wissen wir nur das, was in diesem Bild selbst leuchtet und ist. Daher sehen wir auch nicht Peter in dem Erkenntnisbild Martins, sondern allein Martin. Weil also das Vergangene und das Zukünftige nicht im Sein leuchten noch unter es fallen, so gibt es von ihnen kein Wissen im Sein oder durch das Sein, da sie dort nicht sind; *und das ist die Eigentümlichkeit des Nichtseienden, daß es im Nichtwissen gewußt wird.* Denn das allein weiß man von ihm wahrhaft, daß man es nicht weiß. Das Vergangene und das Zukünftige sind nämlich derart, daß sie nicht sind. Vergangensein ist ja Nichtsein. Weil also das Vergangene und das Zukünftige und anderes des Seins Beraubendes aus dem Bereich des Seienden und damit dem des Seins fallen, so fallen sie folglich auch aus dem Lichtbereich der Wahrheit und der Erkennbarkeit und entsprechend aus dem Bereich des Einen und des Guten. Wie dergleichen also auf diese Weise allein ist, daß es nicht ist, so wird es auf diese Weise allein gewußt, daß es nicht gewußt wird. Und das ist es, was wir meinen (wenn wir sagen): Gott Vater hätte keineswegs den Sohn gezeugt, wenn Gezeugthaben nicht Zeugen wäre. Ein Beispiel dafür: der tugendhafte und göttliche, nämlich gottförmige und Gott gleichförmige Mensch ist *selig im Leiden* (vgl. Mt 5,10) und freut sich des Leidens, nicht des Gelittenhabens. Denn Gelittenhaben hat kein Sein, sondern ist vergangen.

[24] Dazu gehört *neuntens,* was Makrobius in den Saturnalien sagt: «der Wert des sittlich Guten liegt in ihm selbst», das heißt, Frucht in der Blüte ist die *Tugend im Wirken oder Leiden.* Auch Augustin lehrt im 9. Kapitel des 9. Buches Von der Dreifaltigkeit, daß im Bereich des Geistigen «das empfangene und das geborene Wort» ein und dasselbe sind, so daß Blüte und Frucht sich nicht unterscheiden. Denn die *Empfängnis des*

Wortes, die erfolgt, wenn wir etwas, was wir hören oder sehen oder irgendwie denken oder erkennen, anhänglich und innig lieben, ist zugleich Sprößling des Geistes oder geborenes Wort. Wie – nach dem Gesagten – die Frucht in der Blüte, so ist der Sprößling in der Empfängnis, so das empfangene Wort das geborene Wort. Mißfällt aber das, was man hört, sieht und denkt, so haftet und hängt der Geist nicht (in Liebe) an dem Erkannten, Gesehenen oder Gehörten. Deshalb erfolgt in ihm weder Empfängnis noch Befruchtung, und er hat folglich weder Frucht noch Sprößling, weil ja die Empfängnis als solche der Sprößling ist. Daher ist ein solches Werk[6] nicht gut noch verdienstlich noch fällt ihm die Erbschaft zu. Denn (der Geist) haftet und hängt ja nicht an; es ist also nicht Erbe, weil (der Geist) nicht anhaftet[7] und folglich nicht empfängt und somit auch kein Sprößling oder Sohn da ist. Wenn aber kein Sohn, dann auch kein Erbe (vgl. Gal 4,7).

[25] Daher kommt es *zehntens*, daß, wie der Psalmist sagt, ‹Gott anzuhangen für mich gut ist› (Ps 72,28). Denn wer Gott anhängt, empfängt Gott, indem er ihm anhängt, (und) empfängt das, was gut ist; er erblüht, und in der Blüte der Empfängnis ist die Frucht, und sie ist vollkommen. Das ist offenbar das[8], was Augustin im 2. Kapitel des 11. Buches Von der Dreifaltigkeit sagt, daß das Bild des Sichtbaren, das im Gesichtssinn oder im Auge als Sprößling vom Sichtbaren empfangen wird, mit dem Akt des Sehens identisch ist.

[26] Daher kommt es *elftens*, daß der äußere Akt als etwas von der innern Empfängnis Verschiedenes und außer ihr Liegendes ganz und gar nichts hinzufügt – er kann auch nicht

[6] D. h. ein Werk, das ohne Liebe getan wird.

[7] Das lateinische Wortspiel «heres» (Erbe) und «haerere» (anhaften) ist im Deutschen nicht wiederzugeben.

[8] D. h. das, was hier über die Identität von Blüte und Frucht in der geistigen Empfängnis gesagt wird, entspricht dem, was usw.

Frucht genannt werden, da er nicht in der Blüte noch in der Empfängnis ist – nichts, sage ich, hinzufügt zum Sein (des Aktes) als sittlich gutem und göttlichem. Daher besteht das Verdienst, nicht in der Zahl, Größe oder Dauer der (äußeren) Akte, sondern *allein in der Absicht,* in der die Empfängnis des Aktes sich vollzieht, nähmlich in der Minne oder Liebe des Wirkenden.

Das ist *zwölftens* der Sinn des Wortes: ‹eine Blüte wird aufsteigen aus seiner›, das heißt Jesses, ‹Wurzel›. Jesse bedeutet Minneglut, also *Gottesliebe.* Es folgt: ‹ruhen soll auf ihr›, der Blüte nämlich, ‹der Geist des Herrn› (Jes 11,1 f.). Sieh, Gott ruht schon in der Blüte, schon in der Empfängnis wird die Frucht empfangen und vollendet, ohne etwas von außen zu erwarten.

[27] Zudem heißt es *dreizehntens:* Gott ‹ruhte von allem Werk, das er vollbracht hatte› (Gen 2,2). Es heißt nicht etwa nur ‹im Werk›, sondern, *‹vom Werk›* (ab opere), weil für Gott und das Göttliche das Wirken selbst die Frucht ist. Das Wirken selbst läßt also ruhen, und von ihm wird Ruhe gegeben und verliehen. Dem tugendhaften und göttlichen Menschen ist tugendhaft wirken das wahre Leben: ‹Christus ist für mich das Leben› (Phil. 1,21), und: ‹der Gerechte lebt aus dem Glauben› (Röm 1,17). Gewiß gilt dem Gerechten gerecht handeln mehr als nur leben, erstens weil er eher das Leben verschmäht als die Gerechtigkeit preisgibt – ‹für die Gerechtigkeit kämpfe (wie) für deine Seele und bis zum Tode ficht für die Gerechtigkeit› (Sir 4,33) – zweitens weil der Gerechte als solcher aus seinem ganzen Wesen heraus nur gerecht handeln kann. Die Ruhe und Frucht ist also im Werk oder vielmehr ‹vom Werk›, wie der Text sagt, und vom Wirken selbst empfängt (der Gerechte) die Ruhe, die Frucht des Guten in der Blüte und von der Blüte und von gar nichts Äußerem und der Blüte Fremdem.

Wenn aber die Gerechtigkeit und das Leben des Gerechten *im Wirken* bestehen soll, wirkt dann der Gerechte etwa immer gerecht? Ganz gewiß! Denn auch das ist der Sinn unserer Ausführungen: die Gerechtigkeit ist in der Empfängnis im Geist vollkommene und vollendete Frucht. Diese Empfängnis vollzieht sich vor und unbeeinflußt von dem äußeren Wirken. Innen also wacht die Gerechtigkeit, auch wenn der Gerechte schläft: ‹ich schlafe, und mein Herz wacht› (Hld 5,2). Deswegen heißt es treffend: ‹der Gerechte lebt aus dem Glauben› (Röm 1,17). Augustin lehrt, daß die Kräfte der Seele in der verborgenen Tiefe des Geistes *immer wirksam* sind.

[28] Daher kommt es *vierzehntens,* daß jede Wissenschaft, die nicht *im Wissen selbst* haltmacht und ruht, die darin keine Frucht bringt oder sucht und findet, unfrei und nicht um ihrer selbst willen, sondern handwerksmäßig oder buhlerisch[9] ist, da sie außer und neben dem Wissen ihre Frucht sucht. Wer die Wissenschaft und Weisheit so behandelt, sieht sie nicht als seine Braut an (vgl. Weish 8,2), sondern als seine Buhle, nicht als Freie, sondern als Magd (vgl. Gal 4,22 f.). Er hat nicht ihre Wesenform lieb (vgl. Weish 8,2), welche Wissen und Weisesein ist, sondern buhlt mit der Weisheit: lieb hat er die Wesensform dessen, was er mittels der Weisheit außer und neben ihr und außer dem Weisesein sucht. Mag daher ein solcher Mensch auch weise genannt werden, so kann er doch nicht Philosoph, nämlich Liebhaber der Weisheit heißen; er verdient diesen Namen nicht, sondern vielmehr den eines Liebhabers von Reichtum, Ehren, Annehmlichkeiten oder dergleichen, derentwegen er die Weisheit sucht. Wer sein Werk so tut, ist Söldling und Knecht, nicht Sohn, und sein Werk ist tot, nicht eigentlich verdienstlich noch göttlich, wie ich zu dem Wort: ‹wenn der Sohn euch befreit hat, seid ihr wahrhaft frei› (Joh 8,36) bemerkt habe.

[29] Aus allem Vorausgehenden erhellt also: es gehört im eigentlichen Sinne *zum Göttlichen,* daß in ihm Blüte und Frucht

[9] Eckhart bringt mechanicus mit moechari (ehebrechen, buhlen) in Zusammenhang. Die Übersetzung kann dies nicht wiedergeben.

ein und dasselbe sind. *Anders* aber ist es in jedem Werk, das und in dem *das Geschöpf* als solches wirkt, dessen Ursprung und erstrebtes Ziel es selbst ist. Und das ist der Sinn des Wortes *meine Blüten sind Früchte.* Thomas jedoch sagt zur Erklärung dieser Worte in (der Summe der Theologie) Teil III Frage 70 Artikel 1: «es steht nichts im Wege, daß aus einer Frucht eine andere hervorgeht, wie das Ziel» einer Seinsordnung dem Ziel einer umfassenderen untergeordnet ist. Deshalb «haben unsere Werke, insofern sie Wirkungen des in uns tätigen Heiligen Geistes sind, die Bedeutung von Früchten» im Leben der Gnade (vgl. Gal 5,22 f.), «insofern sie aber auf das Ziel des ewigen Lebens hingeordnet sind, die von Blüten».

[30] Ich bin gleich wie der Weinstock. Es ist zu bemerken: die ganze Vollkommenheit der nachgeordneten Wesen besteht darin, daß sie denen der obern Welt ähnlich werden. Deswegen sagte, wie Dionysius berichtet, der Philosoph Klemens, daß die Wesen der obern Welt die Urbilder derjenigen der niedern Welt sind und sich zu ihnen nach Art der Ideen[10] verhalten. Und das ist es, was hier durch den Mund eines heiligen Mannes gesagt wird: ich bin gleich wie der Weinstock, das heißt ähnlich dem Weinstock, der Christus ist (vgl. Joh 15,1).

In den bisherigen Ausführungen über *flores mei fructus* wird das Wort *fructus* als Nominativ genommen: *meine Blüten sind Früchte.* Es kann aber auch als Genitiv aufgefaßt werden; dann hat der Satz den Sinn: *meine Blüten*[11] *bringen eine Frucht hervor,* die Frucht *der Ehre und der Ehrenhaftigkeit.* Beide unterscheiden sich dadurch, daß «die Ehre die äußere Ehrfurchtsbezeigung gegenüber der Tugend ist». Die Ehre hängt also von etwas anderm außer uns ab. Daher sagt der Philosoph (Aristoteles) im 1. Buch der (Nikomachischen) Ethik, die Ehre sei mehr im Ehrenden als im Geehrten; nicht, wie viele es

[10] Im Sinne Platos.

[11] D. h. meine guten Werke.

falsch verstehen, als sei Ehre erweisen mehr und größere Ehre für den Ehrenden als für den Geehrten. Denn das ist falsch und gegen die Meinung des Philosophen. Er will vielmehr sagen, daß die Ehre als äußere Bezeigung der Ehrfurcht von etwas anderm außer uns abhängt. Hierauf stützt sich auch sein Beweis, daß die Glückseligkeit oder das höchste Gut des Menschen nicht in der Ehre besteht. Denn die Ehre hängt von etwas anderm außer uns ab, das höchste Gut des Menschen aber hängt nicht von außen ab noch erfordert es einen ändern oder ein anderes außer uns. Der Ehrenhaftigkeit: die Ehrenhaftigkeit oder das der Ehre Würdige umfaßt die Tugend und jegliches göttliche Gut, das nicht in der Kraft eines ändern, sondern durch seine Kraft anzieht, da es weder Ziel noch Ursprung außerhalb seiner selbst hat. (Die Schrift) stellt aber die Worte der Ehre voraus und läßt die Worte der Ehrenhaftigkeit folgen, weil diese als etwas Innerliches verborgen ist, die Ehre aber oder die Ehrfurchtsbezeigung offenliegt und aus der erwiesenen Ehre allen die Ehrenhaftigkeit und ein gotthaftes Sein in dem Geehrten kund wird.

Zweite Predigt

Spiritus meus super mel dulcis
Mein Geist ist süßer als Honig.
Sir 24,27

Die Einleitung dieser Predigt zieht Vergleichsstellen zum neuen Leittext «Mein Geist ist süßer als Honig» (n. 31) heran. Dann wird, wie in der ersten Predigt, die einladende Weisheit mit einem anschaulichen Beispiel geschildert. Sie ist diesmal nicht Wirt, sondern Verkäufer (n. 32). Der andere Einstieg zur Predigt sieht vielleicht einen bestimmten Anlaß vor.
Die Weisheit empfiehlt sich durch fünf Eigenschaften, die mit den fünf Worten des Leitsatzes parallelisiert werden: «Geist» als Sein Gottes (n. 34); «mein»: der Geist als Grund alles Guten (n. 35); «über» (man beachte die Wortfolge des latein. Bibelverses) als Erhabenheit Gottes (n. 36); «süß» als Lieblichkeit Gottes, die über alle Erfahrung an Angenehmem geht (n. 37). Diese Lieblichkeit kommt dem Logos zu, in dem alles auf die ihm eigene Weise ist, das Niedere also in der Form des Oberen selbst (n. 38). Darauf folgt wiederum eine zweite Auslegung des Leitwortes auf Maria (Sündlosigkeit, Mutterschaft, Mildtätigkeit, n. 39). Jungfräulichkeit und Mutterschaft werden im Sinne der Vorlesung über «Blüte» und «Frucht» ausgelegt. (Vergleiche dazu DW 1, Pr. 2, in dieser Auswahl S. 113 ff.)

[31] ‹Sein Geist hat die Himmel geschmückt› (Ijob 26,13). ‹Sein Geist›. Wessen? ‹Sein›, des Vaters und Herrn des Himmels und der Erde: ‹ich preise dich, Vater, Herr des Himmels und der Erde› (Mt 11,25); ‹im Anfang hast du, Herr, die Erde gegründet, und deiner Hände Werk sind die Himmel›

(Ps 101,26). ‹Er hat die Himmel geschmückt›. Welche Himmel? Die Prediger, die Gottes Herrlichkeit predigen und meinen: ‹die Himmel verkünden die Herrlichkeit Gottes› (Ps 18,2).

«Sie sind die Himmel»,
wie wir in einer Sequenz singen,
«in denen du, Christus, wohnst
in deren Worten du donnerst,
blitzest mit Zeichen,
tauest mit Gnade».

‹Tauet, ihr Himmel, von oben her› (Jes 45,8). Weil also der Geist des Vaters die Himmel schmückt, laßt uns eben diesen Geist anrufen, um seine Gnade zu erlangen.

Mein Geist ist über dem Honig süß.

[Geliebte! Bei den feierlichen Antrittsvorlesungen der Theologen besteht folgender Brauch: einer von den ersten (das heißt) älteren Meistern stellt eine Frage, und einer von den jüngeren antwortet auf sie. Es ist gewiß schon lange her, daß einer aus der Urzeit des Alten Bundes die Frage stellte: ‹was ist süßer als Honig?› (Ri 14,18) Ein ganz junger Meister, der heute anfängt, heute geboren wird – ‹der Herr sprach zu mir: mein Sohn bist du, heute habe ich dich gezeugt› (Ps 2,7) – antwortet jetzt auf sie mit den Worten: mein Geist ist weit süßer als Honig.]

[32] Geliebte! Käufer und Verkäufer pflegen sich gegensätzlich zueinander zu verhalten; der Verkäufer empfiehlt seine Ware, um Käufer anzulocken, der Käufer hingegen bemängelt sie, um billiger zu kaufen. ‹Schlecht ist's, schlecht ist's, sagt jeder Käufer; ist er aber fortgegangen, dann rühmt er sich› (Spr 20,14). Dabei ist zu bemerken, daß er zweimal sagt: ‹schlecht

ist's›. Erstens, weil es niemals bei einem Übel bleibt. Was nämlich vom Guten abfällt, fällt folglich vom Sein und damit vom Einen ab, das mit jenem vertauschbar ist; auch treibt ein Übel seiner Natur nach zu einem ändern hin, gemäß dem Wort: ‹ein Abgrund ruft den ändern herbei› (Ps 41,8). «Schnell zieht nämlich (eine Sünde) durch ihre eigene Schwere zu einer andern hin», wie Gregor sagt. Denn die Sünde ist meist eine Strafe der Sünde, und Schuld ist schon an sich Strafe, wie Augustin zum 57. Psalm lehrt. Es gibt aber auch einen andern, näher zu unserm Thema hinführenden Grund, weshalb (der Käufer) zweimal sagt: ‹schlecht ist's, schlecht ist's›. Denn die Käufer pflegen häufig, nicht zufrieden mit einem, mehrere Mängel an einer Ware aufzuzählen. Wer zum Beispiel ein Pferd kaufen will, bemängelt, daß es zu alt oder zu jung zum Arbeiten sei, daß es lahme oder halbblind sei, und dergleichen mehr. Der Verkäufer hingegen empfiehlt seine Ware. So lädt auch die göttliche Weisheit alle ein, sie zu erwerben, und sagt: ‹kommt her zu mir alle› (V. 26). Ihre edlen Eigenschaften empfiehlt sie mit den Worten: *mein Gott ist weit süßer als Honig.*

Es ist aber zu beachten, daß sie die Käufer mit den Worten einlädt: ‹kommt her zu mir alle›. Nach Augustins Lehre gibt es nur eins, was alle wollen, nämlich selig sein oder Gott besitzen. Der Grund ist der: das allen gemeinsame Ziel ist allein das letzte Ziel, und das ist Gott, die Seligkeit, das höchste Gut. Sie sagt also: ‹kommt her zu mir alle›. Ebenso (sagt der Herr): ‹kommt alle zu mir› (Mt 11,28); ‹er ruft das, was nicht ist, wie das, was ist› (Röm 4,17).

[33] Es sind aber fünf (Eigenschaften), durch die die göttliche Weisheit sich empfiehlt, damit wir sie erwerben. Die erste ist die unvermischte Reinheit ihrer Natur: *Geist.* Die zweite ihre Eigentümlichkeit als Quellengrund des allumfassenden Guten: *mein.* Die dritte die nie begriffene Erhabenheit ihres Vorranges: *über (super).* Die vierte ihre im Hinblick auf an-

dere Güter unvergleichbare Vollkommenheit: (weit süßer) *als Honig*. Die fünfte die einladende Lieblichkeit ihrer Süße: *süß(er)*.

[34] Auf die *erste* Eigenschaft weist sie also hin mit dem Wort Geist. Dadurch wird die unvermischte Reinheit der göttlichen Wesenheit gekennzeichnet: ‹Gott ist Geist› (Joh 4,24). Diese Worte möge man in diesem Zusammenhang so umstellen: ‹der Geist, Gott, ist›. ‹Der da ist, hat mich zu euch gesandt› ‹Das ist mein Name in Ewigkeit› (Ex 3,14 f.); das heißt nach Umstellung: ‹dieser Name «er ist» (gebührt) mir in Ewigkeit›. (Es ist) ‹der Name, der über allen Namen ist› (Phil 2,9). Denn das Sein oder ‹der da ist› ist nach Johannes von Damaskus der vornehmste aller Gottesnamen. Man teile also den Satz so ab: ‹er gab ihm den Namen «er ist»› oder das Sein oder ‹der da ist›, was – ich meine das Sein – ‹über alle Namen› ist, da es ja das Erste und folglich über alle Namen Erhabene ist. Darüber habe ich ausführlich zu dem Wort: ‹er gab ihm einen Namen, der über alle Namen ist› (Phil 2,9) gehandelt. Dies über die erste Eigenschaft, nämlich die unvermischte Reinheit der göttlichen Natur: *Geist*.

[35] Es folgt (zweitens) *mein*. Damit wird ihre Eigentümlichkeit als Quellgrund des allumfassenden Guten gekennzeichnet. *Mein Geist,* sagt sie. Wenn ‹der Geist Gott ist› (Joh 4,24), «aus dem alles, durch den alles, in dem alles ist» (vgl. Röm 11,36), so erhellt, daß der Geist der Quellgrund des allumfassenden Guten ist und daß dies seine Eigentümlichkeit und ihm (allein) eigen ist. Sie sagt also *mein*. ‹Alles ist durch ihn[1] geworden, und ohne ihn ward nichts› (Joh 1,3). «Alles durch ihn›: seht den Ur- und Quellgrund! ‹Ohne ihn nichts›: seht seine Einzigartigkeit! *Mein Geist,* sagt sie. ‹Mein Geist wird in eurer Mitte sein› (Hag 2,6); ‹ich will meinen Geist über

[1] D. h. den Sohn, das Wort, dem die göttliche Weisheit besonders zugeeignet wird.

deine Nachkommen ausgießen›, ‹und sie werden sprossen wie Weiden an Wasserbächen› (Jes 44,3 f.). ‹Über[2] deine Nachkommen› (sagt der Herr).

[36] Dies ist die dritte *Eigenschaft,* nämlich die unvergleichbare *Erhabenheit* Gottes oder des Geistes: (mein Geist ist) *über dem Honig.* ‹Honig und Milch sind unter ihrer[3] Zunge› (Hld 4,11). ‹Unter› heißt es, nicht ‹über›, sondern ‹unter ihrer Zunge›. (Die Weisheit) sagt also: *mein Geist ist über dem Honig.* Soviel zur dritten Eigenschaft.

[37] Es folgt *süß.* (Dies besagt) die unaussprechliche *Lieblichkeit* der Süße der göttlichen Weisheit, und das war die vierte Eigenschaft: ‹wie gut und lieblich ist, Herr, dein Geist› (Weish 12,1). ‹Ihre Frucht ist meinem Gaumen süß› (Hld 2,3). Süß, sage ich, aber weit süßer als Honig. Denn ‹ihre Frucht birgt das Höchste an Süße›[4] (11,3).

[38] Und dies ist die *fünfte* Eigenschaft, nämlich die einladende unvergleichliche Lieblichkeit ihrer Süße. (Zum Verständnis) ist zu bemerken, daß es heißt: ‹das Höchste an Süße›; das (Höchste), wovon jedes Ding seinen Anfang nimmt, ist seine Idee. Die Idee ist ja früher und vorzüglicher als das Ding selbst, nämlich dessen Ursprung und Ursache: ‹im Anfang war das Wort› (Job 1,1) – der griechische Text hat Logos, das heißt Idee – und so ist die Idee stets früher als das Ding selbst. Sie leuchtet in ihm, nicht (von ihm) umfaßt, sondern es umfassend: ‹das Licht leuchtet in der Finsternis, und die Finsternis hat es nicht erfaßt› (Job 1,5). ‹Das Licht›, sage ich, bezeichnet die Idee eines Dinges; die Dinge selbst sind ‹die Finsternis›.

[2] Hier und im folgenden Abschnitt betont Eckhart die Präpositionen «über» und «unter», um auf die Erhabenheit des göttlichen Geistes hinzuweisen. Vgl. zum Verständnis Sermo XXII n. 213, S. 325.

[3] Der göttlichen Weisheit (vgl. n. 37).

[4] Wörtlich: ‹den Anfang der Süße›. Das muß man für die folgende Deutung beachten. In dem Vers ist übrigens nicht von der Frucht der Weisheit, sondern von dem Erzeugnis der Biene, dem Honig, die Rede.

Ganz allgemein ist nämlich die Idee eines Dinges als dessen Ursprung und übergeordnete Ursache ‹Licht›, das Ding selbst aber ist als verursachtes und untergeordnetes ‹Finsternis›. Denn das Niedere hat als solches keinerlei Vollkommenheit oder Licht aus sich, sondern seinem ganzen Wesen nach alles von seinem übergeordneten Ursprung, der es verursacht. Das Niedere ist nämlich als solches seinem ganzen Wesen nach erleidend, bloß und ohne Form, das Obere hingegen «von Natur reich» und einwirkend und als Form leuchtend. ‹Wie groß ist›, sagt der Psalmist, ‹die Mannigfaltigkeit deiner Süße, Herr, die du verborgen hast› (Ps 30,20). (‹Deiner) Süße›: Gottes Süße ist die Idee der Süße; denn ‹Gott war›, wie die Weisheit sagt, ‹das Wort› (Joh 1,1), das heißt die Idee. ‹Du hast (deine Süße) verborgen›; denn jedes Ding liegt in seiner Idee verborgen und versteckt. Das Feuer ist nämlich in seiner Idee nicht Feuer noch heißt es Feuer; (in dieser Seinsweise) hat es also weder Namen noch Natur des Feuers und ist so in seiner Ursache verborgen. Das ist also der Sinn des Wortes: *mein Geist (ist weit süßer als Honig)*. So löst sich die Rätselfrage im Buch der Richter (14,18): ‹was ist süßer als Honig?›

[39] *Mein Geist (ist weit süßer als Honig)*. Nachdem wir diese Worte von der *Weisheit Gottes des Vaters* ausgelegt haben, bleibt jetzt noch übrig, sie von der Mutter des Wortes (Maria) auszulegen, welches die Kraft und die Weisheit Gottes des Vaters ist (vgl. 1 Kor 1,24). So verstanden weisen sie auf drei (Vorzüge Mariens) hin. Der erste ist ihre *Unversehrtheit* von aller fleischlichen Verderbnis: *Geist*. ‹Der Geist begehrt wider das Fleisch› (Gal 5,17). Der zweite ist ihre wunderbare *Fruchtbarkeit* als Gottesmutter: *mein* Geist. ‹Der Heilige Geist wird von oben her in dich kommen›, ‹und das Heilige, das aus dir geboren werden soll, wird Sohn Gottes genannt werden› (Lk 1,35). Der dritte ist ihre Süße und Milde als *Hilfe der Armen*, ja vielmehr aller: *weit süßer als Honig*. Diese drei Vorzüge zusammen (enthält der

Gruß): ‹ave, du Gnadenvolle, der Herr ist mit dir› (Lk 1,28). Ave, das heißt ohne das Weh[5] fleischlicher Verderbnis, bezieht sich auf den ersten. ‹Der Herr ist mit dir› betrifft die Fruchtbarkeit der Mutterschaft – das war der zweite – ‹Gnadenvolle› den dritten, nämlich ihre hilfreiche Güte und Erbarmung.

[40] Sie ist also Jungfrau – das besagt der erste – und Mutter – das besagt der zweite Vorzug: ‹meine Blüten sind Früchte› (24,23). Blüte weist auf die Jungfrau hin, Frucht auf die Mutter. Beda sagt in der Homilie über Lk 11,27 f.: «wunderbare Magd, die ohne Verletzung der jungfräulichen Scham ihren Schöpfer gebar!» Wiederum preist Beda in derselben Homilie diese beiden Vorzüge zusammen mit dem dritten: «gebenedeite Mutter, die der Hölle Verderber, des Himmels Erwerber, unsern Heiland, der Welt Erlöser, der Engel Freude, der Menschen Leben, der Himmel Glanz, der Heiligen Krone, des Paradieses Leuchte, die Seligkeit aller gebar». Soweit über den dritten Vorzug. Es folgt: «sie gebar als Mutter und Jungfrau», und das betrifft den zweiten und ersten Vorzug. Hieronymus sagt in seiner Predigt Über die Himmelfahrt (Mariens) bei der Behandlung des Wortes: ‹gegrüßt seist du, Gnadenvolle› (Lk 1,28): «es ziemte sich, daß die Jungfrau mit solchen Gaben überhäuft ward, daß sie die Gnadenvolle war, sie, die den Himmeln Glanz verlieh, die der Erde Gott schenkte und den Frieden wiedergab (vgl. Lk 2,14), die den Heiden den Glauben verlieh, den Lastern ein Ende bereitete, in das Leben Ordnung und in die Sitten Zucht brachte». Ferner sagt Hieronymus: «mit Recht (heißt sie) die Gnadenvolle, denn den übrigen ward nur ein Anteil (an der Gnade), in Maria aber ergoß sich die Fülle der Gnade ganz». «Wahrhaft Gnadenvolle, durch welche alle Geschöpfe mit des Heiligen Geistes Gnadenregen überströmt worden sind».

[5] Im Mittelalter beliebte Deutung des Grußwortes: a-vae (geschrieben ve = weh, wobei a als Alpha privativum verstanden wird).

Dabei ist zu beachten, wie sehr dies zusammenstimmt: wie der Vater im Sprechen des Wortes (mit diesem) auch die Geschöpfe hervorbringt, so hat die selige Jungfrau in der Geburt des Sohnes alle Geschöpfe mit Gnade überströmt. Dieser Gnade mache uns Gott teilhaftig, dessen *Geist weit süßer ist als Honig.*

Zweite Vorlesung über Jesus Sirach

24,27b–31

Die zweite Vorlesung legt einige ausgewählte Stellen aus den Versen 27 bis 31 aus. Im Zentrum steht die Auslegung von Vers 29 (n. 42–61); «wer von mehr zehrt, hungert weiter…» Es geht dabei um das Verhältnis von Seinsverlangen und Seinsverleihung. Eckhart meint, wem das Sein geliehen werde, der verlange gerade danach. Dies wird mit Hilfe der Analogielehre begründet, einer der berühmtesten Texte Eckharts (n. 52–53); vgl. dazu die Einführung in die Auslegung von Vers 29.

Die Predigten und Vorlesungen über Jesus Sirach sind trotz vieler anschaulicher Beispiele und Berührungspunkte mit dem deutschen Werk (Anfang des Buches der göttlichen Tröstungen und andere Texte) nicht leicht zu verstehen. Die Schwierigkeit liegt in der «Kehre», die Eckhart von unserem Denken verlangt: nicht den göttlichen Bereich als Überbau der Wirklichkeit zu verstehen, sondern als die Wirklichkeit selbst, insofern diese über sich hinausverweist, selbst über ihre Gegensätze hinaus, zu ihrer verborgenen Einheit in Gott.

Hereditas mea super mel et facum
Mein Erbe übertrifft Honig und Honigseim
Sir 24,27

Das Erbe ist die «Sohnschaft», die mehr ist als Schau des Intellekts und mehr als Liebe, (n. 41)

[41] Merke: das Erbe gehört allein dem Erben. Erbe aber ist der *Sohn:* ‹wenn Sohn, dann auch Erbe› (Gal 4,7). Denn der Sohn bleibt, und das Erbe hängt an ihm: ‹der Sohn bleibt› im Hause ‹auf ewig› (Joh 8,35). Um also Erben des Himmelreiches zu sein, müssen wir Gottes Söhne sein. Das ist Gottes größtes, alle andern überragendes Geschenk, daß er uns ‹Macht gab, Gottes Söhne zu werden› (Joh 1,12), und zwar dem Geist nach. Daher ist auch «in den in der Zeit entstandenen Dingen dies die höchste Gnade, daß ein Mensch mit Gott zur Einheit der Person verbunden wurde», wie Augustin im 19. Kapitel des 13. Buches Von der Dreifaltigkeit sagt. Das ist der Sinn dieses Wortes: mein Erbe übertrifft Honig und Honigseim, das heißt, das Recht auf den Besitz des Erbes, nämlich die Sohnschaft, übertrifft Honig und Honigseim, wobei man unter Honig und Honigseim das Ding oder das Seiende und seine Idee zu verstehen hat. Diese beziehen sich auf zweierlei: auf den Verstand die Idee, auf den Willen das Seiende draußen. Der Sinn ist also: mein Erbe, nämlich die Sohnschaft, ist auch der Lohn, der Honig und Honigseim übertrifft. Er ist ja erhabener als alle Beschauung des Verstandes und aller Brand des Willens und der Liebe, gemäß dem Wort: ‹um Sions willen werde ich nicht schweigen und um Jerusalems willen nicht ruhen, bis sein Gerechter wie ein Blitz hervorgeht› (Jes 62,1). Das habe ich zu Jes 62 weiter ausgeführt.[1]

[1] Dieser Teil von Eckharts Auslegungswerk ist nicht erhalten. Vergleichsstellen zeigen, daß die Gottesgeburt in der Seele des Gerechten gemeint ist.

Qui edunt me, adhuc esuriunt etc.
Wer von mir zehrt, hungert weiter (und wer von mir trinkt, dürstet weiter).
Sir 24,29

Das «Hungern und Dürsten» der Schöpfung nach Gott (n. 43) wird beschrieben: zunächst (1.) durch Unterscheidung zwischen endlichem und unendlichem Verlangen in der Natur (n. 42); dann (2.) im Verlangen des Seienden nach dem Sein (n. 44), denn Seiendes ist «Vom-Anderen-Sein», das «ununterbrochen» empfangen muß, um überhaupt da zu sein, und nur den nackten «Hunger» als Vermögen zum Sein hat (n. 45–47). Das Sein als Ursache des Seienden (3.) unterscheidet sich von den irdischen Ursachen, die nur das Werden beeinflussen können, während Gott zugleich alles unaufhörlich im Sein erhält und werden läßt (n. 48), ohne einer weiteren Ursache zu bedürfen (n. 49) und ohne ein anderes Ziel als sich selbst zu kennen (n. 50). Intellekt und Liebe kennen in ihm kein Ende (n. 51).
N. 52–53 enthält die berühmte Analogielehre Eckharts, die nach seinem eigenen Wort (n. 53) von vielen nicht richtig verstanden wird. Analogie heißt: Gliederung desselben in verschiedene «Seinsweisen», von denen die niederen nur Verweischarakter auf die oberen haben, aber keinen Anteil an ihnen. Beispiel: Die «gesunde» Speise verweist bloß auf die Gesundheit im Menschen; der Mostkranz am Wirtshaus zeigt das Getränk nur an. Jedes Seiende aber «hat» Sein und «Vollkommenheit», d. h. seine Daseinsmöglichkeit und seine Vollendungsmöglichkeit (z. B. die Rechtfertigung im theologischen Sinne) nur analog, das heißt uneigentlich und von außen, und das heißt wiederum von Gott. Es erfüllt seine Existenz, indem es von sich weg und über sich hinauf weist auf das, woraus es «ist», durch das es ständig im Dasein gehalten wird. Der entscheidende Satz steht zu Beginn von n. 53: was zu einem andern in analogem Verhältnis steht, hat in sich selbst nichts, um dieses Verhältnis zu begründen, also keinen Selbstand. Deshalb ist es in sich selbst nichts. Aber von Gott im Sein gehalten, dürstet es und hungert nach ihm, denn Gott als das den

Geschöpfen Äußerste ist zugleich ihr Innerstes: ihr Sein selbst, sofern sie sind (n. 54). Der Hunger bewirkt auch nicht – wie im natürlichen Bereich die Geschmacksform der Speise – die Form des Daseins, sondern diese Form bewirkt umgekehrt sein Heraustreten aus dem Nichts (n. 55). Im göttlichen Bereich gibt es auch keine Übersättigung des Hungers und Durstes, weil jeder Akt dem «ersten Schluck» gleich ist, das heißt Daseinsverleihung und Vervollkommnung sind ein *Akt. Schöpfung und Vollendung sind derselbe Akt (n. 56.57). Übersättigung ist schon deshalb nicht möglich, weil der Hunger beständig ist: Geschaffensein ist nichts als reines «Zehren» nach Gott.*
N. 59 bietet andere Auslegungen zum Vergleich an, wobei auf den Gegensatz zu Thomas eigens hingewiesen wird, vor allem in n. 60, wo es darum geht, das Wesen des Hungers nicht aus dem Mangel (an Speise oder Sättigung) zu erklären, sondern aus dem Besitz des Verlangten: bei Eckhart hungern die Geschöpfe, weil sie schon im Sein gehalten werden, weil sie sind, nicht weil ihnen das Sein noch mangelt. Hungern nach Gott (= Seinsverlangen) und Seinsverleihung Gottes sind dasselbe.

[42] Es ist *(erstens)* zu bemerken: Hunger und Durst im eigentlichen Sinn ist das naturhafte Sehnen, Verlangen und Vermögen auf die (entsprechende) Verwirklichung hin. Jedes Sehnen, Verlangen und Vermögen, das auf etwas *Endliches* hingeordnet ist, hungert daher nicht immer und dürstet nicht immer; hat es vielmehr sein Ziel erreicht, so zehrt und trinkt es davon und dürstet und hungert gar nicht mehr. Hat (das Holz) die Form des Feuers vollkommen erlangt, so hat auch die ihr folgende Hitze ihren Endpunkt erreicht[2]. In diesem

[2] Vielleicht sind in diesem Satz einige Worte ausgefallen, so daß er etwa folgendermaßen ergänzt werden muß: «... erlangt, so nimmt die der Form vorhergehende und auf sie vorbereitende Hitze ein Ende, und es entsteht die der Form folgende vollkommene Hitze».

Sinn heißt es: ‹bittet, daß eure Freude vollkommen sei› (Joh 16,24). Bei dem aber, wo das Ziel *unendlich* ist, verhält es sich umgekehrt. Denn dergleichen zehrt immer und hungert immer, und sein Hunger ist desto heißer und gieriger, je mehr es zehrt. Zum Beispiel ist die unbegrenzte erste Materie auf alle Formen hingeordnet, die entstehen und vergehen und deren Zahl unbegrenzt ist. Mag sie nun auch niemals ohne Form sein und so immer zehren, so verlangt und hungert sie deshalb doch immer nach einer andern Form, weil sie keine findet, in welcher alle (beschlossen) wären. Deshalb wird sie, nach der Deutung des Maimonides im 3. Buch (des Führers der Unschlüssigen) Kapitel 9, von Salomo (vgl. Spr 5,2–6; 7,6–15) unter dem Bild der Buhlerin beschrieben, die einen Mann hat und (doch) immer einen andern begehrt. Ferner, da jeder Teil der Himmelssphäre ein Vermögen und folglich Durst und Verlangen nach jedem und allem Wo hat, so ist deshalb, wie wir sehen, sein Wo immer irgendwo, und (doch) verlangt und dürstet er immer nach allen. Und das ist die eine wahre Ursache dafür, daß die Bewegung jenes («Himmels») Körpers von Natur aus immer währt. Und umgekehrt, weil die leichten und schweren Körper auf ein bestimmtes Ziel oben oder unten hingeordnet sind, so zehren sie (von ihm), sobald sie es erlangt haben, ruhen (in ihm) und dürsten im eigentlichen Sinne nicht weiter. Deshalb bewegen sie sich von da ab nicht mehr und suchen, dürsten und hungern nicht weiter.

[43] Nun ist *Gott* aber die unendliche Wahrheit und Gutheit und das unendliche Sein, und so zehrt von ihm und hungert nach ihm alles, was ist, was wahr ist, was gut ist: es zehrt von ihm, weil es ist, weil es wahr ist, weil es gut ist; hungert nach ihm, weil er unendlich ist: ‹alle sehen ihn, ein jeder schaut von fern› (Iob 36,25); ‹vom höchsten Himmel geht er aus, und niemand kann sich vor seiner Glut verbergen› (Ps 18,7). Johannes von Damaskus sagt zu Beginn seines Buches: «Gott hat uns

nicht in völliger Unkenntnis über sich gelassen; denn allen ist die Erkenntnis des Daseins Gottes von Natur aus eingepflanzt». So prägt uns also Gottes Weisheit in den vorausgehenden Worten: *wer von mir zehrt, hungert weiter* die Unendlichkeit ihres Seins, ihrer Wahrheit und Gutheit ein. So sehen wir ja drittens bei allem, was der Quantität unterliegt, daß es immer so und so groß und (damit) geteilt oder unterschieden ist; nichtsdestoweniger dürstet es, weil es der Quantität unterliegt, immer nach der Teilung und trinkt und zehrt immer von der Teilung; denn immer ist es etwas Geteiltes.

[44] *Zweitens* ist zu bemerken: das, wonach alles dürstet, hungert, sucht und verlangt, ist das *Sein*, wie in der Natur so in der Kunst. Denn dazu und deshalb mühen sich Kunst und Natur, daß ihre Wirkung sei und Sein habe. Denn ohne Sein ist das ganze Weltall nicht mehr wert als eine Mücke, die Sonne nicht mehr als die Kohle und die Weisheit nicht mehr als die Unwissenheit. Das betont Avicenna im 6. Kapitel des 8. Buches seiner Metaphysik: «das, was jedes Ding ersehnt, ist das Sein und die Vollkommenheit des Seins, insofern es Sein ist. Das also, was wahrhaft ersehnt wird, ist das Sein». Kein Seiendes aber ist das Sein, noch ist in ihm die Wurzel des Seins. Augustin fragt im 1. Buch der Bekenntnisse: «kann etwa jemand der Bildner seiner selbst sein? Oder entspringt eine einzige Ader, aus der uns Sein zuströmt, anderswoher als allein daraus, daß du (uns) schaffst, weil du im höchsten Sinn Sein bist»? Der Grund ist der: alles, was vielen oder allen gemeinsam ist, kann nicht irgendeins von den vielen oder allen als Wurzel oder Ader haben, aus der es allen zuströmte. Denn dann wäre diese (eine) die Wurzel und der Ursprung seiner selbst, und der Ursprung stände nicht über dem, was aus ihm hervorgeht, sondern auf gleicher Stufe mit ihm.

[45] Es erhellt also, daß jedes Seiende und alles, was zur Zahl des Seienden gehört, nicht aus sich, sondern *von einem andern* über sich das Sein hat, nach dem es dürstet, hungert

und verlangt. Deshalb haftet, hängt und beginnt das Sein nicht in ihm; und es bleibt nicht, wenn das Obere – sei es auch nur in Gedanken – abwesend ist. Deshalb dürstet es immer nach der Gegenwart seines Obern, und man kann eher und eigentlicher sagen, daß es das Sein *ununterbrochen empfängt,* als daß es dies als festen oder auch nur als anfangenden Besitz habe. So dürstet und verlangt also jedes Seiende, als in sich und aus sich leer, nach dem Sein, wie die Materie nach der Form und «Häßliches nach dem Guten». Und das ist der Sinn dieses Wortes: *wer von mir zehrt,* der ich das Sein bin – ‹ich bin, der ich bin›; ‹der da ist, hat mich gesandt› (Ex 3,14) – *hungert weiter,* da ja (das Seiende) an sich bloß und (nur) Vermögen zum Sein ist. Dieses Vermögen ist Verlangen und Durst nach dem Sein selbst.

[46] Ein handgreifliches Beispiel und eine Begründung für das Gesagte findet sich beim Licht und bei der Hitze im Mittel. Denn wegen der Übereinstimmung und Gleichartigkeit der Materie hier und dort schlägt die Hitze und die Form des Feuers, der sie folgt, im Mittel, nämlich in der Luft, Wurzel. Sobald deshalb die Luft erhitzt ist, schlägt die Form des Feuers schon Wurzel und haftet (in ihr) und ist sozusagen ein Anfang des Feuers. Anders ist es beim Licht, da es eine aktive Qualität ist und der Form der Sonne oder der Sphäre oder des Himmels folgt, der mit den Elementen keine Übereinstimmung in der Materie hat. Deshalb schlägt die Form der Sonne und ihre der Form folgende Qualität, nämlich das Licht, im Mittel nicht Wurzel noch hat sie hier irgendwie einen Seinsanfang. Daher kommt es, daß nach dem Untergang der Sonne die in der Luft schon verwurzelte und irgendwie begonnene Hitze bleibt; anders das Licht, das augenblicklich verschwindet und die Luft verläßt, da es ja auch nicht nach dem kleinsten Teil der Form, der es folgt, (in ihr) wurzelt, sondern nur im Durst, das heißt im Verlangen (der Luft nach dem Licht).

Dürstend empfängt also (das Seiende) das Sein. Deshalb zehrt es immer und hungert (dennoch), da es hungernd das Sein empfängt, durch das es ist und von dem es zehrt. Anders ist es bei jedem andern, das nicht nach dem Sein als solchem und seiner Ursache dürstet, sondern nach einem Sein bestimmter Art. Denn dies empfinge durch sein Dürsten und Verlangen nicht *das* Sein, sondern *dieses* Sein, und dadurch wäre ein solches nicht Seiendes (schlechthin), sondern dieses Seiende. Es heißt also bezeichnenderweise: *wer von mir zehrt,* mir allein nämlich, der ich (Gott) das Sein und die Ursache des Seins bin, *hungert weiter.*

[47] *Drittens* legt man das Wort: wer von mir zehrt, hungert weiter in dem Sinn aus, daß *Gott* Ursprung und Ziel (vgl. Offb 1,8), Blüte und Frucht (vgl. Sir 24,23) ist, wie oben erklärt wurde.

Viertens ist zu bemerken: aus demselben sind wir und nähren wir uns, wie der Philosoph sagt. Wir sind aber *durch das Sein;* insofern wir also sind und Seiendes sind, nähren und pflegen wir uns durch das Sein. Und so zehrt jedes Seiende von Gott als dem Sein; es dürstet aber jedes Seiende nach dem Sein selbst, wie oben gesagt wurde. Und das ist der vierte Sinn dieses Wortes: wer von mir zehrt, hungert weiter.

[48] *Fünftens* ist zu bemerken: die andern Ursachen außer der ersten Ursache, die Gott ist, sind nicht Ursache des Seins der Dinge noch des Seienden, insofern es seiend ist, sondern vielmehr Ursache des *Werdens.* Sobald deshalb ihre Wirkung selbst fertig und vollendet ist, haben sie weiterhin keinen Einfluß (mehr) auf sie. Deshalb trinken und zehren die Wirkungen solcher Ursachen zwar von ihren Ursachen, aber sie dürsten, suchen und verlangen nicht nach ihnen. Zum Beispiel: ein Haus trinkt und zehrt von der Form, die der Baumeister ihm kraft seiner Baukunst aufgeprägt hat; sobald es sie aber erlangt hat, sucht und dürstet es nicht mehr nach dem Künstler und seiner Kunst. Auch in der Natur sehen wir, daß die Tiere

ihre Jungen mit mütterlicher Sorge nähren und pflegen, und umgekehrt dürsten die Jungen nach ihren Müttern und suchen bei ihnen ihre Zuflucht; sind sie aber zur Reife gekommen, so beachten sich alte und junge Tiere gegenseitig nicht mehr als andere Tiere derselben Art. Die *erste* Ursache aber, welche Gott ist, beeinflußt ihre Wirkung ebenso durch *Bewahrung* im Sein, wie sie sie im *Werden* beeinflußt oder beeinflußt hat; und umgekehrt hängt die Wirkung, obgleich (in sich) fertig, von der ersten Ursache ebenso in ihrem Sein wie in ihrem Werden ab. Deshalb zehrt jede Wirkung von der ersten Ursache und hungert nach ihr. Deshalb ist mit vollem Recht in der Person der ersten Ursache gesagt: *wer von mir zehrt, hungert weiter.*

[49] Dazu muß man *sechstens* wissen: jede *Zweit*ursache bringt ihre Wirkung zwar von sich, aber nicht in sich hervor. Deshalb trinkt die Wirkung zwar von einer solchen Ursache, dürstet aber nicht eigentlich nach ihr. Die *erste* Ursache aber bringt jede Wirkung aus sich und in sich hervor. Der Grund ist der, daß abseits von der ersten Ursache nichts ist. Denn was abseits von der ersten Ursache, nämlich Gott, ist, ist abseits vom Sein; denn Gott ist ja das Sein. Aus den beiden dargelegten Gründen, daß nämlich alles Geschaffene von ihm und in ihm, aus ihm und in ihm, Gott ist, heißt es mit Recht: wer von mir zehrt, hungert weiter. Bringe die einzelnen Glieder miteinander in entsprechende Verbindung. Augustin sagt im 10. Kapitel des 4. Buches der Bekenntnisse so: alles hat Gott geschaffen, (aber) «nicht schuf er und ging dann seiner Wege, sondern in ihm ist, was aus ihm ist».

[50] Wiederum *siebtens:* man muß wissen, daß die erste Ursache, Gott, sich dadurch von allen nachgeordneten unterscheidet, daß die erste Ursache in allen andern tätig ist und in ihnen wirkt. Zudem ist ihre Wirksamkeit ihrer Natur nach früher als die Wirksamkeit aller Zweitursachen und ist folglich die letzte; denn das letzte Ziel entspricht immer der ersten

Wirksamkeit. Wiederum drittens: die Formen, durch welche die Zweitursachen wirksam sind, haben dies, daß sie Formen und Wirklichkeiten sind, von Gott, der die erste formgebende Wirklichkeit ist. Zudem aber können die Formen selbst, durch welche die Zweitursachen wirksam sind, nur von Gott, dem ersten Beweger, in Wirksamkeit gesetzt werden, wie zum Beispiel die Formen des Feuers und der Hitze nur erhitzen können, wenn sie vom Beweger des Himmels bewegt werden. Deshalb trinken die Wirkungen zwar von den Zweitursachen, aber in ihnen dürsten sie eigentlich nach der ersten Ursache. Denn deren Kraft ist unmittelbarer und innerlicher gegenüber dem vermittelt Wirkenden, allen gegenüber (aber) die erste und letzte. Deshalb dürsten, hungern, streben und verlangen alle Wesen nach ihr. Sie trinken zwar von ihr, weil sie in ihnen ist; nichtsdestoweniger dürsten sie nach ihr, weil sie außer ihnen ist, nämlich von ihnen nicht umfaßt: ‹das Licht leuchtet in der Finsternis, und die Finsternis hat es nicht erfaßt› (Joh 1,5). Das ist der Sinn dieses Wortes: *wer von mir zehrt, hungert weiter; wer von mir trinkt, (dürstet weiter).*

[51] Außerdem muß man *achtens* wissen: nach dem Philosophen besteht zwischen Sinn und Verstand folgender Unterschied. Der Sinn wird durch häufigen Gebrauch und große Anstrengungen schwächer und leistungsunfähiger, umgekehrt aber wird der Verstand um so leistungsfähiger, je mehr er denkt und je erhabener das ist, worüber er nachdenkt. Deshalb trinkt und zehrt der Gesichtssinn immer in seinem Akt vom sinnlich Wahrnehmbaren, aber er dürstet nicht immer nach ihm, weil «das Übermaß des sinnlich Wahrnehmbaren das Sinnesorgan schädigt». Mit dem geistig Erkennbaren ist es nicht so, sondern es kräftigt den Verstand um so mehr, je erhabener es ist, und deswegen zehrt der Verstand von ihm und hungert nach ihm. Darum sagt einer von den 24 Philosophen: «Gott ist die Liebe, die um so lieber wird, je mehr man sie besitzt». Augustin sagt im Buch der Sentenzen Prospers: die

vollkommene Liebe wächst immer mehr, durch Übung wird sie größer und durch Freigebigkeit reicher. Gott, «der erste Verstand und das erste geistig Erkennbare», sagt also unter der Gestalt und Form der Weisheit, die dem Verstand angehört: *wer von mir zehrt, hungert weiter.*

[52] Wiederum sind *neuntens* die Unterschiede zwischen diesen drei zu beachten, (nämlich zwischen) Eindeutigem, Mehrdeutigen und *Analogem.* Denn das Mehrdeutige läßt sich unterscheiden nach den verschiedenen durch es bezeichneten Dingen; das Eindeutige nach den (Art-)Unterschieden desselben Dinges[3]; das Analoge läßt sich weder nach Dingen noch nach Unterschieden an Dingen gliedern, sondern «nach Seinsweisen» eines und desselben Dinges schlechthin. Ein Beispiel: eine und dieselbe Gesundheit, die im Sinneswesen ist, sie – und keine andere – ist in der Speise und im Harn, und zwar so, daß von der Gesundheit als Gesundheit ganz und gar nichts in der Speise und im Harn ist, nicht mehr als im Stein; sondern deshalb allein heißt der Harn gesund, weil er jene eine Gesundheit, welche im Sinneswesen ist, anzeigt, wie der Kranz[4], der nichts vom Wein in sich hat, den Wein. Seiendes aber oder *Sein* und jede *Vollkommenheit,* besonders jede allgemeine, wie Sein, Eines, Wahres, Gutes, Licht, Gerechtigkeit und dergleichen, werden von Gott und den Geschöpfen analog ausgesagt. Daraus folgt, daß Gutheit, Gerechtigkeit und dergleichen[5] ihr Gutsein ganz und gar von einem Wesen außer sich haben, zu dem sie in analoger Beziehung stehen, nämlich Gott. So sagt Augustin im 1. Buch der Bekenntnisse, etwa in der Mitte, von dem Sein: keine «Ader, aus der Sein» stammt, entspringt anderswoher als allein aus Gott, der das höchste und «im höch-

[3] D. h. derselben Gattung.

[4] Der am Wirtshaus aushängende Kranz zeigt an, daß Most oder junger Wein ausgeschenkt wird.

[5] Ergänze: in den Geschöpfen.

sten Sinn Sein» ist. Das wurde bereits oben in der zweiten Auslegung gesagt. Von der Gerechtigkeit aber sagt derselbe Augustin im 3. Buch der Bekenntnisse: die Gerechtigkeit ist «überall und immer» (dieselbe), «nicht anderswo eine andere noch ein andermal anders. Sie macht alle gerecht, die dieses Lob aus Gottes Mund empfangen». Vom Licht, vom Leben und von der Wahrheit aber sagt er häufig dasselbe, wie aus der Auslegung jenes Wortes: ‹das wahre Licht erleuchtet jeden Menschen› (Joh 1,9) erhellt.

[53] Der Beweis läßt sich, kurz zusammengefaßt, so führen: *was zu einem andern in analogem Verhältnis steht, hat in sich seinsmäßig und wurzelhaft keinen Ansatz zu der Form, auf der dieses Verhältnis beruht.* Nun steht aber alles geschaffene Seiende nach Sein, Wahrheit und Gutheit in analogem Verhältnis zu Gott. Also hat alles geschaffene Seiende Sein, Leben und Denken seinsmäßig und wurzelhaft von Gott und in Gott, nicht in sich selbst als geschaffenem Seienden. Und so zehrt es immer (von Gott), insofern es hervorgebracht und geschaffen ist, hungert jedoch immer, weil es nie aus sich ist, sondern (immer) von einem andern.

Es ist auch zu bemerken, daß manche diese Natur der Analogie nicht verstehen und (darum) verwerfen und so bis heute sich im Irrtum befinden. Wir aber, die wir sie der Wahrheit entsprechend verstehen, wie aus dem 1. Buch der Thesen (Eckharts) hervorgeht, wollen sagen, daß diese Wahrheit von dem analogen Verhältnis aller Dinge zu Gott sehr gut zum Ausdruck kommt in den Worten: *wer von mir zehrt, hungert weiter.* Sie zehren, weil sie sind, hungern, weil sie von einem andern sind.

[54] Wiederum kann man *zehntens* das vorausgehende Wort auch so auslegen: Gott ist allen Dingen zuinnerst als das Sein, und so zehrt alles Seiende von ihm; er ist auch zuäußerst, weil über allem und so außer allem. Also zehrt alles von ihm, weil er zuinnerst, hungert (alles nach ihm), weil er zuäußerst ist; alles

zehrt (von ihm), weil er ganz drinnen, (alles) hungert (nach ihm), weil er ganz draußen ist. So ist die Seele ganz in der Hand und ganz außer ihr. Das ist also der Sinn des Worte : *wer von mir zehrt, hungert weiter.*

[55] Wiederum *ist elftens* zu bemerken: Essen schmeckt uns nie ohne Hunger, Trinken nie ohne Durst. Je mehr daher Hunger und Durst abnehmen, desto mehr nimmt allenthalben der Geschmack oder Genuß ab, der im Essen und Trinken liegt. Augustin sagt zu Beginn des 8. Buches der Bekenntnisse: «Essen und Trinken machen nur dann Vergnügen, wenn die Beschwerde des Hungerns und Dürstens vorausgeht». Daher kommt es, daß Freunde eines guten Trunkes Gesalzenes essen, um den Durst zu schärfen. «Überall geht einer größeren Freude größere Beschwerde voraus». Cicero sagt im 5. Buch der Tuskulanischen Untersuchungen: «wer sieht nicht, daß alles durch Begierden gewürzt wird? Als G. Marius auf der Flucht trübes, durch Leichen verseuchtes Wasser getrunken hatte, bekannte er, nie habe er etwas Köstlicheres getrunken, er hatte nämlich noch nie mit solchem Durst getrunken». Nach manchen ähnlichen Gedanken sagt er dann: mit Hunger und Durst «werden Speise und Trank gewürzt». So verhält es sich im Bereich des Körperlichen, in dem des Göttlichen und Geistigen aber ist es *anders.* Das sei hier mit einem Gedanken begründet. Die erste Wirklichkeit[6] – dies ist ein allgemeines Gesetz – bewirkt dies als erstes, daß etwas aus dem ihm Entgegengesetzten, nämlich dem Seinsmangel, heraustritt. Daher ist die Wesensform vollkommener als alles andere Formgebende, und die erste Materie verlangt und hungert auf Grund ihrer eigenen Wesenheit nur nach der Wesensform, weil diese allein

[6] Actus primus (erste Wirklichkeit) wird zunächst als das substanzielle Sein aufgefaßt, das die Wesensform verleiht, im folgenden Abschnitt (n. 56) aber auf den Bereich der (akzidentellen) Akte übertragen, die nach der aristotelischen Terminologie als «zweite Wirklichkeiten» zu bezeichnen sind.

bewirkt, daß sie aus ihrem Nichts heraustritt. Daher kommt es zweitens, daß sie eine solche Form unmittelbar, ohne Widerstreben, ohne Bewegung und Zeit, *in einem Augenblick* aufnimmt und daß aus der Materie und einer solchen Form schlechthin eines wird.

[56] Nimmt man nur einen Trank zu sich, so schmeckt der erste Schluck am besten, man nimmt ihn gieriger und genießt ihn mehr, weil der Trank in dem ersten Augenblick des Genusses als erstes den entgegengesetzten beschwerlichen Durst aufhebt. Der nächste Schluck hebt nicht mehr einen so großen, auch nicht mehr den ganzen oder den Durst schlechthin auf, sondern einen schon geringeren, weniger entgegengesetzten und weniger beschwerlichen, und so fort, bis der Durst ganz gelöscht ist. Was darüber hinaus ist, ist vom Übel (vgl. Mt 5,37), ist Übel und Überdruß. Im Bereich des Geistigen und Göttlichen verhält es sich aber nach beiden Seiten hin[7] *anders*. Erstens bewirkt (hier) jeder Akt dies als erstes, daß wir aus dem Entgegengesetzten und Bittern heraustreten. Denn hier ist nichts früher oder später, alle Akte und jeder einzelne sind deshalb erste. Wer also hier fortschreitet, entfernt sich nicht vom Ersten[8], sondern nähert sich ihm, und so ist der Letzte auch der Erste (vgl. Mt 19,30). Der Grund ist der: wer fortschreitet, nähert sich dem Ziel. Im Bereich des Göttlichen ist aber das Ende zugleich der Anfang: ‹ich bin der Anfang und das Ende› (Offb 1,8; 22,13). Durch die Annäherung an das Ziel bleibt also die Verbindung mit dem Anfang gewahrt, wenn es nur Gott und das Göttliche in seiner Lauterkeit ist, von dem wir zehren und trinken. Zehren wir aber von etwas anderm, so groß oder gering es auch sein mag, dann trifft das nicht mehr zu, gemäß dem Wort:

[7] D. h. nach dem Anfang und dem Ende hin.

[8] D. h. von Gott.

‹ein geringes, und ihr werdet mich nicht mehr sehen› (Joh 16,16)[9].

[57] So führt also Zehren im sinnlichen Bereich schließlich zum Überdruß; im Bereich des Göttlichen aber verursacht es seiner Natur nach (neuen) Hunger, und je kräftiger und lauterer die Zehrung ist, um so kräftiger und lauterer wird der Hunger, so daß Hungern mit Zehren gleichen Schritt hält. In der Folge aber und nebenher wird als zweites jeder Überdruß aufgehoben und ausgeschlossen, gemäß dem Wort: ‹der Umgang mit ihr[10] kennt keine Bitterkeit›, wenn nur ‹nichts Unreines› das heißt Nichtgöttliches, ‹in sie eindringt› (Weish 8,16; 7,25). Wenn nun aber etwas anderes neben Gott eindringt und dazwischen kommt, so ist es anders. Dann müssen sich ohne Zweifel Bitterkeit, Mühsal, Pein und Überdruß einstellen, weil die Zehrung nicht Gott selbst ist. Ein Werk, das auf etwas neben Gott abzielt, hat Gott ja nicht zum Ursprung, da er Ziel und Ursprung in einem ist. Ein Werk ist aber nicht göttlich, wenn es Gott nicht zum Ursprung hat. Sinnbild und Beispiel dafür bietet das Wort: ‹der Vater, der in mir bleibt, er wirkt selbst die Werke› (Joh 14,10).

[58] Aus dem Vorhergehenden erhellt, daß, *wer* von Gott *zehrt, weiter* (nach ihm) *hungert.* Es erhellt auch, daß er nicht deshalb hungert, weil er keinen Überdruß empfindet, wie die übliche Auslegung sagt, sondern er empfindet umgekehrt deshalb keinen Überdruß, weil er hungert und weil das Hungern das Zehren selbst ist. Wer (hier) also zehrt, hungert im Zehren, weil er vom Hunger zehrt, und wie groß seine Zehrung, so groß ist sein Hunger [11]. Hier gibt es kein Mehr oder Minder, kein Früher oder Später. Das ist der Sinn dieses Wortes: *wer von mir zehrt, hungert weiter.* Denn im Zehren hungert er,

[9] D. h. auch das geringste Geschöpf, das wir zum Gegenstand unseres Strebens machen, trennt uns von Gott; vgl. n. 57.

[10] D. h. der göttlichen Weisheit.

[11] D.h. beides ist unendlich.

und im Hungern zehrt er, und nach dem Hungern oder dem Hunger hungert er.

[59] Thomas jedoch gibt (in der Summe der Theologie) Teil III Frage 33 Artikel 2 eine doppelte und gute Auslegung[12], die aber von der unsrigen abweicht. Bernhard sagt im Brief Von der Liebe im Anschluß an das Wort: ‹meine Seele verlangte danach, sich zu sehnen› (Ps 118,20): «wer nur danach verlangte, sich zu sehnen, konnte durch Sehnsucht nicht gesättigt werden; denn die Sehnsucht ist ein Hunger der Seele. So wird die gottliebende Seele durch die Liebe nicht gesättigt, weil Gott die Liebe ist. Wer ihn liebt, liebt die Liebe. Die Liebe lieben ist aber wie eine Bewegung im Kreis, so daß die Liebe kein Ende findet». Und weiter unten «in Sehnsüchten entbrennt sie. Werden sie auch in Fülle gegeben, so können sie doch nie sättigen». Das ist der Sinn dieses Wortes: *wer von mir zehrt, hungert weiter.* Man könnte folgendes Beispiel anführen: wenn jemand läuft, um zu laufen, so zehrt er immer vom Lauf, denn er läuft ja; dennoch hungert er immer nach dem Lauf, denn er läuft, um zu laufen, und liebt den Lauf um des Laufes willen, und so liebt er das, was er liebt, um seiner selbst willen, die Liebe um der Liebe selbst willen. Augustin behandelt im 1. Kapitel des 9. Buches Von der Dreifaltigkeit, ausführlicher noch im 2. Kapitel des 15. Buches, jenes Psalmwort: ‹es freue sich das Herz derer, die den Herrn suchen›, und ferner: ‹suchet immer sein Angesicht› (Ps 104,3 f.) und legt dabei (auch) dieses Wort aus: *wer von mir zehrt, hungert weiter.*

[60] Schließlich ist aber noch zu bemerken: Durst, Hunger oder Sehnsucht oder Verlangen kann man[13] doppelt auffassen, «erstens (im eigentlichen Sinn), sofern sie das Verlangen nach einer Sache bezeichnen, die wir noch nicht besitzen; zweitens (im weiteren Sinn), sofern sie den Ausschluß des Überdrusses

[12] Vgl. n. 60 f.

[13] Nach Thomas, von dem auch die eingeklammerten Worte stammen.

besagen». Man muß sich nun davor hüten, dieses Letzte, nämlich den Ausschluß des Überdrusses, für die Hauptsache zu halten und an die erste Stelle zu setzen. Das tun nämlich viele und legen demgemäß dieses Wort: *wer von mir zehrt, hungert weiter* in dem groben Sinn aus, als hieße es: er zehrt ohne Überdruß. Damit würde man aber der göttlichen Weisheit, also Gott selbst Abbruch tun, ganz besonders hier, wo sie von sich selbst spricht, uns über sich belehrt und ihre Erhabenheit uns ans Herz legt. Außerdem enthält eine Verneinung keine wahre Belehrung, die Verneinung behauptet nichts, sondern hat in der Bejahung ihren festen Halt, in sich selbst ist sie ganz unvollkommen. Daher hat die Verneinung in Gott ganz und gar keinen Platz. Denn er ist ja ‹der da ist› (Ex 3,14) und ‹ist einer› (Gal 3,20). ‹Einer› besagt aber eine Verneinung der Verneinung[14]. Man darf also im Bereich des Göttlichen den Hunger nicht als Ausschluß des Überflusses deuten.

[61] Wenn ferner der Hunger als «das Verlangen nach einer Sache, die wir nicht besitzen», bestimmt wird, (so ist dazu zu sagen:) das *Wesen* von Hunger oder Verlangen läßt sich, formal genommen, nicht daraus entnehmen, was wir nicht besitzen. Denn das ist eine bloße Verneinung oder ein Seinsmangel und hat nur materielle Bedeutung. Das Wesen des Hungers ist vielmehr, formal genommen, ein positives Verlangen (und damit) Wurzel und Ursache für den (erst) daraus folgenden Ausschluß des Überdrusses, und so verstanden ist es etwas von der Sache, die wir (schon) besitzen, und irgendwie *diese Sache selbst.* Ein einleuchtendes und zutreffendes Beispiel bietet die (Form-)Beraubung, die eines der drei Werdeprinzipien der Naturdinge ist.[15]

[14] Also reine Bejahung; vgl. unten n. 63.

[15] Materie, Privation, Form. Entsteht ein Naturding, so verbindet sich nach Aristoteles die Materie mit einer bestimmten Wesensform. Das setzt aber voraus, daß sie ihrer bisherigen Wesenform beraubt wird. In der Beraubung kündigt sich also schon das Werden des neuen Dinges an.

Besser ist es also, die vorgelegten Worte so auszulegen, wie es oben geschehen ist. Denn alle diese Auslegungen und jede einzelne gründen in einer erhabenen Eigenschaft des Göttlichen, wie etwa in Gottes Unendlichkeit, Einfachheit, Lauterkeit, Überlegenheit und dergleichen, und erweisen die Schwachheit der Geschöpfe Gott gegenüber oder vielmehr ihre Nichtigkeit in sich selbst.

Qui operantur in me, non peccabunt
Wer in mir wirkt, wird nicht sündigen
Sir 24,30b

Die folgende Auslegung «Wer in mir wirkt, wird nicht sündigen» (n. 62–67) bringt Eckharts Gedanken über die doppelte Verneinung, die im göttlichen Bereich gilt: in Gott ist zunächst alles anders, aber dann auch wieder anders als das andere, falls wir etwa meinen, wir könnten Gott einfach durch Verneinung an der Wirklichkeit «ablesen». Gott ist als Verneinen des Verneinens reine Bejahung (n. 63).
Ferner sieht man Eckharts Werklehre: wer mit Gott wirkt («in mir»), wirkt Gott gemäß (n. 64) und zugleich in Gott, d. h, in Wirkeinheit mit ihm (n. 65). In dieser Wirkeinheit hat er zugleich Anteil an der göttlichen Gerechtigkeit, die Gottes Sein ist (Rechtfertigungslehre, n. 67). Nebenbei: der Zweifel an der Gestalt des Teufels ist Eckhart nicht fremd (n. 65).

Wer in mir wirkt, wird nicht sündigen.
[62] Merke: zuerst steht das Verdienst: *(wer)* in mir wirkt, dann der Lohn: *wird nicht sündigen.* Was bedeutet es aber, daß der Lohn verneinend ausgedrückt wird: (er) *wird nicht sündigen?* Denn ein negativer Lohn ist kein Lohn. Es ist also zu bemerken: es gilt allgemein, daß das Verdienst im Wirken liegt, der Lohn im Erleiden, das heißt im Empfangen, besteht,

die Strafe aber in der Beraubung und im Schmerz. Denn das Verdienst liegt im Wirken und damit im Willen, durch den wir Herren unserer Handlungen sind; der Lohn besteht im Erleiden und daher im Verstand – das Erkennen ist ja gewissermaßen ein Erleiden – die Strafe in der Beraubung und daher die Pein in der Trübsal. Denn jede Beraubung ist ein Abfall vom Sein und infolgedessen vom Guten und folglich von der Freude, dem ergötzenden Frohlocken. Wer aber vom Sein, Guten usw. abfällt, stürzt in das ihnen Entgegengesetzte: aus dem Sein ins Nichts, aus dem Guten ins Übel, aus der Freude des Geistes in den Schmerz und aus dem äußern Frohlocken in die Trübsal.

[63] Nach diesen Vorbemerkungen lautet die Antwort auf unsere Frage: mit Recht wird der Lohn verneinend ausgedrückt. Denn *erstens* drückt das Wort: *er wird nicht sündigen* gerade in seiner verneinenden Form weniger aus, als es wirklich bedeutet, und darin kommt die unbegreifliche Größe des Lohnes zum Ausdruck. Denn im Bereich des Göttlichen ist das, was wir sagen, geringer als das, was wir meinen, gemäß dem Wort ‹kein Auge hat gesehen (kein Ohr hat gehört und in keines Menschen Herz ist gedrungen, was Gott denen bereitet hat, die ihn lieben›, 1 Kor 2,9; vgl. Jes 64,4). *Zweitens* ist es dem, was (in einer Seinsordnung) Erstes und Einfaches ist, eigen, durch Verneinungen erfaßt zu werden. «Der Punkt» sagt Euklid, «ist das, was keinen Teil hat». Das sei hier so begründet: in jeder Gattung steht das, was Prinzip der Gattung ist, außer ihr und gehört nicht zu ihr, es sei denn vielleicht vermittels einer (begrifflichen) Zurückführung. So ist der Punkt nicht irgendwie groß, und die Eins[16] keine Zahl. *Drittens* «sind die Bejahungen im Bereich des Göttlichen unzutreffend». *Viertens* ist jener Lohn unaussprechlich. *Fünftens* drückt das Wort, *er wird nicht sündigen,* wie bereits gesagt wurde, weniger aus, als es wirklich bedeutet, und so wird der Lohn nicht darin beste-

[16] Als Ursprung der Zahlenreihe.

hen, was es verneint, als vielmehr darin, was es bejaht und auszudrücken sucht. So ist zum Beispiel das transzendente Eine dem Wort nach eine Verneinung, seinem Bedeutungsgehalt nach aber ist es als Verneinung der Verneinung reine Bejahung, wie in dem Wort: ‹ich bin, der ich bin› (Ex 3,14). Dabei ist zu bemerken, daß dies die angemessendste Weise ist, von göttlichen Dingen zu sprechen; denn hier drücken die Worte entweder weniger aus, als sie wirklich bedeuten, wie im vorliegenden Fall[17]: ‹sie werden nicht hungern› (Offb 7,16), oder (bestehen) in doppelten Verneinungen, wie wenn es heißt: ‹Gott ist einer› (Gal 3,20).

[64] (Wer) *in mir wirkt.* Merke: der Satz hat zweifachen Sinn. Erstens *in mir,* das heißt mir gemäß. Wobei zu beachten ist, daß in der Kunst alles, was kunstgemäß erfolgt, richtig und gut ist, während umgekehrt alles, was kunstwidrig ist, eben dadurch schief, schlecht, fehlerhaft und verkehrt ist. Ähnlich ist es auch in der Natur und auf sittlichem Gebiet: alles, was auf das Ziel hin oder entsprechend der Richtschnur und Ordnung, die zum Ziel führt, ist und geschieht, ist eben dadurch und wegen dieses Bezuges gut. Was hingegen im Bereich der Natur, der Kunst und des sittlichen Lebens wider die Richtschnur oder das Ziel oder ohne Bezug hierauf geschieht, das ist eben dadurch und dadurch allein fehler- und mangelhaft. Deshalb sagt der Rechtsgelehrte: «wer sündigt, kann sich nicht auf das Gesetz berufen». Der Sinn ist der: wer tut, was das Gesetz befiehlt, sündigt nicht; es sündigt aber jeder, der gegen das Gesetz handelt. Augustin sagt: «die Tugend kann niemand mißbrauchen» und ferner: «habe die Liebe und dann tu, was du willst!» Denn ‹die Liebe› und die Tugend überhaupt ist immer zum Guten hin und ‹ist das Ziel des Gesetzes› (1 Tim 1,5). Gott aber ist als erstes und einfachstes Sein Maß und Richtschnur für alles, was in irgendeiner Weise des Seins ist,

[17] D. h. einer andern negativen Aussage über den himmlischen Lohn.

wie aus dem 10. Buch der Metaphysik erhellt. Also ist alles, was Gott gemäß geschieht, gut; was aber nicht so (geschieht), ist eben dadurch und dadurch allein Sünde. Das ist der Sinn dieses Wortes: *wer in mir wirkt,* das heißt mir gemäß, *wird nicht sündigen.* ‹Schau hin und schaffe dem Vorbild gemäß, das dir auf dem Berge gezeigt wurde› (Ex 25,40). Entspricht also all unser Leben, Wirken und Sein dem Vorbild, das Gott (selbst) ist, so ist das Ganze richtig, verdienstlich und vollkommen; was ihm aber nicht entspricht, ist Sünde.

[65] Zweitens läßt ich ‹*in mir*› zwar wörtlich, aber zugleich in einem tiefern Sinn auffassen. Dann besagt der Satz: jeder, der in Gott ist, und er allein, wirkt Gutes und sündigt nicht. Denn was wir als Gute sind, was wir Gutes wirken und wie wir gut leben, all das sind (wirken und leben) wir ja in Gott. Umgekehrt ist alles, was wir getrennt von Gott sind, wirken oder leben, Sünde: getrennt von Gott sind wir aber im Teufel – wenn überhaupt etwas im Bösen Sein haben kann, was Gegenstand einer schwierigen Untersuchung ist und worüber man die Abhandlung Vom Bösen im Werk der Fragen (Eckharts: nicht erhalten) vergleichen mag – und das spricht Origenes aus bei der Behandlung des Wortes: ‹es findet sich eine Verschwörung› (Jer 11,9), wozu er noch das andere anführt: ‹wer Sünde tut, ist aus dem Teufel› (1 Joh 3,8): «wir werden ebenso oft aus dem Teufel geboren, wie wir sündigen. Unselig, wer aus dem Teufel immer geboren wird. Glückselig aber, wer aus Gott immer geboren wird. Denn ich möchte nicht sagen, der Gerechte sei nur einmal aus Gott geboren worden, vielmehr wird er durch jedes einzelne Tugendwerk immer aus Gott geboren». Augustin sagt zu Beginn der Schrift Vom christlichen Kampf: «als dem Teufel gesagt wurde: ‹Erde sollst du fressen›, wurde auch dem Sünder gesagt: ‹Erde bist du, und zur Erde sollst du zurückkehren› (Gen 3,14. 19). Der Sünder wurde also dem Teufel zum Fraß gegeben. Wollen wir von der Schlange nicht gefressen werden, laßt uns nicht ‹Erde› sein». Den Sündern

(hat der Herr) gesagt: ‹ihr habt den Teufel zum Vater› (Joh 8,44).

[66] Gewiß fließt jedem Tugendhaften daraus große Zuversicht und Sicherheit zu, daß er in Gott ist, lebt und wirkt: ‹in Gott werden wir Tugend üben› (Ps 59,14); ‹seine Werke sind in Gott getan› (Joh 3,21); ‹wer in ihm bleibt, sündigt nicht›; und wiederum: ‹wer in der Liebe bleibt, der bleibt in Gott› (1 Joh 3,6; 4,16). Demgemäß kann man das Wort: ‹ein gutes Werk hat sie an mir getan› (Mt 26,10) in dem Sinn auslegen: sie hat in mir ein gutes Werk getan, weil der Heilige alles, was er ist und was er wirkt, in Gott ist und wirkt.

[67] Begründung und Beispiel für das Vorhergehende sind handgreiflich, wenn wir statt Gott ‹Sein› und ‹Gerechtigkeit› sagen. Denn gewiß ist einer alles, was er ist, dadurch, daß er im Sein und das Sein in ihm ist: ‹er bleibt in Gott, und Gott in ihm› (1 Joh 4,16). Was aber getrennt vom Sein ist, ist nichts: ‹was ohne ihn ward, ist nichts› (Joh 1,3), und: ‹zum Nichts geworden ist der Böse vor seinen Augen› (Ps 14,4). Wiederum: alles, was wir als Gerechte sind und was wir Gerechtes wirken, das sind und wirken wir ja, insofern wir in der Gerechtigkeit sind und sie in uns. Umgekehrt ist alles, was abseits von der Gerechtigkeit und getrennt von ihr ist, weder gerecht, noch wirken wir es gerecht. Denn durch die Gerechtigkeit allein sind wir gerecht und wirken wir gerecht, gemäß dem Wort des Philosophen: «die Tugend macht den, der sie besitzt, gut und macht (auch) sein Werk gut».

Das sagt der Heiland in einem Gleichnis von ganz handgreiflicher und (doch) sehr tiefer Wahrheit: ‹ich bin der wahre Weinstock›; dann ‹bleibt in mir, und ich (bleibe) in euch›; und wiederum: ‹wer in mir bleibt und ich in ihm, der bringt viele Frucht; denn ohne mich könnt ihr nichts tun› (Joh 15,1. 4. 5). Das ist also der zweite Sinn unseres Textes, wenn man ihn zwar wörtlich, aber seinem tiefen Gehalt nach nimmt: *wer in mir wirkt, wird nicht sündigen.* Denn was der Gerechte ist und was er gerecht wirkt, all das ist er in Gott; alles, was er getrennt (von ihm ist und wirkt), darin ist er nicht gerecht und das wirkt er nicht gerecht, sondern sündigt: ‹wer aus Gott ist, sündigt nicht› (1 Joh 1,18). Es folgt:

Qui elucidant me, vitam aeternam habebunt
Wer mich ins Licht setzt, wird das ewige Leben haben
Sir 24,31

Licht geben von innen nach außen (n. 68. 69), ist das abschließende Thema der Vorlesung. Das Innere dieser Bewegung des Lichtes zum Leuchten ist die Bewegung vom Sein zum Leben: das verborgene Sein kommt zum Vorschein und erst in diesem Heraustreten (Offenbarung) macht es lebendig. Alles, was schon lebendig («weiß») geworden ist, muß also im Sein sein wahres Leben haben.

[68] Es ist zu (erstens) bemerken, *elucidare* bedeutet: etwas nach außen ins Licht setzen, das heißt kundtun: ‹alles, was kundgetan wird, ist Licht› (Eph 5,13). Beachte aber, daß er ‹ins Licht setzen› sagt, Wer ins Licht setzt, muß also zuerst innen leuchten. Deshalb wurde den ersten Lehrern gesagt: ‹ihr seid das Licht der Welt› (Mt 5,14). ‹Ihr seid›, sagt (der Herr). Das wahre Sein ist auch zuinnerst, und «Leben ist für die lebenden Wesen Sein». Wer lehrt oder ins Licht setzt, muß also durch sein Leben innen leuchten: ‹das Leben war das Licht der Menschen›, und wiederum: ‹was geworden ist, war in ihm Leben› (Joh 1,4 3–4). Und das bedeutet *elucidare,* nämlich das Licht, das innen als Leben leuchtet und ist, nach außen ins Licht setzen.

[69] Es ist auch (zweitens) als Beispiel zu bemerken: die Leibesfrucht wird zuerst im Mutterschoß empfangen und gebildet, sie lebt, ist Sinneswesen und Mensch, wird aber noch nicht ans Licht gebracht und ist verborgen. Bei der Geburt

aber, da sie aus dem Mutterschoß geboren wird, wird sie ans Licht gebracht und durch das, was draußen geworden ist, kundgetan.[18] Was jedoch draußen geworden ist, war schon innen Leben, nur verborgen. Daher kommt es, daß die Sterndeuter, welche die Stunde der Empfängnis nicht kennen, die Stunde der Geburt beobachten, in der das Kind ans Licht gebracht und dem Gestirnsaspekt ausgesetzt wird. ‹Ihr›, sagt er, ‹seid das Licht der Welt›, und es folgt: ‹euer Licht leuchte vor den Menschen› (Mt 5,14. 16). So wird auch jedes Wort innen in der Seele gebildet, bevor es gesprochen und nach außen kundgetan wird. Daher schreibt der Apostel dem Timotheus: ‹verkünde das Wort› (2 Tim 4,2). ‹Verkünde›, gleich wie: sprich es vorher, das heißt sprich es vorher innen; oder ‹verkünde›, das heißt sprich es aus oder bring es nach außen hervor,[19] damit es ‹vor den Menschen leuchte›.

[70] Wiederum ist *drittens* zu bemerken: es heißt *elucidare,* nach außen ins Licht setzen, als ob (die Weisheit) innen nicht leuchtete, sondern verborgen wäre, bis sie nach außen kommt und kund wird. Deshalb heißt es bezeichnend: ‹ihr seid das Licht der Welt› (Mt 5,14). Denn das Licht ist innen *Sein:* ‹ihr› sagt er, ‹seid das Licht›. Das Licht ist innen *Leben:* ‹das Leben war das Licht der Menschen› (Joh 1,4), das heißt das Licht der Menschen und im Menschen ist das Leben, und «Leben ist für die lebenden Wesen Sein». Wiederum sind Licht und Leben im Sein das Sein selbst und ein Sinn, wie aus dem Buch Von den Ursachen erhellt. So sind also das Leuchten und das Leben im Sein und unter dem Sein verborgen, gleichsam vor der Natur und der Eigenart des Leuchtens versteckt, bis sie herausgeführt werden und zum Vorschein kommen und so leuchten, gemäß dem Wort: ‹die Tiefen der Ströme führte er ans Licht›

[18] Vgl. in dieser Auswahl S. 176.

[19] Das Spiel mit den Worten praedica, prodic usw. läßt sich in der Übersetzung nicht nachahmen.

(Ijob 28,11). So ist ja auch die Weiße[20] an sich weder weiß noch macht sie (an sich) weiß, sondern ist das, wodurch etwas weiß wird. Im Sein ist zwar die Weiße, das Weißmachen ist aber im Sein verborgen; zum Vorschein gekommen, macht sie aber weiß. Was schon (weiß) geworden ist, war also im Sein Weiße und war Leben, wenn anders die Weiße und das Weiße Leben hätten, gemäß dem schon oben angeführten Wort: ‹was geworden ist, war in ihm Leben›; und ferner: ‹das Licht leuchtet in der Finsternis› (Joh 1,3–5), nämlich nach außen.

Damit enden die auf einem Generalkapitel vor den Predigerbrüdern gehaltenen Vorträge.

[20] D. h. die Qualität weiß in abstracto.

Aus der Auslegung des Johannesevangeliums:

Sequere me

Folge mir!

Joh 18,43

Auslegung und Predigt

Mit diesem Textstück verhält es sich wie mit dem vorhergehenden: es ist als Sermo für den Klerus oder akademische Predigt in den Johannes-Kommentar, Eckharts bedeutendstes und reifstes Werk, aufgenommen, wird aber eigens dem «Werk der Predigten» (vgl. n. 226) zugeordnet. Es soll daher als Überleitung vom Schriftkommentar zur Predigt dienen. Der Aufbau der Predigt entspricht ganz dem Muster der beiden Predigten über Jesus Sirach.

Zu Beginn (n. 226) steht eine klare Auslegung im «natürlichen Sinn», d. h. im ersten der drei eckhartschen Sinnverständnisse (natürlich, göttlich, moralisch): alles Geschaffene strebt nach seinem Ursprung im ungeschaffenen Sein und folgt diesem.

Auch diese Predigt will kurz sein, macht aber nicht den Eindruck einer Skizze, sondern eines Kernstücks ohne «Einstieg» und Schlußformel, Die Predigt gliedert sich, wie andere auch, in drei mehr gliederige Hauptpunkte (vgl. n. 227, 234, 243)

[226] Dieses Wort und seine Bearbeitung gehört in das Werk der Predigten. Gleichwohl wollen wir es in diesem Zusammenhang zwiefach besprechen, indem wir es *erstens nach seinem natürlichen Sinn* auslegen und *zweitens in Form einer Predigt* behandeln.

Zum *ersten* also muß man folgendes wissen: durch die Schöpfung sagt und verkündet, rät und gebietet Gott allen Geschöpfen, und zwar eben dadurch, daß er sie schafft, ihm, als der ersten Ursache ihres ganzen Seins, zu *folgen*, auf ihn sich hinzuordnen, zu ihm sich zurückwenden und zu ihm zu eilen, entsprechend dem Wort: ‹zu dem Ort, von dem die Ströme ausgehen, kehren sie wieder zurück› (Pred. 1,7). Daher kommt es, daß das Geschöpf seiner Natur nach Gott liebt, ja sogar mehr als sich selbst. Daher kommt es auch, daß die Verdammten ein natürliches Verlangen nach dem Sein haben, das sie unmittelbar von Gott besitzen, und folglich Gott selbst erstreben, wie Augustin, besonders im 3. Buch Von der Willensfreiheit, sagt. Ferner «strebt alles nach dem, was gut ist», wie im 1. Buch der Ethik gesagt wird. Gott ist aber «das Gut allen Gutes», wie Augustin im 8. Buch Von der Dreifaltigkeit sagt. Denn das Sein ist das Wort, durch das Gott redet und alles anspricht, wie oben in der Auslegung des Textes: ‹im Anfang war das Wort› (1,1) gesagt wurde. Außerdem ist Ursprung und Ziel, Gut und Ziel dasselbe. Wie also alles Geschaffene unverwandt seinem Ziel folgt, so auch seinem Ursprung.

1. Die Nachfolge und ihr Gegenstand:
Zunächst werden die Arten von Folgen und Nicht-Folgen beschrieben: vor Gott herlaufen (die Bösen, n. 228), neben Gott hergehen (die Unvollkommenen, n. 229), Gott folgen (die Vollkommenen, n. 230)
Dann geht es um den Gegenstand des Folgens: Christus als göttliche Person (n. 231–233)

[227] *Zweitens* wollen wir das obige Wort nach Art einer *Predigt* erläutern. Hier sei die allgemeine Vorbemerkung gemacht, daß ich dabei nur weniges berühren will, weil man sich in der Predigt vor Weitschweifigkeit hüten soll, und auch, weil man dort von vielen vieles weit anmutiger ausgelegt findet.

Sagen wir also, daß er uns mit den Worten ‹*folge mir!*› zuerst zur *Nachfolge* ermuntert: *folge,* zweitens über das Ziel oder den *Gegenstand* belehrt: *mir,* sagt er, folgt *mir!* Laßt uns also *erstens* sehen, daß einige Gott *folgen:* die Vollkommenen; andere gehen *neben* Gott her, als gehörten sie an seine Seite: die Unvollkommenen; wieder andere laufen *vor* Gott her: die Bösen.

[228] Es sind solche, die in ihren Handlungen niemals Gott vor Augen haben, sich keine Sorge und keine Gedanken darüber machen, was gut oder böse, Gott wohlgefällig oder mißfällig ist. All das werfen sie hinter sich, wie ein altes Weiblein verdorbene Eier oder Äpfel, sie denken vielmehr allein daran, wie sie Ehren, Reichtümer und Wohlleben erlangen. Sie sind Widersacher Gottes, sind Teufel, ja der Teufel selbst, der Widersacher Gottes, wie der Herr zu Petrus sprach: ‹Teufel, geh hinter mir her› (Mt 16,23). ‹Hinter mir her›, sagt er, nicht ‹vor mir her›.

[229] Andere gehen neben Gott her, als gehörten sie an seine Seite; sie sind zwar nicht böse, aber unvollkommen. So erträgt vielleicht jemand Schmach, Armut oder leibliches Siechtum, er möchte dieser dreifachen Pein nicht ledig sein, wenn Gott es nicht wollte und es ihm nicht gefiele; es wäre ihm aber doch lieber, Gott wollte, daß er gesund und nicht krank wäre. Diese Leute folgen Gott nicht nach; sie wollen lieber Gott führen als von ihm geführt werden, sie möchten, daß Gott wollte, was *sie* wollen. Solche Menschen gehen gleichen Schrittes mit Gott an seiner Seite dahin. Sie wollen zwar, was Gott will; es wäre ihnen aber lieber, Gott wollte, was sie selbst wollen. Man erzählt von einem alten Weiblein, die ihren Buben hieß, die Ziege Johanna zur Weide zu führen; aber die Ziege sah auf einmal die Blätter einer Dornenhecke und zog den Buben durch das dornige Gesträuch hinter sich her. Von den Dornen verletzt, jammerte der Bub: Frau Johanna, meine Mutter hat gesagt, ich sollte euch führen, aber ihr führt mich. Auf üble

Weise kommt man zu üblem Geschick. Solche Leute bedenken nicht, daß Gott nicht seinesgleichen hat. Darum darf niemand gleichen Schrittes neben ihm hergehen. Denn das Niedere muß seiner Natur entsprechend durch das Obere geführt werden, nicht umgekehrt. Das Meer folgt bei Ebbe und Flut der Himmelsbewegung des Mondes, sowohl der monatlichen als der täglichen, nicht umgekehrt, und dergleichen ließe sich mehr anführen.

[230] *Drittens* gibt es andere, die nicht vor Gott herlaufen wie die Sünder, noch neben ihm hergehen wie die Unvollkommenen, sondern ihm *folgen*. Von ihnen heißt es: ‹sie verließen ihre Netze und den Vater und folgten ihm› (Mt 4,22). Dasselbe wird hier gesagt: *folge* mir! Diese schauen auf nichts, was hinter ihnen liegt, auf nichts, was draußen oder zur Seite sie hier und dort umgibt: sie schauen nur auf Gott allein vor ihnen und über ihnen. Daher sagt Augustin im 10. Buch der Bekenntnisse: «der ist dein bester Diener, o Herr, dem nicht so sehr daran liegt, das von dir zu hören, was er will, sondern vielmehr das zu wollen, was er von dir hört». Von ihnen heißt es: ‹sie folgen dem Lamm, wohin es geht› (Offb 14,4); und: ‹ich will dir folgen, wohin du auch immer gehen magst› (Mt 8,19). Gewiß gibt es viele, die Christus folgen, wenn er vorangeht und sie zu Gesundheit, Glück, Reichtum oder Wohlleben führt; wenn er sie aber in seiner Nachfolge zu Schmerzen, Mühsal und dergleichen führt, dann sagen sie: ‹diese Rede ist hart, wer kann sie hören?› und wenden sich ab (Joh 6,61). Und doch müßten wir ganz ruhig sein, wenn das Lamm Gottes, Gott selbst, uns vorangeht: ‹wenn Gott für uns ist, wer ist dann wider uns?› (Röm 8,31) ‹Wer kann uns schaden, wenn wir Eiferer für das Gute sind?› (1 Petr 3,13), wobei wir das Wort *boni* (gut) in der Einzahl nehmen und als Bestimmung des Gegenstandes, nicht als Zusatz zum Hauptwort.[1] Wenn wir nämlich für das Gute, wie es in sich ist, eifern

[1] Also nicht: boni aemulatores = gute Eiferer.

und ihm folgen, so ist es uns gleich lieb, ihm überallhin zu folgen, wohin es auch gehen mag (Offb 14,4); tun wir das nicht, so folgen wir ihm nicht, noch eifern wir für das Gute an sich selbst und um seiner selbst willen, sondern für etwas, was mit ihm verbunden ist, was uns nützt oder ergötzt: ‹ihr sucht mich, weil ihr von den Broten gegessen habt und satt geworden seid› (Joh 6,26). Solche Leute folgen nicht Gott, sondern einer Gabe Gottes, sie eifern nicht für das Gute, sondern für dies oder jenes Gut, für Nützliches oder Angenehmes.

[231] Es ist allerdings merkwürdig, daß ihnen die Gabe genügt, wo ihnen Gott selbst nicht genügt. Gar habgierig ist der, dem Gott nicht genügt, wie Augustin sagt. Der Name Gottes *Saday* ist von *sados,* das heißt Genüge, abgeleitet. ‹Unsere Genüge ist aus Gott› (2 Kor 3,5). Torheit ist's, die Heiligen zu lieben und zu verehren und nicht die Heiligkeit zu lieben, deretwegen die Heiligen geliebt werden. So sagt Chrysostomus zu Mt 23: «die erste Stufe der Frömmigkeit ist, die Heiligkeit zu lieben, dann erst die Heiligen», wie auch die erste Stufe der Eifer für das Gute ist, die zweite für dieses oder jenes Gut, da dieses oder jenes nur geliebt wird, weil es gut ist. Solche Leute folgen Gott wie der Falke einem Weibe, das Eingeweide oder Würste trägt, wie die Wölfe dem Aas, wie die Fliege dem Topf. Gegen diese richtet *Christus* sein Wort: folge *mir! Mir* bezeichnet das lautere Wesen ohne irgendein Zufallendes, folge *mir,* sagt er. *Folge* gebietet die Tat, *mir* bezeichnet ihren Gegenstand.

[232] Hier muß man folgendes bemerken: das wirkende Vermögen erhält als solches sein ganzes Sein von seinem Gegenstand und es erhält das Sein des Gegenstandes selbst, ja das Gegenstandsein. Was kann also einem Vermögen[2] beschwerlich oder bitter sein, dessen Sein Gott ist, dessen Sein Gottes Sein ist, dessen Sein In-Gott-Sein ist? ‹Wer kann uns also

[2] Nämlich dem Vermögen, Gott zu folgen.

schaden?› (1 Petr 3,13). Wer oder was ist gegen uns? (Röm 8,31), wie oben bereits gesagt wurde. ‹Er schirmt mich in der Verborgenheit seines Zeltes› (Ps 26,5). Daher geht dort voraus: ‹der Herr ist der Beschützer meines Lebens, wovor soll ich zagen?› (V. 1).

[233] Es ist zu beachten, wie selig solche Menschen *auch in dieser Welt* sind. Denn alles geht immer nach ihrem Willen, immer freuen sie sich, weil sie sich in allem in gleichem Maße freuen. Dies ist die vollkommene Freude, von der es heißt: ‹bittet, und ihr werdet empfangen, auf daß eure Freude vollkommen sei› (Joh 16,24). Augustin sagt im 10. Buch der Bekenntnisse von dieser Freude: «es gibt eine Freude, die den Sündern nicht geschenkt wird, sondern nur denen, die dir nicht um Lohn dienen, o Herr, deren Freude du selbst bist. Und eben das ist das selige Leben, sich bei dir, an dir und deinetwegen zu freuen». Und weiter unten: «das ist die Freude an dir, der du die Wahrheit bist», «die Freude an der Wahrheit, die alle ersehnen». Und noch weiter unten: «die Wahrheit wird so geliebt, daß, wer etwas anderes liebt, wünscht, das, was er liebt, möchte die Wahrheit sein». Er sagt also: folge *mir*, denn *ich* bin die Wahrheit (14,6). Augustin sagt in dem Buch Von der Ethik der Kirche: «folgen wir Gott, so ist unser Leben gut, gelangen wir zu ihm, so ist es nicht nur gut, sondern auch selig». Kurz darauf heißt es: «Gottes Willen folgen, heißt nach der Seligkeit streben; zu ihm gelangen, ist die Seligkeit selbst. Wir folgen ihm, wenn wir ihn lieben, wir erreichen ihn aber, wenn wir, von seiner Wahrheit und Heiligkeit innerlich erleuchtet und ergriffen, ihn auf eine wunderbare Weise im Geist erfassen».

2. Die Intensität des Folgens:
Gott sofort folgen (ohne Verzug), aus drei Gründen (n. 234–236); Gott aus der Nähe folgen, nicht von ferne (n. 237), selbst (n. 238). Gott folgen heißt alles verlassen, aus vier Gründen (n. 239–242).

[234] Nachdem wir gesehen haben, wie manche vor Gott herlaufen, andere neben ihm hergehen, wieder andere ihm folgen, müssen wir nun darauf hinweisen, daß, wer *Gott* folgen und ihn erfassen will, dies ohne Verzug und auf der Stelle tun muß; ferner muß er ihm von nahem folgen und drittens alles verlassen und dann folgen.
Zum *ersten:* von den Aposteln wird gesagt: ‹sofort verließen sie ihre Netze und folgten ihm› (Mt 4,20). Merke: wer einen Fuß im Feuer hat, überlegt nicht lange, sondern zieht ihn sofort heraus. Auch fragt ein Gefangener seinen Kerkermeister nicht um Rat für seine Flucht, sondern flieht sofort, wenn er die Möglichkeit hat. So sagt Augustin im 8. Buch der Bekenntnisse gegen Ende von sich, da er bereit war, Christus, der Wahrheit und dem Heil, zu folgen: «sofort strömte ein Licht der Zuversicht in mein Herz», und «laut jammernd rief ich: wie lange noch soll es heißen: morgen? Warum nicht heute? Warum soll nicht in dieser Stunde das Ende meiner Schmach sein?»
Und vorher sagt er in demselben Buch: «gleich, ja gleich, laß mich ein wenig nur; doch das ‹gleich, gleich› nahm kein Ende, und das ‹laß mich ein wenig nur› zog sich in die Länge». Das ist für die gesagt, welche alles auf morgen verschieben. Und noch vorher sagt er in demselben Buch: «ich habe mich dazu entschlossen, Gott zu dienen, und dies Werk beginne ich in dieser Stunde und an diesem Ort. Verdrießt es dich, das nachzumachen, so stelle dich dem wenigstens nicht entgegen».
Merket: je kraftvoller und je mehr von oben her ein Wesen wirkt, um so rascher, ungehemmter und schneller bewegt es. Ein Beispiel dafür haben wir an den Himmelssphären: je mehr sie oben sind, um so schneller werden sie durch die Bewegung der ersten Sphäre bewegt, um so langsamer durch ihre eigenen Bewegungen. So wird das Meer schneller, gleichsam lustvoller durch den Einfluß des Mondes nach oben bewegt, als es durch die eigene Bewegung seiner Schwere niederwärts fließt. Da Gott also das oberste aller Wesen ist, so soll der Mensch sofort,

ohne Aufenthalt und schnell folgen, wenn er einen Antrieb von ihm erhält: ‹zögere nicht, dich zum Herrn zu bekehren› (Sir 5,8).

[236] Es gibt auch noch einen anderen Grund, weshalb diejenigen, die dem Herrn folgen, ihm sofort, ohne Aufenthalt und schnell folgen können und sollen; wir folgen ihm ja mit dem Willen allein: ‹wer mir nachfolgen will› (Mt 16,24). ‹Will› sagt er, weil wir Gott mit dem Willen folgen. Das sagt Augustin im 8. Buch der Bekenntnisse: «zu Gott gehen und auch zu ihm gelangen, war nichts anderes als gehen wollen, freilich kraftvoll und ganz wollen, nicht halbwund». Und weiter unten: «dort ist das Können dasselbe wie Wollen, das Wollen selbst schon das Vollbringen. Und in demselben Buch sagt er: «will ich Gottes Freund sein, sieh, jetzt werde ich es». Im 9. Buch Von der Dreifaltigkeit sagt Augustin: «wer die Gerechtigkeit, die er liebt, vollkommen kennt, ist schon gerecht, auch wenn keine Notwendigkeit besteht, nach außen mit den Gliedern des Leibes zu wirken». Denn gerecht werden wollen und es lieben, heißt gerecht werden. Dort ist das Wollen Können, dort die Empfängnis Geburt, dort die Blüte Frucht: ‹meine Blüten sind Früchte› (Sir 24,23). Der einzige Grund unserer Säumigkeit, unserer Hemmung und Mühe ist der, daß wir nicht Gott allein folgen, sondern dem und jenem neben ihm, und daß wir ihm unseretwegen und unserer Anliegen wegen folgen: ‹wir verschachern Gottes Wort› (2 Kor 2,17), Mietlinge sind wir und Händler. Christus trieb aber die Verkäufer und Geldwechsler mit den Worten aus dem Tempel: ‹tut dies hinweg; macht das Haus meines Vaters nicht zu einem Kaufhaus› (Joh 2,16). So viel über den ersten Punkt, daß wir nämlich Gott ohne Aufenthalt sofort folgen müssen.

[237] *Zweitens* müssen wir ihm von nahem folgen, nicht von ferne. Von Petrus, von dem geschrieben steht, daß er den Herrn dreimal verleugnen werde, heißt es nachher: ‹Petrus aber folgte ihm von ferne› (Mt 26,34. 58). Der Psalmist sagt:

‹fern von den Sündern ist das Heil› (Ps 118,155). Laßt uns also dem Herrn nicht von ferne folgen – denn ‹er ist nicht fern von einem jeden von uns› (Apg 17,27) – sondern von nahem ‹nahe bist du, o Herr› (Ps 118,151); ‹nahe ist mein Gerechter› (Jes 51,5); ‹Friede denen, die nahe sind› (Jes 57,19); ‹Gott ist nahe› (Phil 4,5), aber nicht denen, von denen geschrieben steht: ‹sie fürchteten sich, nahe heranzutreten› (Ex 34,30); ‹ich sehe ihn, ob er nicht nahe› (Num 24,17).

[238] Der Grund für das Vorhergehende ist der, daß nichts dem Seienden so nahe ist, nichts so innerlich wie das Sein. Gott aber ist das Sein, und von ihm ist unmittelbar alles Sein. Darum senkt er allein sich in die Wesenheiten der Dinge ein. Alles, was nicht das Sein selbst ist, steht draußen, ist fremd und unterschieden von der Wesenheit eines jeden Dinges. Zudem aber ist das Sein einem jeden Ding sogar innerlicher als dessen eigene Wesenheit. Daher erhält nach Augustin die Substanz ihren Namen Wesenheit von wesen (= sein), aber die Fähigkeit (zum Sein) selbst, die den Dingen als noch nicht seienden zukommt, ist von Gott, gemäß dem Wort: ‹er ruft das Nichtseiende in dergleichen Weise wie das Seiende› (Röm 4,17). In demselben Sinn sagt Augustin im 8. Buch der Bekenntnisse von der ersten Materie (daß sie ihre Seinsfähigkeit von Gott hat). Dionysius sagt in dem Buch Von den Gottesnamen, das Gute erstrecke sich auf Seiendes und Nichtseiendes; das Gute aber, das Ziel und die erste Ursache von allem, ist Gott und er allein. So viel über den zweiten Punkt.

[239] *Drittens* muß man Gott folgen, indem man alles verläßt: ‹wir haben alles verlassen und sind dir gefolgt› (Mt 19, 27); ‹er verließ alles, stand auf und folgte ihm› (Lk 5,28). Wer Gott folgt, muß, wie mir scheint, aus einem dreifachen Grund alles verlassen: erstens ist Gott kein Einzelwesen aus der Reihe aller Wesen, noch steht er zwischen ihnen, zweitens ist er über allen Wesen, drittens sind alle in ihm und viertens ist er das einfache und lautere Sein.

Zum ersten: der Ursprung und das Ziel des Weltganzen ist nicht etwas, was zum Weltganzen gehört, wie Thomas (in der Summe der Theologie) Teil I Frage 103 Artikel 2 zeigt. Der Grund ist der, daß die Wesensursache eines Dinges immer außerhalb der Art und Natur des Verursachten ist, vor allem die erste Ursache. Gott aber ist ‹der Ursprung und das Ziel› von allem (Offb 1,8; 22,13). Also muß der, welcher Gott folgen will, alles verlassen, weil Gott im Umkreis aller Wesen weder Sein noch Stätte hat.

[240] Zweitens muß er alles verlassen, weil Gott über allen Wesen ist. Augustin sagt im 7. Buch der Bekenntnisse: «ich trat ein und sah über dem Auge meiner Seele, über meinem Geist das Licht des Herrn, das ganz verschieden von allem Irdischen ist; (es war) über meinem Geist, weil es mich erschaffen hat»; «wer die Ewigkeit kennt, kennt es». Das meint auch das Wort des Psalmes: ‹aufgeprägt ist uns das Licht deines Antlitzes, o Herr› (Ps 4,7). Augustin bemerkt dazu: «dieses Licht ist das wahre und ganze Gut des Menschen». Daher heißt es in einem ändern Psalm: ‹ich habe meine Seele über mich hinaus ausströmen lassen› (Ps 41,5), nach Augustins Text. Er erläutert dies Wort daselbst also: «wenn ich meinen Gott in den sichtbaren Dingen suche und ihn da nicht finde; wenn ich sein Wesen in mir selbst suche und auch da nicht finde, so spüre ich (schließlich), daß mein Gott über meiner Seele ist. Um also an Gott zu rühren, ‹habe ich meine Seele über mich hinaus ausströmen lassen›. Wann könnte denn meine Seele erlangen, was sich nur über meiner Seele suchen läßt, wenn sie nicht über sich selbst hinausströmte? Denn bliebe sie in sich selbst, dann sähe sie nichts anderes als sich selbst, und wenn sie sich sähe, sähe sie ja Gott nicht. ‹Ich habe meine Seele über mich hinaus ausströmen lassen›, und nun kann es nicht anders sein, als daß ich an Gott rühre». Über das Psalmwort: ‹wo ist dein Gott?› (Ps 41,4) sagt gleichfalls Augustin: «das Haus meines Gottes ist über meiner Seele. Dort wohnt er, und von dort schaut er auf

mich herab, von dort hat er mich erschaffen und lenkt er mich, von dort spricht er mir zu und treibt mich an, von dort ruft und leitet er mich, von dort führt und geleitet er mich zum Ziel». Soweit Augustin. Dort sei deine Stätte, und du wirst schauen; suche dort, und du wirst finden. Soviel zum zweiten.

[241] Drittens muß der, welcher Gott folgen will, alles verlassen, weil alles in ihm ist: ‹alles haben wir in dir allein› (Tob 10,5); ‹aus ihm und durch ihn und in ihm ist alles› (Röm 11,36). Hier sei etwas Allgemeines bemerkt: die Sinne müssen alles Sinnfälligen ledig sein, um alles Sinnfällige aufnehmen zu können. So ist auch, wie der Philosoph sagt, der Verstand nichts von dem, was er erkennt, auf daß er alles erkenne. So muß also der, welcher Gott, in dem alles ist, folgen will, alles verlassen.

[242] Viertens muß der, welcher Gott folgt, alles verlassen, weil Gott das einfache und lautere Sein ist: ‹ich bin, der ich bin› (Ex 3,14). Boethius sagt in dem Buch Von der Dreifaltigkeit, wo er vom Wesen Gottes spricht: «es ist das Sein selbst und das, woraus das Sein ist». «Das Sein selbst hat aber außer sich nichts, was mit ihm vermischt wäre», wie derselbe in seinen Hebdomaden sagt. Dies meint auch Augustin im 10. Buch der Bekenntnisse: «in meiner Habsucht habe ich dich zwar nicht verlieren wollen, wollte aber doch mit dir die Lüge besitzen; so verlor ich dich, denn du läßt dich nicht herab, mit der Lüge zusammen unser Besitz zu sein». Lüge nennt er alle Wesen, gemäß dem Wort: ‹Eitelkeit der Eitelkeiten, und alles ist Eitelkeit› (Pred 1,2). ‹alles›, sagt er, ‹ist Eitelkeit›. Das ist dasselbe, was hier gesagt wird: ‹wir haben alles verlassen und sind dir gefolgt› (Mt 19,27).

Dies spricht der Prophet Jesaja (28,20) in einem Bild aus: ‹die Decke ist zu kurz, sie reicht für beide nicht aus›, nämlich die Wahrheit und die Lüge, Gott und das Geschöpf, ‹das Bett ist zu eng, einer muß herausfallen›.

3. Gott folgen ist leicht: Sechs Gründe werden mitgeteilt (n. 243–247), und die Schlußfolgerung wird gezogen (n. 248).

[243] Wir haben also erstens gesehen, wie etliche vor Gott her laufen, andere neben ihm her gehen, andere ihm folgen, gemäß dem Wort: *folge mir,* zweitens, wie wir Gott sofort, von nahem und auf alles verzichtend folgen müssen. Nun wollen wir *drittens* noch ausführen, wie *leicht und köstlich* es ist, Gott zu folgen, und das aus sechs Gründen:

Erstens: Gott selbst ist es, der dies bewirkt: ‹der Vater, der in mir bleibt, er tut die Werke› (14,10) und ‹wirkt in uns das Wollen und das Vollbringen› (Phil 2,13); ‹alle unsere Werke hast du für uns gewirkt› (Jes 26,12). Hier werden, wie man bemerkt, zwei Ursachen angedeutet, deretwegen jedes gute Werk dem leicht wird, der es tut: einmal, weil Gott es wirkt, sodann weil er es für uns wirkt. Gewiß wäre es einem Menschen ebenso leicht, tausend Zentner Eisen oder Blei zu tragen wie einen, wenn ein anderer mit Riesenkräften die Last und Bürde auf sich nähme. Fiele mir ferner das ganze Werk und die Frucht des Werkes anheim, fiele (zum Beispiel) von einem Acker oder Weinberg der ganze Ertrag an Wein und Korn dem Knecht anheim, der ihn erarbeitet, dann möchte dem das seine Mühe wohl sehr erleichtern. Beides deutet Jesaja an, wenn er sagt: ‹alle unsere Werke hast du für uns gewirkt›; hier heißt es weiter unten: ‹auf daß ihr Frucht bringet und eure Frucht bleibe› (15,16); ‹eure›, sagt er, das heißt, daß sie ‹euch bleibe›.

[244] *Zweitens* macht die Größe des Lohnes das Werk leicht: ‹unsere gegenwärtige Trübsal, die von kurzer Dauer und leicht zu ertragen ist, bewirkt in uns über die Maßen und in Überschwänglichkeit ewige Wucht der Herrlichkeit› (2 Kor 4,17). (‹Ich bin) dein überaus großer Lohn› (Gen 15,1).

Drittens: die Bereitschaft zum guten Werk geht aus der Liebe hervor; wer aber liebt, der kennt keine Mühe, und kennt er sie doch, dann liebt er sie, wie Augustin sagt.

Viertens: der Gerechte verachtet alles ‹mit den Waffen der Gerechtigkeit zur Rechten und zur Linken› (2 Kor 6,7); er erachtet alles für Kehricht (Phil 3,8). Da er also alles verachtet, erachtet er alles für ein Nichts. Nichts zu verlassen, das heißt das Nichts verlassen, fällt niemandem schwer.

[245] *Fünftens:* für den Gerechten als solchen ist Gerechthandeln Leben, die Gerechtigkeit ist sogar sein Leben, sein Lebendigsein, sein Sein, insofern er gerecht ist. Alles, was außerhalb ist, ist für ihn eine bittere und beschwerliche Last, wie oben gezeigt wurde. Also ist das Werk der Gerechtigkeit für ihn leicht: ‹das Werk der Gerechtigkeit ist Friede› (Jes 32,17). Der Friede aber ist für alle süß und lieblich: ‹sie möchten den Frieden genießen, nach dem die Sterblichen verlangen› (Est 13,2); ‹im Frieden will ich nun schlafen und ruhen› (Ps 4,9).

[246] *Sechstens:* alles, was um Gottes willen verlassen wird, gibt er reicher, reiner und vollkommener wieder: ‹jeder, der verlassen hat›, ‹wird hundertfältig empfangen› (Mt 19,29). Das ist bildlich dargestellt in den Brüdern Josephs, denen das Geld, das sie für das Getreide gegeben hatten, wieder in ihre Säcke gelegt wurde (Gen 42,27. 35). Ein Beispiel haben wir in der Natur: wenn die Wesensform erreicht ist, dann werfen alle (Werde-)Formen und alles Zufallende, was auf jene vorbereitete, ihre eigene unedlere Gestalt ab und kehren edler zurück, als vollkommene an Stelle von unvollkommenen; denn die Hitze, die der Form des Feuers folgt, ist weit vollkommener als die vorausgehende Hitze, die auf die Form vorbereitete. Ferner hat der Mensch das Gebot und die Pflicht, sein Herz von allem loszureißen. Denn Gott ‹schaut aufs Herz› (1 Kön 16,7). Sein Herz vom Geld loszureißen kann aber dem Herzen nicht schwer sein, ja es dürfte sich wohl keiner finden, der sein Geld in seinem Herzen haben möchte. Denn hätte einer sein Geld in seinem Herzen, so müßte das Herz ja sterben.

[247] Wir sehen ferner auch folgendes: ein farbiger Schild erkennt seine Farbe nicht, erfreut sich nicht an ihr, weiß nichts von den anderen Farben, die der Zahl und Art nach verschieden sind. Das Sinnesvermögen des Menschen aber, vor allem etwa der Gesichtssinn, der farblos ist und dem die Farbe von Natur aus zuwider ist, erkennt sie, erfreut sich an ihr und ist für alle der Zahl und Art nach verschiedenen Farben empfänglich. So ist auch der Reichtum des Gerechten um so größer, umfassender und lustvoller, je mehr er verlassen hat und je weniger er besitzt: ‹wir haben nichts und besitzen alles› (2 Kor 6,10). Daher heißt es: ‹alles ist euer› (1 Kor 3,22), gemäß dem Wort: ‹wenn ich von der Erde erhöht sein werde›, wenn ich nämlich das Irdische verlasse, ‹will ich alles an mich ziehen› (12,32).
Ähnliches sehen wir bei den Seelenvermögen. Je mehr ein solches (von der Materie) getrennt ist, desto größer ist die Zahl der Gegenstände, für die es empfänglich ist, desto leichter, schneller und lustvoller wirkt es. Es richtet sich edler auf seinen Gegenstand, durch den es gebildet wird und der sich ihm einbildet, und zwar in dem Maße, daß der Verstand, der von allem ledig ist, das Seiende in seiner Ganzheit zum Gegenstand hat, da er dasselbe Sein wie sein Gegenstand, nämlich das Seiende, hat.
[248] Aus dem Vorhergehenden erhellt: wem ein gutes und göttliches Werk beschwerlich und lästig ist, der läßt Gott noch nicht als Vater in sich wirken; der hat noch nicht verkostet, ‹daß der Herr mild ist› (Ps 33,9); der hat noch nicht alles verlassen; der findet noch Geschmack am Irdischen. Chrysostomus sagt zu Mt 4: «der ergötzt sich nicht am Irdischen, der das Himmlische verkostet». Und zu Mt 20: «der vermag wahrlich auf Erden nichts zu lieben, der das himmlische Gut in der Wahrheit verkostet hat». Augustin sagt in dem Buch Von der wahren Religion: «wer mit dem Wort Gottes gespeist wird, sucht keine Lust mehr in dieser Einöde. Wer nur dem einen

Gott untenan ist, sucht keinen Ruhm in irdischem Vorrang. Wer an das ewige Schauspiel der unveränderlichen Wahrheit hingegeben ist, der stürzt sich nicht in das Zeitliche und Niedere, um es zu erkennen».

AUS DEN LATEINISCHEN PREDIGTSKIZZEN (SERMONES)

Die folgenden Texte sind Predigten zu den Schriftworten in der Liturgie der Sonntage nach Pfingsten, beziehungsweise nach dem Trinitätssonntag. Auch hier findet man sehr schematische Einteilungen, eine Menge Material (Schrift- und Väterzitate), philosophische Argumente und anschauliche Gleichnisse, letztere zum Teil aus Fabelsammlungen und Lebensbildern der Väter. Mit Vorliebe aber zitiert Eckhart, wie in dem vorausgehenden Text, Augustinus, dessen «Confessiones» er besonders liebt. Eckhart hat wohl auch ein eigenes Lexikon philosophischer Begriffe benutzt.

Die Predigten sind Vorstufen zum geplanten «opus sermonum«; Hinweise auf das dreiteilige Gesamtwerk Eckharts fehlen noch. Gelegentlich endet ein Gedanke in der Anweisung: «lege das so aus, wie dir bekannt ist». Der Charakter der Skizze kommt auch darin zum Ausdruck, daß die Gliederung manchmal nicht angegeben, manchmal nicht durchgeführt ist. Wir haben aber möglichst ausführliche und klare Texte ausgewählt. Ein Beispiel für die Gliederung ist in der Einführung zu «Homo quidam erat dives» gegeben. Es sei daran erinnert, daß das Predigtwerk zu den Schriftauslegungen gehört, und daß diese Texte daher vor allem als solche Auslegungen aufgefaßt werden müssen, wobei das «Ganze» der Offenbarung im «Teil» des einzelnen Schriftwortes erscheint, nachdem die «Schale» des Wortes für den «Kern» des dreifachen Sinnes (natürlich, göttlich, moralisch) aufgebrochen ist.

Gratia domini nostri Jesu Christi

Die Gnade unseres Herrn Jesu Christi und die Liebe Gottes und die Gemeinschaft des Heiligen Geistes sei immer (mit euch allen).

2 Kor 13,13

Eine Predigt über die Lesung nach dem Dominikaner-Meßbuch am Dreifaltigkeitsfest. Vom Schriftwort 2 Kor 13,13 werden zunächst nur die ersten drei Worte ausgelegt. Daher können sie als Teil des Gesamtverses auf dessen Gesamtsinn hin ausgelegt werden: der «Herr» sind Vater, Sohn und Geist (n. 10). Deren Wirkung: Gnade, Liebe, Gemeinschaft, wird nicht mehr ausgelegt. Also folgt zunächst eine reine innertrinitarische Auslegung der «Gnade unseres Herrn» (=des dreifaltigen Gottes), in die als Unterthema Röm 11,36 («aus ihm und durch ihn und in ihm sind alle Dinge») eingefügt ist. Dieser Vers wird ebenfalls trinitarisch ausgelegt (n. 11–14).

Der zweite Teil (n. 15–18) bezieht die beiden nächsten Worte «Jesu Christi» ein und spricht erstens von der Wirkung der Christusgnade (15.16) und zweitens von der Bereitschaft zu ihr (17.18). Die Wirkungen der Gnade sind: Rechtfertigung, Befähigung zum guten Werk, Vervollkommnung oder Beseligung. Bereitschaft zur Gnade schaffen: Demut, Treue. Aber im Grunde wird die Gnade allen gegeben, weil alles, was ist, aus Gnade, das heißt aus Gott ist. Gott kann nichts anderes wirken als die Gnade der Schöpfung im Sohn und damit zugleich die Gnade des Sohn-Seins, die in allem Guten aktuiert wird (n. 18).

[9] Unter allen Festen erscheint dies (Fest der heiligen Dreieinigkeit) erhabener, einmal weil es sich auf die Gottheit und Dreieinigkeit selbst bezieht, sodann weil es kein Fest der irdi-

schen kämpfenden Kirche, sondern eher (ein Fest) der triumphierenden (Kirche) ist. Bei großen Festen aber werden die Personen, deren Fest gefeiert wird, bekanntgegeben und gerühmt, die andern geringeren Personen aber wünschen Glück und werden ermuntert und beschenkt. Demgemäß macht uns der Apostel, der schon zuvor, ‹in das Paradies entrückt› wurde, nämlich in den ‹dritten Himmel› (2 Kor 12,4) der triumphierenden Kirche, in den vorliegenden Worten die göttlichen Personen vorstellig, offenbar und bekannt: Jesu, Gottes und des Heiligen Geistes. Desgleichen ermuntert er die geringeren Personen der irdischen Kirche, indem er die Geschenke oder Gaben zum Ausdruck bringt, die uns von den göttlichen Personen dargeboten wurden oder werden sollen: *Gnade, Liebe und Gemeinschaft.*

[10] Er sagt also: *die Gnade unseres Herrn Jesu* usw., wobei dreierlei im voraus zu bemerken ist: erstens: hier wird unter dem Namen Gottes der Vater verstanden, weil nach Augustin «der Vater der Urgrund der ganzen Gottheit ist». Deshalb wird auch im vorliegenden (Text) die *Liebe* dem Vater zugeeignet, weil sie der Urgrund aller Verdienste ist. Zweitens: die einzelnen (Gaben) sind den einzelnen (Personen) und zugleich allen zuzuschreiben, wenn es heißt: die Gnade unseres Herrn Jesu Christi (und die Liebe Gottes und die Gemeinschaft des Heiligen Geistes). Drittens: die Worte *unseres Herrn* müssen auf die einzelnen Personen verteilt werden, also: unseres Herrn Jesu Christi, unseres Herrn Gottes, nämlich des Vaters, und unseres Herrn des Heiligen Geistes, nach dem Wort: ‹heilig, heilig, heilig ist der Herr› usw. (Jes 6,3). Demgemäß wird also in den Worten unseres Vorspruches *dreierlei* ausgedrückt: die Einheit des göttlichen Wesens (durch) *unseres Herrn,* die Dreieinigkeit der Personen (durch) *Jesu Christi, Gottes* und des *Heiligen Geistes,* die (den einzelnen Personen) entsprechende Zuneignung der ungeteilten Wirksamkeit (durch) *Gnade, Liebe und Gemeinschaft.* Die Unteilbarkeit bezieht sich auf die Ein-

heit des Wesens, die Zueignung auf die Dreiheit der Personen. Daher folgt: *sei mit euch allen.* Das *sei* bezieht sich auf die Einheit, das *mit euch allen* auf die Mehrheit.

[11] Was die *ersten beiden* Punkte betrifft, nämlich die Einheit des Wesens und die Dreiheit der Personen, und zwar, weil sie mehr in den Unterricht gehören, wollen wir nur einen Spruch des Apostels auslegen: ‹aus ihm und durch ihn und in ihm sind alle Dinge, ihm sei Ehre und Herrlichkeit› (Röm 11,36 *vgl. dazu die folgende Predigt)*. Es scheint mir aber, daß in diesem Wort die Dreiheit der Personen, ihre Eigentümlichkeit, ihre Gleichheit und ihre Identität im Sein enthalten ist. ‹Aus ihm›, nämlich dem Vater: hier (haben wir) die Person des Vaters und seine Eigentümlichkeit. Denn von ihm, das heißt dem Vater, ‹hat alle Vaterschaft im Himmel und auf Erden ihren Namen› (Eph 3.15). ‹Durch ihn›, nämlich den Sohn: ‹alles ist durch ihn geworden› (Joh 1,3). ‹Und in ihm›, dem Heiligen Geist, dessen Eigentümlichkeit es ist, daß in ihm alle Dinge sind, einmal, weil er das Band (zwischen Vater und Sohn) ist, sodann weil er das Ziel oder die letzte Person, nicht dem Sein, sondern dem Ursprung und Hervorgang nach ist.

[12] Zur Auslegung dieses inhaltsreichen Apostelwortes ist also erstens zu bemerken, daß die erste Wurzel und der Ursprung (der Unterscheidung) und infolgedessen die ergiebigste Unterscheidung die der Ideen oder durch Ideen oder durch eine Idee ist. Dies lege dar. Daher heißt es: ‹im Anfang war das Wort› (Joh 1,1), der Logos, wie der Grieche sagt, was Idee heißt. Deshalb nennen wir auch den Verstand vortrefflicher als den Willen, weil nämlich der Wille seinem Wesen nach des Gute ansieht oder annimmt, der Verstand aber die Idee des Guten. Deshalb wird auch die Ursache Idee genannt, wenn wir gemeinhin sagen: die Idee dieser Sache ist usw.

Zweitens ist auf Grund des bereits Gesagten zu bemerken: da es nur eine dreifache Gattung der Ursache gibt, so gibt es folgerichtig nur eine dreifache Unterscheidung der Idee oder der

Beziehung nach. Der Vater ist der, ‹aus dem› alles der Wirkung nach, der Sohn der, ‹durch den› alles der Form nach, der Heilige Geist der, ‹in dem› alles dem Ziel nach ist.

[13] Drittens ist zu bemerken: wenn ‹aus› dem Vater alles, ‹durch› den Sohn alles, ‹in› dem Heiligen Geist alles ist, so erhellt daraus ihre Gleichheit. Denn dieselben Dinge, und (zwar) alle, wären nicht aus jeder (Person), wenn diese nicht gleich und dasselbe oder eins wären.

Dazu ist viertens zu bemerken, daß alles, was von etwas ist, folgerichtig durch dieses und in diesem ist. So möge zum Beispiel der Name *Gott*, von dem wir eben predigen, durch einen andern ersetzt werden. Nennen wir ihn das Sein, welches der eine Gott ist. Es steht fest, daß vom Sein selbst alle Dinge sind. Gleichermaßen sind durch das Sein alle Dinge und im Sein sind alle Dinge. Was nämlich außerhalb des Seins ist, das ist sicherlich nicht. Ist nun aber das Haus, das von jemandem, zum Beispiel von Martin, ist, oder Robert, (der) von Peter, seinem Vater (ist), auch durch diese oder in ihnen? Ich sage, daß sicherlich das Haus, soweit es von Martin ist, auch durch ihn und in ihm ist. Deshalb werden auch der Vater und der Sohn nicht ein Aushaucher (des Heiligen Geistes), sondern zwei Hauchende genannt; denn auch das Haus ist nicht vom Baumeister (im allgemeinen), sondern von dem, der es tatsächlich baut.

[14] Es erhellt also (erstens) die durchaus wahre Unterscheidung der Personen, zweitens ihre Unterscheidung in Drei, drittens ihre Gleichheit und viertens ihre Identität im Sein. Zum Beispiel etwa: Farbe und Geschmack werden am Apfel durchaus wahr und vollständig nach ihrem Wesensgehalt unterschieden, trotzdem sind sie durchaus dasselbe nach Ort, Träger und Innesein. Daher folgt: ‹ihm sei Ehre und Herrlichkeit› (Röm 11,36). Er sagt nicht: ‹ihnen›.

Wiederum ist zu bemerken, daß er sagt: ‹aus ihm sind alle Dinge›. Nicht also gehört Gott zu allen Dingen, sondern er ist die Ursache und der Grund aller Dinge und er ist über allen und hat nicht teil an ihrer Zählung, Teilung oder Unterscheidung. Bemerke hierzu, daß das ‹aus ihm› nicht die Wirk-Ursache, sondern die Idee der Wirk-Ursache ist. Ähnlich ist das ‹durch ihn› die Idee der Form-Ursache und das ‹in ihm› der Logos oder die Idee der Ziel-Ursache.

Die Gnade unseres Herrn usw.

[15] Bemerke, daß der Apostel sowohl hier wie auch sonst häufig, meistens in den Anfangs- oder Schlußworten seiner Briefe, uns Gnade wünscht. Deshalb wollen wir zweierlei sehen: erstens, *was* die Gnade in uns wirkt, zweitens, *wem* die Gnade gebracht oder geschenkt wird.

Was das *Erste* betrifft, so bemerke, daß die Gnade dreierlei in uns wirkt. Erstens rechtfertigt sie von der Schuld, die das größte Übel ist: (‹so daß wir) gerechtfertigt durch seine Gnade› – er spricht von Christus – ‹Erben nach der Hoffnung des ewigen Lebens sind› (Tit 3,7). ‹Gerechtfertigt›: Augustin sagt: etwas Größeres ist es, einen Gottlosen zu rechtfertigen, als Himmel und Erde zu schaffen. ‹Erben sind›: ‹Erben Gottes, aber Miterben Christi› (Röm 8,17). Gregor sagt: «wahrhaft ruhmwürdig ist es, (Christi Miterbe zu werden»). ‹Nach der Hoffnung›, weil ‹die Hoffnung nicht zu Schanden macht› (Röm 2,5) oder weil ‹der Erbe, solange er klein ist, sich in nichts vom Knecht unterscheidet› (Gal 4,1); ‹noch ist nicht erschienen, (was wir sein werden›) (1 Joh 3,2), oder weil die Hoffnung sich auf das Schwierige richtet: ‹ihre Hoffnung ist voller Unsterblichkeit› (Weish 3,4), und weil sie unsichtbar ist: ‹Hoffnung, die man sieht, ist nicht Hoffnung› (Röm 8,24).

Zweitens: die Gnade bestärkt oder kräftigt zu jedem guten Werk und in (jedem) guten Werk: ‹du also, mein Sohn, werde stark in der Gnade, die ist in Christus Jesus› (2 Tim 2,1), und das ist *die Gnade unseres Herrn Jesu Christi.*

[16] Drittens: (die Gnade) gibt der Seele ein wahrhaftes und vollkommenes Leben, da sie Leben und (zwar) ewiges Leben

ist: ‹die Gnade Gottes ist ewiges Leben› (Röm 6,23); und weil «das Leben für die Lebewesen Sein ist» (Aristoteles), so heißt es: ‹durch die Gnade Gottes bin ich, was *(oder:* daß; *die* Mehrdeutigkeit des ‹quod› *läßt sich im Deutschen nicht wiedergeben)* ich bin› (1 Kor 15,10). Dazu ist zu bemerken, daß man das Wort ‹quod› vor ‹sum› als Fürwort (was) oder als Bindewort (daß) nehmen kann, und auf beiderlei Weise läßt es sich im vorliegenden Zusammenhang auslegen. Es ist aber feinsinniger und besser, es als Bindewort zu nehmen. Denn die Gnade verleiht dem Menschen die Kraft, sich selbst zu verleugnen, sein Kreuz auf sich zu nehmen und Gott zu folgen (Mt 16,24), Gott zu leben, nicht sich: ‹die da leben, sollen nicht mehr sich leben› (2 Kor 5,15); ‹ich lebe, nicht mehr ich› (Gal 2,20). Lebt doch auch der Gerechte allein der Gerechtigkeit.

Weil also die Gnade diese drei Dinge wirkt, nämlich die Seele durch die Rechtfertigung von der Schuld befreit, durch Stärkung zum guten Werk antreibt und im Werk unterstützt und durch Verleihung des ewigen Lebens beseligt, deswegen sagt der Herr: ‹es genügt dir meine Gnade› (2 Kor 12,9). ‹Es genüge: sieh da Gottes Freigebigkeit; ‹dir›: (sieh da) unsern Vorteil; ‹meine Gnade›: (sieh da) der Gabe Kostbarkeit. ‹Das Beste ist also, durch die Gnade das Herz fest zu machen› (Hebr 13,9).

[17] Im *zweiten* Hauptpunkt wollen wir sehen, *wem* die Gnade gegeben wird. Sie wird aber zuerst den Demütigen gegeben: ‹alle untereinander haltet fest an der Demut; denn der Herr widersteht den Hochmütigen, den Demütigen gibt er Gnade. Demütigt euch also› (1 Petr 5,5). ‹Demütige dich in allem, und du wirst vor Gott Gnade finden› (Sir 3,20). Lege beide Schriftworte aus! Wenn er aber sagt: ‹vor Gott›, so lege dies auf eine Weise aus nach dem Wort: ‹ich bezeuge vor Gott› (2 Tim 4,1). Die Gnade wird also den Demütigen gegeben; das richtet sich gegen die Hochtrabenden. Zweitens wird die Gnade gegeben denen, die nach dem Gesetz leben; das richtet sich

gegen die Wollüstigen: ‹höre, mein Sohn, die Lehre deines Vaters› usw. ‹auf daß Gnade über dein Haupt komme› (Spr 1,8). Lege dies aus! Drittens wird (die Gnade) allen gegeben. Das richtet sich gegen die Ängstlichen und Verzagten: ‹erschienen ist die Gnade unseres Erlösergottes allen Menschen, und lehrt uns, daß wir (der Gottlosigkeit und den weltlichen Begierden) entsagen sollen› (Tit 2,11). ‹Allen Menschen›. ‹Den Menschen›, so genannt nach der Erde, *(das Wortspiel* homo – humus *läßt sich im Deutschen nicht wiedergeben)* das heißt zum ersten den Demütigen. Oder ‹den Menschen›, das heißt den Friedfertigen. Der Mensch ist nämlich ein von Natur friedfertiges Wesen: ‹den Friedfertigen wird Gott Gnade geben› (Spr 3,34). Oder ‹den Menschen›: «das Leben des Menschengeschlechtes (wird bestimmt) durch Kunst und Vernunft». ‹Allen› oder keinem. Alle lehrt er, er lehrt einen jeden Menschen nämlich, weil alle vereint, alle wie eins, alle zugleich und eins bei Gott und in Gott sind. Außerdem (lehrt er) alle Wahrheit oder keine, denn durch ein einziges Wort spricht er. Außerdem ist jede und alle Wahrheit gleichermaßen im Wort Gottes. Also lehrt er alle oder keine.

Die Gnade unseres Herrn Jesu Christi
Bemerke, daß es entweder so heißt, weil er die Gnade gibt, sofern er Gott ist, oder weil allein der die Gnade empfängt, der Sohn Gottes ist. Denn die Gnade selbst macht den, der sie aufnimmt, zum Sohn Gottes, sie macht, daß er Christ ist, beiden Eltern nach Bruder Christi ist. Wiederum ist alle Tugend, die einen zum Sohn Gottes macht, Gnade. Da zudem aber jede Gabe Gottes, überhaupt alles Gute in uns ohne unser Verdienst ist – ‹denn ohne Bußwerke sind die Gnade und die Berufung Gottes› (Röm 11,29), – so kommt es, daß das Ganze Gnade ist. Denn nichts in uns ist von uns; nichts also auf eigene Weise: ‹denn wir sind nicht tüchtig, etwas zu denken von uns als von uns selber› (2 Kor 3,5). Daher heißt es auch: ‹in mir ist alle

Gnade› (Sir 24,25). Dazu bemerke, daß alles, was aus seiner ganzen Materie besteht, einmalig ist, wie der Himmel oder die Welt; und «was in überragender Weise ausgesagt wird, kommt einem allein zu» (Aristoteles). So ist also in Gott allein, der Weisheit Gottes, dem Sohn, alle Gnade, weil alle seine Gaben, und seine allein, ohne Verdienst sind. Deswegen sagt er: ‹in mir ist alle Gnade›, einmal weil in ihm alle (Gnade) oder keine ist sodann, weil in keinem ändern (Gnade ist). Das Erste nämlich, und es allein, fällt seiner Natur nach nicht unter das Verdienst, sondern fällt oder steht immer unter der Gnade. Daher heißt es auch: ‹die mich essen, werden weiter (nach mir) hungern› (Sir 24,29). (Vergleiche oben S. 225 ff.)

Ex ipso, per ipsum et in ipso sunt omnia

Aus ihm, durch ihn und in ihm ist alles

Röm 11,36

Der Text stammt aus der Lesung des römischen Meßbuches zum Dreifaltigkeitsfest. Auch hier steht die trinitarische Auslegung im Mittelpunkt (n. 24–26, vgl. die vorherige Predigt, n. 11–14), aber es kommt auf etwas anderes an, das an die Analogielehre (vgl. zu Jesus Sirach, S. 233 ff.) anknüpft und für die deutschen Predigten wichtig ist:

1. Alles ist in Gott heißt: Gott ist in allem. Denn das, wodurch ich bin, muß in mir sein, sonst wäre ich nicht (hätte ich kein Sein; Beispiel «weiß» sein; 20.22–23).

2. Im göttlichen Bereich wirkt alles «ohne Worumwillen», weil alles eins ist und daher um seiner selbst willen wirkt (n. 21).

3. Auch das Menschenwerk ist nur insofern, als es mit allem Geschaffenen im Sein gehalten wird; Beispiel: Kunst und Wissenschaft (n. 27).

4. Die größte Unterschiedenheit ist die Ununterschiedenheit, d. h. die Unterschiedenheit in einer anderen als der irdischen Dimension, die irdisch nur als Identität ausgedrückt werden kann, aber am göttlichen Bereich höchste Differenz von allem Nichtgöttlichen bedeutet. Dies schließt wieder an die Analogielehre an: alles Niedere ist im Höheren nach der Weise des Höheren, also «dort» eins mit ihm (und umgekehrt).
Wir haben damit weniger eine Predigt, als eine Skizze zentraler Gedanken Eckharts von uns.
[20] Bemerke: wenn es heißt: *durch ihn ist alles,* so ist der Sinn von *durch ihn* der, daß er *in* allem ist. Denn ganz allgemein ist alles, wodurch etwas ist, sicherlich in diesem. So ist die Weiße, durch die etwas weiß ist, in diesem. Denn nichts ist weiß durch die Weiße, die in einem andern ist. Der Apostel will also sagen und lehren, daß alles von Gott ist, Gott in allem und alles in ihm.
[21] Zweitens bemerke, daß er nicht sagt noch zufügt: ‹seinetwegen› *ist alles:* erstens, weil Gott, und folglich auch der göttliche Mensch, nicht wegen eines Warum und Weshalb wirkt. Zweitens, weil alle Wesen aus Gott und durch Gott wirken, was sie in Gott wirken, aber auch (weil) Gott selbst alles in sich selbst wirkt. In ihm aber gibt es kein Worumwillen. Drittens, weil der wahrhaft um Gottes willen wirkt, der aus Gott, durch Gott und in Gott wirkt, wie der Gerechte Gerechtes oder auf gerechte Weise (wirkt), nicht aber wegen (der Gerechtigkeit), soweit ‹Worumwillen› von ‹aus›, ‹durch›, und ‹in› unterschieden wird. Alles ist also *aus ihm, durch ihn und in ihm.* Das Schriftwort aber ‹alles hat der Herr um seiner selbst willen gewirkt› (Spr 16,4) läßt sich auf Grund des bereits Gesagten auslegen. Oder er sagt: ‹um seiner selbst willen› nicht um eines ändern willen, entsprechend dem Wort: ‹bei mir selbst habe ich geschworen› (Gen 22,16). Bemerke, daß diese drei: *aus, durch* und *in* den göttlichen Personen nicht nur zugeeignet, sondern eigentümlich zu sein scheinen. Zweitens be-

merke, daß sie dasselbe sind, wie weiter unten erhellt. Drittens bemerke: auch für die Geschöpfe gilt allgemein, daß, *woraus* ein einzelnes Wesen ist, es auch *durch* dasselbe und *in* demselben ist. Viertens ist zu bemerken, daß *aus* nicht Wirkursache im eigentlichen Sinne ist, sondern vielmehr die Idee der Wirkursache.

[22] *Aus ihm, durch ihn und in ihm ist alles. Aus ihm,* dem Vater, *durch ihn,* den Sohn, *in ihm,* dem Heiligen Geist. Zu in *ihm* bemerke, daß in dem heiligen Geist alle Dinge so sind, daß das, was nicht in ihm ist, notwendigerweise nichts ist. *In ihm,* sagt er, *ist alles.* Was nicht innerhalb von allem, sondern außerhalb von allem ist, ist notwendigerweise nichts. Wer nämlich sagt *alles,* nimmt nichts aus. *In ihm* aber *ist alles.* Das besagt das Wort: ‹das ohne ihn›, das heißt nicht *in* ihm ‹Gemachte ist nichts› (Joh 1,3).

[23] Zweitens bemerke: so *ist in ihm alles,* daß der Heilige Geist, falls etwas nicht im Heiligen Geist selbst sein sollte, nicht Gott wäre. So wie die Weiße, wenn etwas weiß neben oder außerhalb der Weiße wäre, nicht Weiße wäre, da ja alles durch die Weiße weiß ist, so ist das, was nicht im Sein ist, sondern neben oder außer dem Sein, nichts. Denn wie sollte es sein oder etwas sein außer dem Sein oder ohne das Sein oder nicht im Sein? Das Sein aber ist von Gott allein, und er allein ist das Sein: ‹ich bin, der ich bin›, und: ‹der ist, hat mich gesandt› (Ex 3,14). Wenn aber etwas außer ihm oder nicht in ihm wäre, so wäre er selbst nicht das Sein, und wäre folglich auch nicht Gott. Daher heißt es wiederum: ‹alles ist durch ihn geworden› (Joh 1,3).

[24] Drittens: *so ist in ihm alles,* daß weder der Vater im Sohn noch der Sohn im Vater ist, wenn der Vater nicht ein und dasselbe mit dem Heiligen Geiste oder der Sohn dasselbe wie der Heilige Geist ist. Denn der Eigentümlichkeit des Vaters oder der personbildenden Beziehung, welche die Vaterschaft ist, widerspricht es, in einem andern oder in etwas zu sein. Sie

ist nämlich allein ‹aus dem›: ‹aus dem alle Vaterschaft im Himmel und auf Erden ihren Namen hat› (Eph 3,15). ‹Aus dem›; denn durchaus nur das hat oder heißt Vaterschaft, ‹aus dem› (etwas ist). Denn wenn es in einem andern oder in etwas ist, so ist es als solches nicht Vater, sondern es ist als solches das, was der Heilige Geist ist: ‹ich bin im Vater, und der Vater ist in mir› (Joh 14,11) und ‹ich und der Vater sind eins› (Joh 10,30). Daher betet die Kirche:

«Nun (komm) zu uns, Heiliger Geist,
eins dem Vater mit dem Sohn».

Dem Sohn kommt auf Grund seiner persönlichen Eigentümlichkeit keineswegs das ‹Sein in›, sondern allein das ‹Sein von› oder (das Sein) von einem andern zu. Der Heilige Geist, der das Band ist, – das ist seine persönliche Eigentümlichkeit, Band – das hat ‹Sein in› und *so ist in ihm alles* andere.

[25] Viertens *ist alles so im* Heiligen Geist, daß Gott nur im Heiligen Geist in uns ist und auch wir nur in ihm in Gott sind. Denn weder dem Vater noch dem Sohn kommt oder steht das ‹Sein in› zu, einmal weil dem die persönliche Eigentümlichkeit beider entgegensteht, sodann weil dies der persönlichen Eigentümlichkeit des Heiligen Geistes eigen ist, und so steht das ‹Sein in› ihm allein zu. Wenn dies dem Vater oder dem Sohne zustände, so wäre der Vater der Heilige Geist, und auch der Sohn wäre der Heilige Geist. Deshalb heißt es: ‹Gott ist die Liebe›. ‹Gott›, sage ich, der Heilige Geist, ‹ist die Liebe›, nach Augustin, und so ‹bleibt der, der in der Liebe bleibt›, das heißt im Heiligen Geist, ‹in Gott und Gott in ihm› (1 Joh 4,16). ‹Die Liebe Gottes ist in unsere Herzen ausgegossen durch den Heiligen Geist› (Röm 5,5). Und: ‹wenn mich jemand liebt, so wird ihn mein Vater lieben› (Joh 14,23), und es heißt weiter: ‹und zu ihm werden wir kommen› usw. Daher liebt uns der Vater und der Sohn durch den Heiligen Geist, und wir sollen Gott im Heiligen Geist lieben.

[26] Fünftens ist *alles so in ihm,* daß alles nur deshalb im

Vater oder im Sohn ist, weil der Vater und der Sohn das sind, was der Heilige Geist ist. Wie nämlich (der Vater) nicht in einem andern ist, so ist auch (etwas) im Vater, und gleichermaßen auch im Sohn als solchem nur, insofern sie das sind, was der Heilige Geist ist.

[27] *In ihm ist alles. Alles* heißt es immer nur von drei Dingen. Es ist nämlich in *ihm alles,* nämlich (alle Dinge) der Natur, der Gnade und der (himmlischen) Herrlichkeit. Ferner *alles,* weil «die Weltmaschine dreifach» ist, «dreifach das Radwerk des himmlischen, irdischen und unterirdischen Dinge» (Vesperhymnus der Predigerbrüder am Himmelfahrtstag); denn ‹auch die Hölle und die Verderbnis sind vor Gott› (Spr 15,11). Weiter *alles,* nämlich die wesentlichen, zufallenden und künstlichen Dinge. Wiederum *alles,* nämlich alles Sein des Unschaffbaren, des Schaffbaren und des (künstlich) Herstellbaren. Alles, auch die Werke der Kunst, ist durch ihn, und ‹das ohne ihn›, nicht in ihm ‹Gemachte ist nichts› (Joh 1,3). Von diesen dreien heißt es: ‹in ihm leben wir, bewegen wir uns und sind wir›(Apg 17,28). Desgleichen *ist in ihm alles,* nämlich das Werk der Schöpfung, der Unterscheidung (s. u.) und der Ausschmückung.

[28] Hierzu ist zu bemerken: wenn wir sagen, daß alles in Gott ist, (so heißt das:) wie er selbst *ununterschieden* in seiner Natur und trotzdem von allen Dingen schlechthin unterschieden ist, so ist in ihm alles zugleich in größter Unterschiedenheit und ununterschieden, und zwar erstens, weil der Mensch in Gott Gott ist. Wie also Gott von einem Löwen ununterschieden und (zugleich) schlechthin unterschieden ist, so ist auch der Mensch in Gott vom Löwen ununterschieden und (zugleich) schlechthin unterschieden, und so verhält es sich auch sonst. Zweitens: alles, was in einem andern ist, ist in ihm nach der Natur dessen, in dem es ist. Drittens: wie Gott schlechthin ununterschieden ist nach seiner Natur, – er ist ja wahrhaft und im eigentlichsten Sinne einer und von andern völlig unter-

schieden, – *so* ist auch der Mensch in Gott von allem, was in Gott ist, denn *in ihm ist alles* – ununterschieden und zugleich schlechthin von allem andern unterschieden. Viertens bemerke auf Grund des Vorherigen, daß in Gott, der ja Geist ist, alle Dinge ohne Ort wie auch ohne Grenze sind. Zudem aber: wie Gott unaussprechlich, unbegreiflich ist, so ist in ihm alles auf unaussprechliche Weise. Wiederum: jede Wirkung ist in ihrer Ursache ursächlich und nicht anders.

Deus caritas est

Gott ist Liebe

1 Joh 4,8

Das Thema «Gott ist Liebe» kehrt auch in folgenden Predigten über Barmherzigkeit (S. 293 ff. und 127 ff.) beziehungsweise Gottesliebe und Nächstenliebe (S. 35 ff.) wieder. Einen gewissen Kontrapunkt dazu stellt die Predigt «Deus unus est» (S. 329 ff.) dar («Gott ist Denken»). Aber auch hier geht es zunächst um das einfache Sein, d. h. die «Liebe schlechthin» («in abstracto», d. h. im abgeschiedenen göttlichen Bereich), zu der man nur gelangen kann, indem man der Zeit «entwird» (n. 52). «Liebe» ist die theologische Bezeichnung der Einfachheit Gottes; «Denken» (s. u. S. 332) die philosophische: die Liebe beginnt, wo das Denken aufhört (n. 52). Das Denken muß aber dahin führen, sonst gewinnt man nicht «Liebe schlechthin». Das folgende spricht also vom göttlichen Bereich, d. h. von Gott als Fülle (n. 52) auch über den Gegensätzen (n 54). Gottes Liebe ist darum reine und vorbehaltlose Mitteilsamkeit: er muß uns lieben, weil es seinem Wesen entspricht (n. 55.56). Dieser Gedanke findet sich häufig in den deutschen Predigten. Die Liebe braucht man von Gott nicht zu verlangen, man muß sich für sie bereit halten.

[52] Dadurch, daß Gott Liebe schlechthin genannt wird, wird erstens bewiesen Gottes völlige und reinste Einfachheit und daraus sein Vorrang in allem, weiter daß (sein) Sein einfaches Sein ist: ‹ich bin, der ich bin› (Ex 3,14). Daraus erhellt, daß in ihm alles ist und enthalten ist: ‹in dir, dem Einen, besitzen wir alles› (Tob 10,5). Daraus erhellt weiter, daß er allein beseligt, einmal, weil in ihm allein alles ist, weiter weil (in ihm) alles eins ist. Daraus erhellt drittens, daß er etwas Ewiges und nicht der Zeit unterworfen ist. Die also (mit ihm) geeint werden wollen, müssen der Zeit entwerden.
Zweitens sage, weshalb er eher Liebe genannt wird, da er doch auf gleiche Weise Weisheit, Zierde und dergleichen ist: (deshalb) nämlich, weil die Liebe einigend und ausströmend ist. Ferner drittens: die Liebe beginnt da, wo das Denken aufhört. Demgemäß lege das Wort aus: ‹der du sitzest über den Cherubim› (Ps 79,2). Behandle (die Frage), wie die Liebe einigend wirkt und wie groß diese Einigung ist; ferner, wie die Liebe schlechthin sich nach jeder Richtung hin ausgießt.
[53] *Gott ist die Liebe,* erstens, weil die Liebe allumfassend ist, ohne jemand auszuschließen. Von diesem umfassenden Wesen bemerke zweierlei. Erstens, daß Gott allumfassend ist: alles Seiende und alles Sein aller Dinge ist er selbst, (ist) ‹in ihm, durch ihn und von ihm› (Röm 11,36). Aber bemerke, daß Gott alles ist, was von einem jeden und von allen als das Beste gedacht oder erwünscht werden kann und noch mehr. Aber das Ganze, das von allen erstrebt werden kann, ist im Hinblick auf das Mehr ein Nichts. Dazu sage den Satz: «Gott ist der Gegensatz zum Nichts durch die Vermittlung des Seienden» (Buch der 24 Philosophen).
Zweitens bemerke: alles Umfassende, soweit es umfassend ist, ist Gott, und alles nicht Umfassende, soweit es nicht umfassend ist, ist nicht Gott, sondern geschaffen. Alles Geschöpf aber ist etwas Begrenztes, Beschränktes, Unterschiedenes und Eige-

nes, und so ist es nicht mehr Liebe. Gott aber ist seinem Wesen nach allumfassende Liebe.

[54] Zweitens *ist* und heißt *Gott* hauptsächlich insofern *Liebe,* weil er es ist, den alles liebt und sucht, das lieben kann. Weiter: er ist es, der allein von allen und in allen geliebt und gesucht wird. Weiter: er ist es, in dessen Suchen und Lieben alles existiert, was ist oder sein kann. Wiederum: er ist es, in dem alles Bittere, Gegensätzliche, Traurige und Nichtseiende süß ist, schön ist und ist, und ohne den alles Süße bitter und nichts ist.

Außerdem *ist* Gott Liebe, weil er ganz und gar liebenswert ist, ganz und gar Liebe ist.

[55] Drittens *ist* Gott Liebe, weil er ganz und gar liebt. Hierbei bemerke über die Liebe Gottes zu uns erstens, wie sehr er uns liebt, der uns mit allem, was er ist und hat, liebt. Zweitens, der uns mit derselben und gleichen Liebe liebt, mit der er sich selbst, seinen gleichewigen Sohn und den Heiligen Geist liebt. Der uns folglich drittens mit dem Ziel auf dieselbe Herrlichkeit hin liebt, in der er sich selbst liebt. Sage das Wort: ‹damit ihr esset und trinket an meinem Tisch› usw. (Lk 22,30); ebenso das Wort: ‹wo ich bin, da soll auch mein Diener sein› (Joh 12,26). Viertens: die Liebe, mit der er uns liebt, ist der Heilige Geist selbst. Fünftens: nach Hugo (von St. Victor) liebt er uns so, «als hätte er alle andern beinahe vergessen», oder (als hätte er) fast die andern vergessen. Sechstens: er liebt uns so, als ob seine Seligkeit daran hinge, daß er uns liebe. Daher (sagt er): ‹mit ewiger Liebe habe ich dich geliebt› (Jer 31,3), und: ‹meine Wonne ist es, bei den Söhnen der Menschen zu sein› (Spr 8,31). Siebtens: noch als Feinde liebt er uns. Daher gibt er uns sich selbst früher als seine Geschenke, als ob er vorbereitende und zurichtende Mittel nicht abwarten könne. Achtens gibt er alles, was sein ist, und dazu sich selbst. Dazu sage, daß nichts Geschaffenes das Seinige gibt, auch gibt es nicht sein Ganzes noch sich selbst.

Weiter sage neuntens, daß Gottes Natur, Sein und Leben darin besteht, daß er sich selbst mitteilt und daß er sich selbst, sich ganz gibt. «Das Erste nämlich ist von Natur reich» (Liber de causis). Für (Gott) ist also das, was er von Natur ist, wirklich etwas, was er durch sich hat. Daher gibt sich Gott nach Dionysius, ohne zu berechnen, daß er liebt, sondern so, wie die Sonne strahlt.

[56] Auf Grund des vorher Gesagten bemerke dreierlei: Erstens, daß man Gott nicht danken soll, daß er uns liebt, denn er muß es von Not, sondern ich danke (Gott), daß er so gut ist, daß er notwendigerweise liebt. Zweitens bemerke, welch edles Wesen die Seele sein muß, daß Gott sie so liebt, wo er doch alles hat und in sich im Voraus hat. Drittens, daß die Seele ganz im Innersten Gottes ist und Gott ganz (im Innersten) der Seele, die er so liebt, (Gott), der nichts außerhalb seiner liebt noch etwas Unähnliches oder Fremdes liebt.

In hoc apparuit Gratia Dei, Caritas, in nobis, quoniam deus filium suum unigenitum misit in mundum, ut vivamus per eum

Darin ist die Gnade Gottes, die Liebe, in uns erschienen, daß Gott seinen eingeborenen Sohn in die Welt sandte, damit wir durch ihn leben.

1 Joh 4,9

Die Sendung Christi wird als aktuelle Geburt in die Herzen der Gläubigen verstanden. Es ist nämlich nicht so, daß Christus als Person Mensch wurde, sondern daß er die «Natur» des Menschen, die ganze Menschheit annahm. Wenn der einzelne daher zum Kern seines Menschseins vorstößt, findet er Gottes Gnade und Liebe: Christus (n. 57). Die Problematik dieser Christologie liegt in ihrem Verhältnis zum historischen Jesus. Der Kern des Menschseins ist geistig; dahin ist Christus gesandt (n. 58). Das Leben «innen» ist ohne «Worumwillen». Darin erscheint Christus (n. 59). Von «innen», das heißt «aus Gott» wirken, ist darum Pflicht (n. 60). Gottes Wirken geschieht in uns, aus größter Nähe, das heißt ohne äußere Vermittlung, weil wir in ihm nur sind (n. 61).

[57] Bemerke erstens: *darin ist die Liebe erschienen* usw., weil nach Augustin dies die größte Gnade ist usw. Zweitens sage, *daß er (seinen Sohn) in die Welt gesandt hat usw.*, weil Gott seinen Sohn (nur) in ein reines Herz sendet. Zum Ersten bemerke, daß (der Sohn) die (menschliche) Natur, nicht eine (menschliche) Person annahm. Sieh darüber die Auslegung der Worte: ‹das Wort wurde Fleisch› (Joh 1,14). Zum Zweiten bemerke, daß das Herz rein ist, das mit nichts etwas gemein hat.

Hierbei bemerke erstens, daß Gott wirklich und wahrhaftig seinen Eingeborenen in die reine Seele schickt und darin gebiert und ‹in ihm und durch ihn alles› (Röm 11,36), sich selbst; ‹zu ihm werden wir kommen› usw. (Joh 14,23). Zweitens, weshalb er so sagt, oder wie die Seele rein (wird); sie ist aber rein, wenn sie nichts Geschaffenes liebt. Denn alles Geschaffene ist auf Grund des Nichts häßlich und trennt von Gott, wie die Nacht vom Tag, die Finsternis vom Licht, das Nichts vom Sein. Dazu sage, daß nichts so häßlich ist wie das Nichts selbst.

[58] Drittens sage: (er sandte seinen Sohn) *in die Welt* Nicht sagt er: in diese Welt, sondern einfach in die Welt; (er meint) also: in die Geistwelt, nach Plato. Dazu nenne die Eigentümlichkeiten dieser Welt. Viertens: (er sandte seinen Sohn) in die Welt, das heißt, daß Gott auch in dieser Welt ‹uns die Macht› zugestand, ‹Söhne Gottes zu werden› (Joh 1,12), sogar eingeborne (Söhne) oder vielmehr der Eingeborne selbst, auf daß wir durch ihn leben.

[59] Dazu bemerke, daß Leben von innen ist, aus uns, aus dem Unseren. Ebenso ist das allein lebendig, nicht tot (was von innen her lebt). Denn ‹die Gnade Gottes ist das Leben› (Röm 6,23). Außerdem: dies allein hat kein Warum, wie auch das Leben, sondern ist um seiner selbst willen, dank seiner selbst und frei. Daher (heißt es): ‹wenn der Sohn euch befreit, werdet ihr wahrhaft frei sein› (Joh 8,36); ‹niemand kennt den Vater außer dem Sohn› (Mt 11,27); ‹wie der Vater Leben hat in sich selbst› usw. (Joh 5,26). ‹Wenn er erschienen ist, werden wir ihm ähnlich sein› (1 Joh 3,2). Daher heißt es hier: *darin ist er in uns erschienen.* Bemerke: immer war in uns Gott Liebe, (schon) bevor wir waren, aber jetzt *ist er in uns erschienen,* im innern Menschen. ‹Der Heilige Geist wird in dich herabkommen› (Lk 1,35).

[60] Gott ist Liebe, Bemerke zur Liebe Gottes, wie er uns all unser Werk wirkt und in jedem Gebot nicht das Seine, sondern ausschließlich uns im Auge hat. Es gehört sich also, daß (auch)

wir nur sein Gebot im Auge haben, zumal es deshalb auf uns gewendet wird und wiederum alles Werk darum den Charakter des Gebotes erhält, daß es uns zum Lohn diene.

[61] *Gott ist Liebe* in allen Geschöpfen. Dazu bemerke, daß alles, was irgend einen Mangel mitbezeichnet, Gott nicht in sich hat. Insofern ist es nämlich weder ein Geschöpf noch gehört es insofern zur Zahl aller Dinge. Zweitens bemerke: es rührt nicht von einer Unvollkommenheit Gottes her, daß er (nur) auf Gegenwärtiges wirkt und unmittelbar, nicht aber durch ein Mittel oder auf etwas, was von ihm entfernt ist, wie die vollkommeneren Geschöpfe wirken. Dies rührt vielmehr von der allergrößten Vollkommenheit Gottes her: einmal, weil ohne ihn kein Geschöpf, mag es auch noch so weit (von ihm) entfernt sein, existieren kann, weiter, weil kein Mittleres zwischen ihn und irgendein Geschöpf fällt, weiter auch, weil sogar das Nichts (nicht) von ihm entfernt ist. Wie sollte er also auf etwas (von ihm) Entferntes wirken, da es kein Entferntes gibt? Er wirkt ja nicht auf etwas außerhalb seiner selbst, da außerhalb seiner nichts anderes ist. So rührt es also von der allergrößten Vollkommenheit Gottes und wieder von der allergrößten Unvollkommenheit des Geschöpfes her, daß Gott nicht durch ein Mittleres noch auf Entferntes noch auf etwas außerhalb wirkt.

Qui manet in caritate
Wer in der Liebe bleibt

1 Joh 4,16

Vom Vers «Wer in der Liebe bleibt» wird zunächst jedes Wort in fortschreitender Steigerung ausgelegt (n. 62). Ein kleines Kabinettstück der Auslegungskunst Eckharts, das man nur sieht, wenn man die jeweils gemeinten Worte hervorhebt. Liebe meint auch hier die «Liebe schlechthin», die Liebe im Geist, in dem wir sind wie der Leib in der Seele. Liebe schlechthin ist wiederum Einheit des «Inseins» (n. 63). Das versteht man nur, wenn man nicht von unserer Liebe aus in Richtung Gott denkt, sondern von Gott, dem Sein, in Richtung Liebe (n. 64). Dann sind Ursprung und Erfüllung nichts Willentliches, sondern etwas Vernunftgemäßes, entsprechend dem von Vorstellungen entblößten Intellekt. Unsere Art, willentlich zu lieben, faßt nicht die «Liebe schlechthin», sondern ist nur Bereitschaft dazu, Werden zum Sein (n. 64). Man sieht hier, warum bei Eckhart einerseits der Intellekt der Liebe überlegen ist, dies aber andererseits gerade zur «Liebe schlechthin«, zu Gottes Liebe, führt (n. 65). Diese wirkt weiter in der Liebe des Menschen, der ganz in der passiven Bereitschaft oder Empfänglichkeit «bleibt» (vgl. den Schluß von n. 6; mit dem Anfang n. 62: der Gedankengang ist äußerst präzis).

[62] Wer *bleibt,* (befindet sich) nicht in einem vorübergehenden Erleiden, sondern bleibt als dauernde passive Bereitschaft, nach dem Wort: ‹der Vater, der in mir bleibt, wirkt selbst die Werke› (Joh 14,10). Zweitens bemerke: wer in der *Liebe* bleibt, bleibt in der Liebe zum Guten schlechthin, ohne zu diesem oder jenem Gut herabzusteigen, nach dem Wort Augustins im achten Buch seiner Schrift über die Dreieinigkeit: «im ersten

Augenblick (der Erleuchtung) bleibe, wenn du kannst». Drittens ist zu bemerken, daß er sagt: wer *in* der Liebe bleibt. Denn im Bereich des Körperlichen ist die Weiße im Körper, im Bereich des Geistigen ist umgekehrt der Gerechte in der Gerechtigkeit selbst. Daher ist nach (der Ansicht der) Ungebildeten die Seele im Leib, nach (der Ansicht der) Weisen ist richtiger *der Leib in der Seele.* Die Substanz der Seele verhält sich also im Hinblick auf die Liebe wie ein Hinzukommendes: ‹kommet zu ihm, und ihr werdet erleuchtet› (Ps 33,6). Es bleiben Liebe, Wahrheit, Güte, die Seele geht zu und ab, nach dem Wort: ‹er wartet, um sich euer zu erbarmen› (Jes 30,18).

[63] Bleibt in *Gott.* Bemerke: in Gott oder in der Liebe bleiben bedeutet ein Eingelassenwerden oder Eintreten (dort), wo alle Dinge eins sind: ‹tritt ein in die Freude deines Herrn› (Mt 25,21), und: ‹tritt ein, du Gesegneter des Herrn› (Gen 24,31). Dort herrscht Gott: ‹dein Reich komme› (Mt 6,10); ‹das Reich Gottes ist in euch› (Lk 17,21). Das ist: *und Gott in ihm,* das ist Gott (die Tür) öffnen, Gott einlassen: ‹ich stehe an der Tür und klopfe an› (Offb 3,20).

[64] Bemerke: um zu sagen: *wer in der Liebe bleibt* usw., sagte er zweckmäßig vorher: *Gott* ist Liebe. Wenn man das sieht, ist alles klar. Gott ist aber nicht weniger und nicht anders Liebe als (er) sein *Sein* (ist). Es steht aber fest, daß der, der im Sein Gottes bleibt, *in Gott bleibt und Gott in ihm.* Dazu bemerke, daß Liebe keinen Teil des Lohnes bildet, sondern ihr ganzes Sein besteht im Verdienst, ebenso in Wirkung oder Wirken, in Wachsen, Vorbereiten, Bewegen. Deswegen ist sie auch im Willen. *Ebenso sind wir durch sie allein gut, im entblößten und überentblößten Intellekt aber sind wir nicht gut, sondern selig.* Es verhalten sich aber Intellekt und Wille, Liebe und Seligkeit, wie Magd und Freie, wie Wesensform und Zurichtung auf diese (Wesensform) hin, wie Sein zu Werden, wie Sich-aufwärtsbewegen zu Oben-ruhen, – ‹ich werde satt sein, wenn deine

Herrlichkeit erschienen ist› (Ps 16,15) – wie Hunger zur Speise, Durst zum Trank: ‹bei dir ist der Brunnen des Lebens› usw. (Ps 35,10); ‹sie werden trunken werden› usw. (Ps 35,9). Bemerke, daß nach Plato die Formen der Würdigkeit des Stoffes entsprechend verteilt werden. Daraus erhellt, daß Wille und Liebe, welche zum Verdienst gehören, sich zur Seligkeit oder zum Lohn verhalten wie die (zur Materie) hinzukommende Bereitschaft zur Wesensform.

[65] Gott ist *Liebe.* Bemerke: Liebe heißt Gott in besonderer Weise vor (seinen) anderen Vollkommenheiten. Erstens, weil es Gott im eigentlichen Sinne zukommt, geliebt zu werden. Er selbst wird nämlich von allen und in allen geliebt. Zweitens, weil die Liebe zum *Guten schlechthin,* nicht zu diesem oder jenem Gute, die (wahre) Liebe ist, die Form und Mutter oder Gebärerin und Hegerin (aller) Tugenden. Drittens, weil die Liebe und das Gute auf alles Seiende sich bezieht, nicht dagegen die Weisheit (Gerechtigkeit, Güte) usw.

Er hat uns früher geliebt. Erstens weil er durch seine Liebe macht, daß wir lieben. Er selbst verursacht in uns Liebe und gibt uns die Liebe, durch die wir lieben. Zweitens, weil er uns seinem Wesen nach liebt, noch bevor er uns seine Geschenke gibt. Drittens, weil er selbst die Liebe ist, durch die wir lieben. Zum bereits genannten zweiten Punkt bemerke, daß wir Gott nicht lieben nach all dem, was wir sind, sondern nur nach dem, was wir empfangen haben, etwa soweit wir gut und gerecht sind, nach dem Wort: ‹Der Vater, der in mir bleibt› usw. (Joh 14,10) und (nach dem Wort) ‹niemand kann zu mir kommen› usw. (Joh 6,44); ‹ohne mich könnt ihr nichts tun› (Joh 15,5).

Timor non est in caritate

Furcht ist nicht in der Liebe

1 Joh 4,18

Zum Thema «Liebe kennt keine Furcht» werden zunächst zehn Leitgedanken gebracht, jeder eine Meditation wert (n. 66. 67). Diese Gedanken sind besonders interessant, weil sich in ihnen phänomenologische Beobachtungen mit theologischem Gedankengut verweben. Man beachte: das Leid wird in der Liebe nicht beseitigt, aber «aufgehoben» in das Höhere (ausgeführt im «Buch der göttlichen Tröstung»). Das Höhere ist die Freude, die «aus Gott in allen Dingen» empfängt (n. 68, ausgeführt in den «Reden der Unterweisung») und dadurch alle Bedrängnis in der Süße und Leichtigkeit Gottes erfährt (n. 69. 70).

Darauf folgt die Auslegung für die Lebenslehre («moralisch»): Von der Liebe stammt die ganze Sittlichkeit und Vollkommenheit. Die Loslösung ist in der Liebe leicht und frei (n. 71. 72). Die zentralen Gedanken werden unter dem spirituellen Gesichtspunkt wiederholt, daß die Furcht zu vertreiben ist, soweit sie nicht «aus Liebe» geheiligt und von daher als «Wachsamkeit» zu verstehen ist. (n. 73–77).

[66] Erstens, weil die *Liebe* das Ende der Leidenschaften ist. Zweitens: weil die *Furcht* Pein hat. Wer aber liebt, der leidet nicht Not oder liebt Not. Drittens, weil Furcht vom Übel ist; daher kommt es dem Geschöpf zu, den Verlust Gottes zu fürchten. Viertens, weil der vollkommene Liebende alles hat, was er will, und keinen Verlust befürchtet. Er liebt, denkt oder schätzt nichts anderes, (als das, was er liebt). Fünftens, weil im Ziel niemals Not oder Pein ist, sondern Ruhe auf Grund seiner Natur, nämlich (der Natur) des Zieles. Das Ziel selbst ist nämlich

Ruhe und bringt Ruhe, die Liebe aber ist nicht nur Ziel und Ende der Leidenschaften, sondern ist auch im Hinblick auf das Ziel und um das Ziel, und hat im Ziel ihr Sein und ihr Wirken. Sechstens, weil Liebe und Furcht Leidenschaften sind, die sich gegenseitig ausschließen. Siebtens, weil Furcht in der Liebe die Liebe selbst ist, wie Sein im Leben Leben ist und umgekehrt.

[67] Deshalb folgt bezeichnenderweise, daß *die Furcht Pein hat,* als ob er sagen wollte: *Furcht ist* auf Grund ihrer Natur und ihrer Eigentümlichkeit, derzufolge die Furcht Furcht ist und Pein hat, *nicht in der Liebe.* Achtens, weil es der wahrhaft Liebende Gottes für süß, nicht für peinvoll hält, alles um Gottes willen auf sich zu nehmen, nach dem Wort: ‹ich wünschte verflucht zu sein› usw. (Röm 9,3). Neuntens bemerke, daß im Geliebten, wenn es wahrhaft Geliebtes ist, unmöglich irgendetwas Peinvolles sein kann, sondern dies fällt als solches notwendigerweise außerhalb des Geliebten und außerhalb der Idee des Geliebten. Zehntens bemerke, daß Furcht, Pein und derartiges in den sinnlichen Teil (der Seele) fallen, anders die Liebe. Was aber im Niedern geteilt ist, das ist eins im Obern, und seine Eigentümlichkeiten beeinflussen das Obere nicht. Weder Furcht noch Pein ist also in der Liebe, und überhaupt keine Leidenschaft, wie etwa Traurigkeit, Neid und derartiges, noch Freude, noch Liebe, noch Hoffnung im Blick auf Geschaffenes und so ganz allgemein, sondern immer nur Freude an Gott.

[68] Zur Verdeutlichung dieser Punkte bemerke, daß Liebe sich mehr an Gott, als sich Begierde an Gold freut: ‹am Wandel in deinen Geboten habe ich mich ergötzt› usw. (Ps 118,14), und ebendort nachher: ‹das Gesetz deines Mundes ist mir mehr wert als Tausende von Gold und Silber› (V. 72), und weiter unten: ‹ich habe deine Gebote mehr geliebt als Gold und Topas› (V. 127). Es steht aber fest, daß sich der Geizige aufs höchste ‹an allen Reichtümern› erfreut, an ‹Tausenden von

Gold und Silber›. Nun liebt und erfaßt aber der wahrhaft Liebende *Gott in allen Dingen*, empfängt alles als von Gott gewollt, dessen Willen an sich dem Gott-Liebenden schmeckt, der so gewaltig ist, weil er im einen wie im andern, im Kleinsten wie im Größten, in einem wie in allen, im Bösen wie im Guten, im Widerwärtigen wie im Erwünschten, im Bittern wie im Allersüßesten ist: ‹er gießt ihn aus über alle seine Werke› (Sir 1,10); ‹wenn ich in den Himmel aufsteige, bist du da› (Ps 138,8); ‹Himmel und Erde erfülle ich› (Jer 23,24). Kurz: er ist überall ganz.

[69] Aus dem vorher Gesagten erhellt und ergibt sich erstens, daß in der Liebe oder durch die Liebe das Widerwärtige erwünscht, das Bittere süß, das Schwere leicht ist. Zweitens, daß für einen Liebenden nichts beschwerlich, nichts widerwärtig, nichts bitter, nichts schwierig ist. Drittens, daß er nicht Furcht, nicht Pein, nicht irdischer Hoffnung noch ganz allgemein irgendeiner Leidenschaft verfällt, wie bereits gesagt ist. Viertens: der Gott-Liebende freut sich beständig, weil er in allem und an allem Freude hat, soweit ihm in allem der Wille Gottes, die göttliche Wahrheit, schmeckt: ‹denn alles, was immer er wollte, hat Gott gemacht im Himmel› usw. (Ps 134,6). Und nach Hilarius hat der Wille Gottes den Geschöpfen Wesen gegeben: ‹wie könnte etwas dauern ohne dein Wollen?› (Weish 11,26) und vorher daselbst: ‹du liebst alle Dinge, die sind› (V. 25). Weiter aber freut er sich immer gleichmäßig. Er kennt nicht die Änderung aus der Freude und in die Freude und von einer geringeren Freude in eine größere, denn er freut sich nur über Gott und fürchtet nur Gott. Gott aber hat er gleichmäßig und immer in allen Dingen und überall.

[70] Daher sagten die Alten, der Weise verfalle keiner Leidenschaft, und er heißt bei Jesaja: ‹das Schiefe wird zum Geraden und das Rauhe zum ebenen Weg. Alle Täler werden erfüllt werden› usw. (Jes 40,4); und: ‹ewige Freude (wird sein) über ihren

Häuptern›; und: ‹fliehen werden Schmerz und Wehklagen› (Jes 51,11). Das ist ‹der Friede Gottes, der allen Sinn übersteigt› (Phil 4,7); ‹viel Friede denen, die dein Gesetz lieben› (Ps 118,65); und: ‹meinen Frieden gebe ich euch› usw. (Joh 14,27). Das ist der Weg der Ankunft Gottes im Geist, den die Propheten vorhergesagt haben, wie hier Jesaias und der Psalm: ‹erheben wird sich in ihren Tagen Gerechtigkeit und Überfluß an Frieden› (Ps 71,7), und ähnliches. So wird die Erde schon hier zum Himmel, und der Himmel zeichnet sich auf der Erde ab und neigt sich herab. So bezieht sich der unbeweglich festgelegte Mittelpunkt (des Kreises) in gleicher Weise auf jeden Punkt des Umfanges. So ist einerseits nach Avicenna kein Übel im Himmel, anderseits ‹ist unser Wandel im Himmel› (Phil 3,20).

[71] Wiederum wird fünftens deutlich, daß die Liebe ‹die Erfüllung des Gesetzes› (Röm 13,10) und wiederum ‹das Ende des Gesetzes› (1 Tim 1,5) ist. Denn der Gott-Liebende ‹erträgt alles›, ‹glaubt alles, hofft alles›. ‹Er läßt sich nicht aufblähen›, ‹nicht verwirren›, ‹handelt nicht vergebens› (1 Kor 13,4–7), und so (ist es) auch mit den andern Dingen. Sechstens wird deutlich, daß ‹die Liebe Mutter und Form aller *Tugenden* ist›. Außer ihr und neben ihr ist die Tugend nicht mehr Tugend: ‹wenn ich mit Menschen- und Engelszungen redete› usw. (1 Kor 13,1). Hat man sie, dann hat man alles, hat man sie nicht, so hat man alles andere vergebens. Sie verhält sich zu den (übrigen) Tugenden wie das Sein zu allem Seienden.

[72] Die ganze Vollkommenheit des Menschen ist also: aller Kreatur *entwerden* und entblößt sein, sich *einförmig* verhalten in allem und zu allem, durch Widerwärtiges nicht geknickt, durch Erwünschtes nicht erhoben werden, sich nicht mehr über das eine freuen oder fürchten oder betrüben als über das andere: ‹bereitet den Weg des Herrn, macht gerade in der Einöde die Pfade unsres Gottes. Alle Täler (werden erfüllt wer-

den›) usw. (Jes 40,3. 4). Es folgt: ‹die Herrlichkeit des Herrn wird enthüllt werden› (V. 5). Und wenn dies auch steil und schwierig erscheint, so ist es doch ganz leicht und notwendig. Leicht ist es erstens, weil über dem Schmecken des Geistes alles Fleisch vergeht. Die Unermeßlichkeit des Schmeckens, in dem (uns) Gott schmeckt, tilgt alles andere aus. Zweitens (leicht), weil für einen, der wahrhaft liebt, alle Dinge außerhalb Gottes und neben Gott – das heißt außerhalb des Seins – ein reines Nichts sind. Drittens, weil einer, der Gott in sich und um seinetwillen liebt, gleichmäßig alles andere liebt oder nicht, und dementsprechend auch über alles andere gleichmäßig Freude empfindet oder nicht. Daher (heißt es): ‹ewige Freude wird sein über seinem Haupt. Freude und Jubel wird ihnen zuteil, fliehen werden Schmerz und Wehklagen› (Jes 51,11), und es folgt: ‹ich, ich selbst werde euch trösten› (V. 12).

Furcht ist nicht in der Liebe, sondern die vollkommene Liebe wirft die Furcht hinaus, weil Furcht Pein hat.

[73] Bemerke, daß *Furcht nicht in der Liebe ist,* erstens als *Furcht,* zweitens *weil sie Pein hat.* Zum ersten kann Furcht nicht in der Liebe sein aus dreierlei Gründen. Erstens, weil einer, der Liebe hat, Gott ganz und gar liebt, nach dem Wort: ‹liebe den Herrn deinen Gott (von ganzem Herzen, von ganzer Seele und von ganzem Gemüte›) usw. (Mt 22,37 und Lk 10,27); und so bleibt nichts für Furcht übrig. Zweitens, weil der Gott-Liebende in der Liebe nichts anders schätzt, nichts anders glaubt noch anders weiß oder denkt oder liebt und alle Dinge mit Gott (zusammen) nicht mehr liebt als Gott allein, und so ist wiederum Furcht nicht in der Liebe, weil er nichts weiß und es nichts gibt, was er fürchtete außer Gott. Drittens, weil die Liebe den Liebenden selbst überbildet und so ist wiederum kein Grund da, daß er überhaupt für sich oder andere Furcht empfände.

[74] Weiter ist Furcht nicht in der Liebe, weil *Furcht Pein hat.*

Erstens weil die Liebe im Geistvermögen ist, wo Pein keinen Platz hat. Zweitens, weil Liebe dem gilt, was man hat. Ist aber das Geliebte da und gegenwärtig, so kann unmöglich bei dem Liebenden Pein sein oder empfunden werden, vorausgesetzt, daß er wahrhaft liebt. Deshalb sagt er: *vollkommene Liebe* usw. und weiter unten: *wer Furcht hat, ist nicht vollkommen in der Liebe.* Drittens, weil der wahrhafte Liebhaber und (weil) wahre Liebe nur lieben, also nicht Furcht empfinden kann. Wenn du behaupten solltest, daß in ähnlicher Weise die Furcht nur fürchten kann, so gilt das (hier) nicht, vielmehr ist die Furcht und jede Pein oder jede Leidenschaft notwendig mit irgendeiner Liebe gemischt und hat in dieser ihren Grund. Ganz anders aber ist es mit der Liebe. Denn die Liebe ist der Ursprung und das Ziel aller Leidenschaften.

[75] Weiter bemerke, daß es weder Furcht noch Pein gibt, wo Liebe ist, im allgemeinen aus drei Gründen. Erstens, weil *Gott* selbst *Liebe ist.* In Gott aber fällt weder Furcht noch Pein. Zweitens, weil ‹Gott›, die Liebe, ‹ein verzehrendes Feuer ist› (Dtn 4,24); ‹verzehrend›, weil alles in Gott Gott selbst ist, oder ‹verzehrendes Feuer›, weil die Liebe oder das Geliebte allein alles in sich verzehrt, in sich verwandelt und überbildet. Drittens, weil die Liebe der Hitze gleicht, die im Feuer oder unter der Form des Feuers steht. Hier hat sie keine Furcht, keine Neigung, kein Verlangen nach dem Gegenteil oder dem ihr Entgegengesetzten. Hier steht sie ohne Schrecken in voller natürlicher Sicherheit. Von der Form des Feuers – wenn wirklich das Feuer unter seiner Wesensform bleibt. – wird die Hitze dieser Art niemals genommen oder schwindet daraus, wird aber auch nicht vermindert. Die Furcht aber hat es immer mit irgendeinem Schwund zu tun. Daher hat die Hitze im Erhitzten oder Durchglühten immer Neigung und Möglichkeit zum Entgegengesetzten, aber auch eine Durchmischung mit ihm, und (hat) so Furcht oder Schrecken vor ihrer natürlichen

Neigung zum Entgegengesetzten oder vor dem Zögern gegenüber dem Entgegengesetzten. Die Hitze in derartig erhitzten Dingen, etwa im heißen Wasser, ist Hitze nicht unter der Form, sondern vor der Form des Feuers, ist Hitze, (die) noch im Zugang (begriffen ist) und der Form des Feuers entwird. Und das ist, was gesagt wird: *vollkommene Liebe wirft die Furcht hinaus.* Und wiederum: *wer Furcht hat, ist nicht vollkommen in der Liebe.*

[76] Aber bemerke, daß jede Furcht *aus* der Liebe ist. Entweder also aus der Liebe Gottes, und so heilige Furcht – ‹die Furcht Gottes ist heilig› (Ps 18,10) – oder aus der Liebe zu etwas außer Gott, und so (ist sie) böse oder knechtisch, und diese Furcht *wirft die Liebe hinaus.* Oder sage besser: dadurch, daß die Liebe der Ursprung aller Leidenschaft ist, ist sie auch deren Ende. Ist sie dies, so bleibt also die Furcht nicht bei der Liebe. Wenn sie nämlich bleibt, endet sie nicht: ‹das Ende des Gesetzes ist (aber) die Liebe› (1 Tim 1,5).

[77] *Furcht.* Bemerke: die Hauptfeste haben ihre Vigilien[1]. So ist die Furcht das Wachen der Liebe. Daher heißt es: ‹das Wachen über die Ehre ermattet das Fleisch› (Sir 34,1), Wachen, das ist Furcht, die bewirkt, daß man wacht. ‹Durchbohre mit deiner Furcht mein Fleisch› (Ps 118,120). Hierzu bemerke weiter, daß «die vollkommene Furcht alle Scham löst». «Wer nämlich das Gericht Gottes fürchtet, der scheut sich nicht, seine Sünden zu kennen. Wer sich aber scheut, hat keine Furcht». So Chrysostomus zu Mt 3. Derselbe sagt zu Mt 4: «wer sich nicht fürchtet, hütet sich nicht, wer sich aber nicht hütet, dem stellt der Teufel unverhofft ein Bein und bringt ihn zu Fall. Wer aber Furcht hat, der nimmt sich in acht und läßt sich nicht vom Teufel auf den Tempel führen». Hugo schreibt im vierten Buch seiner Wissenschaftslehre, vor Schluß: «Fleiß und Liebe voll-

[1] Das Spiel mit dem Wort vigilia (1. das Wachen, 2. die gottesdienstliche Vorfeier) läßt sich nicht wiedergeben.

bringen das Werk, Sorge und Wachsamkeit gebären den Rat. Im Fleiß ruht das Wirken, in der Liebe das Vollbringen, in der Sorge die Vorsicht, im Wachen die Aufmerksamkeit». Diese vier tragen den Stuhl oder die Sänfte der Philologie, das heißt den Geist, in dem die Philosophie thront, zwei Jünglinge (Fleiß und Liebe) vorn, zwei Mädchen (Sorge und Wachsamkeit) hinten.

Estote misericordes, sicut pater vester

Seid barmherzig, wie auch euer Vater
(im Himmel barmherzig ist).

Lk 6,36

Betrachteten die vorherigen Predigten über die Liebe diese in der Analogie von «oben» («Liebe schlechthin») nach «unten» (Spiritualität der Liebe), so geht in dieser Predigt der Weg umgekehrt von der menschlichen zur göttlichen Barmherzigkeit.
Der erste Teil lehrt also das Ethos der Barmherzigkeit (n. 122–124) als «Bereitschaft» (Demut der Gesinnung, Beständigkeit des Herzens, soziale Fruchtbarkeit) (n. 122). Schon hier erfolgt über die Auslegung des Wortes «Seid» als Sub-stantiv-Wort der Verweis auf die Barmherzigkeit «in sich selbst» im Sein Gottes (n. 123). Jesus als Urbild der Barmherzigkeit wirkt in den Sakramenten, in seinem Leiden und in seiner Menschwerdung zur Annahme des Sünders. (Man sieht hier, für Eckhart typisch, daß die einzelnen Heilswerke in zeitloser Entsprechung zueinander stehen. (n. 124).

[122] Für den Menschen, der sich für die himmlische Gnade *bereiten* will, ist dreierlei notwendig: Demut der Gesinnung,

Beständigkeit des Herzens, Bereitschaft, anderen vom Empfangenen mitzuteilen. Das erste wird deutlich an Maria, der gesagt wurde: ‹Gnadenvolle, der Herr ist mit dir› (Lk 1,28). Augustin sagt in der Predigt über Mariä Himmelfahrt: «Mariä Demut wurde zur Himmelsleiter, auf der nicht nur die Gnade, sondern ‹der Herr aller Gnade› (selbst) zur Erde herabstieg». Die Demut führt nämlich im eigentlichen Sinne zur Unterordnung[1]; darin besteht ein großer Teil ihrer Kraft. Wenn daher wahre Demut vorhanden ist, zieht sie auch den richtigen Schluß. Das zweite erhellt daraus, daß Sünde und Unbeständigkeit miteinander verbunden sind: ‹schwer sündigte Jerusalem, daher wurde es unbeständig› (Klgl 1,8). Nach einer Regel der Topik «verhält sich also auch ihr Gegenteil wie Grund und Folge». Daher heißt es: ‹das beste ist, durch die Gnade das Herz fest zu machen› (Hebr 13,9). Gut ist es nämlich, mit Hilfe der Gnade die Sünden zu vermeiden; besser, im Dienste Gottes fortzuschreiten; am besten aber, das Herz in Gott selber fest zu machen. Dazu taugt am meisten die Liebe zum Ewigen und die Abkehr vom Irdischen und Zeitlichen. Denn wie das Anselm zugeschriebene Wort sagt, ist das Herz, das nicht in der Ewigkeit gefestigt ist, wandelbarer als alle Wandelbarkeit. Das dritte erhellt aus Augustins Schrift Über die wahre Religion Kap. 50 am Ende, wo er sagt: «Das ist das Gesetz der göttlichen Vorsehung, daß Niemandem durch die Oberen zur Erkenntnis und Aneignung der Gnade Gottes verholfen wird, der nicht selber mit reinem Wollen den Unteren zu ihr verholfen hat».

[123] Auf diese drei Punkte weist das Wort hin: seid (barmherzig), das ein substantivisches Wort[2] ist. Denn das ‹sub›

[1] subsumere ist ein technischer Ausdruck des logischen Schlußverfahrens; es bedeutet: unterordnen, einschließen, und bezeichnet den Vorgang, der der conclusio vorangehen muß.

[2] Das heißt ein Wort, das das Wesen bezeichnet.

(unter) bezeichnet die Demut: ‹demütigt euch unter die starke Hand Gottes› (1 Petr 5,6). Das ‹stantivum› aber kommt von stare, stehen, und bezeichnet die Beständigkeit. Von der Erde nämlich, die ‹in Ewigkeit steht› (Pred 1,4), heißt es: ‹du hast die Erde auf ihre Beständigkeit gegründet› (Ps 103,5). Das dritte, die Bereitschaft mitzuteilen, wird mit dem ‹Wort› bezeichnet. Denn das Wort allein offenbart den Sprechenden und teilt mit, was in seinem Herzen ist. Ein Beispiel dafür ist das ungeschaffene Wort, durch welches der Vater alles mitteilt und ausgießt.

[124] *Seid barmherzig.* In der Apostelgeschichte (1,1) steht geschrieben: ‹Jesus begann zu wirken und zu lehren›. Im Evangelium des vergangenen Sonntags steht, daß er Barmherzigkeit übte und noch übt, indem er die Sünder annimmt, ‹das Schaf, das verloren war› (Lk 15,6), ‹freudig auf seine Schultern legt› (V. 5) und die Lampe anzündet, um die verlorene Drachme zu finden (V. 8). Das erste geschieht täglich in der Darreichung der Sakramente, das zweite geschah in seinem Leiden, als ‹seine Herrschaft auf seine Schultern gelegt wurde› (Jes 9,6). Das dritte geschah in seiner Menschwerdung. Denn nach Gregor «ist die Lampe das Licht im Tongefäß – die Gottheit in unserem Fleisch», und das ist wahrlich, ‹die innigste Barmherzigkeit›, durch die und ‹in der uns der aus der Höhe Aufgehende besucht hat› (Lk 1,78). Obgleich er nämlich seiner (göttlichen) Natur nach alle Dinge von vornherein besaß – in diesem Sinne ist er ‹reich für alle› (Röm 10,12) – und in keiner Weise leidensfähig war, auch keinen Rücken besaß, auf den er geschlagen werden konnte, erbettelte er von uns und dem Unsrigen das Fleisch, in dem er leiden konnte, und den Rükken, auf den er geschlagen werden konnte; und in diesem Sinn kann in vieler Hinsicht unbeschadet einer andern Auslegung gut erklärt werden, was der Apostel sagt: ‹für uns ward er arm› (2 Kor 8,9). Denn er hatte es nicht nötig, Fremdes zu erbetteln, es sei denn, um einen Rücken zu erhalten, auf den er geschla-

gen werden konnte – ‹auf meinen Rücken hämmerten die Sünder› (Ps 128,3) – und daher mußte er auf diese Weise Barmherzigkeit üben. ‹Gehe hin und tue auch du desgleichen› (Lk 10,37). Und das ist es, was er hier lehrt und lehrte, nachdem er es vollbracht hatte.

Estote, inquit, misericordes, sicut, etc., et infra: mensuram bonam etc.

Er sagt: seid barmherzig wie (euer Vater im Himmel barmherzig ist), *und weiter unten:* ein gutes Maß (wird man in euren Schoß geben).

Lk 6,36. 38

Der zweite Teil (n. 125–145) greift das Ethos auf (n. 125–135) und fragt darüber hinaus nach dem Urbild der Barmherzigkeit des Vaters (n. 136–140) sowie nach der verheißenen Herrlichkeit als «Lohn» der Barmherzigkeit (n. 141–145).

Zum Ethos: Der größte Sieg der Barmherzigkeit ist die Vergebung (n. 123–129); sie gibt der Seele das «Kleid» der Güte Gottes, die sich in der Schöpfung offenbart, also die Vollkommenheit (n. 129–131); sie befähigt zur Gerechtigkeit gegenüber dem Nächsten (vor allem n. 134); sie führt in die Herrlichkeit der Erlösung (n. 135).

Zum Urbild der Barmherzigkeit des Vaters: in Gott ist die Barmherzigkeit «in sich selbst», d. h. in der Vernunft und damit ohne Leidenschaft (n. 136. 137); Gott ist barmherzig, weil er «in sich selbst» (wo er eins ist) Wirken ist, so daß man ihm folgt, wenn man

«in Einfalt» (d. h. in Wirkeinheit mit ihm) barmherzig ist (n. 138–140).
Zur Herrlichkeit als Lohn: der vierte Punkt des Ethos (n. 135) wird neu aufgegriffen, das heißt von Gott her entfaltet: seine Erhabenheit (n. 141), seine Vollkommenheit («Unversehrtheit», n. 142), seine Fülle (n. 143) und sein Übermaß (n. 144. 145). Man beachte im Duktus der Predigt, wie die einfache Aneinanderreihung zugleich eine unerhörte Steigerung vom menschlichen Ethos in das göttliche Sein bedeutet.

[125] Hier ermahnt er *erstens* zur Barmherzigkeit: *seid barmherzig; zweitens* stellt er das Urbild oder die Urform der Barmherzigkeit vor Augen: *wie auch der Vater* (im Himmel barmherzig ist); *drittens* verheißt er die Herrlichkeit: *ein gutes Maß* (wird man in euren Schoß geben).
Zum *ersten* muß man zunächst wissen, daß es vier Dinge sind, um derentwillen der Mensch gar sehr zur Barmherzigkeit eingeladen werden muß. Erstens, weil sie es ist, die über den Feind mit Macht triumphiert. Dabei muß man wissen, daß der Sieg über den Feind, vor allem über einen solchen, der selber über Mächtige triumphiert und häufig Große niedergerungen hat und der mit großer Heftigkeit viele verfolgt, in jeder Weise sehr erfreulich ist, wie häufig sowohl in den Geschichtserzählungen wie auch in der Bibel zu lesen ist, so im Buch Judith von dem Sieg über Holofernes, im Buch Esther von dem Sieg über Haman, und im Makkabäerbuch. ‹Sie werden sich vor dir freuen, so wie die Sieger über die gewonnene Beute frohlocken, wenn sie den Raub verteilen› (Jes 9,3). Unser Widersacher, der boshafte Teufel, hat Adam, der ins Paradies gesetzt und mit aller Tugend und Erkenntnis geziert war, zu Fall gebracht; so auch in vielen anderen Fällen. Ein Dichter sagte:
«Wenn Samson, David, Salomon ein Weib riß ins Verderben,
wer sollte da noch sicher sein von allen Adamserben?»

[126] Der Sieg über einen solchen Feind, der auf so viele Arten Krieg führt, der so viele Helden oft zu Fall bringt, der uns nicht nur nach dem Leben trachtet, sondern uns ewigen Tod des Leibes und der Seele zugedacht hat, muß also höchst lobenswert, freudenreich und ruhmvoll sein. Deshalb sagt auch Cyprian in einer Ermahnung: «wenn es für die Soldaten ruhmvoll ist, als Sieger ins Vaterland zurückzukehren, so ist es wahrlich ruhmvoll, an den Ort, von dem Adam verstoßen wurde, nach Überwindung des Feindes, der ihn zu Fall gebracht hatte, die Zeichen des Sieges zurückzubringen und mit den Erzvätern, Propheten und Aposteln des Besitzes des Himmelreiches sich zu erfreuen, den Engeln gleichgestellt zu werden, Christi Miterbe zu werden und, wenn er auf dem Richtstuhl sitzt, an seiner Seite zu stehen».

[127] Diesen Sieg gibt uns die Barmherzigkeit. Die Glosse schreibt über das Wort: ‹meine Barmherzigkeit und mein Schutz› (Ps 143,2): «durch nichts wird der Widersacher, der Teufel, so besiegt als durch die Barmherzigkeit», und weiter unten: «bei wem ein Werk der Barmherzigkeit gefunden wird, (bei dem) wird doch durch die Flut der Barmherzigkeit wie durch Wasser das Feuer der Sünde ausgelöscht, auch wenn sich vielleicht beim Gericht für ihn ein Grund zur Strafe ergeben sollte». Und die Glosse fügt hinzu, daß «Barmherzigkeit in zweierlei besteht: nämlich im Geben und im Vergeben». Und das meint das Evangelium mit den Worten: vergebet, und es wird euch vergeben, gebet, und es wird euch gegeben, und Mt 19,21: ‹verkaufe alles, was du hast und gib es den Armen, und du wirst einen Schatz im Himmel haben›.

[128] Das scheint ein schlechter Handel: ‹gib, was du hast, und du wirst haben›. Jes 61,7: ‹in ihrem Land werden sie doppelt so viel besitzen›. Die Juristen sagen: «weniger zahlt, wer spät zahlt. Denn auch durch das Verstreichen der Zeit wird der Wert der Zahlung geringer». ‹Gib, was du hast, und du wirst haben›. Einer sagte:

«Sicher ist nur das ‹du hast›, denkt das Volk und mißtraut dem ‹wirst haben›. Mehr gilt ein A, das du hast, als ein versprochenes A B». (lateinisches Sprichwort)
Man muß aber beachten: wie die Heilige Schrift häufig die Vergangenheit anstatt der Gegenwart oder der Zukunft setzt auf Grund des unfehlbaren Eintritts eines Ereignisses, so setzt sie (auch häufig) umgekehrt die Zukunft anstatt der Gegenwart auf Grund der ewigen Dauer. Daher kann diese Stelle so ausgelegt werden: ‹du wirst einen Schatz im Himmel haben›, nämlich wegen des doppelten Lohnes, des wesentlichen und des zufälligen, oder wegen des Kleides des Leibes und der Seele.

[129] Zweitens verleiht die Barmherzigkeit der Seele den Schmuck der Gottförmigkeit, sie bekleidet sie nämlich mit dem Kleid, das Gott eigen ist. Die Lehrer und die Schrift sagen: bei jedem Werk, das Gott im Geschöpf wirkt, läuft die Barmherzigkeit mit und voraus, ja sogar vor allem bei der Schöpfung selbst. Daher sagt Gregor, daß «das Erbarmen Gott eigentümlich ist». ‹Sein Erbarmen erstreckt sich über alle seine Werke› (Ps 144,9). Er sagt nicht: in allen seinen Werken, als ob sie mitliefe, sondern ‹über alle seine Werke›, weil sie vorausläuft und (alle) überragt: ‹die Barmherzigkeit triumphiert über das Gericht› (Jak 2,13), unbeschadet einer andern Auslegung. Denn jedes Werk im Geschöpf setzt ein Werk der Barmherzigkeit voraus und gründet sich in ihm als in seiner Wurzel, dessen Kraft in allem bewahrt wird und aufs mächtigste wirkt, wie der Psalm sagt: ‹der Barmherzigkeit des Herrn ist die Erde voll› (Ps 32,5), und: ‹erhaben bis an die Himmel ist seine Barmherzigkeit› (Ps 56,11), und: ‹Herr, im Himmel ist deine Barmherzigkeit› (Ps 35,6), und: ‹groß über die Himmel hinaus ist deine Barmherzigkeit› (Ps 107,5).

[130] Es erhellt also, daß die Barmherzigkeit die Seele mit dem Kleid Gottes bekleidet und ihr den Schmuck der Gottför-

migkeit verleiht: ‹wenn du dem Hungernden dein Erbarmen ausgießt›, die leibliche Barmherzigkeit betreffend, ‹und die betrübte Seele erfüllst›, die geistliche Barmherzigkeit betreffend, ‹dann wird in der Finsternis dein Licht aufgehen, und deine Finsternis wird sein wie der Mittag. Und Ruhe wird dir Gott geben für immer, und er wird mit Lichtglanz deine Seele erfüllen und deine Gebeine befreien, und du wirst sein wie ein berieselter Garten und eine Wasserquelle, deren Wasser nicht versiegt› (Jes 58,10. 11). ‹Aufgehen wird in der Finsternis das Licht›. Die Glosse bemerkt zu dem Wort: ‹die Nacht wird wie der Tag erleuchtet werden› (Ps 138,12): das will besagen, daß auch unter den Bösen und im Unglück der Tugendhafte hell und heiter erstrahlen wird. ‹Und seine Finsternis wird sein wie der Mittag›, indem er in beidem sich unterschiedslos verhält. Dies ist die vierte Alterstufe des neuen, inneren, himmlischen Menschen.

[131] Augustin unterscheidet in seiner Schrift Über die wahre Religion Kap. 48 sieben Alter oder Stufen des neuen Menschen und sagt dort: in der dritten Altersstufe vermählt sich der fleischliche Trieb mit der Kraft der Vernunft, indem die Seele sich mit dem Geist verbindet und in den Schleier der Scham gehüllt wird, so daß sie nicht mehr sündigen will, auch wenn es alle erlaubten. Die vierte Altersstufe nennt er die Entwicklung ‹zum vollkommenen Mann› (Eph 4,13), der die Verfolgungen und die Stürme und Wogen dieser Welt auszuhalten und zu brechen vermag. Die fünfte Altersstufe nennt er, wenn der Mensch völlig befriedet in der Habe und Überfülle der unaussprechlichen Weisheit lebt. Die sechste Altersstufe zeigt den Menschen, der in die vollkommene Gestalt übergeht, die vollkommen ist ‹nach dem Bild und Gleichnis› Gottes (Gen 1,26). Dieser ist der neue Mensch, zu dem mit Recht gesagt wird: ‹Schmuck hast du angezogen und bist mit Licht bekleidet wie mit einem Gewand› (Ps 103,1. 2). Die siebente Altersstufe ist die ewige Ruhe, die beständige Seligkeit, in der

keine weiteren Stufen unterschieden werden können. Daher heißt es: ‹selig sind die Barmherzigen› (Mt 5,7).[3] Soviel zum Zweiten.

[132] Seid barmherzig. Drittens richtet die Barmherzigkeit den Menschen auf den Nächsten hin; viertens erwirbt sie uns himmlische Güter und bringt uns schließlich Heil und Seligkeit. Zum zweiten, dritten und vierten Punkt heißt es daher gleichzeitig: ‹wer der Barmherzigkeit nachstrebt (der wird Leben, Gerechtigkeit und Herrlichkeit finden›, Spr 21,21); ‹Leben› für sich – als zweiter Punkt; ‹und Gerechtigkeit im Hinblick auf den Nächsten – als dritter Punkt; ‹und Herrlichkeit› im Hinblick auf Gott – als vierter Punkt. Und dies wird dem Barmherzigen verheißen: ‹dein Heil wird eilends aufgehen und deine Gerechtigkeit wird vor deinem Angesicht einhergehen, und die Herrlichkeit des Herrn wird dich umfassen› (Jes 58,5). ‹Dein Heil›, will sagen: dein ganzes Leben, das so heil ist, so daß man es ‹Heil› heißen kann. Denn das gegenwärtige Leben ist ein sterbliches Leben, ein sterbendes Leben, oder, nach Augustin, ein lebender Tod. ‹Denn kaum geboren, hören wir schon ständig auf zu sein› (Weish 5,13), und: ‹wir alle sterben und sind wie Wasser, das auf die Erde ausgegossen wird und verrinnt› (2 Kön 14,14). So heißt es vom sterblichen Menschen nicht: ‹wir werden sterben›, sondern: ‹wir sterben›.

[133] Das Leben aber, das der Prophet deshalb Heil nennt, ist nach Isidor von Sevilla «lebendiges Leben». In seiner Schrift Vom höchsten Gut beweist er im vorletzten Kapitel, daß das gegenwärtige Leben nicht den Namen Leben verdient, mit folgender Begründung: dieser Zustand verdient nicht den Namen Leben, denn um uns ihm zu entreißen und uns (wahres) Leben zu geben, mußte erst das ewige Leben herabsteigen: ‹ich bin gekommen, auf daß sie das Leben haben› (Joh 10,10). Augustin

[3] Vgl. die Predigt «Vom edlen Menschen», S. 102.

beweist im Brief an Consentius dasselbe, aber auf andere Weise, wie folgt: dieses Leben ist ein Wirken der Seele im Leib und ist sein Sein. Aber die Seele vermag im gegenwärtigen Leben «dem Leib kein solches Leben zu geben, das die Aufhebung der Vernichtung oder des Todes vermöchte». Wie sollte man aber heiß nennen, was nicht von seinem Gegenstand die Kälte zu entfernen vermag?

[134] Es heißt weiter: ‹und deine Gerechtigkeit wird vor deinem Angesicht einhergehen› (Jes 58,8), soweit sie (den Menschen) auf den Nächsten hin ordnet. Das ist nämlich das *Wesen der Gerechtigkeit.* Dies ist aber ausdrücklich gesagt, damit die Barmherzigkeit gerecht sei, indem sie jedem das Seine gibt. Daher sagt Isidor in derselben Schrift im zweitletzten Kapitel: «ein großes Verbrechen ist es, den Unterhalt der Armen den Reichen zu geben und vom Unterhalt der Bedürftigen die Gunst der Mächtigen sich zu erwerben, der dürstenden Erde das Wasser zu nehmen und die Flüsse damit zu bewässern».

Denn daraus geht hervor, wie die Barmherzigkeit über den Feind triumphiert, den Menschen in sich vollkommen macht und ziert und ihn auf den Nächsten hin ordnet. Deshalb sagt die Glosse zu 1 Tim 4,8: «die ganze Summe der christlichen Lehre besteht in Barmherzigkeit und Frömmigkeit, und wenn einer ihr nachfolgt, dann wird er, wenn er die Versuchung des Fleisches erleidet, zwar ohne Zweifel Schläge erdulden», aber trotzdem nicht untergehen. Dies stimmt, wenn er wahrhaft barmherzig ist: ‹erbarme dich deiner Seele, indem du Gott gefällig bist› (Sir 30,24). «Einem anderen Freundschaft erweisen kann man nur, wenn man sich selber Freund ist» (Aristoteles). Wie soll sich also jemand deiner oder meiner erbarmen, der sich nicht seiner selbst erbarmt? Denn ‹wer gegen sich selbst böse ist, wem wird der gut sein?› (Sir 14,5). Deshalb vielleicht sagt der Erlöser ausdrücklich: seid barmherzig, denn er will, daß wir uns auch unseres Leibes und unserer Seele erbarmen. Soviel zum dritten Punkt.

[135] Es folgt viertens, daß die Barmherzigkeit himmlische Güter erkauft und schließlich uns *Erlösung und Herrlichkeit* bringt. Isidor sagt in der oben genannten Schrift: «an den irdischen Dingen gehen einige zugrunde, andere werden erlöst». Das aber ist die Erlösung, «wenn sie in ihrer Schönheit die allerschönste Vorsehung ihres Schöpfers preisend verehren oder wenn sie sich durch die Werke der Barmherzigkeit himmlische Güter dafür erkaufen». Siehe, welche Güter uns dadurch erkauft werden; und so bringt uns am Ende die Barmherzigkeit Herrlichkeit. Und das ist oben gesagt mit den Worten: ‹er wird Herrlichkeit finden›, (Spr 21,21) und: ‹die Herrlichkeit des Herrn wird dich umfassen› (Jes 58,5). Finden, heißt es, weil die Herrlichkeit alles Verdienst übersteigt. Darum steht heute in der Epistel: ‹nicht würdig (sind die Leiden dieser Zeit der zukünftigen Herrlichkeit›, Röm 8,18). Es heißt aber: ‹umfassen›, weil die Herrlichkeit alles Fassungsvermögen der Seele wegen ihrer Unermeßlichkeit übersteigt. Daher steht geschrieben: ‹du guter und getreuer Knecht, tritt ein (in die Freude deines Herrn›, Mt 25,21).

Ein gutes, volles und überfließendes Maß (wird man in euren Schoß geben). Lk 6,38.

[136] Es ist schon gesagt, daß Christus uns ermahnt und weshalb er zur Barmherzigkeit ermahnt: *seid barmherzig.* Schließlich bleibt noch zu betrachten, wie er zweitens uns das Urbild oder die Urform (der Barmherzigkeit) vor Augen stellt: *wie auch euer Vater barmherzig ist.* Und *drittens* verheißt er uns den Lohn oder die Krone: *ein gutes, volles und überfließendes Maß* (wird man in euren Schoß geben).

Wie auch euer Vater (barmherzig ist). Zunächst muß man wissen, daß der himmlische Vater barmherzig heißt und auf doppelte Weise sich erbarmt, worin uns die Urform gegeben wird, die wir nachahmen sollen. Er erbarmt sich nämlich erstens *ohne Leidenschaft.* Ebenso erbarmt er sich in einem einfachen und wesentlichen Wirken.

Zum ersten sagt Augustin im Buch Über die Geduld gegen Anfang: «Gott zürnt ohne Gemütserregung, ist geduldig ohne Leidenschaft, eifert ohne Grimm, erbarmt sich ohne Schmerz». Wir sind also barmherzig wie der Vater, wenn wir nicht aus Leidenschaft, noch aus Begierde, sondern vorsätzlich und auf Geheiß der *Vernunft* barmherzig sind, wie es heißt: ‹die Barmherzigkeit und die Wahrheit begegneten sich› (Ps 84,11), das heißt Leidenschaft und Vernunft, und wiederum (heißt es): ‹er liebt Barmherzigkeit und Recht› (Ps 32,5). 2 Kor 9,7 heißt es von der Barmherzigkeit: ‹ein jeder (gebe), wie er zuvor in seinem Herzen bestimmte, nicht aus Traurigkeit›. Die Glosse (erklärt dies so): ‹wie er bestimmte›, das heißt «vorherordnete»; ‹in seinem Herzen›, das heißt «im Ratschluß der Vernunft»; ‹nicht aus Traurigkeit›, das heißt so, daß die Leidenschaft nicht vorauseilt, sondern nachfolgt, nicht Herrin, sondern Dienerin ist.

[137] Zum Zeichen dessen heißt es: ‹wirf die Magd und ihren Sohn hinaus› (Gen 21,10 und Gal 4,30). Die Magd ist die Sinnlichkeit, die der Vernunft dienen soll. Ihr Sohn ist die leidenschaftliche Begierde. Wir sollen uns sehr hüten, heißt es, daß nicht die leidenschaftliche Begierde über unsere Werke herrsche. Deshalb rechnet dies Jeremias als eine große Schande an, indem er sagt: ‹gedenke, o Herr, dessen, was uns widerfahren ist, schau und sieh, Herr, unsere Schande›; und weiter unten: ‹Knechte sind unsere Herren geworden› (Klgl 5,1.8). ‹Böse ist, was ich sah unter der Sonne› (Pred 10,5), nämlich ‹daß ein Tor› – das heißt die Sinnlichkeit oder Leidenschaft, die töricht genannt wird, einmal, weil sie keine Zucht annimmt, weiter, weil sie nach Boethius das Licht der Weisheit verfinstert – ‹in erhabene Würde eingesetzt ist› – das heißt in die Herrschaft und Leitung – ‹und daß die Reichen› – das heißt Verstand und Wille, durch die wir alles sind – ‹unten sitzen› – das heißt der Leidenschaft unterworfen sind. Es folgt: ‹ich sah Knechte hoch zu Roß und Fürsten gleich Knechten zu Fuß gehen auf Erden›

(V. 7). ‹Knechte hoch zu Roß›: sicherlich sind sie Pferden ähnlich, über die die Leidenschaft herrscht. Gegen diese richtet sich das Wort: ‹werdet nicht wie Pferd und Maultier, (die keinen Verstand haben›, PS 31,9).

[138] Zweitens sollen wir barmherzig sein wie der himmlische Vater, und zwar mit lauterer und einfältiger Absicht. Wie nämlich Gott barmherzig ist ohne Leidenschaft, so ist er schlechthin barmherzig in einem *einzigen, einfachen und wesentlichen Wirken*. Deshalb wird uns gesagt: ‹in Einfalt des Herzens suchet ihn› (Weish 1,1). Die Einfalt des Herzens ist die Einfalt der Absicht: ‹wenn dein Auge einfältig ist, wird dein ganzer Leib hell sein› (Mt 6,22). Augustin sagt in seiner Auslegung der Bergpredigt: «unter dem Auge müssen wir hier die Absicht verstehen», «denn nicht soll man erwägen, was einer tut, sondern, in welcher Gesinnung er es tut». Das sind die Worte Augustins.

[139] ‹Wenn dein Auge einfältig ist›. Hieronymus, der in seiner Matthäusauslegung dieses Wort behandelt, sagt: «die Triefäugigen sehen (statt eines einzigen Lichtes) viele Lichter, das einfältige[4] und reine Auge aber sieht nur Einfaches und Reines». Weil wir also nach dem Wort Augustins in der Schrift über die wahre Religion Kap. 16 «das Eine suchen, mit dem verglichen es nichts Einfacheres gibt», so wollen wir Gott ‹in Einfalt des Herzens suchen› (Weish 1,1). Dies muß aber auf zweierlei Weise geschehen, nämlich erstens so, daß unsererseits nichts hinzugefügt wird, zweitens so, daß wir in Gott nicht ein Anderes, Hinzugefügtes suchen, sondern nur Gott selbst. Das lehrt uns Christus, wenn er vom Werk der Barmherzigkeit spricht: ‹deine Linke soll nicht wissen, was deine Rechte tut› (Mt 6,3). Glosse: «was die Tugend wirkt, soll die Überheblichkeit oder der eitle Ruhm oder irgendein anderes Laster nicht wissen, sondern

[4] Der Doppelsinn von simplex = einfach, einfältig, ursprünglich, gesund ist im Deutschen nicht wiederzugeben.

das Licht der rechten Tat möge die Finsternis der Sünde verscheuchen». Denn wie Maximus in einer Aschermittwochspredigt sagt, «läßt der Meister der himmlischen Lehre nicht zu, daß das Werk derer, die ihn anrufen, denen er ewigen Lohn bereitet, durch das Laster unfruchtbarer Überheblichkeit zuschanden wird». ‹Deine Linke soll nicht wissen›, sagt er. Solche nämlich gehören zu den Böcken, werden zur Linken gestellt (Mt 25,32), und ihnen gelten die schrecklichen Worte: ‹geht ihr Verdammten in das ewige Feuer›. (V. 41). Ein Dichter sagt:

«wie schnöder Traumestrug
sind alle Erdenfreuden,
wer ihnen sich verschreibt,
stürzt sich in tiefstes Leiden».

[140] Ebenso muß zweitens die Absicht einfältig sein, so daß wir nichts über Gott hinaus, nichts außer ihm suchen. Die Glosse sagt zu dem Wort: ‹in der Liebe verwurzelt› (Eph 3,17): «wenn du liebst, so liebe nicht um Lohn. Wenn du wahrhaft liebst, so sei dir der ein Lohn, den du liebst». «In ihm sieh den, der dich krönt, in ihm deinen Lohn, nichts anderes erwarte von ihm als ihn selbst». Augustin sagt im 10. Buch der Bekenntnisse gegen Ende: «infolge meiner Habgier wollte ich den ganzen Trug besitzen; so verlor ich dich, denn du duldest es nicht, daß man dich zusammen mit dem Trug besitzt». Daher steht geschrieben: ‹was liebt ihr die Eitelkeit und sucht den Trug?› (Ps 4,3). Soviel über den zweiten Hauptpunkt, nämlich daß Gott Urbild und Urform der Barmherzigkeit ist: *wie auch euer Vater* (barmherzig ist).

Aber über Sinnlichkeit und Leidenschaft bemerke, daß die Sinnlichkeit als solche nicht Erbe des ewigen Reiches ist, weil sie nichts Ewiges in sich hat, die Vernunft aber ist ewig. Zweitens ist die Leidenschaft im eigentlichen Sinne weit unter der Vernunft oder dem Intellekt. Auch im Willen und im Sinn ist sie nur am Rande, nämlich im Tastsinn, aber auch das nur zufallend. Daher sind die tadelnswert, welche durch Leidenschaft sich führen lassen wie der Blinde vom Hund. Drittens: welches Maß von Wahnwitz gehört dazu, das Werk, das das ewige Leben erkauft, für den Wind der Eitelkeit zu verkaufen! Daher singen und beten wir täglich:[5]

«des Herzens Innerstes sei rein
und aller Wahnwitz halte ein».

[141] Nun vom dritten Punkt, nämlich vom Lohn oder von der *Herrlichkeit: ein gutes* (volles und überfließendes) Maß. Hierbei bemerke, der Zustand der Seligkeit ist durch die überragende Erhabenheit Gottes bestimmt, der den Seligen innewohnt, denn es heißt: *ein gutes Maß wird man in euren Schoß geben.* Denn das Erste und Einfachste ist das Maß aller Dinge, Gott, sowohl im Sein als auch ganz allgemein in jeder (Art von) Vollkommenheit. Das Gute aber ist das Letzte, das Ziel und das Beste: ‹niemand ist gut als Gott allein› (Lk 18,19; Mk 10,18), einmal als Ziel schlechthin, dann, weil er sich (überallhin) ausgießt, was kein anderer vermag. Daraus erhellt, wie groß die Seligkeit ist, ihn zuinnerst zu besitzen, der als Erstes alle Dinge in sich vorweg besitzt, und in dem und durch den und dessentwegen als Ziel, als Letztes und Bestes alles liebenswert und anziehend ist: ‹alles in dir, dem Einen, besitzend› usw. (Tob 10,5). «Denn das Erste ist von Natur reich und ist das Reichste». Deshalb ruft der Psalmist aus: ‹Herr, wie groß ist die Mannigfaltigkeit deiner Wonne› usw. (Ps 30,20). Dies lege aus. Und alles ist nicht nur in ihm, sondern kann ohne ihn nicht sein und ist Leben in ihm. ‹Denn er ist nicht ein Gott der Toten; alles nämlich ist vor ihm lebendig› (Lk 20,38). Dies lege aus.

[142] Als zweites ist zu bemerken die *vollkommene und lautere Unversehrtheit* (integritas) von allem, worüber sich die Seligen freuen, denn (es heißt): ein volles (Maß). Bemerke (daher auch) die reine und vollkommene Unversehrtheit einer

[5] Im Hymnus der Prim (Stundengebet).

jeden Freude, an sich genommen: ‹wenn aber kommen wird, was vollkommen ist, wird das Unvollkommene aufgehoben werden› (1 Kor 13,10). Dem Wortlaut nach spricht der Apostel vom Zustand der Seligkeit. Beachte: viele wissen einige Wissenschaften und trotzdem weiß auf Erden keiner eine Wissenschaft ganz. So ist es (auch) mit der Freude und der Art der Freude. Denn niemand hat in vollkommener Weise das, worüber er sich freut, und das Gleiche behauptet der Apostel an derselben Stelle wie oben, wenn er sagt: ‹jetzt erkenne ich teilweise, dann aber werde ich erkennen, wie auch ich erkannt bin› (V. 12); ‹der Gott aller Gnade wird selbst vollenden, stärken und festigen› (1 Petr 5,10). So wird erfüllt werden das Wort: ‹du wirst mich mit Freude vor deinem Angesicht erfüllen. Wonne ist in deiner Rechten bis zum Ziel› (Ps 15,10). Jedes Ding ist nämlich voll und rein in seiner Ursache, und zwar nur daselbst, nicht außerhalb. Daher sagt er: ‹bis zum Ziel›. Denn dort, im Ziel, wird das, was ein Ding ist, vollendet.

[143] Das Dritte ist die Verschiedenartigkeit und *Fülle* der Freuden: (ein) *gerütteltes* (Maß). Boethius sagt: «(die Seligkeit) ist der durch Anhäufung aller Güter vollkommene Zustand». Zustand bedeutet Ruhe nach Erlangung des letzten Zieles: ‹sitzen wird mein Volk in der Schönheit des Friedens, in den Hütten der Zuversicht› (Jes 32,18), und es heißt weiter: ‹in üppiger Ruhe›. Was Jesajas ‹Ruhe› nennt, nennt Boethius «Zustand», und was Jesaias ‹üppig› nennt, bezeichnet Boethius als «die Anhäufung aller Güter»: ‹in dir› dem Einen, alles besitzend usw. (Tob 10,5).

[144] Das vierte ist die Fülle des überströmenden Zustroms (der himmlischen Seligkeit): ein *überfließendes* (Maß). Auf sechserlei Weise kann dies ausgelegt werden: erstens, sie hat keine Grenze. Zweitens, sie übersteigt alles Verdienst. Drittens, sie übersteigt jede Hoffnung. Viertens, sie übersteigt alles Erwünschte. Fünftens, sie übersteigt alles Erkennen und Begreifen. Zum ersten: ‹die Gerechten werden in das ewige Leben

eingehen› (Mt 25,46). Zum zweiten: ‹nicht wert sind die Leiden dieser Zeit der zukünftigen Herrlichkeit› (Röm 8,18). Zum dritten: ‹staunen werden sie beim plötzlichen Einbruch des unverhofften Heils› (Weish 5,2). Zum vierten und fünften: ‹in überreichlichem Maße, mehr als wir erbitten oder erkennen› (Eph 3,20). Für das fünfte gilt auch das Wort: ‹kein Auge hat es gesehen, noch ein Ohr gehört, noch ist es in eines Menschen Herz aufgestiegen, was Gott denen bereitet hat, die ihn lieben› (1 Kor 2,9). ‹In eines Menschen Herz ist es nicht aufgestiegen›. Glosse: erstens, weil das Ewige nicht unter, sondern über dem Herzen ist. Zweitens: ‹in des Menschen Herz›, das heißt in das Herz eines nach Menschenweise Lebenden wie die, (von denen geschrieben steht): ‹seid ihr nicht fleischlich und lebt nach Menschenart› (1 Kor 3,3)? Drittens: ‹ist es nicht aufgestiegen›. «In das Herz aufsteigen heißt es von dem, was dem Intellekt gefällt». Oder sage: ‹in das Herz ist es nicht aufgestiegen›, entsprechend den stofflichen Dingen, welche nur durch Abstraktion (in den Intellekt) aufsteigen. Oder: ‹ist es nicht aufgestiegen›. Obwohl du nämlich aufsteigst – zum Beispiel: 10 ist mehr als 1, 100 ist noch mehr, 1000 ist wieder noch mehr, und so geht es bei weiterem Aufsteigen immer weiter.[6]

[145] Zum Letzten und Sechsten sage noch besser: (ein) *überfließendes* (Maß). (Der Überschwang der Seligkeit) strömt nämlich von den höheren Kräften in die niederen so reichlich ein, daß die sinnliche Empfindung sich in die Natur der Vernunft und die Vernunft in die Natur des Intellekts zu verwandeln scheint, wie im Buch Über den Geist und die Seele geschrieben steht. Ja sie strömt sogar in den Leib selbst so reichlich über, daß er als Leib der Seele unterworfen wird, wie die Luft dem Licht, ohne daß sich dabei ein Widerstand erhebt, wie an den

[6] Der Gedanke ist unvollständig ausgedrückt. Der Sinn ist: das ‹Aufsteigen› zu den höheren Zahlen ist zugleich ein ‹Nicht-Aufsteigen›, denn es bedeutet ein Herabsteigen von Einen in eine immer größere Vielheit.

Gaben erhellt, welche sind: Durchsichtigkeit, Leidenslosigkeit, Feinheit, Beweglichkeit. Dann wird das Leben vollkommen und die Unterwerfung des Stoffes vollständig sein: ‹trunken werden sie sein von der Fülle deines Hauses, (und du wirst sie mit dem Strom deiner Wonne tränken›, PS 35,9).

In novitate vitae ambulemus

In Neuheit des Lebens sollen wir wandeln

Röm 6,4

Geht die vorhergehende Predigt von den «moralia» (Ethos) zu den «divina» (Aufstieg in den göttlichen Bereich), so wird hier (vgl. n. 153) unmittelbar die Interpretation von Neuheit und Leben auf Gott gelenkt: Gott als Schöpfer (man bedenke: Schöpfung ist immer), Gott als Gebärer des Sohnes (Menschwerdung ist immer), Gott in größtem Abstand vom «Veralten» der Zeit; Gott als Erneuerer jeden Augenblicks, als Ursprung und Endziel (n. 153).
Nach dieser Exposition folgt die schrittweise Auslegung der drei Leitworte: «Neuheit» (n. 154–157); «Leben» (n. 158 bis 160); «wir sollen wandeln» (n. 161–162).
Einige Hinweise auf zentrale Gedanken: Zeitlichkeit ist Vergangenheit und Zukunft, die Vergangenheit wird. Daher ist das «Neue» der Zeitlichkeit stets im Veralten («nichts Neues unter der Sonne»), Neu im eigentlichen Sinne ist das unaufhörliche «Neumachen» Gottes (n. 155). In dieser Weise wird stets das Werden und Hervorbringen der Natur (und der Kunst) dem «Neu-werden» in Gott gegenübergestellt (n. 156). Neues ist nur, wo Sein wird und Sein bleibt (n. 157).
Ebenso wird das irdische Leben dem erneuernden Leben der Gnade gegenübergestellt (n. 158. 159). Daraus werden dann die Schlußfol-

gerungen für die Lebenslehre gezogen: auch hier geht es vor allem um die Tugend der «Einfachheit», das heißt der Konzentration im Einen: Gott (n. 162).

1.

[153] Bemerke: *Neuheit* und *Leben* ist beides Gott eigentümlich. Erstens, weil er aus dem Nichts schafft und daher auf liebliche Weise;[1] einmal, weil er das Böse, alles Böse und die Wurzel des Bösen beseitigt, sodann weil er nichts wegnimmt, und drittens, weil er das beste Gut verleiht, – ‹alles mit ihm› (Röm 8,32) – das Innerste zum Innersten.[2] Zweitens (ist das Wirken Gottes) neu, weil der Sohn, durch den er wirkt, immer geboren wird. Bemerke: der Vater wirkt durch den Sohn wie die ungezeugte Gerechtigkeit durch die gezeugte Gerechtigkeit und wie Ähnliches (in ähnlichen Fällen wirkt[3]). Drittens neu, weil jeder Fall aus Gott den Abstand vom Ursprung noch größer macht als den Abstand des heutigen Jetzt vom ersten Jetzt der Zeit. «Macht» daher diese «alt» (nämlich die Zeit), dann auch jener (nämlich der Fall). Viertens neu, weil (Gott) im allernächsten Jetzt oder vielmehr in diesem gegenwärtigen Jetzt (wirkt). Fünftens neu, weil es[4] immer im Ursprung ist, teils weil es im Ursprung (innebleibend), teils weil es im Ursprung ist. Das Geschöpf dagegen wirkt außer sich, nicht in sich. Sechstens neu, weil Gott, das Endziel, allein auch der Ursprung ist: ‹ich bin der Ursprung und das Ziel› (Offb 1,8).

[1] suaviter leitet Eckhart sonst auch von sua vi = aus eigener Macht ab, vgl. die Auslegung zu Jes. Sir. n. 13, S. 204.

[2] Gott wirkt als Innerster aus dem Innersten auf das Innerste aller Dinge, und deshalb lieblich.

[3] Wie z. B. die ungezeugte Wahrheit oder Güte durch die gezeugte Wahrheit oder Güte wirkt.

[4] Nämlich das Wirken Gottes.

2.

In Neuheit des Lebens sollen wir wandeln (Röm 6,4).

[154] (In) *Neuheit.* Führe das Wort des Weisen an: ‹nichts Neues ist unter der Sonne› (Pred. 1,10). Augustin sagt über das Wort: ‹lauter Eitelkeit ist jeder lebende Mensch› (Ps 38,6): «unter der Sonne ist alles sichtbar; was nicht sichtbar ist, ist nicht unter der Sonne. Nicht ist sichtbar Glaube, Hoffnung, Liebe, Güte, keusche Furcht; wer in ihnen Süßigkeit empfindet, der ist (schon) jenseits der Sonne, dessen ‹Wandel ist im Himmel› (Phil 3,20)». Wiederum ist ‹das Nichts› selbst ‹neu unter der Sonne›, ‹neu›, das heißt jeweils neu, weil ununterbrochen in dieser Welt Übel entstehen, aufsprießen und zunehmen: ‹die ganze Welt liegt im Argen› (1 Joh 5,19). Dies erkläre. Oder (sage): weil über dem Himmel Böses sich nicht findet noch Sünde im eigentlichen Sinne, die ein Nichts ist, deshalb ist ‹das Nichts› selbst ‹neu› und entsteht (erst) ‹unter der Sonne›.

[155] Wiederum ist ‹nichts Neues unter der Sonne› erstens nach Ansicht derer, die behaupten, die Welt sei von Ewigkeit gewesen. Zweitens, weil alles ‹unter der Sonne› unter die Zeit fällt, «die Zeit aber macht alt». Drittens, weil das Neue dem Ursprung nahe ist, die Dinge ‹unter der Sonne› aber «weit» vom Ursprung der Dinge sind, nämlich von Gott, «im Bereich der Unähnlichkeit», da sie vergänglich sind. Alles Wirken Gottes aber ist neu und ‹macht alles neu› (Weish 7,27); ‹siehe, ich mache alles neu› (Offb 21,5). Wiederum ist allein das Wirken Gottes neu, weil das Wort *immer* gezeugt wird, und weil das Ding hinsichtlich seines Seins, das seiner Natur nach der Bewegung vorangeht, immer im *Werden* begriffen ist, aber trotzdem nicht immer geschaffen wird. ‹Unter der Sonne› aber ist es nicht so, sondern (hier gilt:) ‹es ist geschaffen›. Gen 1 (V. 3) heißt es vom Wort: ‹Gott sprach: es werde›, von der Kreatur aber: ‹es ist geschaffen›.

[156] Ebenso ist ‹nichts Neues unter der Sonne› (Pred. 1,10), weil die Natur ein Ding nicht als Ganzes hervorbringt, sondern nur aus der (schon vorhandenen) Materie. Weil sie es also nicht als Ganzes, sodann, weil es sie aus der alten Materie hervorbringt, deshalb wird nichts Neues. Denn ein Haus, an dem allein das Dach neu ist, ist kein neues, sondern nur ein erneuertes und gewissermaßen ein geflicktes Haus. Macht nun schon die Natur nichts neues, dann noch viel weniger die Kunst. Aber Gott, und er allein, ‹macht in sich bleibend alles neu› (Weish 7,27); ‹siehe, ich mache alles neu› (Offb 21,5). Boethius sagt:

«selbst nimmer bewegt, bewegst du das Weltall».

‹Ich bin Gott und wandle mich nicht› (Mal 3,6). So wird er nicht alt, vielmehr werden alle Dinge in ihm neu; erstens, weil ein Ding, solange es ist und in seinem Sein steht, in seinem, Ursprung steht und nicht weit und ferne von seinem Ursprung ist. Es ist also nicht alt, sondern neu. Zweitens, weil das Sein selbst, Gott, seinerseits nicht von jemand sich abkehrt noch ihn von sich stößt, sondern jeder wird selbst verstoßen, jeder stößt das Sein selbst von sich, der von irgendeinem Sein auf irgendeine Weise abfällt. Das Sein also beugt sich nicht, krümmt sich nicht,[5] altert nicht, wandelt sich nicht, sondern (umgekehrt) altert der, der sich von ihm entfernt hat, und je mehr und je mannigfacher er sich von ihm entfernt, um so mehr altert er. Wer sich aber *dem* Sein zukehrt, der wird neu und erneuert, und je mehr er dies tut, desto mehr: ‹deine Jugend wird sich erneuern wie die des Adlers› (Ps 102,5).

[157] Auf diese Weise ist Gott, der immer wirkt und immer ist, (immer) neu. Daher ist alles Seiende neu, soweit es von Gott ist, und hat von keinem andern seine Neuheit. Alles wird neu, gut, rein, lauter und heilig, indem es sich Gott zukehrt, sich ihm nähert, zu ihm zurückeilt und zurückkehrt und ihm sich zuwendet. Umgekehrt: wenn es sich von ihm abkehrt,

[5] Das Sein bekommt keinen krummen Buckel wie ein Alter.

altert, vergeht und sündigt alles: ‹der Sold der Sünde aber ist der Tod› (Röm 6,23). Beispiel: das Wissen und sein Gegenstand.[6]

[158] Wir sollen auf die vorherbeschriebene Weise *in der Neuheit wandeln,* und zwar nicht in einer beliebigen Neuheit, sondern in der *Neuheit des Lebens,* und auch nicht in der Neuheit *des* Lebens, das dem Dunst und Schatten verglichen wird (1 Chr 29,15; Jak 4,15), nicht so sehr wegen seiner Kürze als seiner Nichtigkeit – unser Sein ist nämlich gewissermaßen «flüchtig»: ‹kaum geboren hören wir (schon) ständig auf zu sein› (Weish 5,13); (der Mensch) ‹bleibt niemals im selben Zustand› (Ijob 14,2) – sondern in der Neuheit des Lebens und der Tugend, die durch die Gnade geschenkt wird. Denn ‹die Gnade Gottes ist ewiges Leben› (Röm 6,23), das Gott allein in uns ohne uns wirkt: ‹Gnade und Herrlichkeit wird der Herr schenken› (Ps 83,12). Zu dem schattenhaften und flüchtigen Charakter unseres Lebens führe das Wort Augustins aus dem 10. Kapitel des 13. Buches Vom Gottesstaat an: «nichts ist die Zeit dieses Lebens als ein Lauf zum Tode, bei dem es niemand vergönnt ist, auch nur ein Weilchen stehen zu bleiben oder ein wenig langsamer zu gehen». Und weiter unten: «niemals also ist der Mensch im Leben, solange er in diesem eher sterbenden als lebenden Leibe ist, sondern (immer) zugleich im Leben und im Sterben (begriffen)».

[159] Aber über das *Leben der Gnade,* durch die der Mensch immer erneuert wird, sagt derselbe Augustin im Buch Über das elende Leben des Leibes und der Seele: «das Leben, das in der Ewigkeit seinen Stand hat, ist Leben ohne Tod, Jugend ohne Alter, Licht ohne Finsternis, Freude ohne Traurigkeit, Friede ohne Zwietracht, Wille ohne Unrecht, Herrschaft ohne Wechsel». Über beide Arten von Leben schreibt derselbe Augustin im 9. Buch der Bekenntnisse: «jede noch so große Ergötzung der

[6] Je mehr sich das Wissen seinem vollkommenen Gegenstand, Gott, zuwendet, desto reicher ist es; und umgekehrt.

fleischlichen Sinne in jedem noch so hellen körperlichen Licht erscheint neben der Lieblichkeit jenes Lebens keines Vergleiches, ja nicht einmal der Erwähnung wert». Derselbe sagt im 15. Buch seiner Genesisauslegung gegen Ende: «dort (im Himmel) besteht die einzige und ganze Tugend darin, zu lieben, was du siehst, und die höchste Glückseligkeit, zu besitzen, was du liebst». «Dort wird eine sichere Ruhe und Schau der unaussprechlichen Wahrheit sein». Über diese Wahrheit schreibt derselbe im 3. Buch der Schrift Über den freien Willen am Ende: «so groß ist die Schönheit, so groß die Lieblichkeit des ewigen Lichtes, das heißt der unwandelbaren Wahrheit und Weisheit, daß, dürfte man auch nur für die Dauer eines Tages darin verweilen, man dafür ungezählte Jahre dieses Lebens, voll von Wonnen und Überfluß an zeitlichen Gütern, mit vollem Recht verachten würde». Er führt das Wort an: ‹besser ist ein Tag (in deinen Vorhöfen als tausend andere›, Ps 83,11), und er fügt in der Genesisauslegung an derselben Stelle wie oben hinzu: «Dort wird das selige Leben an seinem Quell getrunken, und von ihm wird dieses menschliche Leben ein wenig besprengt, damit man sich in den Versuchungen dieser Welt mäßig, tapfer, gerecht und klug verhalte». «Wird besprengt». Im Psalm folgen auf die Worte: ‹die Geheimnisse deiner Weisheit hast du mir offenbart›, die Worte: ‹besprenge mich, und ich werde rein; wasche mich, (und ich werde weißer als der Schnee›, PS 50,8. 9).

[160] Bemerke: denen, die *in dieser Neuheit wandeln* und darin geübt sind, wird manchmal das gegeben, was Augustin im 27. Kapitel des 10. Buches der Bekenntnis so beschreibt: «du läßt mich eintreten in meinem Innern in ein ganz ungewohntes Ergriffensein, in eine unbekannte Wonne; wenn die in mir vollendet wird, weiß ich nicht, ob es außer diesem Leben überhaupt noch etwas gibt. Mich behindert und verzehrt aber der Alltag». «Hier kann ich sein, will es aber nicht, dort will ich sein, kann es aber nicht, und so bin ich elend hier und dort».

[161] *Wir sollen wandeln,* indem wir fortschreiten durch das ständig erneuerte Sehnen, ‹vollkommen zu sein, ohne in etwas zu fehlen› (Jak 1,4): ‹sie werden von Tugend zu Tugend schreiten› usw. (Ps 83,8). Dabei bemerke, daß wir die Vollkommenheit vergebens außerhalb der zeitlichen Güter suchen, solange wir in ihrer Gegenwart und auf Grund ihrer Gegenwart unähnlich[7] sind und bestimmt werden. Denn aus ein und derselben Wurzel entspringt beides: die Liebe zu den gegenwärtigen und das Streben nach den abwesenden Gütern, und es ist einerlei, ob mich Liebe (zu den gegenwärtigen) oder Wunsch und Streben (nach den abwesenden) bestimmt. Solange ich mich daher noch von den gegenwärtigen Gütern bestimmen lasse, solange werde ich jedenfalls auch weiterhin Güter erstreben, die ich noch nicht habe und die ich noch haben will.

[162] Wiederum heißt es: ‹wer *einfach*[8] wandelt, (wandelt selbstsicher›, Spr 10,9). Denn wer sich in Gott auf jeweils nur eine Weise zu erfreuen sucht, mag diese auch noch so erhaben sein, dessen Freude und Lust wird notwendigerweise bisweilen aufhören, wenn nämlich diese eine Weise aufhört. Wer sich aber in Gott in keiner bestimmten Weise, sondern in aller und jeder Weise erfreut, der erfreut sich immer, und das will Gott: ‹wandle vor mir (und sei vollkommen›, Gen 17,1); denn die Natur der Gottheit ist das und fordert das, daß wir uns nicht auf eine bestimmte Weise, ja überhaupt nicht auf eine Weise oder zu einer bestimmten Stunde oder Zeit oder (nur) bisweilen in ihr erfreuen, sondern in allen Dingen, und zwar in allen Dingen gleich, immer und immer gleich. Wenn anders, so erfreuen wir uns bereits im Nicht-Gott. ‹Ich aber erfreue mich im Herrn› (Ps 103,34). Dies lege aus. Und wiederum: ‹er wandelte auf unbeflecktem Wege und diente mir› (Ps 100,6).

Wir sollen auch *wandeln,* indem wir den Nächsten anziehen, ihn erbauen, ihn erleuchten, ihn gewinnen (vgl. 1 Kor 9,19–22):

[7] D. h. von Gott entfremdet, «im Lande der Unähnlichkeit».

[8] Einfach, das heißt: nur auf eine Weise; oder: nur in einer Richtung.

‹das Leben war das Licht der Menschen› (Joh 1,4). Hierbei sage: unser Leben muß derart sein, daß es ein Licht der Menschen ist, denn ‹ihr seid das Licht der Welt› (Mt 5,14). Es folgt: ‹sie sollen eure guten Werke sehen› usw. (V. 16). ‹Die Völker werden in deinem Licht wandeln› usw. (Jes 60,3).

Homo quidam erat dives

Ein Mensch war reich

Lk 16,1

Das Thema der Predigt ist auch in einem weiteren lateinischen Sermo und auf deutsch behandelt (vgl. DW 3, Pr. 80), aber ihre Beziehungen zur deutschen Predigt «Vom edlen Menschen» sind stärker. Man könnte es ein lateinisches Gegenstück nennen: Vom «reichen» Menschen. «Reich» heißt hier: Fülle der Vollkommenheit, die zugleich Fülle der Mitteilsamkeit ist. (n. 210). Denn, empfangen ohne weiterzugeben, ist für Eckhart undenkbar.
Der Predigtentwurf hat zwei Teile. Der erste legt die Worte des biblischen Leitverses nacheinander aus, wobei auffällt, daß dieses Mal das Zeitwort «sein» (erat = war) nicht eigens thematisiert wird, es sei denn im Sinne des «Eins-sein» (n. 209). In Anlehnung an Eckharts übliche Methode muß man dies wohl so verstehen.

Zum ersten Teil:
1. Homo (Mensch) = n. 206. 207. Wie in «Vom edlen Menschen» wird der innere Mensch vom äußeren unterschieden. Der äußere Mensch gehört zum Veralten der Zeit, der innere zum neuen Leben in Gott (vgl. die vorhergehende Predigt). Nun wird der Weg des inneren Menschen zu Gott beschrieben: ist Wahrheit der Weg Gottes zum

Menschen, so ist Liebe der Weg des Menschen zu Gott. Als Unterthema wird Lk 3,4 entfaltet: «Bereitet den Weg des Herrn». Antwort auf diese Forderung wird zunächst mit der Bergpredigt gegeben(Mt 5,3.8): Armut des Geistes (vgl. dazu die deutsche Predigt, S. 146) und Reinheit des Herzens; dazu kommt die Demut als Ausgeglichenheit des Gemütes. Das sind traditionelle spirituelle Forderungen (Paupertas Spiritus, puritas cordis, tranquillitas – Eckhart hat aequalitas – mentis), die schon bei den Vätern so zusammengestellt sind. Zur Demut gibt es einen Exkurs über Hochmut als Sünde (n. 207). Entscheidend ist, daß hier die innere Freiheit und Distanz (bloß und ledig sein) angesprochen wird, die in den deutschen Predigten so oft ausgeführt wird. Auch das Thema, daß der innere Mensch der «Sohn» ist, fehlt nicht.

[206] Man unterscheidet den äußeren und inneren *Menschen.* Der äußere ist der alte, irdische Mensch dieser Welt, der ‹von Tag zu Tag› älter wird (2 Kor 4,16). Sein Ende ist der Tod, er bedarf der Heilmittel und der Belehrung aus dem Sinnlichen; (von ihm gilt) das Psalmwort: ‹alle Menschen sind Lügner› (115,11). Denn was er nicht vom Intellekt her hat, das hat er vom Falschen. Der innere Mensch aber ist der neue, himmlische Mensch. In ihm leuchtet Gott. Die Wahrheit ist gleichsam der Weg Gottes zum innern Menschen, die Liebe der Weg des Menschen zu Gott.

Dabei sage, daß der erste Ruf der Gnade zum Menschen der Ruf des Johannes in der Wüste ist: ‹bereitet den Weg des Herrn› (Lk 3,4; Jes. 40,3). Dieser Weg wird *erstens* bereitet, wenn alle Hindernisse und alle Widerstände, welche die Wahrheit – die Gott ist – verfinstern, beseitigt werden, so daß der Weg ganz eben ist. Dies aber bewirkt die *Armut des Geistes* (Mt 5,3). Hierbei bemerke, daß die den leidenden Dingen eigentümliche Zurichtung und Vorbereitung das Bloßsein ist.

Zweitens wird der Weg bereitet, wenn man (auf ihm) keinen Schmutz mehr sieht oder vorfindet: ‹rein seien deine Augen, auf daß du nichts Böses siehst› und ‹auf die Bosheit nicht zu schauen vermagst› (Hab 1,13). Dies bewirkt die *Reinheit des Herzens* (Mt 5,8). Daher heißt es: ‹ein reines Herz (schaffe in mir, Gott›, PS 50,12). Bemerke im einzelnen: ‹Herz›, ‹rein›. ‹Du Pharisäer, reinige, was innen ist› (Mt 23,26). ‹Sende deinen Geist aus, und sie werden geschaffen werden› usw. (Ps 103,30). Augustin: «gehe nicht nach außen, (kehre in dich selbst zurück, im innern Menschen wohnt die Wahrheit»).

Drittens wird der Weg bereitet durch *Ausgeglichenheit des Gemütes,* und das ist der Sinn des Wortes: ‹alle Täler werden angefüllt und alle Berge und Hügel erniedrigt werden› (Lk 3,4; Jes 40,4). Sage, daß die *Demut* die allereigentlichste Vorbereitung auf jede Gnade ist. Deshalb gibt auf das Wort des Engels: ‹du Gnadenvolle› (Lk 1,28) die Jungfrau gewissermaßen zur Antwort: ‹er schaute an die Niedrigkeit seiner Magd› (V. 48). Denn der Natur des Oberen entspricht es, wesenhaft (auf das Niedere) einzuwirken, der Natur des Niederen dagegen, wesenhaft zu empfangen; und je mehr etwas ein Oberes ist, um so natürlicher und lieblicher, innerlicher, tiefer und reichlicher ist seine Einwirkung. Daher also heißt der Mensch (homo) nach dem Boden (humus), von dem auch das Wort Demut (humilitas) abgeleitet ist.

[207] Daraus ergibt sich als Gegensatz, daß der Hochmut unmittelbar der Gnade entgegensteht, und ebendadurch ist er Anfang, Wurzel und gewissermaßen die Urform aller Laster, wie die Liebe (die Urform) aller Tugenden ist, und zwar in einem solchen Maße, daß jede Tugend ohne Liebe gewissermaßen zum Laster wird, und umgekehrt wäre gleichermaßen die Sünde, wenn sie ohne Hochmut und mit wahrer Demut sein könnte, keine Sünde mehr. Denn der Empfang der Gnade stammt nur von Gott. Dies aber vertreibt jede Sünde. Es gehört aber zum Hochmut, insofern er ein Akt des äußeren Menschen ist, sich zu erheben, das heißt sich den Geboten Gottes nicht

unterzuordnen, diese nicht zu erfüllen, nachdem man sich selbst über sie erhoben hat, oder sie durch die Tat, von der Leidenschaft besiegt, zu umgehen, zu übertreten. Daher ist in jeder Sünde Hochmut. Denn jede Sünde ist nur dadurch Sünde, daß sie sich gegen das Gebot Gottes erhebt und es umgeht.

Es folgt: ‹sehen wird alles Fleisch›, nämlich der innere Mensch, der *Sohn*, das ‹Heil Gottes› (Lk 3,6; Jes 40,5), das ‹niemand kennt es, als der, der es empfangen hat› (Offb 2,17).

2. Homo quidam (ein Mensch) = n. 208. Der innere Mensch, der dem göttlichen Bereich angehört (Stichworte: Ewigkeit, Geburt), wird hier paradigmatisch als eine bestimmte Person verstanden. Paulus hat erfahren, was der neue Mensch ist (Kol 3,10). Er kündet daher vom «Reichtum der Herrlichkeit» (Eph 3,16). Paulus ist also der am Schluß von n. 207 mit Offb 2,17 angesprochene: «niemand kennt es, als der, der es empfangen hat.» Dadurch wird Paulus zur Leitfigur des zweiten Teils der Predigt (vgl. n. 211 ff.).

[208] *Ein* Mensch. Bemerke, daß der innere Mensch zwar mit dem äußeren zugleich an demselben Ort erscheint, trotzdem sind sie weiter voneinander geschieden als der oberste Himmel vom Mittelpunkt der Erde. So ist es auch bei dem (Verhältnis von) Hitze und Wesensform des Feuers der Fall. Ebenso bemerke, daß «im inneren Menschen» nach Augustin «die Wahrheit wohnt», (nämlich) Gott, dessen Natur es ist, immer und allein innen und im Innersten zu sein. Wenn aber Gott, dann sicher auch alles; denn in Gott ist alles. Drittens bemerke, daß der innere Mensch auf keinerlei Weise in der Zeit oder an einem Ort ist, sondern ganz in der Ewigkeit. Dort wird *Gott geboren*, dort wird er gehört, dort ist er, dort spricht Gott und er allein. ‹Selig sind, die› dort ‹das Wort Gottes hören› (Lk 11,28). Dort ist der innere Mensch in seiner ganzen Weite, weil er groß ist ohne Größe. Diesen Menschen empfiehlt uns der Apostel, wenn er sagt: ‹zieht den neuen Men-

schen an, der erneuert wird in der Erkenntnis Gottes nach dem Bilde dessen, der ihn schuf. Dort ist nicht Mann noch Frau, nicht Heide noch Jude› noch ‹Barbar noch Skythe, nicht Knecht noch Freier, sondern alles und in allen Christus› (Kol 3,10.). Hier spricht er auch *als einer, der es erfahren hat,* den Wunsch aus: Gott ‹gebe euch nach dem Reichtum seiner Herrlichkeit, daß ihr stark werdet im innern Menschen, daß Christus in euren Herzen wohne› (Eph 3,16). Das ist es, was den Menschen reich macht.

3. erat dives (war reich) = n. 209. Der innere Mensch erreicht das Sein (hier: das Eine), indem er arm und einfach wird, vom «Vielen» und «Ausgedehnten» ledig.

[209] Daher folgt: (ein Mensch) *war* reich. ‹Hat nicht Gott die Armen dieser Welt erwählt, die reich im Glauben sind?› (Jak 2,5) Dazu sage, daß die Seele, die Vielem anhängt, von Gott sich entfernt. Und je mehr und mehr sie Vielem anhängt, um so ärmer, um so schlechter, um so elender ist sie, um so weniger ist sie. Daher wird zu dem guten und getreuen (Knecht) gesagt: ‹oberhalb des Vielen will ich dich setzen› (Mt 25,21). Denn er wäre nicht gut, wenn er nicht ‹oberhalb des Vielen›, höher als das Viele wäre. ‹Du kümmerst dich um Vieles; das Eine ist not› (Lk 10,41). ‹Du sagst, ich bin reich› (Offb 3,17), und weiter unten: «du weißt nicht, daß du elend und armselig und blind und arm bist› (ebd.). Augustin sagt im 1. Buch Über die Ordnung: «die Seele, die in die Weisheit sich begibt, läuft durch ihre Gier gerade hinter der Armut her; sie weiß nicht, daß man diese nur durch Abscheidung von der Vielheit vermeiden kann», und weiter unten: «um so größere Entbehrung leidet sie, je mehr sie zu umfassen sucht.» Er fügt ein Beispiel hinzu: «wie nämlich in einem noch so großen Kreise ein einziger Mittelpunkt ist, in dem alle (Radien) zusammentreffen», «der über alles kraft eines gewissen Gleichheitsrechtes herrscht, bei dessen Verlassen aber nach einer beliebigen Richtung man alles in

demselben Maße verliert, wie man in die Mehrheit vordringt, so wird der Geist, der sich aus sich ergießt, sozusagen durch die Allheit zerteilt und durch wahre Bettelarmut[1] oder Verlogenheit[2] aufgerieben, während doch seine Natur ihn zwingt, überall das Eine zu suchen, und die Vielheit ihn es nicht finden läßt.» Daher hat Chrysostomus zu Lk 1,53 folgenden Wortlaut: ‹die Armen erfüllte er mit Gütern und die Reichen entließ er leer.› Da die Armen nichts Eigenes und folglich keine Lüge haben, so haben sie die Wahrheit, haben Gott, haben *alles* in der Wahrheit, in Gott.

4. erat dives (war reich) = n. 210. Wer ins «Eine» entfremdet ist, erhält die Fülle in Christus. Armut im Geiste ist Reichtum in Christus. Aus dieser Fülle muß anderen mitgeteilt werden. Eckhart folgt dabei, wie so oft, Augustinus, den er dann auch (n. 211) auf einen Einwand antworten läßt: kann man überhaupt in diese Einheit und Fülle gelangen (nach 1 Kor 2,9)? Die Antwort wird mit Augustins Johannesauslegung gegeben: das Herz des äußeren («fleischlichen») Menschen faßt dies nicht (n. 211. 212).
Dies ist schon die Überleitung zum zweiten Teil, denn Paulus, von dem ja der Einwand stammt, fährt fort: «Ich kenne einen Menschen in Christus ... entrückt» (2 Kor 12,2). Dieses Pauluswort: «scio hominem in Christo raptum» wird nun im folgenden als Erfahrung des «reichen Menschen» ausgelegt. Die Verbindung besteht im Wort «ein Mensch» zwischen dem Leitthema und dem jetzt folgenden Unterthema, das schon vorher angesprochen war (s.o.).
[210] (Er) war *reich*. Denn nachdem er Christus hat, hat er *alles:* ‹alles hat er uns mit ihm geschenkt› (Röm 8,32). Wer daher Christus hat, hat ‹alle Schätze der Weisheit und der Erkenntnis› Gottes (Kol 2,3). Ein solcher kann allen von sei-

[1] Die im Nichtbesitz des Einen besteht.
[2] Das Wortspiel mendicitas (Bettelarmut) – mendacitas (Verlogenheit) läßt sich im Deutschen nicht wiedergeben, vgl. n. 318.

nem Reichtum geben und im Überfluß: ‹wenn du viel hast, so teile im Überfluß aus› (Tob 4,9), das heißt ‹zeige an deinem guten Wandel› (Jak 3,13), daß du *reich in Christus* bist «durch seinen innewohnenden Geist». Augustin sagt über das Wort: ‹der Gerechte erbarmt sich und spendet reichlich› (Ps 36,21) – der Wortlaut Augustins hat ‹er leiht›: (der Gerechte), «dessen Brust voller Liebe ist, hat immer etwas, wovon er geben kann». «Der gute Wille ist der Schatz der Armen. In diesem Schatz liegt süßeste Ruhe und wahre Sicherheit. Denn ihn kann kein Räuber verderben, Schiffbruch braucht er[3] nicht zu fürchten»; «nackt entkommt er und ist doch voll». Dem Blinden ‹leiht er› seine Augen, dem Lahmen seine Füße, dem Krüppel seine Hände, «er spendet Rat und Hilfe, wo er kann», «er hilft durch seine Fürsprache, bittet für den Gepeinigten, und vielleicht findet er mehr Gehör als der, der Brot darreicht». Soweit Augustin.

[211] Aber was bedeutet dann das Wort des Apostels: ‹kein Auge hat es gesehen und kein Ohr gehört und in eines Menschen Herz ist es nicht aufgestiegen, was du bereitet hast denen, die dich lieben› (1 Kor 2,9; Jes 64,4)? Augustin sagt in der ersten Predigt seiner Auslegung des Johannesevangeliums: «wenn es überhaupt in eines Menschen Herz nicht aufgestiegen ist, wie ist es dann in das Herz des Johannes aufgestiegen? Oder war etwa Johannes kein Mensch?» Er gibt folgende Antwort: *erstens* «ist nicht es[4] in das Herz des Johannes aufgestiegen, sondern (umgekehrt) ist das Herz des Johannes zu ihm aufgestiegen». *Zweitens*, «wenn es in das Herz des Johannes aufstieg, so stieg es insoweit auf, als er nicht mehr Mensch war, sondern anfing, ein Engel zu sein».

[212] *Drittens* lege dies weiter aus: es steigt so auf zu dem, dessen Größe allen Glauben übersteigt. Niemals aber kann man

[3] Nämlich der Arme. Im lateinischen Text erfolgt der Wechsel des Subjektes erst im nächsten Satz.

[4] Nämlich das, was Gott den Seinen bereitet hat.

von der Seligkeit so viel denken oder glauben, wie sie wirklich ist. *Viertens* lege dies so aus: die geistigen Kräfte steigen durch Abstraktion auf. Die Abstraktion kommt aber in dem Sein zum Stillstand,[5] über dem (nur noch) Gott ist als Ursache des Seins. *Fünftens* lege es so aus: die Wesen, die unter dem Intellekt stehen, sind in ihm edler als in sich selbst, und so steigen sie zu ihm auf; bei denen, die über dem Intellekt stehen, ist es umgekehrt. *Sechstens:* das Herz begreift es nicht. Deshalb sagt er bezeichnenderweise: ‹in das Herz› (hinein) (1 Kor 2,9), als wäre es darin eingeschlossen, nach dem Wort: ‹tritt ein in deines Herren Freude› (Mt 25,21). *Siebtens:* weil (die himmlische Freude) nichts Körperliches, nichts Stoffliches ist; das Herz aber ist etwas Körperliches. *Achtens:* nach der Glosse zu 1 Kor 2,9 sagt man dann «von einer Sache, sie steige in das Herz auf, wenn sie erkannt ist und gefällt». ‹In das Herz eines Menschen›, das heißt eines fleischlichen (Menschen), ‹ist es› also ‹nicht aufgestiegen›.

Zum zweiten Teil:
1. scio (ich kenne) = n. 213. Dieses «Ich» ist im Lateinischen im Zeitwort verborgen, weil das, was Paulus sagen will, eigentlich nicht aussagbar ist, weil in der Schau des Lichtes jede Eigenheit und «Ichheit» verschwindet (das wird fünffach weiter ausgelegt) und weil die Selbstverleugnung Bedingung der Bereitschaft für die Schau ist.

[213] Nun höre (einmal) getreulich *einen* (solchen) *reichen Menschen,* der auf Grund seiner *Erfahrung* von dem himmlischen Reichtum erzählt, nämlich Paulus: ‹ich kenne einen Menschen in Christus› (2 Kor 12,2), und weiter unten: ‹der bis in den dritten Himmel entrückt wurde›. *Dabei* bemerke *erstens,* daß das *‹ich›* (im lateinischen Text) nicht besonders ausgedrückt wird, sondern unter dem ‹scio› (‹ich kenne›) mitverstan-

[5] Aufsteigen ist Abstrahieren, d. h. alles Zufallende abstreifen und zum reinen Sein vordringen. Beim reinen Sein aber angelangt, hört der Aufstieg und die Abstraktion auf.

den wird. *Erstens*, weil das, wovon er reden will, etwas Unaussprechliches ist. Daher folgt: ‹dem Menschen steht nicht zu, davon zu reden› (V. 4). Augustin: «wenn ich es genannt habe, habe ich es doch nicht genannt; denn es ist etwas Unaussprechliches».

Zweitens wird (das ‹ich› unter dem ‹scio›) mitverstanden, weil es sich auf das geistige Licht bezieht:[6] ‹in deinem Lichte sehen wir das Licht› (Ps 35,10), und: ‹ausgegossen ist über uns das Licht deines Angesichts, Herr›[7] (Ps 4,7). Dabei sage: so oft die Schrift das Wort ‹super› (‹über›) gebraucht, geschieht dies (erstens), weil Gott mehr gibt als wir bitten (Eph 3,20). Zweitens, weil alle derartigen Gaben von oben oder aus dem oberen Bereich herstammen und übernatürlich sind (Jak 1,17). Drittens, weil wir selber nach oben gehoben und gezogen werden sollen, um sie zu empfangen. Sie werden nämlich im Heiligen Geist gegeben, ‹den die Welt nicht empfangen kann› (Joh 14,17). Viertens, weil alle Gabe Gottes auf uns zugerichtet ist, deshalb wird sie uns ganz und gar gegeben und bringt uns Nutzen. Fünftens, weil es Gnadengaben sind, können wir sie nicht verdienen. Könnte man sie nämlich verdienen, so wären sie nicht mehr umsonst.

Drittens wird das ‹ich› nicht (besonders) ausgedrückt, weil wir der Welt und uns selber absterben, uns selbst verleugnen sollen: ‹ich lebe als ein Ich, das nicht mehr Ich ist› (Gal 2,20); ‹kein Mensch kann mich schauen und am Leben bleiben› (Ex 33,20). Bemerke auch, daß das ‹Ich› das reine Wesen bezeichnet, und trotzdem soll man das Ich verleugnen.

2. hominem (einen Menschen) = n. 214 (am Anfang). Dies streift Eckhart nur kurz, weil es schon eingangs ausgeführt ist.

[6] In der Schau dieses Lichtes verschwindet jede Eigenheit und damit auch jede Ichheit.

[7] So daß unsre Ichheit verschwindet.

3. in Christo (in Christus) = n. 214. 215. Das bedeutet zunächst im eckhartschen Sinne «Sohnschaft» (n. 214) und wird durch Schriftvergleich ausgeführt. Ferner bedeutet es: ein anderer werden, damit «die wahren Zeichen des Sohnes sichtbar werden» (n. 215). Auf den Indikativ der Sohnschaft folgt der (ethische) Imperativ der Bereitschaft, aber beides ist bei Eckhart wie Sein und Leben (vgl. die Einleitung) ineinander verschränkt.

[214] (Einen Menschen) – ‹hominem› –, das heißt, einen Demütigen – humilem –, was von Boden – humus – (herstammt). Das Wirken des Demütigen ist aber:

> «du verachte die Welt, verachte dich selber, sonst niemand,
> daß du verachtet, veracht'».

Desgleichen bemerke, daß der Boden – humus – oder die Erde fruchtbringend ist, und warum.

Oder: ‹einen Menschen›, das heißt ein vernünftiges Wesen, auf Grund seines Intellekts, der vom Hier und Jetzt und vom Stoff «geschieden» und «unvermischt» ist.

‹In Christus›, Christus gleichgeformt, dem Eingeborenen gleichgestaltet, auf daß er zum Sohn angenommen sei, der da ruft: ‹Abba, Vater› (Röm 8,15; Gal 4,6). Dabei sage, daß man ein solcher *Sohn* wird (erstens) durch Verabscheuung des Bösen oder durch Entfernung von den Bösen: ‹aus Aegypten habe ich meinen Sohn weggerufen› (Hos 11,1); und vorher heißt es: ‹mein Kind ist Israel, und ich habe es geliebt›. Zweitens (erfordert die *Sohnschaft):* die Leidenschaften besiegen, über die Leidenschaften herrschen, das heißt die völlige Besiegung oder Ausrottung und Unterwerfung der Leidenschaften: ‹diese Worte sind ganz zuverlässig und wahr› (Offb. 21,5), und weiter unten: ‹wer gesiegt hat›, ‹dem werde ich Gott sein, und er wird mein Sohn sein› (V. 7). Drittens (gehört zur Sohnschaft) ‹die Fülle der Zeit›: ‹als die Fülle der Zeit kam, sandte Gott seinen Sohn› (Gal 4,4). Viertens (gehört dazu) die bloße Aufnahme des Glaubens: ‹wieviel ihn aber aufnahmen›, (‹denen gab er Macht, Gottes Söhne zu werden›, Joh 1,12).

Fünftens (gehört dazu) Liebe, nämlich die Gottes- und Nächstenliebe: ‹Liebe gab uns der Vater, auf daß wir Söhne Gottes heißen und seien› (1 Joh 3,1). Sechstens (gehört dazu) die göttliche Zeugung: ‹du bist mein Sohn, heute habe ich (dich gezeugt›, PS 2,7).

[215] (‹Ich kenne einen Menschen) *in Christus*›. ‹Wer da sagt, er bleibe in Christus, der muß auch selbst so wandeln, wie er wandelte› (1 Joh 2,6), auf daß in ihm die *wahren Zeichen des Sohns* sichtbar werden. Diese sind: erstens ein wohlgefälliger Wandel: ‹ich werde ihm Vater sein, und er wird mir Sohn sein› (2 Kön 7,14), was der Herr dem David über Salomon sagte. Zweitens ein friedfertiger Wandel, vor allem Feindesliebe: ‹selig sind die Friedfertigen› (Mt 5,9); ‹zu denen, welche den Frieden hassen, (war ich friedfertig›, PS 119,7). Und es folgt bei Matthäus: ‹liebet eure Feinde›, ‹auf daß ihr Söhne eures Vaters seid, der im Himmel ist› (5,44). Drittens ständige Vermehrung guter Werke: ‹du hast Gnade bei Gott gefunden; siehe du wirst empfangen (in deinem Schoß und wirst einen Sohn gebären, ... und er wird) Sohn des Höchsten (heißen›, Lk 1,30). Viertens die Verbreitung eines guten und fruchtbringenden Rufes: ‹ein ehrbarer Sohn ist mir Ephraim› (Jer 31,20).

Fünftens eifrige Versenkung in die göttlichen Dinge: ‹mein erstgeborener Sohn ist Israel›[8] (Ex 4,22). Sechstens eine in allem beständige Ausdauer im Gehorsam: ‹die vom Geist Gottes getrieben sind, die sind Gottes Söhne› (Röm 8,14).[9] Daher (heißt es): ‹ich kenne einen Menschen in Christus›.

4. raptum (entrückt) = n. 216. Die Entrückung wird nach Thomas beschrieben und mit anderen Zitaten ausgeschmückt. Das Thema

[8] Israel heißt nach Eckhart: der Mann, der Gott schaut. Das Gottschauen ist der höchste Grad der Sohnschaft.

[9] Die Beständigkeit und Ausdauer liegt darin, daß die Söhne Gottes beständig vom Geist angetrieben werden.

der Schau, die man nicht denken kann, sondern erzählen muß (es handelt sich ja um den erzählenden Paulus, n. 213). ist für Eckhart nicht so zentral wie das Thema der Einheit in der Sohnschaft. Wie man sieht, sind die beiden Teile kunstvoll ineinander verschränkt. Erst in dieser Struktur erschließt sich der Reichtum an Gedanken, der vieles in knapper Fassung enthält, das in den deutschen Predigten ausgeführt ist.

[216] Es folgt: ‹*entrückt* (in den dritten Himmel›). Vergleiche hierzu in den Fragen Über die Wahrheit den 2. Artikel der Frage über die Entrückung, und zwar am Ende, wo Thomas vier Arten der Entrückung aufstellt: die erste ist die Entrückung der Willensrichtung, wenn man alle Geschöpfe verachtet und Gott allein in Liebe verbunden ist. Die zweite besteht in einer inneren Schau von Phantasiebildern, wenn einer durch eine übernatürliche Kraft (vom Irdischen) abgezogen wird zu einer übernatürlichen Schau, ohne den Gebrauch der Sinne oder ohne (Mit)wirken der Sinne oder der sinnlichen Dinge draußen. Die dritte Art ist, wenn der Geist von den Sinnen und der Einbildung zur geistigen Schau abgezogen oder entrückt wird, in der er Gott durch geistige Einstrahlungen schaut. Die vierte Art ist, wenn der Geist selbst Gott in sich vermittels seiner Wesenheit schaut.

Das erste ist nach Dionysius die Ekstase der Liebe. Das zweite ist der Geist, in dem Johannes (Offb 1,9 ff.) und Petrus (Apg 11,5 ff.) war. Das dritte ist der ‹Schlaf› oder die Verzückung Adams[10] (Gen 2,21). Das vierte ist die Entrückung des Paulus (2 Kor 12,2), von der wir hier sprechen. Diese drei Begriffe: «Ekstase, Verzückung und Entrückung werden manchmal in der Heiligen Schrift im selben Sinne verstanden».

[10] Der Schlaf Adams wurde in der mystischen Tradition als die Verzückung und Ekstase des ersten Menschen verstanden.

Deus unus est

Gott ist einer

Gal 3,20, Deut 6,4

Die folgende Predigt bat eine Parallele im deutschen Werk (DW 1, Pr. 21), aber stärker sind ihre Beziehungen zur ersten Pariser Quaestio (= Streitfrage) Eckharts vom Jahr 1302/1303: «Ist in Gott das Sein mit dem Denken identisch?» Eckhart durchbricht hier die Schultradition, indem er in Gott das Denken über das Sein stellt, um damit das göttliche «Sein» zu erhöhen. Aber nicht nur die gängige aristotelische Seinslehre wird durchbrochen, sondern auch die neuplatonische Lehre vom Einen, das über dem Denken (dem «Nous») ist. Denn Gott, Eines und Denken sind hier dasselbe. Und nur unter dieser Voraussetzung ist Gott das Sein.
Die Abfolge der drei Worte des Leitverses der Predigt ist hier nur lokker als Gliederung zu erkennen («Gott» = n. 295–300 «ist» = n. 301–303; «einer» = n. 304. 305). Darüber lagert sich folgende gedankliche Einteilung:

1. Gott allein ist Einer, und darin besteht seine volle Überlegenheit in der Güte, der Ganzheit, der Unendlichkeit und der Innerlichkeit. (n295. 296)

[295] *Gott.* Anselm sagt: Gott ist derjenige, im Vergleich zu dem nichts Besseres erdacht werden kann. Augustin sagt im 11. Kapitel des 1. Buches Von der christlichen Lehre: «den höchsten Gott denkt man sich als etwas, im Vergleich zu dem es nichts Besseres und Erhabeneres gibt». Und weiter unten: «man wird niemanden finden, der Gott für etwas hielte, mit dem verglichen es etwas Besseres gäbe». Bernhard fragt im 5. Buch Von der Betrachtung: «was ist Gott? Das im Vergleich zu dem nichts Besseres gedacht werden kann»; und Seneka im Prolog

der Naturkundlichen Fragen: «was ist Gott? Das Ganze, was du siehst, und das Ganze, was du nicht siehst. So wird ihm seine Größe darin zuerkannt, daß nichts Größeres werden kann».

[296] Gott ist unendlich in seiner Einfachheit und einfach in seiner Unendlichkeit. Deshalb ist er überall und überall ganz. Überall infolge seiner Unendlichkeit, überall ganz aber infolge seiner Einfachheit. Gott allein senkt sich in alle Dinge ein, und zwar in ihr Wesen. Von den übrigen Dingen senkt sich aber keins in ein anderes ein. Gott ist im Innersten eines jeden Dinges und zwar nur im Innersten, und er allein ist *einer.*

2. Nur im Hinblick auf das Eine liebt jedes Geschöpf Gott und strebt nach ihm. Dazu werden elf Argumente mitgeteilt (n. 297–299). Zentraler Gedanke: wenn Gott nicht das Eine wäre, gäbe es keine Gottesliebe, denn Liebe will keinen Unterschied.

[297] Es ist zu bemerken, daß jedes Geschöpf in Gott das Eine liebt und ihn um des Einen willen liebt und ihn liebt, weil er der Eine ist. Erstens, weil alles, was ist, Gottähnlichkeit liebt und sucht. Ähnlichkeit aber ist eine gewisse Einheit oder die Einheit gewisser Dinge.

Zweitens ist im Einen niemals Schmerz oder Pein oder Verdruß, ja nicht einmal Leidensfähigkeit oder Sterblichkeit.

Drittens, weil im Einen, insofern es Eines ist, alle Dinge sind. Denn alle Vielheit ist eine und eines und im Einen und durch das Eine.

Und viertens: wir würden weder die Macht noch die Weisheit noch die Gutheit als solche, ja nicht einmal das Sein lieben, wenn sie sich nicht mit uns vereinten und wir uns mit ihnen.

[298] Fünftens: der wahrhaft Liebende kann nur eines lieben. Deshalb folgt auf das Wort *Gott ist einer* das andere: ‹du sollst den Herrn, deinen Gott, aus deinem ganzen Herzen lieben› (Dtn 6,5). Und zweifellos will (der Liebende) daß das, was er ganz und gar liebt, nur eines sei.

Sechstens: er will mit dem Geliebten vereint werden. Das kann er nicht, wenn es nicht eines ist. Außerdem eint Gott mit sich nur deshalb, weil er einer und insofern er einer ist. Außerdem muß er eben dadurch, daß er einer ist, alles einen und in sich und mit sich vereinen.

Siebtens: das Eine ist ununterschieden von allem. Also ist in ihm auf Grund der Ununterschiedenheit oder Einheit alles und die Fülle des Seins.

Achtens bemerke, daß sich das Eine im eigentlichen Sinne auf das Ganze und Vollkommene bezieht. Deswegen wiederum mangelt ihm nichts.

Neuntens bemerke, daß sich das Eine seiner Wesenheit nach auf das Sein selbst oder die Wesenheit – und zwar auf die eine Wesenheit – bezieht. Denn auch die Wesenheit ist immer nur eine, und auf Grund der Einheit kommt ihr die Einigung oder das Geeintwerden zu.

[299] Demnach ist zu bemerken, daß einer, der Gott wahrhaft als das Eine und um des Einen und der Einigung willen liebt, sich überhaupt nicht um die Allmacht Gottes oder seine Weisheit kümmert oder bemüht, denn diese gehören mehreren an und beziehen sich auf mehreres. Aber nicht einmal um die Gutheit im allgemeinen kümmert er sich, erstens, weil sie sich auf das Außen bezieht und in den Dingen ist, zweitens, weil sie im Anhangen besteht: ‹Gott anzuhangen ist für mich das Gute› (Ps 72,28).

Zehntens bemerke, daß das Eine höher, früher und einfacher ist als das Gute und dem Sein und Gott näher steht oder vielmehr entsprechend seinem Namen ein Sein mit dem Sein selbst ist.

Elftens: Gott ist dadurch überströmend reich, daß er einer ist. Denn er ist der Erste und Höchste auf Grund dessen, daß er einer ist. Deshalb steigt das Eine in alles und jedes Einzelne hinab und bleibt doch immer das Eine und eint das Geschiedene. Deshalb ist sechs nicht zwei mal drei, sondern sechs mal eins.

3. Einheit ist Eigenschaft des Intellekts allein. Wo *Einheit nicht Denken ist, da sind Sein und Wesen nicht identisch, das heißt, es gibt nur eine Zusammensetzung aus Subjekt (Gott) und Prädikat (ist). Reines Sein aber ist Einheit und damit nichts anderes als Denken, durch das erst alles ist. Nur im Denken wird Gott erfaßt, (n. 300–301)*

[300] *Höre also, Israel, dein Gott ist ein Gott.* Hierzu bemerke, daß die Einheit oder das Eine das Eigentümliche und die Eigentümlichkeit des *Intellekts allein* zu sein scheint. Denn von den stofflichen Wesen steht fest, daß sie eines und doch nicht eines sind, da sie ausgedehnt oder jedenfalls aus Form und Materie zusammengesetzt sind. Die nichtstofflichen Wesen dagegen, die geistigen, sind nicht eines, entweder weil bei ihnen Wesenheit und Sein nicht identisch sind, oder vielleicht besser, weil bei ihnen Sein und Denken nicht identisch sind. Sie sind also aus Sein und Wesenheit oder aus Sein und Denken zusammengesetzt. Sieh im Buch Von den Ursachen die Erklärung des letzten Satzes. Daher heißt es treffend: *dein Gott ist ein Gott,* der Gott Israels, der schauende Gott, der Gott der Schauenden, das heißt der denkt und *mit dem Intellekt allein* erfaßt wird, der *ganz und gar Intellekt* ist.

[301] *Gott ist einer.* Es ist zu bemerken, daß dies auf zweierlei Weise verstanden werden kann. Erstens so: *Gott, der Eine, ist.* Denn eben dadurch, daß er einer ist, kommt ihm das Sein zu; das heißt, daß er sein Sein ist, daß er reines Sein ist, daß er aller Dinge Sein ist. Zweitens so: *dein Gott ist ein Gott,* im Sinne von nichts anderes ist wahrhaft eines, weil nichts Geschaffenes reines Sein und ganz und gar Intellekt ist. Denn dann wäre es nicht mehr erschaffbar. Zudem aber frage ich nun bei jedem Ding, ob in ihm Intellekt oder Denken ist oder nicht. Wenn nicht, so steht fest, daß dies, was des Intellektes entbehrt, nicht Gott oder die erste Ursache aller Dinge ist, die so (offensichtlich) auf bestimmte Ziele hingeordnet sind. Ist aber Intellekt in ihm, so frage ich, ob in ihm irgendwelches Sein neben dem

Denken besteht oder nicht. Ist das nicht so, dann habe ich bereits, daß es ein einfaches Eines, und weiter, daß es unerschaffbar, Erstes usw. ist, und damit Gott ist. Wenn es aber ein vom Denken irgendwie verschiedenes Sein hat, so ist es zusammengesetzt und nicht schlechthin eines. Es erhellt also deutlich, daß Gott allein im eigentlichen Sinne *ist* und daß er Intellekt oder Denken ist und daß er *nur Denken schlechthin* ist, ohne daß ein anderes Sein hinzukäme. Daher setzt Gott allein die Dinge durch den Intellekt ins Sein, weil in ihm allein Sein und Denken identisch sind. Ferner (erhellt), daß nichts außer ihm reines Denken sein kann, vielmehr ein Sein hat, das vom Denken verschieden ist; sonst wäre es kein Geschöpf, weil das Denken unerschaffbar ist, und weil «das Sein das erste der geschaffenen Dinge ist».

4. Alles andere als Denken folgt in Gott erst auf die Einheit, es ist durch Beziehung, durch Analogie in Gott. Diese Beziehung von Gleichheit, Ähnlichkeit oder Bild ist aber nur in Gott auf eigentliche Weise (fünf Gründe werden mitgeteilt, n. 302). Man versteht diesen Gedanken aus der für Eckhart typischen Analogielehre, wonach alles Abgeleitete nichts von dem an sich hat (wohl aber in sich), woraus es abgeleitet ist.

[302] Auf Grund des Vorhergehenden bemerke, daß insgesamt alles, was auf das Eine oder die Einheit *folgt,* nämlich Gleichheit, Ähnlichkeit, Bild, Beziehung und dergleichen, im eigentlichen Sinne nur in Gott oder in der Gottheit sind. Daher sagt Augustin im 53. Kapitel Von der wahren Religion: «nun aber wird die wahre Gleichheit oder Ähnlichkeit (und die wahre und erste Einheit nicht mit fleischlichen Augen oder einem anderen Sinn dieser Art, sondern vom Geist einsichtig erschaut»).

[303] Der Grund hierfür ist erstens der, daß (Gleichheit, Ähnlichkeit usw.) der Einheit folgen; diese aber ist, wie gesagt, Gott eigentümlich.

Zweitens: alles dieses besagt Einheit in vielem. Diese ist aber nirgends und niemals außer im Intellekt, und auch hier ist sie nicht, sondern wird gedacht. Wo daher das Sein nicht Denken ist, da ist niemals Gleichheit. Aber nur in Gott ist das Sein mit dem Denken identisch.
Drittens: zwei Dinge, die ähnlich oder gleich sind, können nicht die Ähnlichkeit oder die Gleichheit selbst usw. sein.
Viertens: niemals gibt es zwei völlig gleiche Dinge im All, noch zwei, die in allem übereinstimmen. Denn dann wären sie nicht mehr zwei, noch wären sie (aufeinander) bezogen.
Fünftens: außerhalb des Intellekts findet und begegnet man nur immer Verschiedenheit, Verschiedengestaltigkeit und dergleichen: ‹du aber bist ewig derselbe› (Ps 101,28). Identität ist nämlich Einheit.

5. *Aus alldem ergibt sich der Vorrang des Denkens in der Spiritualität, das Ethos des Denkens (vgl. dazu die Einführung). Allein durch das alle Welt verlassende Denken (Thema der Abgeschiedenheit) werden alle Wege zu Gott in Richtung auf die Einheit bewegt (n. 304. 305). Wenn man diese Gedanken durchmeditiert, versteht man einiges von Theo-logie und Lebenslehre Eckharts.*
[304] Aus dem Gesagten kann man entnehmen, auf welche Weise ‹wer Gott anhangt, ein Geist mit ihm ist› (1 Kor 6,17). Der Intellekt ist ja im eigentlichen Sinnes Gottes, *Gott* aber ist *einer. Wieviel also an Intellekt oder an Denkvermögen ein jedes hat, so viel hat es von Gott,* so viel vom Einen und so viel vom Einssein mit Gott. Denn der eine Gott ist Intellekt, und der Intellekt ist der eine Gott. Daher ist Gott niemals und nirgends Gott außer im Intellekt.
Augustin sagt im 15. Kapitel des 10. Buches der Bekenntnisse: «wo ich Wahrheit fand, dort fand ich meinen Gott, die Wahrheit selbst». *Zum Intellekt aufsteigen und sich ihm unterwerfen bedeutet also mit Gott vereinigt werden.* Geeint werden, eines sein, ist eins mit Gott sein. Denn *Gott ist einer,* alles Sein neben dem

Intellekt, außerhalb des Intellekts ist Geschöpf, ist erschaffbar, ist etwas anderes als Gott, ist nicht Gott. Denn in Gott gibt es kein Anderes.

[505] Wirklichkeit und Möglichkeit scheiden das Sein des geschaffenen Seienden insgesamt. Das Sein aber ist die erste Wirklichkeit und damit die erste Scheidung. Im Intellekt aber, in Gott, ist keine Scheidung. Deshalb mahnt die Schrift immer, diese Welt zu *verlassen,* sich selbst zu verlassen, sein Haus und das Haus seines Geschlechts zu vergessen, sein Land und seine Verwandtschaft zu verlassen, damit man zu einem großen Volk wachse, damit alle Völker in ihm[1] gesegnet werden (vgl. Gen 12,1–3). Dies vollzieht sich vorzüglich im Bereich des Intellekts, wo zweifellos alle Wesen in allen sind, insofern sie dort Intellekt und nichts anderes sind.

Diliges dominum deum tuum ex toto corde tuo

Du sollst den Herrn, deinen Gott, lieben aus deinem ganzen Herzen (aus deiner ganzen Seele, mit allen deinen Kräften und aus deinem ganzen Gemüt und deinen Nächsten wie dich selbst).

Lk 10,27

Es handelt sich hier eigentlich um eine Gedankensammlung zu einer Predigt über das doppelte Liebesgebot. Im ersten Teil werden die beiden Versglieder parallel behandelt:
Gott ist das Maß für die Liebe «aus ganzem Herzen». Dafür werden sieben Gründe angegeben (n. 306–309). Zentrum des Gedankens

[1] Das heißt in dem, der alles verlassen hat.

ist, daß die Liebe «aus ganzem Herzen», die Liebe schlechthin, also auch die Nächstenliebe, Gott als Tiefendimension («Grund») haben und deshalb «um Gottes willen» wirken muß.
Damit wird bereits Gott als «Grund und Maß der Liebe, mit der wir uns selbst und den Nächsten lieben» (n. 309) dem nur scheinbaren (vgl. n. 307) Maß der Selbstliebe (für die Nächstenliebe) gegenübergestellt, so daß die Behandlung des zweiten Versgliedes («deinen Nächsten wie dich selbst») unter dem Vorzeichen steht, aus der Gottesliebe heraus das Verhältnis von Nächstenliebe und Selbstliebe (= n. 310–316) zu ordnen. Es wird daher die «strukturelle Entsprechung» oder die Transparenz von Gottesliebe, Nächstenliebe und Selbstliebe gesucht: wem Nächste anvertraut werden, der muß seine Selbstliebe auf den rechten Grund bringen (n. 310). «Denn dann liebt er sich nicht mehr in verkehrter, sondern in rechter Weise, wenn er Gott liebt.» (n. 311) Wie so oft, folgt Eckhart hier Augustinus. Nächstenliebe aus dem rechten Grund ist zugleich Selbstgewinn aus der Freude am Gut des anderen (n. 312). Durch die Gemeinschaft und Einheit in Gott gibt es im sittlichen Leben, das zugleich «Bereich der Gnade» ist, nur Empfangen durch Geben (n. 313). «Wie sich selbst» bedeutet also völlige Selbstlosigkeit (n. 314) und damit völlige Gleichheit der Glieder des Ganzen der Gemeinschaft (n. 315). Lk 10,37 scheint nun dieser Gleichheit der Liebe zu widersprechen, aber nur scheinbar, denn Anspruch auf Nächstenliebe hat hier jeder Bedürftige ohne Unterschied (n. 316).

[306] Bemerke erstens: was am meisten und zuerst geliebt wird, ist das *Maß* für alles Liebenswerte und Geliebte. Daher wird nach dem Philosophen (Aristoteles) «das freundschaftliche Verhalten zu anderen aus dem Verhalten zu uns selbst abgeleitet». Sage also, daß einer, der Gott *aus ganzem Herzen* liebt, auch sich selbst nur um Gottes willen oder in Gott liebt. Daher stellt der Herr, der uns das Liebesgebot gibt, trefflich die aus ganzem Herzen kommende Gottesliebe voran, worauf folgerichtig kommt: (liebe) *den Nächsten wie dich selbst,* und zwar

sowohl dich selbst, wie den Nächsten um Gottes willen und in Gott. Denn sonst wäre Gott nicht das erste Liebenswerte und nicht das Maß für alles Geliebte. Denn «das Erste ist allenthalben die Ursache des Nachfolgenden» (Thomas von Aquin).

[307] Ferner liebt man auch Gott nicht *aus ganzem Herzen* wenn man überhaupt noch etwas liebt, was man nicht in ihm und um seinetwillen liebt. Hier bemerke zweitens: wenn (der Herr) erst *den Nächsten* nennt und an zweiter Stelle *dich selbst,* will er damit die volle Gleichheit oder Gleichwertigkeit oder vielmehr Identität der Selbstliebe und Nächstenliebe ausdrükken. Die Selbstliebe ist also nicht das Maß der Nächstenliebe, sondern die *aus ganzem Herzen* kommende Gottesliebe ist *Maß* oder Grund und Ursache der Liebe sowohl zu dir wie zum Nächsten. Und das ist drittens zu dem voranstehenden Gebot der Gottesliebe zu bemerken.

Viertens ist zu bemerken, daß das *Maß* aller Liebe und jedes tugendhaften Aktes überhaupt grundsätzlich die Tugend oder die Liebe zur Tugend ist. Jedenfalls liebt jeder Tugendhafte die Tugend mehr als sich selbst und den Nächsten so wie sich selbst.

[308] Auf Grund dessen bemerke fünftens, daß für den Tugendhaften die Tugend die Stelle Gottes einnimmt, ja die Tugend ist sogar wie Gott, und Gott ist die Tugend (für ihn).

Sechstens bemerkte auf Grund dessen, daß Gottes Gesetze, Gottes Gebot, die Tugend und Wahrheit von jedem tugendhaften oder vollkommenen und guten Mann aus ganzem Herzen, ‹mehr als Gold und Edelstein› (Ps 118,127), mehr als die eigene Person und ‹mehr als Tausende von Gold und Silber› (V. 72) geliebt wird.

[309] Weiter gilt siebtens das Wort Augustins in den Schriften Von der wahren Religion und Vom freien Willen, daß das Gesetz Gottes der Grund und die Wurzel aller menschlichen

Gesetze und Taten ist und daß man über es nicht richten darf, sondern nach ihm über jene zu richten ist. Und vor allem sagt Augustin, daß das Gesetz Gottes höher als wir ist und man deshalb darüber nicht richten darf. Höher als wir, das heißt liebenswerter, als wir uns selbst sind, und so ist es der *Grund und das Maß der Liebe, mit der wir uns selbst und den Nächsten lieben.* Sonst wäre es nicht über uns und nicht höher, das heißt vortrefflicher oder liebenswerter und teurer als wir. Bernhard sagt in seinem Brief über die Liebe: «in dieser Liebe haben die Wonnen der Ewigkeit und alle himmlische Süßigkeit ihren Grund. In ihr ist Friede, Geduld, Langmut und Freude im Heiligen Geist, alles Liebliche, das der Geist zu fassen vermag, und noch mehr».

[310] Ferner: *deinen Nächsten wie dich selbst.* Augustin sagt (in seiner Predigt) Über das Haus der Lehre ein Stück nach dem Anfang: «Nächste hast du viele. Nächster ist jeder Mensch jedem andern. Als Nächste gelten Vater und Sohn, Schwiegervater und Schwiegersohn. (Aber) nichts ist einander so nahe wie der Mensch dem Menschen. Man muß also bei jemand, dem Nächste anvertraut werden sollen, untersuchen, ob er sich liebt, damit er sie so liebe wie sich selbst. Fürwahr, ‹wer das Unrecht liebt, haßt seine Seele› (Ps 10,6). Wenn du also das Unrecht liebst, haßt du dich. Wie konntest du also wollen, daß dir ein Nächster, den du lieben solltest wie dich, anvertraut werde, wenn du dich zugrunde richtest: Wenn du dich nämlich selbst so liebst, daß du dich zugrunde richtest, so will ich nicht, daß du irgend jemand im selben Maße wie dich liebst. Entweder geh allein zugrunde, oder bring deine Liebe in Ordnung, oder verzichte auf (menschliche) Gemeinschaft».

[311] Liebe deinen Nächsten, *wie du dich selbst* liebst, nicht wie du dich selbst haßt. Augustin sagt im 14. Kapitel des 14. Buches Von der Dreifaltigkeit: «wer weiß, daß er sich liebt, der liebt Gott. Wer aber Gott nicht liebt, liebt auch sich nicht, was doch von Natur in ihn gelegt ist. Daher sagt man von ihm

nicht unzutreffend, er hasse sich, wenn er das tut, was ihm schadet, und sich selbst ganz so verfolgt, als wäre er sein eigener Feind». Und weiter unten: «wenn aber der Geist Gott liebt, so wird ihm ganz richtig befohlen, seinen Nächsten wie sich selbst zu lieben. *Denn dann liebt er sich nicht mehr in verkehrter, sondern in rechter Weise, wenn er Gott liebt.* Durch Teilhabe an ihm hat ja jenes Bild nicht nur Bestand, sondern wird auch aus seinem alten Zustand verjüngt, aus seiner Entstellung wiederhergestellt, aus seiner Unseligkeit wieder beseligt».

[312] Noch einmal: *deinen Nächsten (wie dich selbst)*. Dies ist nicht nur Gebot, sondern auch Verheißung oder Lohn. Denn wenn ich einen Nächsten wie mich selbst liebe, so habe ich genau so Genuß, Ergötzen und Freude an dessen Lohn, Verdienst und Herrlichkeit wie an eigener. Außerdem gibt es in jener Welt weder mein noch dein, und ich liebe dort nicht das Meine oder Deine. Also gilt wie vorher: (ich freue mich) nicht weniger über das Seine und nicht mehr über das Meine. Man wird sich also ebenso sehr über die Herrlichkeit des andern freuen wie über eigene.

Erstens ist das Beispiel vom Fuß anzuführen, der das Auge am Kopf mehr liebt als an sich selbst.

Zweitens: tritt man den Fuß, so spricht die Zunge: du trittst mich.

Drittens: bei den ersten Wesen ist jedes in jedem und ‹alle in allem› (1 Kor 15,28). ‹Alles ist euer› (3,22). (Jeder) *freut sich also an dem Gut des andern,* weil er ihn in gleicher Weise liebt und mit ihm eines, wenn auch nicht einer ist.

[313] Wie nämlich der ganze Mensch mit dem Auge sieht, mit dem Ohr hört, mit dem Mund spricht und so fort und wie die ganze Feuersphäre mit ihren verschiedenen Teilen ihren natürlichen und der Natur des Feuers zukommenden Ort ausfüllt und einnimmt und jeder Teil durch den andern empfängt und hat, was er in sich weder empfing noch hat, und so sein Sein mit jedem andern Teil hat – das Sein aber ist im einen kein

anderes als im andern und ist auch nicht höher als ein anderes, sondern ist Sein, das durch kein Mittel vermittelt ist, und höchstes Sein ohne Höheres – so empfängt im sittlichen Leben oder im Bereich der Gnade jeder Selige die göttlichen Gaben in sich oder in andern, und deshalb kommt sein Streben zur Ruhe, da alle eines sind in Gott, in der Liebe, im Heiligen Geist. An dem, was er nicht in sich empfängt, freut er sich, da er es *in einem andern* empfängt, weil er doch den andern ganz wie sich selbst liebt. Wenn nämlich der, mit dem ich eines bin, etwas empfängt, so empfange auch ich. Alle Heiligen sind aber in Gott eines, nicht einer.

[314] Dazu merke das Beispiel: ein Stück des ins Feuer geworfenen Holzes, das sich in einen Funken verwandelt hat oder feuerförmig geworden ist, verläßt das Holz, von dem, durch das und in dem es sein ganzes Sein als dessen Teil hatte, flieht zurück und strebt, als ob es *sich selbst vergessen* hätte, nach oben, obgleich es unterwegs verlischt. Jeder, der Gott *aus ganzem Herzen* liebt, liebt also notwendig *den Nächsten wie sich selbst;* denn sonst liebt er nicht *aus ganzem Herzen.*

[315] Wie dich selbst. Daß wie die Gleichheit bezeichnet, erhellt aus Augustins Predigt Über die christliche Lehre, wo er zu Beginn sagt: «du findest keinen, der Gott gleich ist, so daß dir gesagt werden könnte: liebe Gott, wie du jenen liebst. Den Nächsten betrifft die Regel, die für ihn gefunden wurde, weil du deinem Nächsten gleich gefunden wurdest». Wer also Gott hat, wer ihn liebt, liebt seinen Nächsten gleichermaßen und in gleicher Weise wie sich selbst. Daher bringt Augustin an der oben bereits öfter zitierten Stelle den Schrifttext in der Fassung bei Mark. 12 (V. 31): ‹du sollst deinen Nächsten lieben wie (tamquam) dich selbst›. Tamquam aber heißt tam – quam, so sehr wie, tantum – quantum, ebensoviel wie dich selbst. So sehen wir nämlich in der Natur, daß das Auge nicht mehr für sich sieht als für ein anderes (Glied); es sieht jedoch zuerst und seiner Natur nach für das Ganze, für die andern

Glieder und für sich selbst aber nur um des Ganzen willen, sofern sie im Ganzen sind und in Wirklichkeit oder der Hoffnung nach zum Ganzen gehören, daß heißt, weil sie bereits zu ihm gehören oder doch zu ihm gehören sollen[1].

[316] Lk 10 scheint aber das Gegenteil zu stehen. Denn auf die Frage des Schriftgelehrten: ‹wer ist mein Nächster?› (V. 29) antwortete der Herr, daß dies weder der Priester noch der Levit sei, sondern jener, ‹der Barmherzigkeit geübt hat› (V. 37). Folglich brauchte man nicht jeden Menschen wie oder ebensoviel wie sich selbst zu lieben.

Antwort: sage, daß man es doch tun soll, wie aus dem Wort des Herrn selbst erhellt. Er sagt nämlich ‹geh hin und tu desgleichen› (ebd.), als wollte er sagen: wie der Samariter, der doch weder Priester noch Levit war, dem Verwundeten, der ihm völlig fremd war und keinen Anspruch auf seine Hilfe hatte, selbstlos Wein und Öl in die Wunden goß usw., so tu auch du *unterschiedslos* einem jeden, und laß dabei Neigung, Verwandtschaft oder Verdienst außer acht, bedenke vielmehr allein seine Bedürftigkeit und Not.

Ex toto corde tuo
Aus deinem ganzen Herzen
Lk 10,27

Der Gedanke der Unterschiedslosigkeit wird im zweiten Teil wieder aufgegriffen. Unterschiede zwischen den Menschen sind ja nur Zeichen, die von sich weg auf den einen Grund verweisen. Das führt wieder zurück zum Ausgangspunkt: «Gott aus ganzem

[1] Eckhart geht unmerklich vom Bild zu seiner praktischen Ausdeutung über. Das Ganze, auf das er abzielt, ist die christliche Gemeinschaft und schließlich die Gemeinschaft im Himmel (vgl. n. 312). Die christliche Hoffnung schließt aber auch jene Menschen in diese Gemeinschaft ein, die sich jetzt noch nicht zu ihr bekennen.

Herzen» (n. 317–319), das heißt ungeteilt und auf den Grund des Gutseins gebracht (n. 320). Dann, schließt der Gedanke, wird Gott «dein», denn in ihm hat man alles, wenn man ihn «ohne Worumwillen» (vgl. n. 321) liebt.

Eckharts Gedankenführung gleicht also einer sich steigernden Spirale: «aus ganzem Herzen», d. h. um Gottes willen – also Nächstenliebe aus dem «Grund» der Selbstliebe (Gott), d. h. Selbstlosigkeit und Gleichheit – «Grund» der Gleichheit aber ist wiederum Gott, und nur so kann man Gott «haben». Diese Bewegung wird auch durch die Reihenfolge der Leitworte als Kunstform sichtbar:

- *aus ganzem Herzen (= aus Gott)*
- *deinen Nächsten wie dich selbst*
- *wie dich selbst/*
- *aus ganzem Herzen*
- *Gott*
- *deinen Gott*

Ob dies nur die Form des Gedankens ist oder auch die Form der Predigt sein sollte, ist kaum zu entscheiden. Immerhin sieht man in der Werkstatt des Meisters, wie die Form der Predigt aus ihrem Gegenstand entspringen kann.

[317] Bemerke: das Geschöpf ist auf seine Weise durch sein *Ungeschiedensein* (von den andern) geschieden. Es ist ja ungeteilt in sich, getrennt von den andern. Je mehr es daher in sich ungeteilt oder je weniger es geteilt ist, um so mehr ist es von den andern getrennt. Und umgekehrt: je mehr es von den andern geschieden ist, um so weniger ist es in sich geschieden. Der erste Satz gibt den Grund an, der zweite das Zeichen.[2] So kann es dem Menschen oder der Seele, der geboten wird, Gott *aus ganzem Herzen* zu lieben, wie jenen ergehen, von denen geschrieben ist: ‹ihr Herz ist geteilt, nun werden sie verderben› (Hos 10,2). Denn erstens, wer von Gott getrennt ist, ist folg-

[2] Das heißt: das In-sich-ungeschieden-sein ist der Grund für das Geschieden-sein von den andern. Dieses ist aber nur Zeichen des ersten.

lich vom Sein getrennt, das von Gott allein ist. Zweitens jede Teilung ist (Abfall) vom Einen, vom Ganzen, vom Vollkommenen und folglich vom Seienden. Drittens, die Teilung ist auf Grund ihrer Natur der Weg zum Nichtsein. Teilt man zum Beispiel etwas, was zwei Ellen lang ist, so ist keiner der Teile mehr zwei Ellen lang. Viertens die Teilung ist ihrer Natur nach Beraubung. Durch Beraubung ist aber nichts, ist kein Ding, kein Seiendes. Fünftens, Gott ist nicht in der Teilung. Worin Gott aber nicht ist, das ist kein Seiendes; denn Gott ist in allem Seienden. Wenn das Gebot also fordert, Gott *aus ganzem Herzen* zu lieben, so ist all das im Herzen, was Gott nicht liebt, ein Nichts. Erstens ist es ja geteilt, und zweitens liebt alles (Seiende) Gott: ‹alles dient dir› (Ps 118,91).

[318] Oder: ein Herz heißt deshalb geteilt, weil es sich an vieles und für vieles verstreut. ‹Jedes Reich aber, das in sich geteilt ist, wird zerstört werden› (Lk 11,17). Zum buchstäblichen Sinn: wir sehen, daß eine geteilte Kraft abnimmt, erlischt und vermodert. Das bestätigt Augustin im 1. Buch Von der Ordnung, wo er ziemlich am Anfang sagt: «die Seele, die auf vieles ausgeht, läuft in ihrer Gier der Armut nach; sie weiß nicht, daß man ihr nur durch Abscheidung (von der Vielheit) entgehen kann». Und weiter unten: «um so größere Entbehrung leidet sie, je mehr sie zu umfassen sucht». Er fügt ein Beispiel hinzu: «wie nämlich in einem noch so großen Kreis ein einziger Mittelpunkt ist, in dem alle (Radien) zusammentreffen, der über alles kraft eines gewissen Gleichheitsrechtes herrscht, bei dessen Verlassen nach irgendeiner Richtung man aber alles in demselben Maße verliert, wie man in die Vielfalt vordringt, so wird der Geist, der sich aus sich selbst ergießt, sozusagen durch die Allheit zerstückt und in wahrer Bettelarmut oder Verlogenheit[3] aufgerieben, während doch seine Natur ihn zwingt, überall das Eine zu suchen, das ihn die Vielheit nicht finden läßt».

[3] Vgl. oben S. 322 Anm. 1 und 2.

[319] Dem entspricht das Wort desselben Augustin in der Schrift Vom christlichen Leben: «groß ist die Kraft der Frömmigkeit: Friede und Einheit, denn Gott ist einer». Und deshalb «haben die, die von der Einheit abgeschnitten sind, diese – oder diesen nicht».[4] Der Grund ist der, daß das Eine und das Viele Gegensätze sind. Und doch hätte das Viele kein Sein ohne irgendwelche Einheit. Daher sagt Augustin im 12. Kapitel des 14. Buches Von der Dreifaltigkeit, am Ende: «ein großes Elend ist es für den Menschen, wenn er nicht mit dem ist, ohne den er nicht sein kann. Denn zweifellos ist er nicht ohne den, in dem er ist. Und doch ist er nicht mit ihm, wenn er sich seiner nicht erinnert und ihn nicht erkennt und liebt».

[320] Du sollst den Herrn, deinen Gott, lieben. Gott, weil in ihm allein die Seele ruht. Augustin sagt im 1. Buch der Bekenntnisse: «du hast uns zu dir hin erschaffen (und unser Herz ist unruhig, bis es Ruhe findet in dir»). Erstens, weil etwas Besseres als er nicht gedacht werden kann. Zweitens, weil er ‹Anfang und Ende› ist (Offb 1,8; 22,13). Drittens, weil ‹seine Blüten Früchte› sind (Sir 24,23). Viertens: wem besser sein kann, dem ist nicht gut, nach Augustin. Also ist umgekehrt (dem, dem nicht besser sein kann, gut).

Deinen Gott. Dein Gott, sagt Augustin, wird dir alles sein, deine Speise, damit du nicht hungerst, dein Trank, damit du nicht dürstest, dein Licht, damit du nicht blind bist, deine Stütze, damit du nicht wankest. Wie Gott ganz und ohne Mängel ist, wird er dich ganz und ohne Mängel besitzen, damit du bei ihm geborgen bist. Mit ihm, mit dem du alles besitzen wirst, wirst du (wirklich) alles haben, weil du und er eines sein werden, und eines und alles wird auch er haben, der uns besitzen wird. Der Grund ist der, daß ohne Gott alles für dich nichts wäre.

[4] Eckhart kennt zwei Lesarten in diesem Text: hanc läßt sich auf virtus, hunc auf deus beziehen. Da beides sinnvoll ist, entscheidet er sich nicht.

Dazu ist zu bemerken, daß wer Gott liebt und kostet, ihn nicht wegen seiner Ewigkeit liebt und ihn auch nicht deswegen mehr liebt, weil er ewig, weise, gut oder irgend etwas anderes ist, sondern er liebt, schmeckt und kostet vielmehr die Ewigkeit, Weisheit und alle anderen Eigenschaften allein deswegen, weil sie Gott sind, von Gott und in Gott. Er liebt also nicht Gott um eines andern willen, sondern alles andere, was es auch sei, um Gottes willen und ihn um seiner selbst willen.

ANHANG I

AUSZÜGE AUS DEN TRAKTATEN UND PREDIGTEN

EW = Meister Eckhart, Werke, 2 Bde, hg. von Niklas Largier, Deutscher Klassiker Verlag 1993.
DW bzw. LW: Deutsche (hg. v. Georg Steer) bzw. Lateinische (hg. von Loris Sturlese) Werkausgabe, (Kohlhammer) Stuttgart 1936 ff.

Aus den «Reden der Unterweisung» (Erfurt 1294)

1.
«So ist es in allem: Wo ich nichts für mich will, da will Gott für mich. Nun gib acht! Was will er für mich, wenn ich nichts für mich will? Wo ich von mir lasse, da muß er für mich notwendigerweise alles wollen, was er für sich selbst will, nicht mehr und nicht weniger, und in derselben Weise, in der er für sich will. Täte Gott dies nicht, bei der Wahrheit, die Gott selbst ist. Dann wäre er nicht gerecht und er wäre nicht Gott – was doch sein natürliches Wesen ist.» (EW II, 336,1–7)
«Das Gebet ist das kräftigste und das nahezu das allmächtigste, mit dem alles zu erlangen ist, und das Werk, das in jeder Hinsicht aller Ehren würdig ist, ist dasjenige, daß sie aus einem befreiten Gemüt stammt. Je befreiter (‹lediger›) dies ist, um so mehr werden Gebet und Werk kräftiger, würdiger, nützlicher, lobenswerter und vollkommener. Ein befreites Gemüt vermag alles.
Was ist das befreite Gemüt? Das ist ein befreites Gemüt, das durch nichts verwirrt und an nichts gebunden ist, das seine besten Möglichkeiten keiner (bestimmten) Weise verpflichtet hat, noch sich selbst in irgendwelchen eigenen Zielen sucht, ausschließlich versunken ist im geliebten Willen Gottes und dabei aus seinem Eigenen herausgegangen ist … So kraftvoll soll man beten, daß voller innerer Energie alle Glieder und Kräfte des Menschen, Augen und Ohren, Herze und Sinne daraufhin gerichtet sind. Und man soll nicht aufhören damit, bevor man empfindet, das man sich mit dem vereinen will, der im Gebet (dann) gegenwärtig ist, das ist Gott.» (EW II, 337,30–338,14)

2.
«Was dich hindert, bist du stets selbst du nichts anderes. Es ist dein Eigenwille, auch wenn du es nicht weißt und nicht wahrhaben willst. Denn der Unfriede, der dich plagt, kommt stets von deinem eigenen Wollen, ob du es merkst oder nicht. Wenn wir meinen, der Mensch solle etwas vermeiden oder etwas besonders suchen, dann sind meistens die Orte oder die Leute oder die Lebensweise oder der Stress oder eine Tätigkeit gemeint – aber das ist nicht schuld, daß dies die Lebensweise oder sonst etwas behindert: du bist es überall selbst, der dich hindert, denn du verhältst dich in all diesen Sachen falsch.
Darum fange bei dir selbst an und lass dich sein ... Je mehr die Menschen nach außen gehen, um so weniger finden sie Frieden. Sie gehen wie jemand, der den Weg nicht findet, je weiter er geht, um so mehr verirrt er sich. Was soll er also tun? Er soll erst einmal sich selbst lassen, dann hat er alles gelassen. Es ist wahr: ließe ein Mensch ein Königreich oder die ganze Welt, behielte aber sich selbst, so hätte er nichts aufgegeben. Ja! Ließe der Mensch sich selbst, was er dann behielte, Reichtum, Ansehen oder was auch immer: er hätte (dennoch) alles gelassen ... Denn, was du nicht begehren willst, das hast du alles um Gottes willen übergeben und überlassen. Darum sprach unser Herr: Selig die Armen des Geistes (vgl. Mt 5,3), d.h. die Armen an eigenem Wollen. Und daran soll niemand zweifeln: gäbe es eine bessere Weise, hätte sie unser Herr ausgesprochen, als er davon sprach: wer mir nachfolgen will, der verleugne sich selbst als Erstes (Mt 16,24) – daran liegt alles. Nimm dich selbst genau wahr und wo du dich dann findest, da lass von dir ab.»

3.
«Mit wem es recht steht, das ist die Wahrheit, um den steht es an allem Orten und bei allen Leuten recht. Um wen es aber unrecht steht, um den steht es an allen Stätten und bei allen Leuten unrecht ... Wer Gott wirklich in sich trägt, der hat ihn an allen Orten und auf der Straße und bei allen Menschen, sowohl in der Kirche als auch in der Einöde oder in der Zelle: wenn es allein darin und nicht in anderem um ihn recht steht, dann kann dieser Mensch durch nichts behindert werden.» (EW II, 338,22–339,33)

4.
«Warum? Wer nur auf Gott schaut, dem werden alle Dinge rein (lauter) wie Gott ... Der Mensch soll Gott in allen Angelegenheiten erfassen und soll sein Gemüt daran gewöhnen, daß dort Gott allzeit anwesend ist und in seiner Absicht und in seinem Begehren. Merke, so wie du dich auf Gott hin austreckst, soweit bist du in der Kirche oder in einer Mönchszelle: behalt diese Ausrichtung des Gemütes und bring das unter die Menschen auf der Straße und in allen Unfrieden und in alle Ungleichheit ... Wenn man von Gleichheit spricht, dann heißt das nicht, man soll alle Orte und

Menschen für gleich halten. Das wäre nicht richtig: besser ist beten als spinnen und die Kirche ist würdiger als die Straße. Aber du sollst in allem Tun die gleiche Einstellung des Gemütes haben, ein gleichbleibendes Vertrauen und eine gleichmäßige Liebe und einen gleichbleibende ernsthafte Anstrengung.» (EW II, 345,21–346,32)
«Dieses wirkliche Haben Gottes liegt am Gemüt und an einem innigen vernünftigen Hinwenden und Streben zu Gott, nicht daran, daß man stets und gleichmäßig daran denkt. Das wäre unmöglich gegen unsere Natur zu erstreben, schwer und auch nicht das Beste. Der Mensch soll nicht einen bloß (ständig) angedachten Gott haben noch damit zufrieden sein, denn, wenn der Gedanke vergeht, vergeht dann auch Gott. Vielmehr: man soll einen wirklichen Gott haben, der über die Gedanken des Menschen und über alle Geschöpfe hinaus wirklich ist. Der Gott vergeht (dem Menschen) nicht, es sei denn, der Mensch wende sich willentlich von ihm ab.
Wer Gott als Wirklichkeit hat, der nimmt Gott göttlich und dem leuchtet er in allen Dingen. Denn alle Dinge schmecken ihm göttlich und Gottes Wirklichkeit bildet sich ihm aus allen Dingen heraus. In ihm glänzt Gott zu jeder Zeit, in Ihm ist eine losgelöste Abkehr und ein sich Hineinbilden in seinen gegenwärtigen und geliebten Gott. Das ist so, wie wenn es einen in einem wirklichen Durst ganz heiß wird vor lauter Durst: er mag wohl etwas anders tun als trinken und wohl auch an andere Dinge denken, aber: was er auch tut und bei wem er auch sei, in welcher Absicht er was auch immer denken oder tun würde, ihm würde doch das Bild des Trankes nicht verschwinden, so lange der Durst währt. Und je größer der Durst ist, um so innerlicher, gegenwärtiger und beständiger ist das Bild des Trankes in ihm.» (EW II, 348,14–350,4)

Aus der Predigt 2

(Der Prozess der Trinität spiegelt sich in der Seele:)
«Ich habe euch schon oft gesagt: in der Seele ist eine Kraft, die weder mit der Zeit noch mit der Vergänglichkeit in Berührung kommt; diese Kraft fließt aus dem Geist und bleibt im Geist und ist durch und durch geistig. In dieser Kraft lebt Gott und grünt und blüht dort voller Freude und in seiner ganzen Pracht, so wie er bei sich selbst ist. Die Freude dort ist so herzlich und so unbegreiflich groß, daß niemand sie angemessen schildern kann. Denn unaufhörlich gebiert der Vater seinen ewigen Sohn in dieser Kraft, und zwar so, daß diese Kraft den Sohn des Vater mit gebiert und sich selbst als denselben Sohn in der eins seienden Kraft des Vaters …

(Auch die ungeteilte Einheit Gottes spiegelt sich in der Seele:)
Bisweilen habe ich gesagt, dies sei eine Kraft im Geiste, die allein frei sei. Manchmal habe ich gesagt, sie sei ein Schatz des Geistes, manchmal, sie

sei ein Licht, manchmal sie sei ein Fünklein. Jetzt sage ich aber. Es ist weder dies noch das ... Es ist von allen Namen frei und von allen Formen bloß, ganz losgelöst und frei, wie Gott selbst losgelöst und frei ist. Es ist so völlig eines und einfaltig, wie Gott in sich selbst eines und einfaltig ist, und zwar so, daß man da nicht (mit Weisen und Worten) hineinsehen kann ...
Könntet ihr mit meinem Herzen erkennen, so verstündet ihr genau, was ich sage, denn es ist wahr und die Wahrheit sagt es selbst.» (EW I, 30,25–34,14)

Aus der Predigt 66 über den guten und getreuen Knecht (Mt 25,21)

«Nun achtet genau auf das, was ich sage: Soweit der Mensch sich selbst verleugnet um Gottes willen und daher mit Gott vereint wird, so weit ist er mehr Gott als Geschöpf. Wenn der Mensch um Gottes willen von sich selbst völlig frei ist, und er niemand mehr gehört als Gott allein und um keines anderen willen lebt als um Gottes willen, so ist er in Wahrheit dasselbe aus Gnade, das Gott von Natur aus ist, und Gott anerkennt von sich aus keinen Unterschied zwischen ihm selbst und diesem Menschen. Ich habe aber gesagt: das ist durch die Gnade! Denn Gott da ist auf der einen Seite Gott und auf der anderen Seite dieser Mensch, und nur insofern wie Gott seiner Natur nach gut ist, so ist dieser Mensch aus Gnade gut, denn Gottes Leben und sein Sein sind ganz und gar in diesem Menschen (anwesend).» (EW II, 10,20–30)
«Ich sage aber noch mehr – erschreckt nicht, denn diese Freude ist euch nah und sie ist in euch –: Keiner von euch ist so ungebildet (‹grob›) noch so eingeschränkt in seiner Fassungskraft noch so weit entfernt, daß er nicht diese Freude in der Wahrheit in sich finden kann, so wie sie ist, mit einem freudigen Verstehen, ehe daß ihr heute aus dieser Kirche kommt, ja ehe ich heute diese Predigt beendet habe: er kann es wahrlich in sich finden, es leben und es besitzen, so wahr Gott Gott ist und ich ein Mensch bin! Seid dessen gewiss, denn es ist wahr, und die Wahrheit sagt es selbst.» (EW II, 14,4–12)

Aus dem «Buch der göttlichen Tröstung»

«Mancher unverständige Mensch wird sagen: viele Worte, die ich in diesem Buch und auch anderswo geschrieben habe, seien nicht wahr. Ich antworte darauf mit dem, was Augustinus im ersten Buch seiner Bekenntnisse sagt ... Gott hat alles in (seinem) ‹Jetzt› geschaffen, auch wenn es (für uns) noch zukünftig ist, sei es über tausend und aber tausend Jahre, falls die Welt so lange besteht, und er macht in (seinem) ‹Heute› alles, das tausend

Jahr oder mehr schon vergangen ist. Was kann ich dafür, daß man dies nicht versteht? Und wiederum sagt Augustinus anderswo: Wer sich offenkundig selbst liebt, der will andere Leute blenden, damit man nicht merkt, wie blind er ist. Mir genügt es, daß in mir und in Gott wahr ist, was ich sage und schreibe. Wer einen Stab ins Wasser taucht, dem erscheint der Stab krumm, obwohl er ganz gerade ist, denn Wasser ist gröber als Luft. Dennoch ist der Stab in sich selbst als auch vor den Augen, die ihn in der reinen Luft sehen, gerade und nicht krumm. (EW II, 310,18–312,2)

«Leben» und andere Zentralbegriffe

«Es gibt nichts, was man so begehrt
wie das Leben. Was ist mein Leben?
Was von innen her aus sich selbst
bewegt wird. Leben wir also mit ihm
so müssen wir auch von innen her mit
ihm mitwirken, so daß wir nicht von
außen her wirken; wir sollen vielmehr
daraus bewegt werden, woraus wir
leben, das heißt: durch ihn.

Wir können uns aus unserem Eigenen
von innen her wirken. Sollen wir also
in ihm und durch ihn leben, so muß er
unser Eigen sein und müssen wir aus
unserem Eigenen wirken, das er in uns
ist. Er ist ganz und gar unser eigen,
und alle Dinge sind uns eigen in ihm.»
(Predigt 5 A, EW I, 63,13–33)

«Wer das Leben fragte tausend Jahre lang: ‹Warum lebst du?› Könnte es antworten, es spräche nichts anderes als: ‹Ich lebe darum, daß ich lebe.› Das kommt daher, daß das Leben aus seinem eigenen Grunde lebt und aus seinem Eigenen quillt; darum lebt es ohne Warum darin, daß es sich selber lebt. Wer nun einen echten Menschen, der aus seinem eigenen Grunde wirkt, fragen würde, ‹warum wirkst du deine Werke?› sollte er richtig antworten, er würde nicht anderes sagen als: ‹ich wirke darum, daß ich wirke.›» (Predigt 5 B, EW I, 71,32–73,3)

«Nichts ist so lieb und so begehrenswert
unter allen Dingen wie das Leben. Und

wiederum ist kein Leben so schlimm und so
beschwerlich, daß der Mensch nicht dennoch
leben wolle …
Warum lebst du? – Um des Lebens willen,
und du weißt dennoch nicht, warum du lebst.
So begehrenswert ist das Leben in sich selbst,
daß man es um seiner selbst willen begehrt.
…
Weil (das Leben) so unmittelbar von Gott
fließt, darum wollen sie leben. Was ist Leben?
Gottes Sein ist mein Leben. Ist denn mein Leben
Gottes Sein, so muß Gottes Sein mein sein und
Gottes Wesenheit meine Wesenheit, nicht mehr,
nicht weniger.»
(Predigt 6, EW I, 80,11–32)

«Denn das Leben schenkt das edelste Erkennen … Leben erkennt besser als (spirituelle) Lust oder das Licht (der Illumination) all das, was man in diesem Leibe unterhalb Gottes empfangen kann, und in mancher Weise erkennt das Leben klarer, als es das ewige Licht zu geben vermag.
Das Licht der Ewigkeit läßt immer sich selbst mit Gott zusammen erkennen, aber nicht sich selbst ohne Gott; das Leben jedoch läßt sich selbst ohne Gott erkennen. Wenn es (das Leben) sich selbst allein sieht, dann kann es besser unterscheiden, was gleich und ungleich ist.
Das läßt sich am heiligen Paulus und auch an den heidnischen Meistern (Philosophen) beweisen. Der heilige Paulus sah in seiner (ersten) Ekstase Gott und sich selbst in geistiger Weise in Gott, und doch war in ihm nicht jede Tugend in anschaulicher (‹bildlicher›) Weise in höchster Form der Erkenntnis; und das ergab sich daraus, daß er sie (die Tugenden) nicht in Werken geübt hatte. Die Philosophen erreichten in der Tugendübung eine so hohe Erkenntnis, daß sie eine jede Tugend anschaulicher und genauer erkannten als Paulus in seiner ersten Ekstase.» (Predigt 86, EW II, 211,15–36)

Der Sinn der Freiheit ist die Fruchtbarkeit

«Wäre ich von so umfassender Vernunft, daß alle Bilder, die sämtliche Menschen je aufnahmen und die in Gott selber sind, in meiner Vernunft stünden, jedoch in eigenschaftsloser Weise, so daß ich keines davon in meinem Tun und Lassen mit ‹eigenschaft›, mit vor oder nach (d. h. in temporaler Abfolge), ergriffen hätte, vielmehr: daß ich in diesem gegenwärtigen Jetzt frei und ledig für den liebsten Willen Gottes stünde, um ihn ohne Unterlaß zu erfüllen, so wäre ich in Wahrheit Jungfrau ohne das Hindernis aller Bilder, ebenso gewiß, als ich war, als ich noch nicht war … Daß der Mensch Gott in sich empfängt, das ist gut, und in dieser Empfänglichkeit ist er Jungfrau. Daß aber Gott fruchtbar in ihm werde, das ist besser; denn Fruchtbarwerden der Gabe, das ist allein Dankbarkeit für die Gabe, und das ist der Geist ein ‹Weib› in wiedergebärender Dankbarkeit, wo er Jesum widergebiert in Gottes väterliches Herz.» (Predigt 2, EW 1,25,19–29; 27,8–14)

Gelassenheit

«Das Höchste und das Äußerste, was der Mensch lassen kann, das ist, daß er Gott um Gottes willen lasse … (Paulus) ließ Gott um Gottes willen, und da blieb ihm Gott, so wie Gott in sich selbst seiend ist, nicht in der Weise eines Empfangens oder Gewinnens, sondern in der Wesenheit, die Gott in sich selbst ist. Er gab Gott nie etwas, noch empfing er je etwas von Gott; es ist Eines und eine lautere Einung … Die ist ihm lustvoll in gleicher Weise, als wenn einer ein Roß auf grüner Heide laufen läßt, die völlig eben und gleich wäre: des Rosses Natur wäre es, daß es sich im Springen auf der Heide mit aller seiner Kraft ganz ausgösse; dies wäre ihm eine Lust und seiner Natur gemäß. Ebenso ist es für Gott lustvoll und beglückend, wenn er Gleichheit findet. Es ist ihm eine Lust, daß er seine Natur und sein Sein dort völlig ausgießt in die Gleichheit, weil er die Gleichheit selber ist …

Der Mensch, der gelassen hat und gelassen ist und der niemals einen Augenblick auf das sieht, was er gelassen hat, und beständig bleibt, unbewegt in sich selbst und unwandelbar, – der Mensch allein ist gelassen.» (Predigt 2, EW I, 25,19–29; 27,8–14)

Es kam einmal ein Mensch zu mir – es ist noch nicht lange her – und sagte, er habe große Dinge hinweg gegeben an Grundbesitz, an Habe, um dessentwillen, daß er seine Seele rette.

Da dachte ich: Ach, wie wenig und Unbedeutendes hast du gelassen! Es ist eine Blindheit und eine Torheit, solange du auf etwas achtest, daß du gelassen hast. Hast du aber dich selbst gelassen, so hast du gelassen. Der Mensch, der sich selbst gelassen hat, der ist so lauter, daß ihn die Welt nicht leiden mag. (Predigt 28 EW I, 319,24–35)

Einheit im Wirken

«Drei Dinge sollen wir in unseren Werken beachten. Diese sind: daß man wirke nach der Ordnung, nach der Einsicht und nach dem, was dem Sinn (des Daseins) entspricht. Das nenne ich gemäß der Ordnung, was unter allen Umständen auf die höchste Anforderung antwortet. Das nenne ich einsichtsvoll, worüber hinaus man in der gegebenen Zeit nichts Besseres erkennt. Das nenne ich dem Sinn (des Daseins) entsprechend, daß man die lebensvolle Wahrheit in ihrer lustvollen Gegenwart in den guten Werken erspürt. Wo diese drei Dinge gegeben sind, da bringen sie ebenso nahe und sind ebenso förderlich wie alle Lust, die Maria Magdalena in der Wüste (nach der Legende) empfunden hat.» (Predigt 86, EW II, 221,30–222,3)

Kleine Laienschule (Beginenschule)

«Mit den obersten Kräften berührt die Seele Gott; dadurch wird sie nach Gott gebildet. Gott ist nach sich selbst gebildet und hat sein Bild von sich selbst und von niemanden sonst. Sein Bild, daß er sich durch und durch erkennt und nicht als ein Licht ist. Wenn die Seele ihn in rechter Erkenntnis berührt, so ist sie diesem Bilde gleich. Drückt man ein Siegel in grünes Wachs oder in rotes oder in ein Tuch, so ist das jedesmal ein Bild. Wird aber der Siegel völlig durch das Wachs gedrückt, so daß kein Wachs mehr übrig bleibt, das nicht vom Siegel durchprägt wäre, so ist es (das Wachs) unterschiedslos eins mit dem Siegel. Ebenso wird die Seele völlig mit Gott in dem Bilde und in der Gleichheit vereint, wenn sie ihn in rechter Erkenntnis berührt …

Die höchsten Kräfte der Seele sind drei: die erste ist Erkenntnis, die zweite «irascibilis» (die Zürnerin), das ist eine aufstrebende Kraft, die dritte ist der Wille.

Wenn sich die Seele der Erkenntnis der rechten Wahrheit hingibt … so wird die Seele mit Gott vereint wie ein Licht mit dem Lichte; dann heißt es ein Licht des Glaubens, und das ist eine göttliche Tugend. Und wohin die Seele mit ihren Sinnen und Kräften nicht kommen kann, da trägt sie der Glaube hin.

Die zweite ist die aufstrebende Kraft, deren Werk es eigentümlich ist, daß sie nach oben strebt. So wie es dem Auge eigen ist, Gestalten und Farben zu sehen, und es dem Ohr eigen ist, süße Laute und Stimmen zu hören, so ist es der Seele eigenes Werk, daß sie mittels dieser Kraft ohne Unterlaß aufstrebend ist, sieht sie aber beiseite, so fällt sie dem Hochmut anheim, das ist Sünde. Sie kann es nicht ertragen, daß etwas über ihr sei. Ich glaube, sie kann nicht ertragen, daß Gott über ihr sei, wäre er nicht in ihr und sie habe es ebenso gut wie er selbst; sonst wird sie niemals Ruhe finden. In dieser Kraft wird Gott in der Seele ergriffen, insoweit als dies überhaupt einem Geschöpf möglich ist, und daß heißt man eine Hoffnung, das ist auch eine göttliche Tugend …

Die dritte Kraft ist der innere Wille, der wie ein Antlitz stets zu Gott gekehrt ist in den göttlichen Willen und aus Gott die Liebe in sich schöpft.

Da wird Gott durch die Seele gezogen, und die Seele wird gezogen durch Gott, und das heißt eine göttliche Liebe, und auch das ist eine göttliche Tugend ... Dran ist der Seele Vollkommenheit gelegen: an der Erkenntnis und am Begreifen, daß sie Gott (bereits) ergriffen hat und an der Vereinigung in vollkommener Liebe ...
Diese Frau (Elisabeth) war nach außen vor der Welt in Reichtum und Ehren, inwendig aber betete sie die wahre Armut an ... Sie begehrte danach, kranke und schmutzige Menschen waschen und pflegen zu dürfen mit reinem Herzen.» (Predigt 32, über die heilige Elisabeth von Thüringen, EW I, 357,30–358,9; 361,14–363,22, 365,1–3)

Das Bild in der Seele

«Ihr sollt wissen: das ungeteilte göttliche Bild, das der Seele eingedrückt ist im Innersten der Natur, wird unvermittelt empfangen; und das Innerste und das Höchste, das in der (göttlichen) Natur ist, das bildet sich in authentischer Weise in das Bild der Seele hinein, und dabei sind weder (des Menschen eigener) Wille noch (seine) Weisheit ein Mittel, sondern das Mittel ist das Bild selbst. Hier ist Gott ohne Mittel in dem Bild, und das Bild ist ohne Mittel in Gott. Doch ist Gott in dem Bild (selbst) intensiver als das Bild in Gott ist ... (Predigt 16 B, EW I, 188,31–190,4)
Ihr fragt oft, wie ihr leben sollt ... Ganz ebenso, wie es hier mit dem Bild gesagt wurde, so sollst du leben. Du sollst aus ihm sein und sollst für ihn sein und sollst nicht aus dir sein und sollst nicht für dich sein und sollst niemand hörig sein ... Solange sich etwas in dich hinein bildet, das das ewige Wort nicht ist oder aus dem ewigen Worte herausfällt, und mag es noch so gut sein, es ist wahrlich nichts Rechtes damit. Darum ist ausschließlich der ein gerechter Mensch, ... der ohne nebenher zu sehen auf das ewige Wort gerichtet steht und darin hinein gebildet und weiter gebildet ist in der Gerechtigkeit. Ein solcher Mensch empfängt dort, wo der Sohn empfängt, und ist der Sohn selbst.» (Predigt 16 B, EW I, 190,31–192,3 und 192,23–32)

ECKHART-ZITATE

Unter Zuhilfenahme von: Meister Eckhart Brevier, Worte für jeden Tag, hg. von Irmgard Kampmann, München (Kösel) 2010. Überprüfung mit genauerer Zitation.
EW= Meister Eckhart, Werke, 2 Bde., hg. von Niklas Largier, Deutscher Klassiker Verlag 1993.
DW bzw. LW: Deutsche (hg. von Georg Steer) bzw. Lateinische (hg. von Loris Sturlese) Werkausgabe, (Kohlhammer) Stuttgart 1936 ff.

«Gott ist ein Gott der Gegenwart. Wie er dich findet, so nimmt er und empfängt er dich, nicht, was du gewesen bist, sondern was du jetzt bist.» RdU, DW V, 234,5

«Vernunft ist der Tempel Gottes ... Die Seele hat ein Tröpflein Vernunft, ein Fünklein, ein Zweiglein.» Pr. 9, EW I, 108,35.109,7f.

«Die Seele soll ein Beiwort Gottes sein und mit Gott *ein* Werk wirken.» Pr. 9, EW I, 116,4f.

«Nimm dich selbst wahr, und wo du dich findest, da lass dich. Das ist das allerbeste.» RdU, EW II, 340,32f.

«Wer sich selbst einen Augenblick lang völlig lassen könnte, dem würde alles gegeben.» Pr. 12, EW I, 150,18f.

«Wer auf nichts als die Geschöpfe erkennen würde, der müsste nicht auf Predigten achten, denn jedes Geschöpf ist Gottes voll und ist ein Buch.» (ist ein Buch, vollgeschrieben von Gott) DW I, 156,7–9

«Im Innersten der Seele schafft Gott die Welt.» Pr. 107, DW IV, 1, 144,96

«Wer Gott wirklich hat, ... dem leuchtet er in allen Dingen.» RdU, EW II, 348,25

«Gott hat das Heil des Menschen nicht an eine besondere Lebensweise gebunden. Man soll vielmehr alle guten Weisen in die eigene Weise ziehen.» RdU, DW V, 251,10–14

«Ist mein Leid in Gott und leidet Gott mit, wie kann mir Leid leid sein, wenn Leiden sein Leid verliert und mein Leiden in Gott ist und Gott selbst ist.» BgT, DW V, 542f.

«Liebe bringt Leid und Leid bringt Liebe.» Von Abg., DW V, 433,10

«Alles Leid und alle Freude kommen von der Liebe.» Pr. 22, EW I, 260, 8f., vgl. BgT, DW V, 17,9

«Leid tilget alle Sünde.» DW I, 36,8

«Bist du gerecht, so sind auch deine Werke gerecht. RdU, DW V, 197,8

«Mit wem es in Wahrheit recht steht, dem ist es an allen Stätten und unter allen Menschen recht.» RdU, EW II, 344,21 f.

«Soweit du in Gott bist, soweit bist du in Frieden.» RdU, EW II, 432

«Die Werke machen uns nicht heilig, sondern wir sollen die Werke heilig machen.» RdU, DW V, 198,2

«Man soll beim Wirken von den Werken (als Erfolgen) frei bleiben.» RdU, DW V, 275,10

«Man soll lernen, die Innerlichkeit in das Wirken und das Wirken in die Innerlichkeit zu leiten.» RdU, DW V, 241,6

Aus dem innersten Grunde sollst du deine Werke wirken ohne Worumwillen.» Pr. 5 b, EW I, 70,14f.

«Nimmermüdes Wirken ist das Wesen Gottes.» BgT, DW V, 449f.

«Gott und ich, wir sind eins im Wirken. Er wirkt und ich werde.» Pr. 6, EWI, 86,13f.

«Der Mensch soll sein ein Gottsuchender und ein Gottfindender.» RdU, DW V, 289,12–13

«Gott kann uns ebenso wenig entbehren wie wir ihn.» Pr. 26, EW 301,34–302,1

«Wer wähnt, Gott zu entfliehen, der läuft ihm in den Schoß.» Pr. 22, EW262,15 f.

«Gott ist in uns daheim, wir aber sind draußen in der Fremde.» Pr. 68, EWII, 40,21f.

«Der spricht am allerschönsten von Gott, der, von der Fülle des inneren

Reichtums erfasst, am meisten von ihm schweigen kann.» RdU, DW V, 292,4

«Was die Seele in ihrem Grunde ist, davon weiß niemand etwas.» Pr. 7, EW I, 94,3

«Es ist eine Kraft in der Seele, die reicht weiter als der Himmel.» Pr.42, EW I, 451, 12 f.

«Was oben war, das wurde innen.» Pr. 14, EW I, 168,28

«Wo das Erkennen und das Begehren enden, da ist es finster, da leuchtet Gott.» Pr. 42, EW I, 450,30f.

«Ein armer Mensch ist, wer nicht will, nicht weiß und nicht hat.» Pr. 52, EW I, 550,29

«Eins als Eins ergibt keine Liebe, Zwei als zwei ergibt auch keine Liebe. Zwei als Eins, das ergibt unausweichlich eine natürliche, begehrliche und hitzige Liebe.» BgT, EW II, 264,3f.

«von der Überfülle Gottes überfließen» Pr 66, EW II, 18,5

«Gott mit dir – da geschieht die Geburt.» Pr. 38, EW I, 418,3

«Gott, dem stirbt nichts, alle Dinge leben in ihm.» Pr. 8, EW, 100,25

«Man soll der ersten Eingebung folgen und dann einfach weiter gehen.» Pr. 62, EW I, 660,13f.

«Das Leben schenkt die edelste Erkenntnis.» Pr. 86, EW II, 210,13 f.

«Wenn du den Kern haben willst, musst du die Schale aufbrechen.» Pr. 51, EW I, 544,15 f.

«Barmherzigkeit bekleidet die Seele mit dem Kleid Gottes.» LW IV, 123

«Gott ist es, in dessen Suchen und Lieben alles existiert.» LW IV, 52

«Je heißer das Holz in dem Feuer wird, desto leiser und ruhiger und umso friedlicher ist es, bis es ganz und gar Feuer wird.» Pr. 11, EW I, 134,29 f.

GRANUM SINAPIS

Meister Eckhart zugeschrieben, (freie) Übersetzung von Dietmar Mieth

Das Wort gilt
immer schon,
vom Ursprung an.
O verborgenes Reich,
wo Ursprung Anfang zeugt.
O Brust des Vaters:
Lustvoll floss
aus dir das Wort.
Es floss und blieb:
Der Schoß behielt das Wort.

Aus Herz und Wort
fließt Liebesglut.
Beide sind ein Band.
Aus beider Liebe
fließt süß der Geist,
in gleicher Weis´
ununterscheidbar.
Eins sind die drei.
Sie wissen es allein.
Du weißt nicht wie.

Das Band der drei
bewegt uns tief,
dieser innige Reif
übersteigt unsere Fassung.
Grundlose Tiefe!
Zeit, Formen, Orte –
Alles aus dem Spiel.
Quellender Ursprung
ist dieser Wunderpunkt,
selbst unbewegt.

Willst du ihn schaun,
steig auf den höchsten Punkt,
mühelos, ohne Zutun.
Der Weg führt dich
in eine wundervolle Wüste,
unmessbar breit,
unendlich weit.
Zeit und Raum
gelten nicht mehr,
formlos ist die Gestalt.

Der Wüste Wunder
durchschritt kein Fuß,
ird´scher Sinn
kommt nie dahin.
Dort ist es,
ohne Wie und Was.
Hier ist es, aber auch da,
fern ist es, aber auch nah,
tief ist es, aber auch hoch.
So ist es weder dies noch das.

Hell strahlt es und klar,
finsteres Dunkel.
Ohne Namen ist es,
unerkannt ist es.
Frei von Anfang und Ende
steht es unbewegt,
nackt, schutzlos.
Wer war in dem Haus?
Der komme heraus
und berichte uns,
wie es aussieht.

Werde wie ein Kind,
oder taub oder blind.
Was dir selbst zu Eigen,
muss verschwinden.
Verwirf es wie Schmutz!
Ort und Zeiten
und Bilder meiden!
Geh weglosen Weg,
auf schmalem Steg.
Ist da die Spur zur Wüste?

O meine Seele,
geh aus, lass Gott ein!
All mein Eigen
sinke in Gottes Nicht,
in grundlose Flut.
Bin ich dir fern,
du suchst mich gern,
verlier´ ich mich,
so findst du mich.
O alles übersteigend´ Gut.

ANHANG II

I. HINWEISE ZUR EINLEITUNG

Zitate und Verweise werden im Text in Klammern angegeben. Verkürzte Angaben (Autorenname mit Jahreszahl) beziehen sich auf die im Literaturverzeichnis enthaltenen Werke. Zur Zitation der Werke Eckharts vergleiche man ebenfalls das Literaturverzeichnis.

II. HINWEISE ZU DEN TEXTEN (QUELLENANGABEN, BEARBEITUNG, ÜBERSETZUNG)

Deutsche Werke:

Von Abgeschiedenheit: Quint, DW V, 377–468 (Übersetzung: J. Quint im gleichen Band)

Von dem edlen Menschen: Quint, DW V, 106–136 (Übersetzung: J. Quint im gleichen Band)

Intravit Jesus = Predigt 2, DW V, 377–468 (eigene Übersetzung)

In hoc apparuit = Predigt 5b, DW I, 85–96

Populi eius = Predigt 7, DW I, 177–124

Ave gratia plena = Predigt 22, DW I, 375–389

Beati pauperes spiritu = Pr. 52, DW II, 486–506

Alle gleichen Dinge = Predigt 48, DW II, 413–421

Intravit Jesus = Predigt 86, DW III, 481–492

Et cum factum esset = übersetzt nach Pfeiffer 71–74, in der wissenschaftlichen Ausgabe = Predigt 103, DW IV,1 426–492 (G. Steer)

Nolite timere eos, übersetzt nach Pfeiffer 179–181, in der Wissenschaftlichen Ausgabe = Predigt 109, DW IV,2, 748–774

Intravit Jesus in templum = Predigt 1, DW I, 4–20 (übersetzt von Hans Zimmermann)

Granum Sinapis aus Kurt Ruh, Meister Eckhart, München 1985, 47–49 (eigene, etwas freie Übersetzung)

Lateinische Werke

Predigten und Vorlesungen über Jesus Sirach: LW II, 228–300 (Übersetzung: J. Koch)

Sequere me (aus der Auslegung des Johannesevangelium): LW III, 189–207 (Übersetzung: K Christ und J. Koch)

Gratia Domini nostri: Sermo II,2, LW IV, 11–20 (diese und die folgenden Übersetzungen aus der wissenschaftlichen Ausgabe von E. Benz, B. Dekker und J. Koch)

Ex ipso, per ipsum et in ipso: Sermo IV, LW IV, 22–28

Deus caritas est usw.: Sermo VI, LW IV, 50–74

Estote misericordes usw.: Sermo XII, LW IV, 116–136

In novitate vitae: Sermo XV, LW IV, 145–154

Homo quidam: Sermo XXII, LW IV, 190–203

Deus unus est: Sermo XXIX, LW IV, 263–270

Diliges dominum: Sermo XXX, LW IV, 271–281

Leichte Veränderungen in der Hervorhebung der Worte und gelegentlich in der Wortwahl der abgedruckten Übersetzungen sind nicht eigens vermerkt, soweit sie den Sinn nicht berühren. Bei den Übersetzungen aus den lateinischen Werken wurden die Anmerkungen der Herausgeber zur Übersetzung, soweit passend, übernommen. Bei wörtlichen Zitaten habe ich wenigstens einen Hinweis auf den Autor oder das Werk in Klammern dazugesetzt. Die genauen Angaben finden sich im Anschluß an den lateinischen Originaltext in der kritischen Ausgabe.
Dem Kohlhammer-Verlag sei für die Abdruckerlaubnis der Übersetzungen aus der kritischen Ausgabe besonders gedankt.

III. LITERATURVERZEICHNIS

1. Quellen

Meister Eckhart, Die Deutschen Werke (zit. DW mit Bandnummer, Seitenzahl, Zeile), hg. im Auftrage der Deutschen Forschungsgemeinschaft, Stuttgart 1958ff., Bde. I-III und V hg. v. Josef Quint, Band IV/1–2 von Georg Steer.

Meister Eckhart, Die Lateinischen Werke (zit. LW I-V mit Bandnummer, Textnummer, Seitenzahl), Stuttgart 1936 ff. Bd. I-III, hg. V. Ernst Benz, Karl Christ, Bruno Decker, Heribert Fischer, Bernhard Geyer, Josef Koch, Konrad Weiss und Albert Zimmermann, Bd. IV und V von Loris Sturlese.

Meister Eckhart, Werke in Auswahl; Band I: Texte und Übersetzungen nach DW, hg. und kommentiert von Niklaus Largier; Band II: Texte und Übersetzungen nach DW und LW. Bibliothek deutscher Klassiker: Bibliothek des Mittelalters, Bde. 20 und 21, Frankfurt a.M.: Deutscher Klassiker Verlag, 1993. (zitiert EW mit Bandnummer)

Franz Pfeiffer (Hg.), Deutsche Mystiker des 14. Jahrhunderts, Bd. 2 Meister Eckhart. Leipzig 1857, Faksimile Aalen 1991.

Freimut Löser, Meister Eckhart in Melk. Mit einer Edition des Traktats *Von der sel wirdikait und aigenschafft.* Tübingen 1999.

2. Bibliographien

Bibliographie mit laufenden Ergänzungen auf der Homepage der Meister Eckhart Gesellschaft:

http://www.meister-eckhart-gesellschaft.de

Markus Vinzent, On Detachment, (Eckhart: Texts and Studies, vol 1.) Löwen 2012, 250–377.

3. Jahrbücher der Meister Eckhart Gesellschaft

Bisher 7 Bde, Stuttgart seit 2007, Bd. 1–5 im Auftrag der Meister-Eckhart-Gesellschaft hg. von Hans-Jochen Schiewer, Andreas Speer und Georg Steer, 6. Band hg. im Auftrag der Meister-Eckhart-Gesellschaft von Regine D. Schiewer, 8 und 9 Bd. in Vorbereitung (2014).

4. Übersetzungen

Eine Bibliographie der Übersetzungen, insbesondere in Englische bei Markus Vinzent, On Detachment, 250–298.

Lectura Eckhardi, hg. von Georg Steer und Loris Sturlese, Bd. 1–3, Stuttgart 1989, 2003, 2008.

Kurt Flasch (Hg.), Das Buch der göttlichen Tröstung. Vom edlen Menschen. München 2007.

Josef Quint (Hg.) Meister Eckehart, seit 1955 viele Auflagen bei Hanser und zuletzt Diogenes, Zürich.

Günter Stachel (Hg.), Meister Eckhart, Reden der Unterweisung, Das Buch der göttlichen Tröstung, Von dem edlen Menschen, 1996.

Irmgard Kampmann, Meister Eckhart Brevier. (Übersetzte und kommentierte zusammenhängende Passagen). München 2011.

5. Prozess

Jürgen Miethke, Der Eckhartprozeß in Köln und Avignon, in: L'età dei Processi, inchieste e condanne trà politica e ideologia nel '300. Atti del convegno di studi svoltosi in occasione della 19 ed. del Premio Internazionale Ascoli Piceno, hg. von Antonio Rigon et al., Roma 2009, S. 119–143.

Heinrich Stirnimann (Hg.), Eckhardus Teutonicus, homo doctus et sanctus. Nachweise und Berichte zum Prozeß gegen Meister Eckhart, hg. von Ders. und Ruedi Imbach, Freiburg/CH 1992.

Ders., Meister Eckhart vor seinen Richtern und Zensoren. Eine Kritik falsch gedeuteter Redesituationen, in: Meister Eckhart. Lebensstationen, Redesituationen, hg. von Klaus Jacobi, Berlin 1997, S. 335–352.

6. Neure Literatur zu Meister Eckhart (Auswahl)

Meister Eckhart Gesellschaft, Jahrbücher 1–7 (bis 2013).

Claudia Altmeyer, Grund und Erkennen in deutschen Predigten von Meister Eckhart. Würzburg 2005.

Alexandra Beccarisi, Eckhart. (Pensatori) Roma (Carocci) 2012.

Christine Büchner, Gottes Kreatur – «ein reines Nichts»? Einheit Gottes als Ermöglichung von Geschöpflichkeit und Personalität im Werk Meister Eckharts.(Innsbrucker Theologische Studien, Bd. 71) Innsbruck – Wien 2005.

Christine Büchner, Die Transformation des Einheitsdenkens Meister Eckharts bei Heinrich Seuse und Johannes Tauler. Stuttgart Meister Eckhart-Jahrbuch, Beihefte, Bd. 1 (Kohlhammer) 2007. Julie Casteigh, Connaissance et vérité chez maître Eckhart, Paris 2006.

Markus Enders, Die Heilige Schrift - das Wort der Wahrheit. In: Jahrbuch der Meister Eckhart Gesellschaft, Bd. 5, hg. von Rolf Schönberger und Stephan Grotz, Stuttgart 2012, 55–97.

Kurt Flasch, Meister Eckhart, Die Geburt der ›Deutschen Mystik‹ aus dem Geist der arabischen Philosophie, München 2006.

Kurt Flasch, Meister Eckhart, Philosoph des Christentums. München 2010.

Kurt Flasch, Dietrich von Freiberg und Meister Eckhart - Denker des christlichen Selbstbewußtseins. In: Wie denkt der Meister? Jahrbuch der Meister Eckhart Gesellschaft, Bd. 5., hg.v. Stephan Grotz und Rolf Schönberger, Stuttgart 2012, 1–12.

Volker Frederking, Durchbruch vom Haben zum Sein. Erich Fromm und die Mystik Meister Eckharts. Paderborn 1994.

Bernard McGinn, The mystical thought of Meister Eckhart. New York 2001.

Wouter Goris, Einheit als Prinzip und Ziel. Versuch über die Einheitsmetaphysik des Opus Tripartitum Meister Eckharts. Leiden 1997.

Stephan Grotz, Negationen des Absoluten: Meister Eckhart, Cusanus, Hegel. Hamburg 2009.

Alois M. Haas, Meister Eckhart, Mystische Bildlehre. In. Ders., Sermo mysticus. Studien zu Theologie und Sprache der Deutschen Mystik, Freiburg/CH 1979, 209–237.

Ders., Meister Eckhart als normative Gestalt geistlichen Lebens, Einsiedeln 1979.

Jeremiah Hackett (ed.), A Companion to Meister Eckhart. Leiden 2012.

Burkhard Hasenbrink, Formen inzitativer Rede bei Meister Eckhart. Untersuchungen zur literarischen Konzeption der deutschen Predigt. Tübingen 1992.

Ders., Nigel F. Palmer und Hans-Jochen Schiewer (Hg.) Paradisus animae intelligentis. Studien zu einer dominikanischen Predigtsammlung im Umkreis Meister Eckharts. Tübingen 2009.

Ruedi Imbach, Deus est Intelligere. Das Verhältnis von Sein und Denken in seiner Bedeutung für das Gottesverständnis bei Thomas von Aquin und in den Pariser Quasetionen Meister Eckharts. Freiburg/CH 1976.

Sigrun Jäger, Meister Eckhart - ein Wort im Wort. Versuch einer theologischen Deutung von vier deutschen Predigten. (Quellen und Forschungen zur Geschichte des Dominikanerordens, Neue Folge, Bd. 15) Berlin 2008.

Klaus Jakobi (Hg.), Meister Eckhart. Lebensstationen, Redesituationen. Berlin 1997.

Irmgard Kampmann, Ihr sollt der Sohn selber sein! Eine fundamentaltheologische Studie zur Soteriologie Meister Eckharts (Lang, Hochschulschriften), Frankfurt a M. 1996.

Udo Kern, «Gottes Sein ist mein Leben», Philosophische Brocken bei Meister Eckhart, Berlin-New York 2003.

Theo Kobusch, Mystik als Metaphysik des Inneren, in: Meister Eckhart und Augustinus, hg. von Rudolf Kilian Weigand und Regina D. Schiewer, Stuttgart 2011 (MEJb 3), S. 17–36.

Otto Langer, Mystische Erfahrung und spirituelle Theologie, Meister Eckharts Auseinandersetzung mit der Frauenfrömmigkeit seiner Zeit, München 1987.

Niklas Largier, Zeit, Zeitlichkeit und Ewigkeit. Ein Aufriss des Zeitproblems bei Dietrich von Freiburg und Meister Eckhart. Bern 1989.

Volker Leppin, Hans-Joachim Schiewer (Hg.), Meister Eckhart aus theologischer Sicht, Meister- Eckhart-Jahrbuch Bd. 1, Stuttgart 2007.

Vladimir Lossky, Théologie négative et connaissance de Dieu chez Maître Eckhart, Paris 1060, 2. Aufl. 1998.

Reiner Manstetten, Esse est Deus. Meister Eckharts christlogische Versöhnung von Philosophie und Religion und ihre Ursprünge in der Philosophie des Abendlandes. Freiburg-München 1993.

Dietmar Mieth, Gotteserfahrung - Weltverantwortung, München 1982.

Ders., Meister Eckhart. Mystik und Lebenskunst. Düsseldorf 2004.

Ders., Meister Eckhart. Das Buch der göttlichen Tröstung. In: Christian Danz (Hg.), Kanon der Theologie. 45 Schlüsseltexte im Portrait. Darmstadt, 2. Aufl. 2010, 103–113.

Ders., Meister Eckhart on Wealth. In: Medieval Mystical Theology. Journal of the Eckhart Society 21.1 (2012) 233–254.

Ders., Meister Eckhart. (Reihe Denker, hg.v. O. Höffe) München 2014.

Dietmar Mieth, Britta Müller-Schauenburg (Hg.), Mystik, Recht und Freiheit. Stuttgart 2012.

Burkhard Mojsisch, Meister Eckhart: Analogie, Univozität und Einheit, Hamburg 1983.

Panzig, E. A, Gelâzenheit und abegescheidenheit. Eine Einführung in das theologische Denken des Meister Eckhart. Leipzig 2005.

Alexander Poraj, Die Begründung der Ich-Struktur in der Mystik Meister Eckharts und im Zen-Buddhismus. Freiburg i. Br. 2006.

Andrés Quero-Sánchez, Sein als Freiheit. Die idealistische Metaphysik Meister Eckharts und Johann Gottlieb Fichtes, Freiburg/München 2004.

Ders., Über das Dasein. Die Metaphysik Alberts des Großen als realistische Korrektur am Idealismus (Heinrichs von Gent, Dietrichs von Freiberg, Meister Eckharts, Schellings und Hegels), Habilitationsschrift (Regensburg, März 2010).

Kurt Ruh, Meister Eckhart. Theologe, Prediger, Mystiker, München 21989 [Erstauflage: München 1985].

Schirpenbach, Meik Peter, *Wirklichkeit als Beziehung: Das strukturontologische Schema der Termini generales im Opus Tripartitum Meister Eckharts* (Beiträge zur Geschichte der Philosophie und Theologie des Mittelalters, NF 66), Münster 2007.

Walter Senner, Meister Eckhart's Life, Training, Career, and Trial. In: Jeremiah M. Hackett (ed.), A Companion to Meister Eckhart, Leiden 2012.

Klaus-Bernward Springer, Dominican Inquisition in the Archdiocese of Mainz (1348–1520), in: Praedicatores Inquisitores. Vol. I. The Dominicans and the Medieval Inquisition. Acts oft he 1st International Seminar of the Dominicans and the Inquisition, Rome, 23–25 February 2002, Rom 2004 (Dissertationes Historicae 29), S. 311–393.

Ders. Überblick über die dominikanische Inquisition im Erzbistum Köln und in Westfalen, in: Europa und die Welt in der Geschichte (Festschrift Dieter Berg), hg. von Raphaela Averkorn und Winfried Eberhard u.a., Bochum 2004, S. 963–998.

Georg Steer, Meister Eckhart. Beiträge zur Diskussion seiner Mystik. Würzburg 1998.

Ders., Der Aufbruch Meister Eckharts ins 21. Jahrhundert, Theologische Revue 106 (2010), n. 2, Sp. 89–100.

Ders., Über die Liebe, in: Meister Eckhart und Augustinus, hg. von Rudolf Kilian Weigand und Regina D. Schiewer, Stuttgart 2011 (MEJb 3), S. 221–239.

Loris Sturlese, Homo divinus. Philosophische Projekte in Deutschland zwischen Meister Eckhart und Heinrich Seuse, Stuttgart 2007.

Yossef Schwartz, Meister Eckharts Schriftauslegung als maimonidisches Projekt. IN: Moses Maimonides (1138–1204). His Religious, Scientific, and Philosophical Wirkungsgeschichte in Different Cultural Contexts, ed. by. George K J. Haseloff and Otfried Freisse, Würzburg 2004, 173–208.

Johannes Theisen, Predigt und Gottesdienst, Liturgische Strukturen in den Predigten Meister Eckharts. Frankfurt 1990.

Frank Tobin, Meister Eckhart, Thought and Language. Toronto 1994.

Anne Vannier (ed.), La Création chez Eckhart et Nicolas de Cues. Paris 2011

Markus Vinzent, The Art of Detachment,(Eckhart: Texts and Studies, vol.1) Leuven 2012.

Ernst Waldschütz, Meister Eckhart. Die philosophische Interpretation der Traktate. Bonn 1978.

Ders., Denken und Erfahren des Grundes. Zur philosophischen Deutung Meister Eckharts. Wien 1989.

Lydia Wegener, Andreas Steer, (Hg.), Meister Eckhart in Erfurt, Berlin 2005.

Bernhard Welte, Meister Eckhart. Gedanken zu seinen Gedanken. Freiburg-Basel-Wien 1979.

Eberhard Winkler, Exegetische Methoden bei Meister Eckhart. Tübingen 1965.

Mauritius Wilde, Das neue Bild vom Gottesbild, Bild und Theologie bei Meister Eckhart Freiburg/CH 2000 (Dokimion 24).

Karl Heinz Witte, Meister Eckhart: Leben aus dem Grunde des Lebens. Eine Einführung. Freiburg/München 2013.

Zu Marguerite Porete:

Dietmar Mieth, Meister Eckhart und Marguerite Porete. In: Concilium 47 (2011)314–324.

Sean Field, The Beguine, the Angel and the Inqusitor. The trials of Marguerite Porete and Guiard of Cressonessart. Notre Dame, Indiana 2012.

Zur mittelalterlichen Mystik:

Werner Beierwaltes, Platonismus im Christentum (Philosoph. Abh. 73) Frankfurt a M. 1998.

Pater Dinzelbacher, Deutsche und niederländische Mystik des Mittelalters. Ein Studienbuch. Berlin-Boston 2012.

Hans Geybels, Cognitio Die experimentalis. A Theological Genalogy of Christaian Religious Ecperience. Louvain 2007.

Bernard McGinn, Die Mystik im Abendland, Bd. 3 und Bd. 4 Freiburg i. Br. (Herder) 2008, Bd. 5, 2013.

Alois M. Haas, Sermo mysticus. Studien zu Theologie und Sprache der deutschen Mystik. Freiburg/Schweiz 1979.

Alois M. Haas, Heinrich Stirnimann (Hg.) Das «einig Ein». Studien zu Theorie und Sprache der Deutschen Mystik (Dokimion 6) Freiburg/CH 1980.

Alois M. Haas, Geistliches Mittelalter. Freiburg/ CH 1984.

Walter Haug, Dietmar Mieth, D. (Hg.), Religiöse Erfahrung, Historische Modelle in christlicher Tradition, München (Fink) 1992.

Walter Haug, Wolfram Schneider-Lastin (Hg.), Deutsche Mystik im abendländischen Zusammenhang. Tübingen 2000.

Bernhard Kirchgessner (Hg.), Christliche- Spiritualität und Mystik. Begriffsklärungen. St.Ottilien 2011.

Otto Langer, Christliche Mystik im Mittelalter. Mystik und Rationalisierung - Stationen eines Konfliktes. Darmstadt 2004.

Hermann Lichtenberger, Jürgen Moltmann, Elisabeth Moltmann-Wendel (Hg.), Mystik heute. Neukirchen-Vlyun 2011.

Volker Leppin, Die christliche Mystik, (Beck) München 2007.

Alain de Libéra, Introduction à la mystique rhénane. Paris 1984.

Kurt Ruh (Hg.), Abendländische Mystik im Mittelalter. Stuttgart 1986.

Walter Haug, Wolfram Schneider-Lastin (Hg.), Deutsche Mystik im abendländischen Zusammenhang. Tübingen 2000.

Bernhard Kirchgessner (Hg.), Christliche Spiritualität und Mystik. St Ottilien 2011.

Kurt Ruh, Geschichte der abendländischen Mystik, 4 Bde. München (Beck) 1990–1999.

Anne Vannier (ed.), Encyclopédie des Mystics Rhénans D´Eckhart à Nicolas de Cues et leur Reception. Paris 2011.

Jörg Voigt, Beginen im Spätmittelalter. Frauenfrömmigkeit in Thüringen und im Reich (Veröffentlichungen der Historischen Kommission für Thüringen, Kleine Reihe, Bd. 32) Weimar-Wien 2012.